博士论文
出版项目

社交行为与模糊偏好视角的大规模群决策

Large-scale Group Decision-making from the Perspective of Social Behavior and Fuzzy Preference

武 彤 著

中国社会科学出版社

图书在版编目（CIP）数据

社交行为与模糊偏好视角的大规模群决策 / 武彤著. -- 北京：中国社会科学出版社，2024. 10. -- ISBN 978-7-5227-4271-7

Ⅰ. C934

中国国家版本馆 CIP 数据核字第 202455L2M5 号

出 版 人	赵剑英
责任编辑	田　文
责任校对	张爱华
责任印制	张雪娇

出　　版	中国社会科学出版社
社　　址	北京鼓楼西大街甲 158 号
邮　　编	100720
网　　址	http：//www.csspw.cn
发 行 部	010-84083685
门 市 部	010-84029450
经　　销	新华书店及其他书店
印　　刷	北京君升印刷有限公司
装　　订	廊坊市广阳区广增装订厂
版　　次	2024 年 10 月第 1 版
印　　次	2024 年 10 月第 1 次印刷
开　　本	710×1000　1/16
印　　张	26.5
插　　页	2
字　　数	375 千字
定　　价	158.00 元

凡购买中国社会科学出版社图书，如有质量问题请与本社营销中心联系调换
电话：010-84083683
版权所有　侵权必究

出 版 说 明

为进一步加大对哲学社会科学领域青年人才扶持力度，促进优秀青年学者更快更好成长，国家社科基金 2019 年起设立博士论文出版项目，重点资助学术基础扎实、具有创新意识和发展潜力的青年学者。每年评选一次。2022 年经组织申报、专家评审、社会公示，评选出第四批博士论文项目。按照"统一标识、统一封面、统一版式、统一标准"的总体要求，现予出版，以飨读者。

全国哲学社会科学工作办公室

2023 年

序

群决策研究最早可以追溯到18世纪法国数学家和哲学家马奎斯·孔多赛提出的"投票悖论"，即以投票的多数规则来确定社会或集体的选择会产生循环的结果。1972年和1998年的诺贝尔经济学奖获得者肯尼思·阿罗和阿马蒂亚·森相继对"投票悖论"问题进行了深入的探索，引起了学者们对于社会选择理论的广泛思考，引发了群决策研究热潮。在如今复杂多变的社会环境中，尤其是社交媒体的快速发展，决策不再是简单个体的孤立行为，而是涉及多个利益相关方、受多种因素影响的大规模群体活动。该群体活动不仅考验着决策者的智慧和经验，更要求我们从更宽广的视角、更深入的层次去理解和把握其中的规律与机制。

大群体中可能包含更多的观点、知识和经验，这些元素对于增加决策的公平性和科学性具有重要的作用。通过充分发挥大群体的优势，我们可以制定更加公正、科学和有效的决策方案，推动社会的稳定发展。但大规模群决策也面临着一些挑战，如意见分歧、协调困难等，由此导致决策过程变得更加复杂和耗时。本书正是一部旨在深入探讨大规模群决策问题的学术专著。作者以社交行为和模糊偏好为两大核心视角，剖析了大规模群决策过程中的观点表达模糊性、动态性、不完全等问题，尤其关注了决策主体在社交网络环境下的决策行为，为我们呈现了一个全新而深刻的理解框架。

由于现实环境的高度不确定性和复杂性、信息的不完全性、目标的多重性以及人类决策者精确表达的局限性与行为非理性，决策偏好常常呈现出模糊性。二型模糊理论为处理意见模糊性和不确定性提供了强大支撑。本书以二型模糊集合为基础，从多属性决策到大规模群决策，做了渐进性研究。

社交行为是人类社会的基本特征之一，也是大规模群决策过程中不可忽视的重要因素。在本书中，作者详细分析了社交行为如何影响大规模群决策的形成和执行，尤其是群体共识意见的形成过程，为大规模群决策的降维分析、权重计算、共识演化等提供了新的研究视角和解决思路，为大规模群决策理论与方法在实际中的广泛应用提供了契机。

在这个充满变革和不确定性的时代，相信本书将为我们更加深入地把握群决策的内在规律提供有力的理论支持和实践指导。同时，我们也应当看到群决策理论与方法在实际应用中面临的种种问题和挑战，如数字时代对智能决策的需求。希望青年学者持续加强跨学科合作和创新研究，推动群决策理论与方法在实践中的发展与应用。

欧洲科学院院士、IEEE Fellow、长江学者特聘教授

2024 年 4 月

前　言

在复杂多变的环境中，决策个体因认知、知识、经验的有限性难以作出准确性和高质量判断，广泛利用各种资源、发挥群体智慧的群决策（Group Decision-Making，GDM）变得尤为重要。自Kenneth J. Arrow 和 Amartya Sen 因研究社会选择与群体决策问题而分别获得 1972 年与 1998 年的诺贝尔经济学奖之后，群决策已逐步形成完善的理论体系。群决策在民主决策、公众决策中发挥着重要作用。党的二十大报告指出："我们要加强人民当家作主制度体系，扩大人民有序政治参与，保证人民依法实行民主选举、民主协商、民主决策、民主管理、民主监督，发挥人民群众积极性、主动性、创造性。"新一代信息科学技术的出现使得群决策规模突破时空限制，呈现出大规模、高维度、不确定、异质性等复杂决策特征，传统群决策方法在新时期面临着巨大挑战。因此，大规模群决策（Large-Scale Group Decision-Making，LSGDM）研究开始出现并在近 20 年得到了快速发展。

在现代社会经济和信息技术快速发展的背景下，高度互联的社会网络形态逐渐形成，群决策情境日趋复杂，大规模群决策研究有着重要的现实意义。例如，广大人民群众参与的民主协商、民主决策、民主管理等问题；伴随动态性、随机性、信息不充分、时间约束等特征的重大突发事件应急决策和城市公共危机协调处理等问题；决策数据缺失、多模态信息以及非理性行为视角下的社会化商务决策问题；数智时代人机交互、线上线下联合、多部门参与的智能医疗服务等问题。目前，众多学者已经从决策偏好、决策者聚类、共识达成等方面对大规模群决策做了广泛而深入的研究，取得了丰富的研究成果，极大地促进了大规模群决策理论与方法的发展与壮大。但是，大规模群决策仍然面临着严峻的决策偏好不确定、决策活动社会化、决策行为非理性、共识交互复杂性等挑战。

决策偏好不确定包含信息边界的模糊性和信息内容的不完整性。针对信息边界的模糊性特征，Lotif A. Zadeh 教授于 1965 年提出了模糊集（Fuzzy Sets）理论。在此基础上，直觉模糊集、犹豫模糊集等拓展形式相继被提出。为更好地解决语言歧义与数据噪声问题，Zadeh 教授于 1975 年提出了二型模糊集（Type-2 Fuzzy Sets）理论。相比常规模糊集，二型模糊集具有更大的自由度，能够灵活处理信息不确定性，尤其是语义不确定性。上述模糊集及其相应信息集结算子相继被应用到大规模群决策偏好不确定性表征与处理中。信息不完全是指决策者特征、决策者评价、决策属性等信息缺失问题。通常采用偏好相似性、信任关系、关联规则等方法补全缺失信息。另外，学者们还对不同决策者表达的异质偏好信息进行了研究。

决策活动社会化一方面体现在社会化媒体成为社会公众群策群力的交互平台，另一方面体现在社交关系对决策者偏好与行为的影响。社交媒体的普及增进了公众之间的知识共享、信息交互和社会信任，"企业以顾客为中心"，"政府以人民为中心"，社会公众及其意见领袖正逐渐成为企业决策或公共决策的中坚力量。然而，社交平台上的决策者规模庞大，社会公众意愿表达形式多样，大规模群决策的复杂维度进一步增加。社交媒体突破了人类智力的极限，重塑了员工之间、顾客之间、公众之间的社会活动、社交行为及其合作模式，对群决策范式变革产生了深远的影响。此外，网络科学、计算社会科学等新兴交叉学科的出现为社交行为视角下的大规模群决策提供了新的研究思路和有力工具。

决策者极易受到外界环境（政治、经济、社会）影响而表现出的非理性行为是各类决策问题面临的共同挑战。至今，已有三位学者（Herbert A. Simon、Daniel Kahneman、Richard Thaler）因研究人类非理性行为获得了诺贝尔经济学奖。Herbert A. Simon提出的"有限理性"理论为行为决策的发展奠定了重要基础。Daniel Kahneman和Amos Tversky通过实证研究揭示了人类决策行为的非理性因素，提出了"前景理论"。Richard Thaler探索了有限理性、社会偏好和缺乏自我控制如何系统地影响决策和市场结果。上述研究成果充分解释了人类决策行为的复杂性和不确定性。此外，决策群体也常常受到群体心理的支配而表现出与实际或逻辑相矛盾的极化行为，导致群体盲从或失智现象。社会化媒体与社交网络的发展更是加剧了群体极化行为，使得"群体极化"向"公众极化"延伸，出现了众多群体性判断失误、群体性情绪失控事件，例如，近些年频发的网络舆情问题。

共识决策是指在寻求多数人支持的同时，关注少数群体利益，追求整体利益最大化的决策过程。一般情况下，群体意见需要经过多轮交互才能达到令人满意的共识效果。例如，英国脱欧和美国总统选举结果正是在民众相互影响、观点持续变化的基础上群体观点收敛的结果。除了动态性之外，共识交互的复杂性还体现在决策群体意见与社交关系的相互影响上。由于决策信息获取的局限性，目前关于共识交互研究通常基于观点动力学展开，即利用物理学、数学、计算机科学工具研究群体意见的交互、演化与收敛。学者们普遍认为，决策者之间的社交关系是群体意见演化的内驱力之一。因此，基于社交网络的群共识模型研究开始得到较多的关注。同样地，社交网络在大规模群决策领域也得到了推广和发展，如基于社交关系的决策者聚类、影响力计算和共识达成分析。

基于上述分析，本书在已有大规模群决策相关研究的基础上，在决策科学与信息科学、心理科学、行为科学、网络科学等多学科交叉融合思想的引领下，利用二型模糊决策理论、复杂网络理论以及社会网络分析技术，介绍大规模群决策偏好不确定、行为非理性以及社交行为影响下的共识交互等理论模型及其在社会化商务决策和群推荐中的应用。本书第一章到第三章介绍了大规模群决策、二型模糊决策、社会网络分析等基本概念与研究方法。第四章讨论了二型模糊大规模群决策理论与方法。第五章考虑了社交关系影响下的大规模群决策理论与方法。第六章介绍了共识网络的概念及性质并以此为基础深入研究了大规模群决策中聚类分析与共识达成之间的内在关联性。第七至九章讨论了社交信任行为驱动的群共识决策模型及其在社会化商务购买决策和群推荐中的应用。第十章对本书进行了总结并对未来相关研究进行了展望。总之，本书利用多学科交叉的新技术和新工具进一步丰富大规模群决策理论与应用研究，为互联网和大数据时代的复杂群体决策提供一定的实践指导。

本书是关于作者在不确定决策、社会网络群决策和大规模群决策等领域工作的总结，主要内容来自作者在 2016 年至 2020 年期间所做的题为《考虑社交关系的二型模糊大规模群决策方法及其商务推荐应用》的博士学位论文。在此衷心感谢我的导师刘新旺老师，正是因为他的独具慧眼和悉心指导，我的博士学位论文才有幸得到第三批国家社科基金优秀博士论文出版项目的资助。根据项目要求，本书在原博士学位论文的基础上进行了实质性修改，重新组织了论文架构，并增加了作者在 2020—2022 年间的最新研究成果。

此外，我也很荣幸地邀请到欧洲科学院院士、IEEE Fellow、长江学者特聘教授徐泽水老师为本书作序。徐老师长期从事智能决策、信息融合、模糊数学与优化算法等研究，系统地创建了复杂信息决策理论与方法体系，相关论著被引超 9 万余次。徐老师深厚的学识背景为本书的撰写提供了极有洞见的建议，相信通过阅读这篇序言，读者能够更全面地了解本书的核心观点、研究方法和学术价值。

本书可以作为决策科学领域相关研究人员和研究生的参考书或者教材。由于作者水平有限，书中不妥之处在所难免，还望读者能够批评指正。

本书得到了国家社会科学基金后期资助暨优秀博士论文出版项目（22FYB056）、国家自然科学基金青年项目（72201126）、国家自然科学基金面上项目（72371071，72071045，71971115）、教育部人文社会科学基金青年项目（22YJC630162）、江苏省自然科学基金青年项目（BK20210293）以及智能决策与数字化运营工业和信息化部重点实验室项目（NJ2023027）的资助！

武 彤

南京航空航天大学经济与管理学院

2024 年 4 月

摘　　要

一　研究目的、意义及方法

新一代信息技术的飞速发展和高度互联互通的社会网络使得决策环境和决策模式发生了深刻变化。决策成员不再局限于少数专家，决策信息多源异构以及决策行为不确定等复杂情境开始出现。大型工程前期决策、重大突发事件应急管理、大型企业战略决策、面向大规模用户的智能商务推荐等问题面临的复杂不确定大规模群决策需求不断攀升，大规模群决策研究正在得到越来越多的关注。目前，众多学者已经从决策偏好、决策者聚类、共识达成过程等方面对大规模群决策做了广泛而深入的研究，取得了丰富的研究成果，极大地促进了大规模群决策理论和方法的发展与壮大。

但是，在大数据和社会网络背景下，决策信息高度不确定，决策行为极为复杂，决策群体化和需求个性化相矛盾，合作与冲突共存等问题尤为突出。大规模群决策仍然面临着严峻的偏好不确定、不完全、异质性问题，以及决策活动社交化、决策行为非理性、共识交互复杂性等挑战。针对上述问题，本书主要研究社交行为与模糊偏好视角下的大规模群决策问题。

1. 主要研究目的

本书的主要目的是面向新时期广泛存在和大量涌现的一般复杂不确定协同群决策需求，解决决策信息高度不确定和协同决策共识优化复杂性瓶颈，提出社交行为与模糊偏好视角下的大规模群决策方法，并将其应用到社会化商务决策与群推荐问题中，为复杂情境下的科学决策提供依据。具体研究目的如下：

（1）模糊偏好视角：实现复杂不确定信息的量化表征与集成处理，计算非理性行为下的大群体偏好，提出不确定与非理性偏好信息分析方法，降低信息丢失风险，提升决策信息处理精度，保障决策过程的科学性与合理性。

（2）社交行为视角：构建社交行为视角下的大规模群决策框架，提出大群体降维新视角，识别大规模群决策者中潜在的社区结构，揭示社交信任行为视角下群体共识演化规律，为大规模群决策共识达成机制设计提供指导。

（3）应用层面：分析社会化商务管理与决策过程中蕴含的大规模群决策问题特征，推进大规模群决策理论与方法在社会化商务决策和群推荐领域的应用，促进社会化商务模式的推广。此外，也为一般复杂决策情境下的其他管理决策问题提供理论指导。

2. 研究意义

本书以多学科交叉理论与方法为基础，研究社交行为与模糊偏好视角的大规模群决策理论、方法及其在社会化商务决策与群推荐中的应用，其理论与现实意义总结如下：

理论意义：本书通过二型模糊、行为决策、复杂网络、群决策等多学科融合理论与方法，深化和完善不确定决策偏好与行为分析模型；以社交网络结构为载体，提出新的大规模群决策研究视角，识别社交关系（信任）与共识行为之间的交互影响，揭示大规模群决策共识演化规律，对复杂不确定认知情境下的协同决策研究具有重要的理论意义。

现实意义：本书基于社会化商务决策与群推荐特征，研究不确定情境下的社会化商务决策模型与信任行为视角下的群推荐算法，研究成果为改善在线购物体验提供支撑，为优化在线客户管理流程提供决策支持，对提升客户满意度和忠诚度具有重要价值。本书提出的社交行为与模糊偏好视角下的大规模群决策方法对新时期广泛存在的复杂不确定管理决策问题研究也具有普适性意义。

3. 研究方法

本书主要以决策科学与信息科学、行为科学、网络科学等多学科理论与方法融合为支撑，通过二型模糊决策、群决策、社会网络分析等理论与方法、技术与工具开展模糊偏好与社交行为视角下的大规模群决策理论研究，为复杂不确定情境下的社会化商务决策与推荐问题研究提供新的思路和解决方案。主要方法介绍如下：

（1）二型模糊决策：利用呈现出三维结构的二型模糊集灵活处理决策信息和社交关系的不确定性，如偏好信息与社交关系强度的表征与集成、专家权重计算以及方案优选等。本书基于二型模糊集理论构造了电商购物场景下的语言变量编码本，改进多个常用信息集成算子，并对常用多属性决策方法 ANP、TOPSIS 进行拓展分析。

（2）群决策共识方法：针对多专家参与、涉及信息较广、影响因素较多的决策问题，结合成本、报酬或社交行为来促进群体达成共识而提出的决策方法与模型。本书通过最小调整成本共识模型说明信任对共识达成的积极作用，并通过考虑决策者偏好调整及其成本提出新的聚类分析方法。

（3）行为决策理论：行为决策针对人们"如何做决策"以及"为什么这样决策"进行描述与解释，其研究广泛采用了经济学、心理学和管理学等多学科交叉概念与方法。本书基于前景理论分析风险态度影响下的非理性决策行为，并通过考虑群体极化行为确定子群体偏好，为现实决策提供指导。

（4）社会网络分析：基于数学、社会学、管理学、心理学、计算机科学等多学科理论与方法，为理解人类各种社会关系的形成、行为特点分析以及信息传播规律提供的一种可计算的分析方法。本书利用社会网络分析方法求解决策者在网络中的重要性与影响力，通过 Louvain 方法识别社区，达到对大规模群体进行降维分析的目的。

二　主要内容与重要观点

基于上述分析，本书在已有大规模群决策相关研究的基础上，根据决策科学与信息科学、心理科学、行为科学、网络科学等多学科交叉融合思想，引入二型模糊决策理论、复杂网络理论以及社会网络分析技术，介绍大规模群决策偏好不确定性、行为非理性以及社交行为影响下的共识交互等理论模型及其在社会化商务决策和群推荐中的应用。本书的主要内容如下：

(1) 分析大规模群决策的偏好信息模糊不确定、不完全、异质性和非对称性，决策者关联关系多样性和动态性，决策行为主观性和非理性以及共识交互非合作性等复杂特征，给出信息化和大数据时代的大规模群决策定义。介绍目前大规模群决策研究现状，分析当前大规模群决策理论与应用方面的局限性，并提出新的解决思路。

(2) 针对决策者表达的不确定性，利用二型模糊语言变量表征并处理决策偏好，介绍区间二型模糊多属性决策方法和模糊信任量化方法，提出二型模糊大规模群决策方法。首先，针对电商应用情境创建区间二型模糊语言变量编码本；接着，提出区间二型模糊等价关系聚类算法，对大规模群决策进行降维分析；最后，针对决策属性的大规模特性，提出区间二型模糊主成分分析法，将重复、类似的决策属性以合理的比重合并成为新的成分并为其命名。

(3) 考虑社交媒体时代决策者之间的社交关系对其决策行为的影响，为大规模群决策降维分析提供新的视角。首先，利用社区发现算法对大规模群决策者进行降维分析，并通过社会网络中心性计算决策个体和社区权重。接着，利用区间二型模糊语言变量表述社交关系强度，提出综合考虑内部偏好关系与外部社交关系的区间二型模糊大规模群决策方法。最后，针对偏好不完全问题，提出考虑风险态度的大规模群决策方法。

(4) 聚焦大群体共识达成问题，深入剖析大规模群决策聚类分析与共识观点形成之间的关系。首先，提出共识演化网络概念，通过网络结构的变化直观展示群体共识形成过程，基于社会网络分析工具提出新的共识测度方法。接着，基于共识演化网络结构提出动态聚类分析方法。最后，考虑到差异较大的偏好调整成本对子群体共识交互的不利影响，提出基于偏好及其调整成本的聚类分析算法。

（5）探索社交信任视角下的大群体共识达成现象，分析其在社会化商务决策与群推荐中的应用。首先，利用隐性信任关系改进传统最小成本共识模型并讨论其经济意义。接着，考虑到偏好相似性与社交关系形成之间的关联性，基于共识演化网络研究一般社交关系与共识关系以及信任关系与共识关系的交互影响。最后，基于信任关系对在线购物的影响，介绍考虑信任行为的大规模群决策模型在社会化商务决策和群推荐中的应用。

重要观点如下：

（1）本书构建的区间二型模糊语言变量编码本能够有效量化在线评论关键信息，改进的传统聚类分析算法能够灵活识别不确定偏好信息下的大规模决策子群，拓展的多属性决策方法能够辅助大规模群决策模型应对不确定情境下的复杂决策问题。

（2）大规模决策者之间的社交关系对于决策行为尤其是共识行为具有重要影响，社会网络分析方法为大规模群决策研究提供了有力工具，根据社交信任与共识交互研究成果，社交信任成为探索群共识达成问题的重要影响因素。

（3）需要系统化考虑大规模群决策的各关键环节，通过综合考虑不确定偏好与聚类分析解决了模糊偏好下的大规模群决策降维问题，综合考虑共识达成与聚类分析有效缓解了大规模群决策过程中的矛盾问题，为大规模群决策降维分析提供了新的解决思路。

（4）深入挖掘大规模群决策理论模型与社会化商务实际应用之间的共通之处，将大规模群决策理论模型应用于社会化商务实际决策场景，为社会化商务决策与群推荐提供量化模型支撑，为促进在线商务的发展提供理论参照。

三　学术创新与贡献

本书的学术创新点主要体现在以下几个方面：

（1）利用参数更多、表征更灵活的二型模糊集处理偏好信息不确定性，基于电商评价数据构造包含语义信息与对应二型模糊集的编码本，使得输出的决策结果更加符合人类决策习惯；改进传统聚类分析算法对复杂大规模决策问题进行降维分析，拓展传统多属性决策方法，为以语言评价为主的电商用户决策行为研究提供了理论参考。

（2）将社交关系（尤其是信任关系）考虑进大规模群决策中，分析社交关系对群决策行为的影响，利用社会网络分析技术与工具计算决策者影响力；基于社区结构对大规模决策者进行聚类分析，为复杂大规模群决策提供新的研究视角。

（3）受社会网络分析启发，提出共识演化网络概念，基于共识演化网络研究动态聚类分析与共识达成过程之间的矛盾问题；通过社交信任关系与共识关系的交互影响研究共识达成本质；在最小调整成本共识模型的启发下，提出考虑偏好调整成本的大规模群决策聚类方法，有效避免子群体内部的决策矛盾，深化大规模群决策共识研究。

（4）剖析社会化商务决策与群推荐问题的大群体决策本质，系统研究决策者社交信任行为，提出面向信任网络结构的社区发现方法，构建考虑信任行为的社会化商务决策模型，提出基于信任关系的个性化群体推荐算法，推动大规模群决策模型在实际问题中的应用。

总之，本书的贡献主要体现在对于不确定、不完全、社会化、大规模等复杂情境下的大规模群决策信息处理、聚类分析、共识达成、方案优选等问题进行了系统梳理与有效解决，对于解决复杂情境下的大规模群决策问题具有重要的理论意义，对于有效识别电商潜在用户、提升推荐精度具有重要现实意义，对新时期广泛存在的其他复杂不确定管理决策问题的研究也具有普适性意义。

关键词： 大规模群决策；社会网络分析；模糊偏好；聚类分析；共识分析；信任行为；群推荐

Abstract

1. Research objective, significance, and methodology

The rapid development of the new generation of information technology and the highly interconnected social networks have led to profound changes in the decision-making environment and processes. Decision-making is no longer limited to a few experts; instead, it now often involves complex situations such as heterogeneous decision-making information from multiple sources and uncertain decision-making behavior. The demand for large-scale group decision-making (LSGDM) in areas such as the early stages of large-scale engineering projects, emergency management of major incidents, strategic decision-making in large enterprises, and intelligent business recommendations for large groups of users is steadily increasing. Consequently, research on LSGDM is gaining greater attention.

Currently, many scholars have conducted extensive and in-depth research on LSGDM from the perspectives of decision preferences, clustering analysis, consensus-reaching processes, and more, greatly advancing the development and maturation of LSGDM theories and methods. However, in the context of big data and social networks, decision-making information is highly uncertain, decision-making behavior is extremely complex, and there is a conflict between group decision-making and personalized needs. LSGDM still faces significant challenges such as preference uncertainty, incomplete information, heterogeneity, the socialization of decision-making activities, irrational decision-making behavior, and the complexity of consensus interaction. To address these limitations, this book primarily explores LSGDM problems from the perspectives of social behavior and fuzzy preferences.

(1) Research objective

The main purpose of this book is to address the complex and uncertain group decision-making needs that are prevalent and emerging in the new era, specifically by solving the bottlenecks associated with high uncertainty in decision-making information and the complexity of consensus optimization. This book proposes LSGDM methods from the perspectives of social behavior and fuzzy preferences and applies these methods to social commerce decision-making and group recommendation problems, thereby providing a basis for scientific decision-making incomplex situations. The specific research objectives are as follows:

i) Fuzzy Preference Perspective: Achieve quantitative representation and aggregated processing of complex and uncertain information, calculate the preferences of large groups under irrational behavior, propose methods for analyzing uncertain and irrational preference information, reduce the risk of information loss, improve the accuracy of decision information processing, and ensure the scientific and rational nature of the decision-making process.

ii) Social Behavior Perspective: Construct an LSGDM framework from the perspective of social behavior, propose a new dimension reduction perspective for large groups, identify potential community structures among large-scale group decision-makers (DMs), and reveal the laws of group consensus evolution from the perspective of social trust behavior. Provide guidance for the design of consensus-reaching mechanisms in LSGDM.

iii) Application Perspective: Analyze the characteristics of LSGDM problems inherent in social commerce management, promote the application of LSGDM theories and methods in social commerce decision-making and group recommendation fields, and facilitate the promotion of social commerce models. Additionally, provide a theoretical foundation for other management decision-making problems in general complex decision-making contexts.

(2) Research significance

Based on interdisciplinary theories and methods, this book investigates LSGDM theories and methodologies from the perspectives of social behavior and fuzzy preferences, as well as their applications in social commerce decision-making and group recommendations. The theoretical and practical significance is summarized as follows:

Theoretical Significance: This book deepens and enhances models for uncertain decision preferences and behavior analysis by integrating interdisciplinary theories and methods such as type-2 fuzzy logic, behavioral decision-making, complex networks, and group decision-making. It proposes a new perspective on LSGDM based on social network structures, identifies the interactions between social relationships (trust) and consensus behavior, and elucidates the evolution laws of large-scale group consensus. Ultimately, this has significant theoretical implications for the study of collaborative decision-making in complex and uncertain cognitive contexts.

Practical Significance: This book examines social commerce decision-making models in uncertain scenarios and group recommendation algorithms from the perspective of trust behavior. The research findings support the optimization of the online shopping experience, provide decision support for enhancing the level of online customer management, and hold important value in improving customer satisfaction and loyalty. The LSGDM methods proposed in this book, from the perspectives of social behavior and fuzzy preferences, also have broad significance for researching complex uncertain management decision-making problems that are prevalent in the new era.

(3) Research methodology

Thisbook is primarily supported by the integration of multidisciplinary theories and methods from fields such as decision science, information science, behavioral science, and network science. Using the theories and methodologies of type-2 fuzzy decision-making, group decision-making, and social network analysis, it focuses on researching LSGDM and its application in social commerce recommendations from the perspectives of social behavior and fuzzy preferences. The main methodologies used in this book are introduced below.

i) Type-2 Fuzzy Sets: This book utilizes type-2 fuzzy sets, which present a three-dimensional structure to flexibly handle the uncertainty of decision information and social relationships, such as the representation and aggregation of preference information and social relationship strength. Based on the theory of type-2 fuzzy sets, this article constructs a linguistic variable codebook for e-commerce scenarios, improves commonly used information aggregation operators, and extends commonly used multi-attribute decision-making methods, such as ANP and TOPSIS.

ii) Consensus-Reaching Models: Considering multiple experts, extensive information, and multiple influencing factors, a decision-making method and model that combine cost, reward, and social behavior is proposed to promote group consensus in LSGDM. This article uses a minimum adjustment cost consensus model to illustrate the positive effect of trust on consensus achievement and proposes a new clustering analysis method by considering the unit adjustment cost of DMs' preferences.

iii) Behavioral Decision Theory: Behavioral decision-making describes and explains "how people make decisions" and "why they do so." Its research extensively adopts interdisciplinary concepts and methods from economics, psychology, and management. This book analyzes the irrational behavior of DMs under the influence of risk attitude based on prospect theory and determines subgroup preferences by considering group polarization behavior, providing guidance for practical decision-making.

ⅳ) Social Network Analysis: Social network analysis methods involve computable analysis based on interdisciplinary theories and methods from mathematics, sociology, management, psychology, computer science, and other fields to understand the formation of various human social relationships, analyze behavioral characteristics, and discern the laws of information dissemination. This book utilizes social network analysis to determine the influence of DMs in the network and identifies communities using the Louvain method, achieving the goal of dimensionality reduction analysis for large-scale groups.

2. **Main Content and Key Viewpoints**

Based on the above analysis, this book introduces theoretical models such as preference uncertainty, behavioral irrationality, and consensus interaction under the influence of social behavior and fuzzy preferences, as well as their applications in social commerce decision-making and group recommendations. The main content of this book is as follows:

(1) This book analyzes the complex characteristics of preference information in LSGDM. These characteristics include the ambiguity, uncertainty, incompleteness, heterogeneity, and asymmetry of preferences; the diversity of decision-maker relationships; the subjectivity and irrationality of decision-making behavior; and the non-cooperative consensus interaction. Based on these characteristics, the definition of LSGDM is provided. Subsequently, the book introduces the current state of research on LSGDM, analyzes the limitations of current LSGDM theories and applications, and proposes new solution ideas.

(2) To address the uncertainty expressed byDMs, this book utilizes

type-2 fuzzy linguistic variables to represent and process decision preferences. It introduces interval type-2 fuzzy multi-attribute decision-making methods and fuzzy trust quantification models, and proposes a type-2 fuzzy LSGDM method. First, the book creates an interval type-2 fuzzy linguistic variable codebook for e-commerce applications. Then, to reduce the dimensionality of LSGDM, it proposes an interval type-2 fuzzy equivalence relationship clustering algorithm. Finally, to manage the large-scale characteristics of decision attributes, the book proposes the interval type-2 fuzzy principal component analysis method, which combines repetitive and similar decision attributes into new components in a reasonable proportion and names them.

(3) Considering the impact of social relationships on decision-making behavior, this book provides a new perspective for dimensionality reduction analysis in LSGDM. First, community detection algorithms are employed to perform dimensionality reduction analysis on large-scale groupDMs, calculating individual and community weights through social network centrality. Then, interval type-2 fuzzy linguistic variables are used to express the strength of social relationships. An interval type-2 fuzzy LSGDM method that comprehensively considers internal preference relationships and external social relationships is proposed. Finally, an LSGDM method that takes into account risk attitudes is introduced.

(4) Focusing on achieving consensus among large groups, this book delves into the relationship between cluster analysis of LSGDM and the formation of consensusopinions. First, the concept of consensus evolution networks is proposed, which intuitively displays the process of group consensus formation through changes in network structure. Then, a dynamic clustering analysis method based on consensus evolution network structure is introduced. Finally, considering the adverse impact of significant differences in preference adjustment costs and consensus interaction among sub-

groups, a clustering analysis algorithm based on preferences and adjustment costs is proposed.

(5) This book explores the phenomenon of consensus-reaching from the perspective of social behavior and examines its application in social commerce decision-making and group recommendations. First, it improves the traditional minimum cost consensus model by incorporating implicit trust relationships and discusses the model's economic significance. Then, considering the correlation between preference similarity and the formation of social relationships, the book investigates the interactive effects of general social relationships and consensus relationships, as well as trust relationships and consensus relationships, based on consensus evolution networks. Finally, due to the impact of trust relationships on online shopping, the book introduces the application of LSGDM models that consider trust behavior in social commerce decision-making and group recommendations.

The important viewpoints of this book are as follows:

(1) The interval type-2 fuzzy linguistic variable codebook constructed in this book can effectively quantify key information in online comments. The improved traditional clustering analysis algorithm can flexibly identify large-scale decision subgroups under uncertain preference information, and the expanded multi-attribute decision-making method can assist LSGDM models in dealing with multi-attribute decision-making problems in uncertain situations. Altogether, these tools help address complex problems in uncertain environments.

(2) Social relationships among large-scaleDMs have a significant impact on decision-making behavior, especially consensus behavior. Social network analysis methods provide powerful tools for LSGDM research. According to research findings on social trust and consensus interaction, social trust has become an important influencing factor in exploring the es-

sence of group consensus formation.

(3) The study of LSGDM needs to systematically consider various key components. A comprehensive consideration of uncertain preferences and clustering analysis can solve the dimensionality reduction problem of LSGDM under fuzzy preferences. By taking into account the consensus-reaching process and clustering analysis, this approach effectively alleviates the contradictions in the dimensionality reduction process of LSGDM, providing a new solution for dimensionality reduction analysis in LSGDM.

(4) This book deeply explores the commonalities between LSGDM models and their practical applications in social commerce. By applying LSGDM models to real-world decision-making scenarios in social commerce, it provides quantitative model support for social commerce decisions and group recommendations. Additionally, it offers a theoretical reference for promoting the development of online business.

3. Academic Innovations and Contributions

The innovations of this book are mainly reflected in the following aspects:

(1) Utilizing type-2 fuzzy sets, which offer more parameters and more flexible representations, to handle preference information uncertainty. A freely convertible codebook between semantic information and type-2 fuzzy sets is constructed based on e-commerce evaluation data. Expanding traditional multi-attribute decision-making methods to a fuzzy environment provides a theoretical reference for studying the decision-making behavior of e-commerce users based on linguistic evaluation.

(2) Integrating social relationships (especially trust relationships) into LSGDM to analyze their impact on group decision-making behavior. Social network analysis techniques and tools are used to cal-

culate decision-maker influence. Classifying large-scaleDMs based on community structure provides a new research perspective for complex LSGDM scenarios.

(3) Inspired by social network analysis, the concept of a consensus evolution network is proposed to study the contradiction between dynamic clustering analysis and the consensus formation process. This involves examining the essence of consensus-reaching through the interaction between social trust relationships and consensus relations. According to the consensus model of minimum adjustment cost, a clustering method that considers preference adjustment cost is proposed, effectively avoiding decision-making conflicts within subgroups and deepening research on consensus in LSGDM.

(4) Analyzing the essence of LSGDM in social commerce decision-making and group recommendation problems, this book systematically studies the social trust behavior ofDMs. It proposes a community detection method oriented towards trust network structures, constructs a social business decision-making model that considers trust behavior, and introduces a corresponding personalized group recommendation algorithm based on trust relationships. This promotes the application of LSGDM models in solving real-world problems.

In summary, the contributions of this book are mainly reflected in the systematic and effective resolution of information processing, clustering analysis, consensus building, and alternative selection for LSGDM in complex situations characterized by uncertainty, incompleteness, socialization, and large scale. The research results presented in this book hold important theoretical significance for addressing LSGDM problems in complex situations and have practical significance for identifying potential e-commerce users and improving recommendation accuracy. They also hold universal significance for the study of other complex and uncertain management decision-making problems prevalent in the new era.

Key Words: Large-Scale Group Decision-Making; Social Network Analysis; Fuzzy Preference; Clustering analysis; Consensus-Reaching Process; Trust Behavior; Group Recommendation

目　　录

第一章　大规模群决策 ………………………………………………（1）
  第一节　大规模群决策基本概念 ………………………………（2）
  第二节　大规模群决策研究现状 ………………………………（5）
  第三节　本章小结 ………………………………………………（11）

第二章　二型模糊多属性决策 …………………………………（12）
  第一节　二型模糊集合基本概念 ………………………………（13）
  第二节　二型模糊语义信息处理 ………………………………（17）
  第三节　异质偏好信息处理 ……………………………………（24）
  第四节　二型模糊多属性决策方法 ……………………………（29）
  第五节　本章小结 ………………………………………………（39）

第三章　社交信任关系分析 ……………………………………（41）
  第一节　社会网络分析 …………………………………………（42）
  第二节　信任网络分析 …………………………………………（46）
  第三节　二型模糊信任计算 ……………………………………（49）
  第四节　本章小结 ………………………………………………（58）

第四章　模糊偏好视角下的大规模群决策 ……………………（59）
  第一节　面向大规模决策者的区间二型模糊等价关系
　　　　　聚类分析算法 …………………………………………（60）

第二节　面向大规模属性的区间二型模糊主成分
　　　　　　分析方法……………………………………………（67）
　　第三节　区间二型模糊大规模群决策方法………………（74）
　　第四节　电子商务应用……………………………………（77）
　　第五节　本章小结…………………………………………（93）

第五章　考虑社交关系与模糊偏好的大规模群决策……………（95）
　　第一节　基于社交关系的二型模糊大规模群决策方法…（96）
　　第二节　综合考虑社交关系与偏好信息的二型模糊大规模
　　　　　　群决策方法………………………………………（108）
　　第三节　信息不完全与风险态度视角下的大规模
　　　　　　群决策方法………………………………………（124）
　　第四节　本章小结…………………………………………（148）

第六章　共识达成与聚类分析视角下的大规模群决策………（149）
　　第一节　传统群共识模型…………………………………（149）
　　第二节　共识演化网络……………………………………（151）
　　第三节　平衡共识演化和聚类分析矛盾的大规模
　　　　　　群决策方法………………………………………（165）
　　第四节　考虑偏好调整成本的大规模群决策聚类方法……（185）
　　第五节　本章小结…………………………………………（204）

第七章　社交信任行为驱动的群体共识决策…………………（206）
　　第一节　考虑信任行为的最小调整成本共识优化模型……（207）
　　第二节　基于信任关系的共识调整成本修正模型………（216）
　　第三节　社交关系与共识关系的交互影响分析…………（224）
　　第四节　信任关系与共识关系的交互影响分析…………（240）
　　第五节　本章小结…………………………………………（259）

第八章 考虑社交信任行为的社会化商务决策 …………（261）
- 第一节 社会化商务用户购物影响因素分析 …………（262）
- 第二节 基于质量功能展开模型的电商用户需求分析 ……（267）
- 第三节 社会化商务信任行为分析 ………………（288）
- 第四节 考信任行为和评价可靠性的社会化商务决策 ……（293）
- 第五节 本章小结 …………………………（307）

第九章 考虑社交信任行为的群推荐应用 ………………（309）
- 第一节 群推荐系统的发展与应用 ………………（310）
- 第二节 社会化商务推荐 …………………………（313）
- 第三节 基于信任关系的社会化商务推荐模型 …………（316）
- 第四节 基于MovieLens数据集的社会化商务推荐应用 ……（324）
- 第五节 本章小结 …………………………（339）

第十章 总结与展望 …………………………（341）
- 第一节 总结 ……………………………（341）
- 第二节 展望 ……………………………（343）

附 录 …………………………………（346）

参考文献 …………………………………（349）

索 引 …………………………………（384）

Contents

Chapter 1　Theory of Large-Scale Group Decision-Making ……………………………… (1)
　Section 1　Background ……………………………………………… (2)
　Section 2　Research Status of Large-Scale Group Decision-Making ……………………………………… (5)
　Section 3　Summary ………………………………………………… (11)

Chapter 2　Multi-Attribute Decision Under Type-2 Fuzzy Sets ……………………………………… (12)
　Section 1　Basic Concepts of Type-2 Fuzzy Sets ……………… (13)
　Section 2　Linguistic Information Processing Based on Type-2 Fuzzy Sets ……………………………………… (17)
　Section 3　Heterogeneous Preference Information Processing …………………………………………… (24)
　Section 4　Type-2 Fuzzy Multi-Attribute Decision-Making Method ……………………………………………… (29)
　Section 5　Summary ………………………………………………… (39)

Chapter 3　Social Trust Relationship Analysis ………………… (41)
　Section 1　Social Network Analysis ……………………………… (42)
　Section 2　Basic Concepts of Trust Networks ………………… (46)

Section 3	Type-2 Fuzzy Trust Computing Model	(49)
Section 4	Summary	(58)

Chapter 4　Interval Type-2 Fuzzy Large-Scale Group Decision-Making (59)

Section 1	Interval Type-2 Fuzzy Equivalence Clustering Analysis Algorithm	(60)
Section 2	Interval Type-2 Fuzzy Principal Component Analysis Method	(67)
Section 3	Interval Type-2 Fuzzy Large-Scale Group Decision-Making Method	(74)
Section 4	Application in E-commerce	(77)
Section 5	Summary	(93)

Chapter 5　Uncertain Large-Scale Group Decision-Making Method Considering Social Relationships (95)

Section 1	A Type-2 Fuzzy Large-Scale Group Decision-Making Model with Social Relationships	(96)
Section 2	A Type-2 Fuzzy Large-Scale Group Decision-Making Model Considering Social Relationship and Preference Information	(108)
Section 3	Large-Scale Group Decision-Making Under Incomplete Information and Risk Attitudes	(124)
Section 4	Summary	(148)

Chapter 6　Large-Scale Group Decision-Making Model Based on Consensus Evolution Network (149)

Section 1	Traditional Group Consensus Model	(149)
Section 2	Consensus Evolution Networks	(151)

Section 3　A Large-Scale Group Decision-Making Model that Balances the Conflict Between Consensus Evolution and Clustering Analysis ……………………………… (165)

Section 4　Clustering Analysis Considering Preference Adjustment Cost in Large-Scale Group Decision-Making ……… (185)

Section 5　Summary …………………………………………… (204)

Chapter 7　Group Consensus Decision-Making Method Driven by Social Trust Behavior ……………………………… (206)

Section 1　Minimum Cost Consensus Model Considering Trust Behavior …………………………………………… (207)

Section 2　Adjustment Cost Correction Model Based on Trust Relationship ………………………………………… (216)

Section 3　Interaction Between Social Relationship and Consensus Relation …………………………………………… (224)

Section 4　Interaction Between Trust Relationship and Consensus Relation …………………………………………… (240)

Section 5　Summary …………………………………………… (259)

Chapter 8　A Social Commerce Decision Model Considering Trust Behavior ………………………………………… (261)

Section 1　Analysis of Influencing Factors of Social Commerce Shopping …………………………………………… (262)

Section 2　Analyzing E-commerce User Demand Based on the Quality Function Development Model …………… (267)

Section 3　Social Commerce Trust Behavior Analysis Model ………………………………………………… (288)

Section 4　A Social Commerce Decision Model Based on Trust Behavior and Evaluation Reliability ……………… (293)

Section 5　Summary ……………………………………… (307)

Chapter 9　Group Recommendation Considering Social Trust Behavior ……………………………… (309)
Section 1　Group Recommendation System …………………… (310)
Section 2　Background of Social Commerce Recommendation ……………………………………… (313)
Section 3　Social Commerce Recommendation Based on Trust Relationships ……………………………………… (316)
Section 4　Testing the Social Commerce Recommendation Model with MovieLens Data ……………………………… (324)
Section 5　Summary ……………………………………… (339)

Chapter 10　Conclusions and Future Work ………………… (341)
Section 1　Conclusions ……………………………………… (341)
Section 2　Future Work ……………………………………… (343)

Appendix ………………………………………………………… (346)

References ……………………………………………………… (349)

Index …………………………………………………………… (384)

第 一 章

大规模群决策

群决策是一种以群体为决策主体，集中群体成员智慧、发挥群体优势的决策方式，是决策科学化与民主化的基本前提和保证，是复杂管理的重要手段（盛昭瀚，2019）。但是，新一代信息技术的飞速发展和高度互联互通的社会网络促使决策环境和决策范式发生了深刻变化（陈国青等，2023）。决策成员不再局限于少数专家、决策信息多源异构、决策主体关联关系复杂、决策行为高度不确定、决策因素繁多且关联交叉、决策目标多样等复杂情境相继出现，传统群决策理论与方法在处理这类问题时凸显出较大的局限性，大规模群决策理论与方法应运而生（Carvalho 等，2011）。

大规模群决策通过收集众多不同领域专家的意见，考虑众多参与者的利益得失，得到更加科学、公平、合理的决策结果。人们在现实生活中面临着各种各样的大规模群决策问题。社交媒体为人们参与群体决策提供了不受时间、地域、空间限制的线上交流平台，公众观点因相互影响而时刻发生着改变，英国脱欧和美国总统选举的跌宕起伏正是民意不断变化的结果。电子政务（Benyoucef & Verrons，2008）不仅为广大普通民众提供了公开、透明的政务信息，还为公民提供了参与政府决策的机会和权利。智慧医疗基于信息的互通共享、数据的统计与分析、人工智能辅助诊断等手段助力医疗资源公平化，为建设健康中国提供重要支撑。但智慧医疗远程化、分布式、大规模、多主体、虚拟化等特征使得医疗服务协同决策过程更加复杂化，影响协同决策效率，且容易引发医疗纠纷（杨善林等，2022）。因此，为了响应科学、公平、高质、高效决策的现实需求，大规模群决策得到了快速发展且正逐渐成为复杂决策领域的研究热点之一（吴志彬，2023）。

第一节 大规模群决策基本概念

本节通过梳理大规模群决策问题特征总结其定义，并介绍当前大规模群决策研究的理论框架。

一 大规模群决策定义

大规模群决策（Large-Scale Group Decision-Making，LSGDM）由于其新颖性、理论不完备性、决策情境复杂多变性等原因至今没有统一的定义，但学者们从不同视角总结了大规模群决策问题的特点。陈晓红院士及其团队较早地开展了复杂大群体决策研究（陈晓红、刘蓉，2006），并从四个方面阐述了复杂大群体决策的含义：(1) 群体处在网络环境中，网络是其载体，群体成员进行相对异时和异地决策可较好地克服面对面的错觉、从众压力、自我压抑和心理防卫等对决策行为的影响；(2) 群体规模较大（由于群体交互复杂性，一般认为超过 20 人即为大群体决策）；(3) 群体具有复杂性，如决策多属性的差异性、不确定性、模糊性、信息不完全及群体成员的差异性等；(4) 满足群体一致性要求，即将个体意见集结为群体意见后，还要使得群体意见尽可能满足个体的要求，达成一致性的协调。Ding 等（2020）将大规模群决策定义为"不少于 20 人基于一些准则或属性对有限个决策方案进行评价与选择的动态过程，在此过程中还需注意获得成员支持或减少其反对意见"。Tang 和 Liao

(2021)对大规模群决策的研究现状及其在大数据时代的挑战进行了分析,在上述定义基础上提到了大群体决策者的非合作行为、矛盾关系、决策成本等关键要素。

为了降低大规模群决策研究的复杂性,已有研究通常利用聚类方法将大群体决策者聚类分析,如此处理的主要原因是我们可将观点类似或一致的子群体看作独立的决策个体。所以,对于观点一致的大群体决策问题,即使决策规模成千上万仍可将其看作独立个体来处理,亦不可称之为大规模群决策问题。因此,在前人研究基础上,我们尝试总结出大规模群决策的特征如下:(1)决策规模较大(一般认为超过20人)且群体意见发散。因为当且仅当一定规模群体的意见不一致或表现出非合作行为时,共识决策复杂性才会急剧增加。(2)群体意见异构、异质、不确定。异构是指决策观点表征的多样性,如表情符号、声音、视频、文字、数据等;来自不同领域或行业的成员由于知识或经验差异而观点不同;不确定是指决策偏好信息的不完全、非对称、模糊性等特征。(3)决策成员社交关系复杂或存在利益冲突,决策准则/属性关联交叉,决策方案数量较多且存在矛盾关系等。(4)决策行为非理性。决策个体因在心理、认知、动机、期望等方面的差异或因处在群体/社会压力下而表现出的"现时偏见"、心理账户、风险追求、观点极化等非理性行为。我们称满足上述部分或全部特征的决策问题为大规模群决策问题。

二 大规模群决策框架

目前,关于大规模群决策的研究主要集中在偏好信息表征与处理(Meng 等,2016;徐选华等,2014)、聚类分析(Zhu 等,2016)、共识达成等方面(Li 等,2019b;Palomares 等,2014a;Xu 等,2018;Zhang 等,2018b),也有部分关注非合作行为(Dong 等,2018b;Palomares 等,2014a)以及少数观点(徐选华等,2017)的研究。另外,社交网络分析是解决复杂大规模群决策问题的有效工具,因此,考虑社会关系的大规模群决策研究开始崭露头角(Liu 和 Jia,

2015；Ren 等，2020；徐选华、张前辉，2020）。大规模群决策一般理论研究框架如图 1.1 所示。

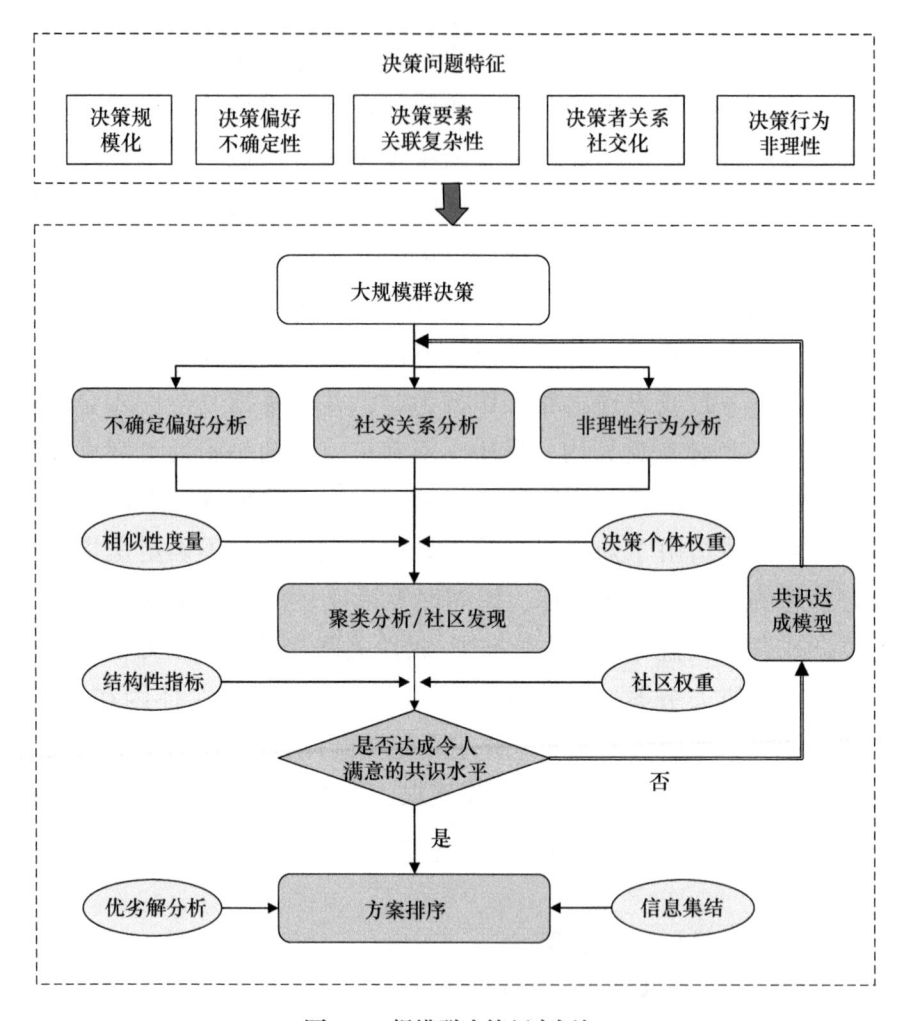

图 1.1 规模群决策研究框架

第一，分析决策问题规模、偏好表征形式、决策要素（决策主体和属性/准则）关联关系、决策行为特征等，并判断该决策问题是否属于大规模群决策问题。

第二，分析大规模群决策偏好不确定性和行为非理性以获取决策信息，通过分析社交关系构建社交网络，根据知识水平、专业程度、社会影响力等衡量决策者个体重要性。

第三，利用相似度计算方法度量决策偏好相似性，考虑社交关系强度，结合聚类分析算法或社区发现算法对大规模决策者或复杂决策属性/准则进行降维分析，在此基础上，综合考虑社区规模、紧密度、共识水平等度量社区重要性。

第四，判断群体共识水平是否达到令人满意的程度，如果是，则继续下一步；否则，需要确立偏好调整规则、设定共识阈值、建立共识达成模型进行动态反馈调整，直至达到令人满意的共识水平，继续下一步。

第五，利用信息集成算子或多准则决策方法对各方案进行排序，根据排序结果选取最优方案或预测群体最终决策结果。

第二节 大规模群决策研究现状

根据上述大规模群决策理论研究框架，现梳理大规模群决策在偏好处理、聚类分析、共识达成三个主要方面的研究现状如下。

一 大规模群决策偏好处理

如定义所述，大规模群决策问题常常由于决策个体知识、经验的局限性而表现出偏好模糊性、非对称性、不完全性以及行为非理性等不确定特征。另外，由于决策成员规模较大、所属行业不同又表现出异构、异质性等不确定特征。

（一）大规模群决策偏好模糊性

目前，大规模群决策偏好信息表征方式可以总结为基于语言术语和基于多种偏好关系两个方面：

1. 基于语言或语义术语分布：Liu 等（2015a）用包含语言术语和语言区间的区间值二元语义来表达复杂多属性大规模群决策者的

评估信息。Alonso 等（2013）基于语言偏好研究了 Web 2.0 社区中大规模用户通过实时交流达成共识的问题。Zhang 等（2017）认为多粒度语义分布式评估能够最大化保留大规模群决策初始阶段的语义信息。李海涛等（2017）针对传统语言大规模群决策中专家权重难以确定的问题，提出基于蒙特卡罗经验模态分解提取专家语言评价信息。

2. 基于经典模糊偏好关系：Liu 等（2016）基于模糊偏好关系表示大规模群决策参与者的评价信息。Xu 等（2015）基于模糊偏好关系为大规模应急决策问题提出一个动态共识模型。Labella 等（2018）主要基于模糊偏好关系分析了传统共识模型在大规模群决策问题中的表现。Palomares 等（2014a）基于模糊偏好关系研究了大规模群决策者的非共识行为。

3. 基于其他拓展的模糊偏好关系：Liu 等（2014b；2015b）采用区间值直觉模糊集的方式来表达决策者的偏好信息。Gou 等（2018）和 Liu 等（2019b）均基于犹豫模糊偏好关系研究了大规模群决策问题。另外，还有融合多种偏好信息来考虑决策者异质偏好的大规模群决策研究相继出现（Zhang 等，2018b；昆祥瑞，2017）。已有研究成果展现了当前模型处理多种偏好信息的可行性，为不确定情境下的大规模群决策研究提供了丰富的理论基础。

（二）大规模群决策偏好不完全

由于决策者在专业知识、决策经验等方面的局限性，大群体决策偏好常常表现出不完全性（Song 和 Li，2019）。Xu 等（2016）基于直接信任和间接信任提出大规模群决策缺失信息补全方法。针对不完全模糊成对比较信息，Chao 等（2018）提出用余弦相似度方法直接度量不完全信息下的大规模群决策者之间的偏好相似性。Tian 等（2019）基于信任关系预测不完全区间二型模糊矩阵信息。Chu 等（2020）提出基于社区划分结果的不完全模糊偏好信息补全方法。Zhou 等（2022）基于统计分析方法预测不完全评价信息。

(三) 大规模群决策偏好异质性

大规模决策者因拥有不同的专业背景、表达习惯而常常表现出偏好异质性 (Tang 等, 2022)。Zhang 等 (2015) 提出基于个人优先权的信息集成机制, 有效降低异质偏好在信息集成过程中面临的信息丢失问题。Zhang 等 (2018b) 基于用户关注和满意度为大规模群决策问题提出基于异质偏好信息的共识达成模型。Tang (2019) 基于有序一致性度量提出异质偏好下的共识度量方法, 该方法无须计算个体偏好到集体偏好的距离。Chao (2021) 等为异质偏好信息提出一种相似性计算方法, 并利用优化模型来整合异质偏好信息。Li 等 (2022) 通过将异质偏好信息转换成统一的偏好形式来处理大规模群决策偏好异质问题, 并讨论了如何降低转换过程中的信息丢失问题。

二 大规模群决策聚类分析

聚类分析是降低大规模群决策复杂性的有效工具 (Liu 等, 2015b; Wu 和 Liu, 2016)。聚类分析通过将相似的对象聚为子群体, 能够有效缓解大规模群决策的复杂性。根据聚类信息的不同, 当前大规模群决策聚类问题主要从基于偏好信息和网络结构两个方面来展开。

(一) 基于偏好信息的聚类分析

偏好是决策事件的最直接信息之一。Zahir (1999) 基于偏好相似性方法将大群体中的个体参与者自然地分类, 并分析了异质子群体间的连接关系。Liu 等 (2014a) 提出一个部分二叉树 DEA-DA 循环聚类模型来实现对大规模参与者的精确聚类。Zhu 等 (2016) 基于判断矩阵和多属性决策矩阵提出三维灰色关联分析方法来对大规模决策者进行聚类分析。Ding 等 (2019b) 基于稀疏表示的直觉模糊聚类算法来分析群体内部关系和寻找群体领导。Liu 等 (2019b) 提出基于方案排序的聚类算法对大规模群决策进行降维分析。刘蓉 (2006) 基于改进的最小模糊 C 均值聚类算法提出了具有复杂群体行为的大群体决策方法。徐选华和范永峰（2011）研究了改进的蚁群聚类算法在多属性大群体决策中的应用。此外，Liu 等（2015b）通过拓展的主成分分析法对大规模属性进行降维分析。上述研究成果展现了大规模群决策聚类算法的多样性，为大规模群决策降维分析提供了技术支持。

（二）基于网络结构的社区发现

决策者间的社交网络结构为大规模群决策降维分析提供了新的视角。社区发现是常用的社会网络分析技术之一，对于理解网络组织结构发展规律、辨别网络节点重要性、识别网络关系演化机理等具有重要作用。Wu 等（2018b）首次在大规模群决策问题中考虑群体社交关系，并基于 Louvain 社区发现方法对大群体进行降维分析。Chu 等（2020）基于模糊聚类方法提出一种新的社区发现方法。考虑到信任关系的可靠性，Yu 等（2022）为大规模群决策问题提出一种信任 Cop-Kmeans 聚类方法。针对大群体决策者的不完全偏好信息，Lu 等（2022）提出基于灰聚类的社区发现方法。此外，考虑到决策者之间的偏好相似、社会交互等多重关联关系，将社交关系与偏好信息融合的社区发现方法研究也逐渐展开（Wu 等，2019c）。

三　大规模群决策共识模型

由于大规模群决策问题的偏好不确定、不完全、异质性以及决策行为非理性等复杂性特征，传统群决策研究中的经典共识模型在大规模群决策场景下面临着较大挑战（Labella 等，2018）。针对大规模群决策特点的共识研究逐渐发展起来：

（一）常用共识优化模型

为了降低共识达成过程的成本，方便大规模群决策计算，Palomares 等（2014b）为大规模群决策问题设计了基于主体的自动半监督共识支持模型。Quesada 等（2015）为共识达成过程提出了一种基于 uninorm 聚集算子的专家权重确定方法。Li 等（2019b）提出基于聚类个性化语义和对立共识群体的共识模型。Zha 等（2019）提出基于有界置信观点动力学模型的大规模群共识优化方法。Lu 等（2021）提出面向大规模群决策最小调整成本共识模型的鲁棒优化方法。Wang 等（2022）为大规模群共识提出不同权力结构下的两阶段反馈调整模型。Liang 等（2022）基于有界置信观点动力学模型提出一种基于最小成本和时间约束的大规模群共识模型。

（二）考虑行为因素的共识研究

Palomares 等（2014a）探究了大规模群决策中的非合作行为。针对大规模群决策中合作行为与非合作行为相互转变的问题，Xu 等（2015b）提出了一种"退出—委托"机制的动态共识模型。Dong 等（2018b）为大规模群决策过程中的非共识问题提出自管理机制。Shi 等（2018）提出基于综合行为分类和自适应权重更新的共识模型。Liu 等（2019c）从过度自信视角提出大规模群决策共识达成模型。李喜华（2012）给出基于前景理论的复杂大群体直觉模糊多属性决策方法。另外，还有少量考虑少数观点的共识研究，Xu 等（2015a）在同时兼顾非合作行为和少数人观点的情况下，为多准则大规模群决策问题提出一种共识达成模型。徐选华等（2017）提出保护少数意见的冲突型大群体应急决策方法。已有研究成果丰富了传统群决策理论，为深入探索大规模群决策共识问题提供了经验。

四 社会网络大规模群决策方法

由于社交媒体的普及，现实决策中决策者之间总是存在或多或少的联系，即所谓的社会关系。并且，社会网络分析是研究共识达成的一个新颖且有用的工具，促进了社会网络群决策的产生。Herrera-Viedma 等（2017）对群决策与社会网络的关系以及共识研究现状进行了介绍。Ureña 等（2019）讨论了信任、声誉和影响力对决策过程的促进作用，并提出社会网络环境下的推荐机制。Dong 等（2018a）详细介绍了基于社会网络分析的共识达成过程，着重分析了基于观点动力学和信任关系的共识达成模型。

考虑到社交关系在传统群决策中发挥的积极作用，社会网络大规模群决策研究应运而生（Wu 等，2018b；Wu 等，2019c）。Tian 等（2019）基于不完整区间二型模糊信息为大规模群决策提出基于社会网络分析的共识支持结构。Ding 等（2019a）基于社会网络分析了大规模群决策共识达成过程中的矛盾现象。Liu 等（2019a）提出基于信任关系的大规模群决策矛盾识别与消除方法。Wu 等（2019f）为大规模群决策问题提出一个两阶段社交信任划分模型，并将其应用到电影推荐中。Zhou 等（2019）为网络在线服务提出基于大规模群决策的社会推荐方法。Ren 等（2020）研究了以社会网络分析为基础的大规模群决策中的少数观点问题。Xu 等（2016）基于信任模型处理不完全偏好信息环境下的大规模群决策问题。徐选华、张前辉（2020）研究了社会网络环境下风险型大群体应急决策非合作行为。已有研究丰富了大规模群决策研究，对深入研究大群体参与者社交关系及其对群共识的影响有重要意义。

五 大规模群决策应用领域

随着大规模群决策理论的快速发展与日益完善，其应用场景也逐渐丰富。Palomares 和 Martínez（2014）构建了面向异质偏好信息的大规模群决策模型并将其应用到基于 IT 的服务管理领域中。Xu 等（2018）提出一个基于两阶段共识模型的大规模多属性群决策方法并将其应用到地震避难所地点选择中。Song 等（2019）提出基于不完全多粒度概率语言术语集的大规模群决策模型并应用其进行可持续供应商选择。Chao 等（2021）提出面向非合作行为和异质偏好的大规模群决策模型并讨论其在金融领域的应用。Li 等（2022）构建异质大规模群决策模型并将其应用到应急预案选择中。除此之外，Ding 等（2020）还提到一些大规模群决策方法的潜在应用场景，如复杂系统仿真、群推荐系统设计、智慧城市与物联网构建等。

第三节 本章小结

本章从基本概念、理论框架、研究现状等方面对大规模群决策问题进行了概述，方便读者对大规模群决策理论与方法的产生背景、研究重点、研究意义进行全面的了解。基于上述分析可知，由于学界尚未形成关于大规模群决策的具体定义，本章总结了大规模群决策问题可能包含的几个特征：决策规模较大、决策偏好形式多样、决策主体关系结构复杂以及决策行为非理性。本章梳理了大规模群决策的主要研究方向，包括大规模群决策偏好处理、聚类分析、共识达成，社交网络背景下的大规模群决策方法以及大规模群决策应用研究。大规模群决策的不断发展，极大地丰富了群决策研究内涵，推动了决策理论与方法研究的进步。

但是，当前大规模群决策研究仍然存在一些问题，如决策偏好不确定、不完全、异质性等问题尚需进一步探索，大规模群决策聚类分析与共识达成之间的复杂关系尚需进一步明确，社交关系对大规模群决策过程的影响，尤其是信任行为对共识达成的影响尚需进一步挖掘。同时，大规模群决策发展也面临一些挑战，如大规模群决策理论、方法与实际应用有些脱节、应用场景不够丰富等问题。接下来的章节对当前大规模群决策存在的问题进行了探讨，并将大规模群决策理论与方法应用到社会化商务决策及群推荐场景中。

第 二 章

二型模糊多属性决策

模糊理论是解决信息不确定性的重要基础。Zadeh（1965）教授于1965年提出的模糊理论已经在决策、控制、人工智能等领域得到了广泛且成功的应用。其中，1970年开始的模糊决策研究已经成为现代决策科学领域最为活跃的分支（Bellman 和 Zadeh，1970），并取得了丰富的研究成果（Yager，1978；Kacprzyk 和 Fedrizzi，1988；刘宝碇、彭锦，2005；Herrera 等，2008）。随着现实管理决策问题的日益复杂化，传统的一型模糊集在处理不确定信息时表现出一定的局限性。为此，Zadeh（1975）教授对传统的一型模糊集进行了拓展，将隶属度进行模糊化，提出了二型模糊集的概念。

二型模糊集同时由主、次隶属度刻画，构成一个三维空间，其主隶属度本质是一型模糊集，是对高阶不确定性的定量表示，因此能够更加灵活地描述不确定信息（Mendel 和 John，2002）。随后，Mendel 教授及其合作者（Karnik 和 Mendel，2001；Liu 和 Mendel，2011；Mendel 等，2006）对二型模糊理论的深入研究促进了其在控制和计算智能领域的成功应用（Bilgin 等，2016；Chakraborty 等，2015；Hagras，2004），在决策领域的广泛研究（Celik 等，2013；Hosseini 和 Tarokh，2013；Kahraman 等，2014；Oner 和 Oztaysi，2018；Chen 和 Hong，2014；Wu 和 Mendel，2010），以及在推荐系统的初步探索（Almohammadi 等，2017；Bilgin 等，2016；Celik 等，2013；Lee 等，2015）。在不确定决策领域，区间二型模糊决策成为最热门的研究方向之一，这是因为区间二型模糊集的次隶属度全为1，广义二型模糊集的三维空间即可以看作二维空间，从而大大降低运算强度（Mendel 等，2006；王飞跃等，2018）。

因此，本书主要利用二型模糊集理论处理决策偏好不确定性。本章内容首先介绍二型模糊集合的基本概念；接着介绍二型模糊语义处理方法，包括二型模糊语义表征与模糊信息集成计算；最后，介绍几种常用多属性决策方法在二型模糊环境下的拓展应用。

第一节　二型模糊集合基本概念

本节内容首先介绍二型模糊集合的定义及其加、减、乘、除等基本运算规则，为二型模糊集表征、处理不确定信息提供支持。

一　二型模糊集合定义

定义 2.1.1　（Mendel 等，2016）设 X 为论域，则定义在 X 上的二型模糊集 $\tilde{A}$ 可以由其隶属函数 $\mu_{\tilde{A}}$ 表示为：

$$\tilde{A} = \{ [(x, u), \mu_{\tilde{A}}(x, u)] \mid x \in X, u \in [0, 1] \} \quad (2.1)$$

其中 $0 \leq \mu_{\tilde{A}}(x, u) \leq 1$，$x$ 是主要变量，u 是次要变量。

对定义在论域 X 上的二型模糊集 $\tilde{A}$，如果满足 $\mu_{\tilde{A}}(x, u) = 1$，则称 $\tilde{A}$ 为区间二型模糊集且表示为：$\tilde{A} = \{ [(x, u), 1] \mid x \in X, u \in [0, 1] \}$。区间二型模糊集的次隶属度全为 1，可以大大减少二型模糊数降型和解模糊的计算量，使得其成功地应用到了很多领域。

定义 2.1.2　（Mendel 和 John，2002）区间二型模糊集 $\tilde{A}$ 的全体主隶属函数的模糊程度受约束于一个带状区域，此区域称为集合

$\tilde{A}$ 的不确定迹（Footprint of uncertainty, FOU），记作 $FOU(\tilde{A})$，它是论域 X 中所有主隶属度的并集：

$$FOU(\tilde{A}) = [\underline{\mu}_{\tilde{A}}(x), \overline{\mu}_{\tilde{A}}(x)] \qquad (2.2)$$

其中，$\underline{\mu}_{\tilde{A}}(x)$ 为 $\tilde{A}$ 的下隶属度函数（Lower membership function, LMF），$\overline{\mu}_{\tilde{A}}(x)$ 为 $\tilde{A}$ 的上隶属度函数（Upper membership function, UMF）。

在区间二型模糊决策应用中，常常用梯形区间二型模糊集来表述语言变量的不确定性。梯形区间二型模糊集 $\tilde{A} = [(a_1^U, a_2^U, a_3^U, a_4^U; h(\tilde{A}^U))(a_1^L, a_2^L, a_3^L, a_4^L; h(\tilde{A}^L))]$ 的上下隶属函数分别由 4 个 x 轴数值和高组成，$\tilde{A}$ 的隶属函数及不确定迹的几何示意如图 2.1 所示：

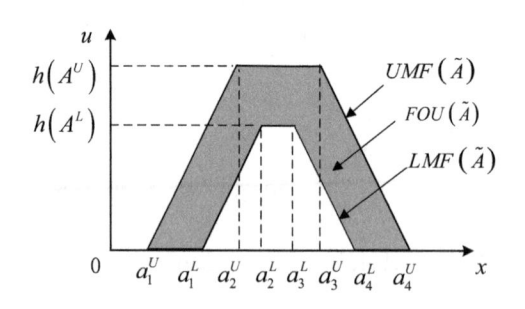

图 2.1 区间二型模糊集 $\tilde{A}$

二 二型模糊集合的基本运算

下面介绍二型模糊集常用的相关运算，包含加、减、乘、除、数乘、质心、距离及相似性计算。

定义 2.1.3 （Chen, 2014）假设有两个梯形区间二型模糊集 $\tilde{A}_1$ 和 $\tilde{A}_2$：$\tilde{A}_1 = [(a_{11}^U, a_{12}^U, a_{13}^U, a_{14}^U; h(\tilde{A}_1^U))(a_{11}^L, a_{12}^L, a_{13}^L, a_{14}^L; h(\tilde{A}_1^L))]$，$\tilde{A}_2 = [(a_{21}^U, a_{22}^U, a_{23}^U, a_{24}^U; h(\tilde{A}_2^U))(a_{21}^L, a_{22}^L, a_{23}^L,$

$a_{24}^L; h(\widetilde{A}_2^L))]$，则 $\widetilde{A}_1$ 和 $\widetilde{A}_2$ 之间的加减运算可以表示为：

$$\widetilde{A}_1 \oplus \widetilde{A}_2 = [\ (a_{11}^U + a_{21}^U, a_{12}^U + a_{22}^U, a_{13}^U + a_{23}^U, a_{14}^U + a_{24}^U;$$
$$\min(h(\widetilde{A}_1^U), h(\widetilde{A}_2^U)))$$
$$(a_{11}^L + a_{21}^L, a_{12}^L + a_{22}^L, a_{13}^L + a_{23}^L, a_{14}^L + a_{24}^L;$$
$$\min(h(\widetilde{A}_1^L), h(\widetilde{A}_2^L)))] \quad (2.3)$$

$$\widetilde{A}_1 \ominus \widetilde{A}_2 = [\ (a_{11}^U - a_{24}^U, a_{12}^U - a_{23}^U, a_{13}^U - a_{22}^U, a_{14}^U - a_{21}^U;$$
$$\min(h(\widetilde{A}_1^U), h(\widetilde{A}_2^U)))$$
$$(a_{11}^L - a_{24}^L, a_{12}^L - a_{23}^L, a_{13}^L - a_{22}^L, a_{14}^L - a_{21}^L;$$
$$\min(h(\widetilde{A}_1^L), h(\widetilde{A}_2^L)))] \quad (2.4)$$

区间二型模糊数 $\widetilde{A}_1$ 和 $\widetilde{A}_2$ 之间的乘法运算可以表示为：

$$\widetilde{A}_1 \otimes \widetilde{A}_2 = [\ (a_{11}^U \times a_{21}^U, a_{12}^U \times a_{22}^U, a_{13}^U \times a_{23}^U, a_{14}^U \times a_{24}^U;$$
$$\min(h(\widetilde{A}_1^U), h(\widetilde{A}_2^U)))$$
$$(a_{11}^L \times a_{21}^L, a_{12}^L \times a_{22}^L, a_{13}^L \times a_{23}^L, a_{14}^L \times a_{24}^L;$$
$$\min(h(\widetilde{A}_1^L), h(\widetilde{A}_2^L)))] \quad (2.5)$$

区间二型模糊数 $\widetilde{A}_1$ 与一个实数 c 的线性运算表示如下：

$$c\widetilde{A}_1 = \begin{cases} [\ (ca_{11}^U, ca_{12}^U, ca_{13}^U, ca_{14}^U; h(\widetilde{A}_1^U)) \\ (ca_{11}^L, ca_{12}^L, ca_{13}^L, ca_{14}^L; h(\widetilde{A}_1^L))], c \geqslant 0 \\ [\ (ca_{14}^U, ca_{13}^U, ca_{12}^U, ca_{11}^U; h(\widetilde{A}_1^U)) \\ (ca_{14}^L, ca_{13}^L, ca_{12}^L, ca_{11}^L; h(\widetilde{A}_1^L))], c < 0 \end{cases} \quad (2.6)$$

区间二型模糊数 $\widetilde{A}_1$ 和 $\widetilde{A}_2$ 之间的除法运算可以表示为：

$$\begin{aligned}
\widetilde{A}_1/\widetilde{A}_2 = [\ & (a_{11}^U/a_{24}^U, \ a_{12}^U/a_{23}^U, \ a_{13}^U/a_{22}^U, \ a_{14}^U/a_{21}^U; \\
& \min \ (h \ (\widetilde{A}_1^U), \ h \ (\widetilde{A}_2^U))) \\
& (a_{11}^L/a_{24}^L, \ a_{12}^L/a_{23}^L, \ a_{13}^L/a_{22}^L, \ a_{14}^L/a_{21}^L; \\
& \min \ (h \ (\widetilde{A}_1^L), \ h \ (\widetilde{A}_2^L)))]
\end{aligned} \quad (2.7)$$

定义 2.1.4 （Karnik 和 Mendel，2001；Wu 和 Mendel，2009c）区间二型模糊集 $\widetilde{A}$ 的质心（Centroid）$C(\widetilde{A})$ 是其所有嵌入型一型模糊集质心的并集，表示为：

$$C(\widetilde{A}) = \bigcup_{\forall A_e} c(A_e) = [c_l(\widetilde{A}), \ c_r(\widetilde{A})] \quad (2.8)$$

其中，A_e 为 $\widetilde{A}$ 的嵌入型一型模糊集，$c_l(\widetilde{A})$ 和 $c_r(\widetilde{A})$ 分别为质心的左右转换点，可以根据迭代的 Karnik-Mendel（KM）算法得到：

$$c_l(\widetilde{A}) = \frac{\sum_{i=1}^{L} x_i \overline{\mu}_{\widetilde{A}}(x_i) + \sum_{i=L+1}^{N} x_i \underline{\mu}_{\widetilde{A}}(x_i)}{\sum_{i=1}^{L} \overline{\mu}_{\widetilde{A}}(x_i) + \sum_{i=L+1}^{N} \underline{\mu}_{\widetilde{A}}(x_i)} \quad (2.9)$$

$$c_r(\widetilde{A}) = \frac{\sum_{i=1}^{R} x_i \underline{\mu}_{\widetilde{A}}(x_i) + \sum_{i=R+1}^{N} x_i \overline{\mu}_{\widetilde{A}}(x_i)}{\sum_{i=1}^{R} \underline{\mu}_{\widetilde{A}}(x_i) + \sum_{i=R+1}^{N} \overline{\mu}_{\widetilde{A}}(x_i)} \quad (2.10)$$

其中，$L = \underset{k=1,\cdots,N-1}{\operatorname{argmin}} c_l(k)$，$R = \underset{k=1,\cdots,N-1}{\operatorname{argmin}} c_r(k)$。

平均质心 $c(\widetilde{A})$ 可以用来表示区间二型模糊数降型之后得到的精确值：

$$c(\widetilde{A}) = \frac{c_l(\widetilde{A}) + c_r(\widetilde{A})}{2} \quad (2.11)$$

另外，距离计算是决策过程中方案排序的重要基础，根据公式 (2.11)，可以引申出区间二型模糊数的距离公式：

$$d(\widetilde{A}_1, \widetilde{A}_2) = |c(\widetilde{A}_1) - c(\widetilde{A}_2)| \quad (2.12)$$

其中，$c(\widetilde{A}_1)$ 和 $c(\widetilde{A}_2)$ 分别是根据公式（2.11）计算得到的 $\widetilde{A}_1$ 和 $\widetilde{A}_2$ 的平均质心，因此，距离 $d(\widetilde{A}_1,\widetilde{A}_2)$ 是个精确数。

除了距离之外，基于不确定偏好信息衡量决策者之间的相似关系也很重要，基于 Jaccard 相似性的区间二型模糊数的相似性定义介绍如下。

定义 2.1.5 （Wu 和 Mendel，2009c）对两个梯形区间二型模糊数 $\widetilde{A}_1$ 和 $\widetilde{A}_2$，其 Jaccard 相似性为：

$$S_J(\widetilde{A}_1,\widetilde{A}_2) = \frac{p(\widetilde{A}_1 \cap \widetilde{A}_2)}{p(\widetilde{A}_1 \cup \widetilde{A}_2)}$$

$$= \frac{\int_X \min(\overline{\mu}_{\widetilde{A}_1}(x),\overline{\mu}_{\widetilde{A}_2}(x))dx + \int_X \min(\underline{\mu}_{\widetilde{A}_1}(x),\underline{\mu}_{\widetilde{A}_2}(x))dx}{\int_X \max(\overline{\mu}_{\widetilde{A}_1}(x),\overline{\mu}_{\widetilde{A}_2}(x))dx + \int_X \max(\underline{\mu}_{\widetilde{A}_1}(x),\underline{\mu}_{\widetilde{A}_2}(x))dx}$$

(2.13)

其中，$p(\widetilde{A}_1 \cap \widetilde{A}_2)$ 和 $p(\widetilde{A}_1 \cup \widetilde{A}_2)$ 分别表示 $\widetilde{A}_1 \cap \widetilde{A}_2$ 和 $\widetilde{A}_1 \cup \widetilde{A}_2$ 的基数。

第二节　二型模糊语义信息处理

语言是人类交流和表达思想的主要工具，同时也是思维再现和知识交换的重要途径。相比精确数，语言表述更接近决策者的真实思想。但是，语言表达存在一定的不确定性，容易引起歧义且难以量化。本节主要介绍二型模糊语言变量表征方式与转换规则，并对几种常用的二型模糊信息集成算子进行分析。

一　二型模糊语言变量

相较于一型模糊理论，二型模糊理论提供了更强大和灵活的语义信息处理能力。基于二型模糊集的词计算模型如图 2.2 所示（Mendel，2002）。编码器将语义感知转换成二型模糊数来激活词计算引擎，解码器再将词计算引擎的输出转换为语言、排序或类别表示的推荐。当我们需要语言形式的推荐时，需要用到将语言变量与二型模糊数一一对应的编码本。Wu 和 Mendel（2009c）曾通过问卷调查方法为 32 个语言术语确定了对应的二型模糊数形式。

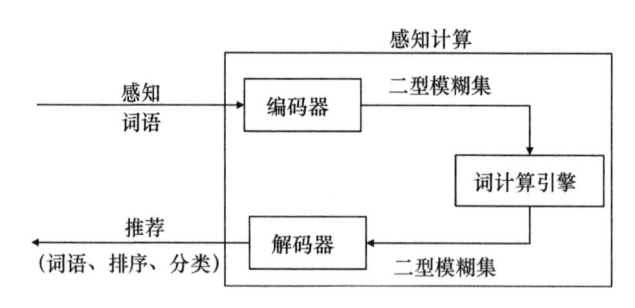

图 2.2　词计算概念模型

二　二型模糊信息处理

二型模糊信息处理相关研究主要集中在不确定信息表征、二型模糊数去模糊处理以及二型模糊语义信息集结三个方面。

（一）二型模糊不确定信息表示

根据图 2.2，将决策者感知转换成二型模糊集是感知计算的第一步，即编码过程。Wu 和 Mendel（2008）通过大学班级问卷调查构建了包含 32 个语言变量及对应区间二型模糊数的编码本。随后，Wu 等（2011）又基于区间值方法对编码本中区间二型模糊数的构建进行了改进，并通过网络问卷调查数据证明了其性能优越性。Wu 等（2019a）提出了一个适用于形状规整的区间二型模糊集的约束表示定理，并表明由三种文字编码方法和四种词语计算引擎产生的区间二型模糊集的形状都是规整的。

（二）二型模糊语义信息集成

图 2.2 中感知计算框内的词计算引擎指的是二型模糊信息的各

项运算规则。在信息处理过程中，信息融合或集成尤其重要。Zhou 等（2010）提出二型模糊有序加权平均（OWA）算子来集成决策者的语义信息或偏好。Chiao（2019）提出了一种用于区间二型模糊语义决策的重要量词引导 OWA 算子。Qin（2017a）基于 Hamy 平均算子的思想，提出对称三角区间二型模糊 Hamy 平均算子并研究其在多准则决策中的应用。Liu 等（2012）基于 KM 算法对区间二型模糊加权平均进行解析，得到了集成结果的精确值。

（三）二型模糊数去模糊化

根据图 2.2，将二型模糊集转换成感知信息是感知计算的最后一步，即解码过程。以决策过程为例，最终将二型模糊集转换成精确数并对方案进行排序能够使得决策者更加直观理解决策结果。因此，需要将二型模糊数进行去模糊处理。Liu 和 Mendel（2011）运用跨学科数值理论研究了二型模糊数去模糊化的解析及数值求解算法。针对已有二型模糊降型算法的复杂迭代问题，Chen 等（2014）提出可以快速并精准地识别一个分段光滑的区间二型模糊集最小最大切换点的启发式降型算法。Chakraborty 等（2015）提出封闭公式来快速确定二型模糊不确定范围并精确计算二型模糊质心。这些研究成果为二型模糊决策方法的偏好表达、信息集成和方案排序提供了坚实的理论基础。

三 二型模糊信息集成算子

二型模糊信息集成算子是本书处理多决策主体、多属性、多方案不确定决策问题的重要工具，下面具体介绍几个常用二型模糊集成算子的概念与性质。

（一）二型模糊几何平均算子

数据信息的有效汇总是决策中一个基本而且重要的过程。Xu 和 Da（2002）利用加权几何平均算子（Weighted Geometric Averaging，WGA）和有序加权几何平均算子（Ordered Weighted Geometric Averaging，OWGA）的优点，提出了组合加权几何平均算子（Combined

Weighted Geometric Averaging, CWGA), 并将其与 WGA 算子结合起来应用于决策问题。WGA 的主要特点是首先根据每个数据的重要性获得加权数据, 然后对加权数据进行汇总。OWGA 的主要特点是根据数据本身的顺序进行排序, 然后根据其位置进行汇总。作为 WGA 和 OWGA 的组合形式, CWGA 算子同时考虑了各个参数的重要程度和相对位置。根据 WGA 和 CWGA 算子处理集成信息的可用性和有效性, 我们可以将其分别扩展到二型模糊环境下, 即提出二型模糊加权几何平均算子 (IT2-WGA) 和二型模糊组合加权几何平均算子 (IT2-CWGA)。

首先, 我们定义了梯形区间二型模糊集的指数算术运算规则如下。

定义 2.2.1 假设有一个梯形区间二型模糊数 $\widetilde{A}_i = [(a_{i1}^U, a_{i2}^U, a_{i3}^U, a_{i4}^U; h(\widetilde{A}_i^U))(a_{i1}^L, a_{i2}^L, a_{i3}^L, a_{i4}^L; h(\widetilde{A}_i^L))]$ 和一个精确值 k, 那么 $\widetilde{A}_i$ 的指数运算定义如下:

$$\widetilde{A}_i^k = [((a_{i1}^U)^k, (a_{i2}^U)^k, (a_{i3}^U)^k, (a_{i4}^U)^k; h(\widetilde{A}_i^U))((a_{i1}^L)^k,$$
$$(a_{i2}^L)^k, (a_{i3}^L)^k, (a_{i4}^L)^k; h(\widetilde{A}_i^L))]$$

(2.14)

其中, $\widetilde{A}_i^k = \widetilde{A}_i \otimes \cdots \otimes \widetilde{A}_i = [(a_{i1}^U \otimes \cdots \otimes a_{i1}^U, a_{i2}^U \otimes \cdots \otimes a_{i2}^U, a_{i3}^U \otimes \cdots \otimes a_{i3}^U, a_{i4}^U \otimes \cdots \otimes a_{i4}^U; h(\widetilde{A}_i^U))(a_{i1}^L \otimes \cdots \otimes a_{i1}^L, a_{i2}^L \otimes \cdots \otimes a_{i2}^L, a_{i3}^L \otimes \cdots \otimes a_{i3}^L, a_{i4}^L \otimes \cdots \otimes a_{i4}^L; h(\widetilde{A}_i^L))]$

IT2-WGA 和 IT2-CWGA 算子的定义如下。

定义 2.2.2 假设有一个梯形区间二型模糊数 $\widetilde{A}_i = [(a_{i1}^U, a_{i2}^U, a_{i3}^U, a_{i4}^U; h(\widetilde{A}_i^U))(a_{i1}^L, a_{i2}^L, a_{i3}^L, a_{i4}^L; h(\widetilde{A}_i^L))]$, IT2-WGA 算子可以表示如下: $R^{+^n} \to R^+$, 指数加权向量 $w = (w_1, w_2, \cdots, w_n)^T$, 其中 $1 \leqslant p \leqslant k$, $w_j \in [0, 1]$, $\sum_{j=1}^{n} w_j = 1$,

$$\tilde{z}_i^p = IT2\text{-}WGA(\tilde{b}_{i1}^p, \tilde{b}_{i2}^p, \cdots, \tilde{b}_{in}^p) = \prod_{j=1}^n (\tilde{b}_{ij}^p)^{w_j} \qquad (2.15)$$

定义 2.2.3 IT2-CWGA 算子定义为 IT2-$CWGA_{\omega,\lambda}$: $R^{+^n} \to R^+$, 其权重集合为 $\lambda = (\lambda_1, \lambda_2, \cdots, \lambda_k)^T$, 其中, $\lambda_p \in [0, 1]$, $\sum_{p=1}^k \lambda_p = 1$, i.e,

$$\tilde{z}_i = IT2\text{-}CWGA_{\omega,\lambda}(\tilde{z}_i^1, \tilde{z}_i^2, \cdots, \tilde{z}_i^k) = \prod_{p=1}^k (\tilde{e}_i^p)^{\lambda_p} \qquad (2.16)$$

其中, $\tilde{e}_i^p$ 是 $(\tilde{z}_i^p)^{\omega_p}$ ($i=1, 2, \cdots, m$; $1 \leq p \leq k$) 中第 p 个最大的元素, ω_p 是决策者的权重向量, t 是平衡因子。

容易证明 IT2-WGA 算子是 IT2-CWGA 算子的一个特例, 这意味着 IT2-CWGA 算子不仅可以考虑数据信息本身的重要性, 而且可以反映数据信息相对位置的重要程度。因此, IT2-CWGA 算子可以有效地应用于现实世界中的决策问题。

(二) 二型模糊 FWA 算子

Dong 和 Wong (1987) 首先提出了模糊加权平均算子 (Fuzzy Weighted Averaging, FWA) 的定义并给出了其计算方法。由于其在利用模糊数进行评价和重要性计算以得到属性加权值方面的优势, FWA 算子已经被广泛应用于风险评估 (Rezakhani 等, 2014), 多准则决策 (Lin 等, 2005) 和绩效分析 (Kao 和 Liu, 1999) 等多个领域。在建筑项目风险评估方面, Rezakhani 等 (2014) 提出了将 FWA 和广义模糊数相似性结合的模糊风险分析模型。在多准则决策方面, Lin 等 (2005) 提出了将 FWA 与投资组合矩阵结合起来用于战略投资组合管理的方法。对于绩效分析, Kao 和 Liu (1999) 在研究制造业企业的竞争力时使用了 FWA 来处理模糊值。

为了解决不同情境下的信息融合问题, 多种 FWA 拓展算子被提出, 像一般化的 FWA 算子, 语义加权平均和二型模糊加权平均 FWA 算子 (IT2-FWA) (Wu 和 Mendel, 2009b)。

定义 2.2.4 (Wu 和 Mendel, 2009b) IT2-FWA 算子定义为:

$R^{+^n} \rightarrow R^+$

$$\text{IT2-FWA}_{\tilde{\lambda}}(\tilde{a}_1, \tilde{a}_2, \cdots, \tilde{a}_p) = \sum_{k=1}^{p} \tilde{\lambda}_k \tilde{a}_k / \sum_{k=1}^{p} \tilde{\lambda}_k \quad (2.17)$$

其中，$\tilde{a}_1$，$\tilde{a}_2$，$\cdots$，$\tilde{a}_p$ 是区间二型模糊集，$\tilde{\lambda} = (\tilde{\lambda}_1, \tilde{\lambda}_2, \cdots, \tilde{\lambda}_p)^T$ 为相应二型模糊数的模糊权重矩阵。

定义 2.2.5 当权重矩阵 $\tilde{\lambda}$ 为精确值时，IT2-FWA 算子转化成二型模糊加权算术平均算子（IT2-WAA），即 IT2-WAA 算子是 IT2-FWA 算子的一个特例：

$$\text{IT2-WAA}_{\lambda}(\tilde{a}_1, \tilde{a}_2, \cdots, \tilde{a}_p) = \sum_{k=1}^{p} \lambda_k \tilde{a}_k / \sum_{k=1}^{p} \lambda_k \quad (2.18)$$

其中，$\lambda = (\lambda_1, \lambda_2, \cdots, \lambda_p)^T$ 是相应二型模糊数的精确值权重矩阵。

由于 $\sum_{k=1}^{p} \lambda_k = 1$，上述公式可以改写为：

$$\text{IT2-WAA}_{\lambda}(\tilde{a}_1, \tilde{a}_2, \cdots, \tilde{a}_p) = \sum_{k=1}^{p} \lambda_k \tilde{a}_k \quad (2.19)$$

与许多其他集成算子一样，容易验证 IT2-WAA 也具有一些一般算子的性质，如单调性、幂等性和极值性。

（三）二型模糊 IOWA 算子

诱导型有序加权平均算子（Induced Ordered Weighted Averaging，IOWA）是有序加权平均算子 OWA 的拓展形式之一，其主要特点是排序过程由与参数相关联的顺序诱导值来决定，而不是根据参数值本身的大小。其在区间二型模糊（IT2F-IOWA）环境下的定义如下（Wu 等，2019d）。

定义 2.2.6 设 $f_{\text{IT2-IOWA}}: R^n \rightarrow R$，则有：

$$f_{\text{IT2-IOWA}}[(u_1, \tilde{a}_1), \cdots, (u_n, \tilde{a}_n)] = \sum_{i=1}^{p} w_i \tilde{a}_{u\text{-}index(i)} \quad (2.20)$$

其中，$(u_i, \tilde{a}_i)$ 的第一个分量 u_i 为诱导分量，$\tilde{a}_i$ 为数据分量。$W = (w_1, w_2, \cdots, w_p)$ 是与 $f_{\text{IT2-IOWA}}$ 相关联的加权向量，$w_i \in [0, 1]$ 且 $\sum_{i=1}^{p} w_i = 1$，$\tilde{a}_{u\text{-}index(i)}$ 是集合 $\{u_1, u_2, \cdots, u_p\}$ 中第 i 大元素

所对应的 $(u_i, \tilde{a}_i)$ 中的第二个分量,则称函数 $f_{\text{IT2-IOWA}}$ 是 p 维区间二型模糊诱导有序加权平均(IT2-IOWA)算子。

根据区间二型模糊数的运算规则,通过 IT2-IOWA 算子集成区间二型模糊分量 $\tilde{a}_i$ 得到的仍然是区间二型模糊数。另外,IT2-IOWA 算子也满足一般算子的特征,见命题 1。

命题 1 根据 IOWA 算子特征,IT2-IOWA 算子具有下述特性:

(1)单调性:对于 $\forall i$,如果 $\tilde{a}_i \geq \tilde{b}_i$,则 $f_{\text{IT2-IOWA}}[(u_i, \tilde{a}_i)] \geq f_{\text{IT2-IOWA}}[(u_i, \tilde{b}_i)]$。

(2)交换性:$f_{\text{IT2-IOWA}}[(u_{\xi(k)}, \tilde{a}_{\xi(i)})] = f_{\text{IT2-IOWA}}[(u_i, \tilde{a}_i)]$,$(u_{\xi(k)}, \tilde{a}_{\xi(i)})$ 是二元数据 $(u_i, \tilde{a}_i)$ 的重新排序。

(3)幂等性:对于 $\forall i$,如果 $\tilde{a}_i = \tilde{a}$,则 $f_{\text{IT2-IOWA}}[(u_i, \tilde{a}_i)] = \tilde{a}$。

(4)有界性:$\min_i\{\tilde{a}_i\} \leq f_{\text{IT2-IOWA}}[(u_i, \tilde{a}_i)] \leq \max_i\{\tilde{a}_i\}$。

证明 上述特性证明如下:

(1)$f_{\text{IT2-IOWA}}[(u_i, \tilde{a}_i)] = \sum_{i=1}^{p} w_i \tilde{a}_{u\text{-index}(i)} \geq \sum_{i=1}^{p} w_i \tilde{b}_{u\text{-index}(i)} = f_{\text{IT2-IOWA}}[(u_i, \tilde{b}_i)]$。

(2)$f_{\text{IT2-IOWA}}[(u_{\xi(k)}, \tilde{a}_{\xi(i)})] = \sum_{i=1}^{p} w_i \tilde{a}_{u\text{-index}(i)} = f_{\text{IT2-IOWA}}[(u_i, \tilde{a}_i)]$。

(3)由于 $\tilde{a}_i = \tilde{a}$,$\sum_{i=1}^{p} w_i = 1$,所以,$f_{\text{IT2-IOWA}}[(u_i, \tilde{a}_i)] = (\sum_{i=1}^{p} w_i) \tilde{a}_{u\text{-index}(i)} = \tilde{a}$。

(4)使 $\tilde{x}_i = \min_i\{\tilde{a}_i\} \leq \tilde{a}_i$,根据单调性和幂等性,$\min_i\{\tilde{a}_i\} = f_{\text{IT2-IOWA}}[(u_i, \tilde{x}_i)] \leq f_{\text{IT2-IOWA}}[(u_i, \tilde{a}_i)]$;使 $\tilde{y}_i = \max_i\{\tilde{a}_i\} \geq \tilde{a}_i$,$\max_i\{\tilde{a}_i\} = f_{\text{IT2-IOWA}}[(u_i, \tilde{y}_i)] \geq f_{\text{IT2-IOWA}}[(u_i, \tilde{a}_i)]$,因此,$\min_i\{\tilde{a}_i\} \leq f_{\text{IT2-IOWA}}[(u_i, \tilde{a}_i)] \leq \max_i\{\tilde{a}_i\}$。

(四)信息集成算子权重的确定

基于 Zadeh 教授(1983)提出的语言量化函数,Yager(1988;

1993）提出 OWA 算子权重 W 的计算方法如下：

$$W = Q\left(\frac{k}{n}\right) - Q\left(\frac{k-1}{n}\right) \quad (2.21)$$

其中，语言量化函数 Q 为非递减函数：

$$Q(r) = \begin{cases} 0, & r < a \\ \frac{r-a}{b-a}, & a \leqslant r \leqslant b \\ 1, & r > b \end{cases} \quad (2.22)$$

其中，a，b，$r \in [0, 1]$。Herrera 等（2000）定义了三种模糊语义量化算子"Most of"、"At least half"和"As many as possible"，其对应参数 (a, b) 分别为 $(0.3, 0.8)$，$(0, 0.5)$ 和 $(0.5, 1)$。

第三节 异质偏好信息处理

上述内容介绍了二型模糊语言变量在处理个体决策专家偏好不确定方面的优势，然而现实决策往往因决策专家具有不同的知识背景、社会地位和决策习惯而导致偏好关系表达形式各异。在群决策中，可能同时出现精确值、区间数、语言变量、模糊偏好关系等异质偏好表达。根据不同决策场景，语言变量可以用不同的模糊集来量化处理。例如，当决策者表达支持或反对某个备选方案的不确定性时，适用直接模糊数。如 1 表示完全支持，0 表示完全反对，则直觉模糊数 $(0.6, 0.3)$ 表示该决策者对该方案的支持程度为 0.6（隶属度），反对程度为 0.3（非隶属度），不确定支持还是反对的程度为 0.1（犹豫度）。当决策者用类似"好""非常好"等程度副词评价备选方案时，适用二型模糊数来量化语言变量。

异质偏好一直是群决策研究中的热点之一（Li 等，2022）。当前群决策中的异质偏好信息处理主要分为三个方面。一是将异质偏好转换为统一形式（Zhang 等，2018b），但该方法可能导致信息丢失。二是利用集成算子将异质偏好信息进行集成（Zhang 等，2015），但该方法难以捕捉到群决策中个体观点的变化。上述两种方法难以支持决策者之间的共识交互与协商。三是定义异质偏好间的相似性或距离测度方法（Li 等，2010），该方法在信息转换过程中可以避免信息丢失，并支持观点迭代过程中的共识水平测量。因此，本章主要介绍基于第三种方法的异质偏好信息处理过程。

一　异质偏好信息介绍

本章以决策评价中常见的精确数、区间数、语言变量以及模糊偏好关系为例介绍异质偏好信息。假如有某个决策者 v_h（$h=1, 2, \cdots, m$）就 n 个备选方案 $\{x_1, x_2, \cdots, x_n\}$ 给出评价信息 $O_h = (O_h^1, O_h^2, \cdots, O_h^n)^T$。

1. 精确数：决策者 v_h 对 n 个方案的评价表示为精确数 $O_h^i \in [0, 1]$，$h=1, 2, \cdots, m$，$i=1, 2, \cdots, n$，意味着决策偏好表达中不存在不确定性。一般地，O_h^i 的值越大说明对决策者 v_h 来说方案 x_i 越重要。

2. 区间数：决策者 v_h 对 n 个方案的评价表示为区间数 $O_h^i = [O_{hi}^-, O_{hi}^+]$，$o_{hi}^-, o_{hi}^+ \in [0, 1]$，$h=1, 2, \cdots, m$，$i=1, 2, \cdots, n$，意味着决策偏好表征存在一定的不确定性。一般地，当区间数存在一定程度的重叠时，很难直接比较区间数的大小，因此很多区间数排序方法相继被提出（Luo 等，2021）。

3. 直觉模糊数：决策者 v_h 对 n 个方案的评价表示为支持、反对、不确定三元语义时，决策者语言变量可以用直觉模糊数 $O_h^i = (\mu_{O_h^i}, v_{O_h^i})$ 来表示，$\mu_{O_h^i} + v_{O_h^i} \in [0, 1]$，$i=1, 2, \cdots, n$，意味着决策偏好表达中存在一定的模糊性。参数 $\mu_{O_h^i}$ 和 $v_{O_h^i}$ 分别表示观点值 O_h^i 的隶属度和非隶属度。第三个参数 $\pi_{O_h^i} = 1 - \mu_{O_h^i} - v_{O_h^i}$ 被称为犹豫度，$\pi_{O_h^i} \in [0, 1]$。同样，很难直接比较直觉模糊数的大小，决策者 v_h 和 v_l（$h, l=1, 2, \cdots, m$）的直觉模糊偏好之间的距离 $d(O_h^i,$

O_l^i）计算如下（Bustince & Burillo, 1995）：

$$d(O_h^i, O_l^i) = \frac{1}{2}(|\mu_{O_h^i} - \mu_{O_l^i}| + |v_{O_h^i} - v_{O_l^i}|) \quad (2.23)$$

4. 模糊偏好关系：决策者 v_h 对 n 个方案的评价表示为隶属度 $\mu_F: X \times X \to [0, 1]$ 的模糊偏好关系 $F_h = (f_{ij}^h)_{n \times n}$，其中 f_{ij}^h 表示决策者 v_h 认为方案 x_i 优于 x_j 的程度，满足 $f_{ij}^h + f_{ji}^h = 1$（Tanino, 1988）。

当决策者用程度副词评价备选方案时，采用区间二型模糊数表述语言变量的不确定性。两个区间二型模糊数的比较可以基于其质心 [参考公式 (2.11)] 展开。

二　异质偏好信息标准化

基于当前技术很难直接计算异质偏好信息间的相似性或距离。因此，首先需要对异质偏好信息进行标准化处理。此处的标准化处理并不是简单将异质偏好信息转换为某种偏好的统一形式，而是通过计算每类偏好信息与相应理想解之间的距离将异质偏好转变为统一的距离表达形式。令上述提到的异质偏好信息表达程度总是落在区间 [0, 1] 内。例如，对于在线评论中常见的语言变量 "非常差" "差" "中等" "好" 和 "非常好"，令该 5 个语言变量为商品质量评价的完备集合，则 "非常差" 表达程度收敛于数值 0（商品评价的负理想解），"非常好" 表达程度收敛于数值 1（商品评价的正理想解）。因此，我们可以计算所有偏好信息与其正或负理想解之间的距离来将异质偏好信息转换为距离值。此处，我们选用正理想解为参考值。

假设决策者 v_h 和 v_l 采用不同的偏好形式对 n 个备选方案进行评价。令 O_h^i 和 O_l^i 分别表示决策者 v_h 和 v_l 对第 i 个方案进行评价的区间数和区间二型模糊数，$i = 1, 2, \cdots, n$。图 2.3 举例展示了异质偏好标准化思想。在该例子中，$\overline{O_h^i} = [1, 1]$ 和 $\overline{O_l^i} = [(1, 1, 1, 1; 1), (1, 1, 1, 1; 0.9)]$ 分别表示决策者关于第 i 个决策方案的正理想解，距离 $d_{HOM}^{IVN}(O_h^i, \overline{O}_h^i)$ 和 $d_{HOM}^{IT2}(O_l^i, \overline{O}_l^i)$ 分别可以表示决策者 v_h 和 v_l 标准化之后的新观点值。

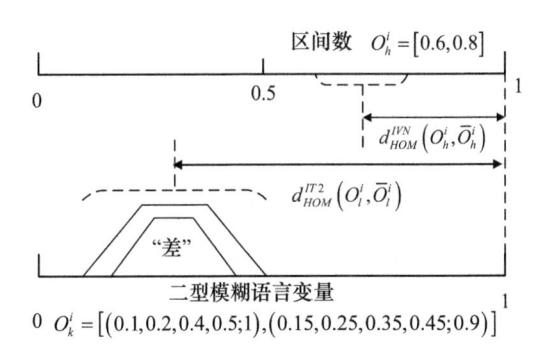

图 2.3 异质偏好信息标准化举例

基于上述处理，对异质偏好信息中每类决策偏好的标准化处理如下：

1. 精确数：对于精确数构成的非负向量 $O_h = (O_h^1, O_h^2, \cdots, O_h^n)^T$，$O_h^i \in [0, 1]$，$h = 1, 2, \cdots, m$，$i = 1, 2, \cdots, n$，$O_h' = [d_{HOM}^{CRN}(O_h^i, \overline{O}_h^i)] \in \mathbb{R}^{n \times 1}$ 表示 O_h 与其正理想解向量 $\overline{O}_h$（$\overline{O}_h = (\overline{O}_h^i)$，$\overline{O}_h^i = 1$）之间的距离向量：

$$d_{HOM}^{CRN}(O_h^i, \overline{O}_h^i) = |O_h^i - 1| \tag{2.24}$$

其中，$d_{HOM}^{CRN}(O_h^i, \overline{O}_h^i) \in [0, 1]$。

2. 区间数：对于区间数 $O_h^i = [o_h^{i-}, o_h^{i+}]$ 构成的非负向量 $O_h = (O_h^1, O_h^2, \cdots, O_h^n)^T$，$o_h^{i-}, o_h^{i+} \in [0, 1]$，$h = 1, 2, \cdots, m$，$i = 1, 2, \cdots, n$，$O_h$ 的标准化形式 O_h' 表示为 O_h 与正理想解向量 $\overline{O}_h$（$\overline{O}_h = (\overline{O}_h^i)$，$\overline{O}_h^i = [1, 1]$）之间的距离向量 $O_h' = [d_{HOM}^{IVN}(O_h^i, \overline{O}_h^i)] \in \mathbb{R}^{n \times 1}$：

$$d_{HOM}^{IVN}(O_h^i, \overline{O}_h^i) = \frac{1}{2}(|o_h^{i-} - 1| + |o_h^{i+} - 1|) \tag{2.25}$$

其中，$d_{HOM}^{IVN}(O_h^i, \overline{O}_h^i) \in [0, 1]$。

3. 直觉模糊数：对于直觉模糊数 $O_h^i = (\mu_{O_h^i}, v_{O_h^i})$ 构成的非负向

量 $O_h = (O_h^1, O_h^2, \cdots, O_h^n)^T$, $\mu_{O_h^i}, v_{O_h^i} \in [0, 1]$, $h = 1, 2, \cdots, m$, $i = 1, 2, \cdots, n$, O_h 的标准化形式 O_h' 表示为 O_h 与正理想解向量 $\overline{O}_h$ $[\overline{O}_h = (\overline{O}_h^i), \overline{O}_h^i = (1, 0)]$ 之间的距离向量 $O_h' = [d_{HOM}^{INF}(O_h^i, \overline{O}_h^i)] \in \mathbb{R}^{n \times 1}$:

$$d_{HOM}^{INF}(O_h^i, \overline{O}_h^i) = \frac{1}{2}(|\mu_{O_h^i} - 1| + |v_{O_h^i} - 0|) \quad (2.26)$$

其中，$d_{HOM}^{INF}(O_h^i, \overline{O}_h^i) \in [0, 1]$。

4. 区间二型模糊数：对于由区间二型模糊数 $O_h^i = [(o_{h1}^{U(i)}, o_{h2}^{U(i)}, o_{h3}^{U(i)}, o_{h4}^{U(i)}; 1)(o_{h1}^{L(i)}, o_{h2}^{L(i)}, o_{h3}^{L(i)}, o_{h4}^{L(i)}; h_{O_h}^{L(i)})]$ 构成的非负向量 $O_h = (O_h^1, O_h^2, \cdots, O_h^n)^T$, O_h 的标准化形式 O_h' 表示为 O_h 与正理想解向量 $\overline{O}_h$ $\{\overline{O}_h = (\overline{O}_h^i), \overline{O}_h^i = [(1, 1, 1, 1; 1), (1, 1, 1, 1; 0.9)]\}$ 之间的距离向量 $O_h' = [d_{HOM}^{IT2}(O_h^i, \overline{O}_h^i)] \in \mathbb{R}^{n \times 1}$:

$$d_{HOM}^{IT2}(O_h^i, \overline{O}_h^i) = |c(O_h^i) - c(\overline{O}_h^i)| \quad (2.27)$$

其中，$c(O_h^i)$ 可以通过区间二型模糊质心计算得到，$d_{HOM}^{IT2}(O_h^i, \overline{O}_h^i) \in [0, 1]$。

5. 模糊偏好关系：根据模糊偏好关系 F_h，可以计算单位向量 $H = (H_1, H_2, \cdots, H_n)^T$，其中 $H_i = \sum_{j=1}^n f_{ij}^h / \sum_{i,j=1}^n f_{ij}^h$。接下来计算 HH^T 的特征值与特征向量，最大特征值 $\lambda_{\max}$ 对应的特征向量即为模糊偏好关系 F_h 的有序向量 $O_h = (O_h^1, O_h^2, \cdots, O_h^n)$。至此，将模糊偏好关系 F_h 转变为精确数表达的偏好向量 O_h。最后，根据公式 (2.24) 确定 O_h 的标准化形式 $O_h' = [d_{HOM}^{FPR}(O_h^i, \overline{O}_h^i)] \in \mathbb{R}^{n \times 1}$。

三 异质偏好信息相似性度量

基于上述标准化结果，两个异质向量 O_h 和 O_l 之间的相似性计算可以转变为距离向量 $d_{HOM}(O_h, \overline{O}_h)$ 与 $d_{HOM}(O_l, \overline{O}_l)$ 之间的相似性度量，即用相似性指标 $S_{HET}(O_h', O_l')$ 代替 $S_{HET}(O_h, O_l)$。基于广义 Jaccard 相似性方法（Wu 和 Mendel，2009a）计算 S_{HET}

(O'_h, O'_l) 如下:

$$S_{HET}(O'_h, O'_l) = \frac{\sum_{i=1}^{n} \min[d_{HOM}(O^i_h, \overline{O}^i_h), d_{HOM}(O^i_l, \overline{O}^i_l)]}{\sum_{i=1}^{n} \max[d_{HOM}(O^i_h, \overline{O}^i_h), d_{HOM}(O^i_l, \overline{O}^i_l)]} \quad (2.28)$$

其中,相应的距离偏好 $d_{HOM}(O^i_h, \overline{O}^i_h)$ 和 $d_{HOM}(O^i_l, \overline{O}^i_l)$ 由公式 (2.24) — (2.27) 得到,$S_{HET}(O'_h, O'_l) \in [0, 1]$。

当决策者 v_h 和 v_l ($h, l = 1, 2, \cdots, m$) 对 n 个方案作出完全相同的评价,即 $O_h = O_l$,可以推导出他们具有完全相似的决策偏好, $O'_h = O'_l \Rightarrow \sum_{i=1}^{n} \min[d_{HOM}(O^i_h, \overline{O}^i_h), d_{HOM}(O^i_l, \overline{O}^i_l)] = \sum_{i=1}^{n} \max[d_{HOM}(O^i_h, \overline{O}^i_h), d_{HOM}(O^i_l, \overline{O}^i_l)]$,即 $S_{HOM}(O_h, O_l) = S_{HET}(O'_h, O'_l) = 1$。反之,当两决策者对 n 个方案作出完全相反的评价,可以推导出他们具有完全不同的决策偏好。例如,当两位决策者用精确数 $O_h = (1, 0, 1)^T$ 和 $O_l = (0, 1, 0)^T$ 对 3 个备选方案进行评价时,$S_{HOM}(O_h, O_l) = S_{HET}(O'_h, O'_l) = 0$。

第四节 二型模糊多属性决策方法

本节首先介绍二型模糊决策方法相关研究现状,接着分别以多属性决策方法中的网络分析法 (Analytic Network Process, ANP) 和逼近理想解法 (Technique for Order Preference by Similarity to Ideal Solution, TOPSIS) 为例介绍基于二型模糊集的不确定决策过程。

一 二型模糊决策

二型模糊决策理论为不确定决策提供了一种更准确和更柔性的偏好信息表示和处理方法 (Xu, 2018)。目前,二型模糊决策研究主要包含以下三个方面:

1. 基于不确定集成算子：Ma 等（2016）提出基于区间二型模糊集成算子的多准则群决策方法。Wang 和 Mendel（2019）综合采用二型模糊、加权平均算子和质心矩阵建立了一种用以解决权重未知的多属性决策问题的方法。秦晋栋（2016）研究了基于区间二型模糊 Maclaurin 对称平均算子以及拓展算子的模糊多属性决策问题。

2. 基于经典多属性决策方法：Chen 等（2013）通过区间二型模糊集拓展 QUALIFLEX 方法并将其应用到医疗决策中。Chen 和 Lee（2010）基于区间二型模糊 TOPSIS 方法解决模糊多属性决策问题。Haghighi 等（2019）基于区间二型模糊集拓展 LINMAP 模型并提出解决绿色供应商选择问题的线性指派群决策方法。

3. 考虑决策行为：Liang 等（2019）将前景理论引入到三支决策中并提出了区间二型模糊环境下的行为三支决策方法。Qin 等（2015）在区间二型模糊环境下将前景理论考虑进 VIKOR 方法中。接着，Qin 等（2017b）在区间二型模糊环境下基于前景理论改进 TODIM 方法来解决绿色供应商选择问题。Chen 等（2020）基于前景理论提出行为 DEA 效率评价方法并将其应用至长江三角洲制造业转型升级效率评价中。已有研究结果丰富了不确定决策研究并为模糊决策应用提供了基础。

下面介绍两种常见的多准则决策方法在区间二型模糊环境下的改进与应用。

二 二型模糊 ANP 法

ANP 是从常用的层次分析法（Analytic Hierarchy Process，AHP）基础上发展而来。AHP 方法由美国运筹学家、匹兹堡大学 T. L. Satty 教授在 20 世纪 70 年代初期提出，因其可以简便、灵活地对定性问题进行定量分析而逐渐成为最常用的多准则决策方法之一（Buckley，1985）。与其他决策方法相比，AHP 方法的特点是把复杂问题中的各种决策属性或准则划分为相互联系的有序层次，使复杂决策属性条理化，然后通过两两比较把专家评价信息集结起来，使其成功应用到多个领域。但是，AHP 方法在处理复杂决策问题时并不总是有效的，尤其是当许多复杂问题在同一簇中的元素之间存在内部依赖（循环），在不同簇中存在外部依赖（反馈）（Kahraman 和 Onar，2015）时，层次结构则面临着较大挑战。因此，Satty 教授于 1996 年提出适应非独立递阶层次结构的新型实用决策方法 ANP（Satty，1996），其结构如图 2.4 所示。

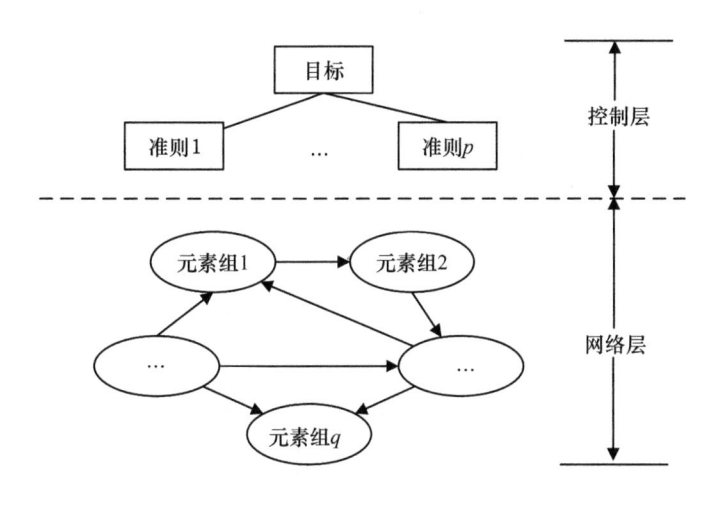

图 2.4　ANP 决策结构

根据图 2.4，ANP 方法首先将系统元素划分为两大部分：第一部分为控制因素层，包括问题目标及决策准则，其中所有准则均被认为是彼此独立的，且只受目标元素支配，其权重可由 AHP 方法获得。第二部分为网络层，由所有受控制层支配的元素组构成，元素之间形成互相依存、互相支配、互相影响的网络结构。因此，在处理决策准则间的循环和反馈时，ANP 方法比 AHP 方法更实用（Meade，2002）。目前，ANP 方法已经在诸如风险分析与决策（Ergu，2014）、知识管理（Wei，2008）和关键能力管理（Hafeez，2002）等领域得到了广泛的应用。

在很多实际决策问题中，决策者可能因为个人偏好或习惯抑或是知识、经验的有限性，采用模糊语言代替具体数值来评价决策方案。由于传统 ANP 方法难以处理模糊偏好信息（Ertugrul，2011），一些学者将其拓展到了一型模糊情境下来处理更复杂的决策问题（Pourjaved，2014）。但如前文所述，二型模糊集由于拥有三维结构和更多的参数，在处理不确定性上比一型模糊集更灵活、精确，也更贴近决策者主观感受（Mendel，2007）。另外，区间二型模糊集作为二型模糊的特殊二维形式，既满足了对不确定信息的灵活描述，又降低了二型模糊运算的复杂性。因此，接下来介绍传统 ANP 方法在区间二型模糊环境下的拓展应用。

我们将改进的 ANP 方法命名为区间二型模糊 ANP 法，其主要决策步骤如下：

步骤1 建立典型 ANP 结构

假设控制层有目标 O 和决策准则集 $B_1, B_2, \cdots, B_m$，网络层有要素集 $C_1, C_2, \cdots, C_n$（$i = 1, 2, \cdots, n$），$C_i = (c_{i1}, c_{i2}, \cdots, c_{in})$。其中，$B_s$（$s = 1, 2\cdots, m$）是控制层的主准则，要素 c_{il}（$i, l = 1, 2, \cdots, n$）是要素层 C_i 的子准则，当比较子准则层要素间的相互影响时，可以得到成对比较矩阵 B_{sj}。

步骤2 基于区间二型模糊语言变量建立准则间成对比较矩阵

决策者可以利用区间二型模糊语言变量及其倒数来比较准则优先级。根据公式（2.7），区间二型模糊数 $\widetilde{A} = [(a_1^L, a_2^L, a_3^L, a_4^L; h(\widetilde{A}^L))(a_1^U, a_2^U, a_3^U, a_4^U; h(\widetilde{A}^U))]$ 的倒数形式可以表示为：

$$\frac{1}{\widetilde{A}} = [(\frac{1}{a_4^U}, \frac{1}{a_3^U}, \frac{1}{a_2^U}, \frac{1}{a_1^U}; h(\widetilde{A}^U))(\frac{1}{a_4^L}, \frac{1}{a_3^L}, \frac{1}{a_2^L}, \frac{1}{a_1^L}; h(\widetilde{A}^L))]$$

(2.29)

步骤3 检查模糊成对比较矩阵的一致性

研究证明，如果精确值表示的成对比较矩阵满足一致性，则可以推断一型模糊成对比较矩阵也是一致的（Buckley，1985）。类似地，当一型模糊成对比较矩阵满足一致性时，也可以推断二型模糊成对比较矩阵 $\tilde{A}$ 是一致的。因此，通过 2.1.2 节提到的质心降维法将二型模糊成对比较矩阵降维成精确值矩阵并按照 AHP 方法计算其一致性，当精确值成对比较矩阵一致率低于 0.1 时可以推断二型模糊成对比较矩阵 $\tilde{A}$ 是一致的，然后继续下一步。否则，对原有二型模糊成对比较矩阵进行调整直到达成一致。

步骤 4 计算准则加权矩阵

根据二型模糊成对比较矩阵 $\tilde{A}$，首先计算其每行几何平均值 $r_{\tilde{A}_i}$ 如下：

$$r_{\tilde{A}_i} = (\tilde{a}_{i1} \otimes \tilde{a}_{i2} \otimes \cdots \otimes \tilde{a}_{im})^{1/m} \tag{2.30}$$

接着，计算加权矩阵元素 $\tilde{\omega}_i$ 如下：

$$\tilde{\omega}_i = \frac{r_{\tilde{A}_i}}{r_{\tilde{A}_1} \oplus r_{\tilde{A}_2} \oplus \cdots \oplus r_{\tilde{A}_i} \oplus \cdots \oplus r_{\tilde{A}_m}} \tag{2.31}$$

最后，得到准则加权矩阵 $\tilde{A}_\omega$：

$$\tilde{A}_\omega = (\tilde{\omega}_1 \quad \tilde{\omega}_2 \quad \cdots \quad \tilde{\omega}_m)^T \tag{2.32}$$

步骤 5 构建超矩阵

次准则间的超矩阵 $\tilde{W}$ 可以构建如下：

$$\tilde{W} = \begin{pmatrix} \tilde{W}_{11} & \tilde{W}_{12} & \cdots & \tilde{W}_{1m} \\ \tilde{W}_{21} & \tilde{W}_{22} & \cdots & \tilde{W}_{2m} \\ \cdots & \cdots & \cdots & \cdots \\ \tilde{W}_{m1} & \tilde{W}_{m2} & \cdots & \tilde{W}_{mm} \end{pmatrix} \tag{2.33}$$

其中，

$$\widetilde{W}_{ij} = \begin{pmatrix} \widetilde{W}_{i_1 j_1} & \widetilde{W}_{i_1 j_2} & \cdots & \widetilde{W}_{i_1 j_{n_j}} \\ \widetilde{W}_{i_2 j_1} & \widetilde{W}_{i_2 j_2} & \cdots & \widetilde{W}_{i_2 j_{n_j}} \\ \cdots & \cdots & \cdots & \cdots \\ \widetilde{W}_{i_{n_i} j_1} & \widetilde{W}_{i_{n_i} j_2} & \cdots & \widetilde{W}_{i_{n_i} j_{n_j}} \end{pmatrix} \quad (2.34)$$

步骤6 构建加权超矩阵

根据次准则之间不同的影响关系，超矩阵并不一定是归一化的状态。为了精确反映排序结果，根据权重矩阵 $\widetilde{A}_\omega$ 和超矩阵 $\widetilde{W}$ 构造加权超矩阵 $\widetilde{\overline{W}}$：

$$\widetilde{\overline{W}} = \widetilde{A}_\omega \widetilde{W} = \widetilde{\omega}_{ij} \widetilde{w}_{ij} \quad (2.35)$$

步骤7 计算有限状态下的加权超矩阵

为了反映网络结构中要素间的相互依赖关系，在超矩阵收敛到一个固定值时加权超矩阵会达到稳定状态。通过二型模糊数的降维和去模糊方法，将加权超矩阵 $\widetilde{\overline{W}}$ 转换为精确值表示的加权超矩阵 $\widetilde{W}$。根据特征值方法得到有限状态下的超矩阵 $\widetilde{W}^\infty$：

$$\widetilde{W}^\infty = \lim_{n \to \infty} \widetilde{W}^n \quad (2.36)$$

与一型模糊ANP相比，二型模糊ANP方法在处理模糊不确定语义表达的复杂准则关系上有更大的灵活性。

三 二型模糊TOPSIS法

TOPSIS方法是一种常用的多属性决策方法，它根据备选方案与理想目标的接近程度来评估备选方案（Ayağ & Gürcan Özdemir, 2012），又称为优劣解距离法。当备选方案与正理想解距离越近，与负理想解距离越远，则该方案越好。由于二型模糊集在不确定信息处理方面的优势，TOPSIS 方法被广泛拓展到区间二型模糊环境下（Mathew 等，2022；Wu 等，2018b）。此外，由于决策过程很容易受到参与者心理行为和认知的影响，诺贝尔经济学奖得主 Kahneman 和 Tversky 于 1979 年提出了前景理论来分析决策者行为。前景理论与多准则决策方法融合在决策领域得到了广泛应用（Wu 等，2022a；梅鑫南、王应明，2023）。

前景理论是将心理学研究应用到经济学中来研究人类决策非理性心理因素的期望理论之一。Kahneman 和 Tversky（1979）认为人们在决策时心里会预设一个参考点，当决策结果高于参考点时，人们往往表现出风险厌恶，而当决策结果低于参考点时，人们则表现出风险追求，并根据上述参考点概念定义了前景理论的价值函数如下：

$$v(\Delta x) = \begin{cases} \Delta x^{\alpha}, & \Delta x \geq 0 \\ -\theta(-\Delta x)^{\beta}, & \Delta x < 0 \end{cases} \quad (2.37)$$

其中，Δx 的正值和负值分别代表收益和损失；系数 α 和 β 分别表示收益和损失函数的凹凸性，$0 \leq \alpha, \beta \leq 1$；参数 θ 描述了厌恶损失，$\theta > 1$。

根据文献（Tvesky，1992）中的实证研究，相应的参数可以设置为 $\alpha = \beta = 0.88$ 和 $\theta = 2.25$。价值曲线如图 2.5 所示，价值曲线的非对称性恰好说明人们对损失和收益的风险态度不同，即相对于收益，人们对损失更敏感。

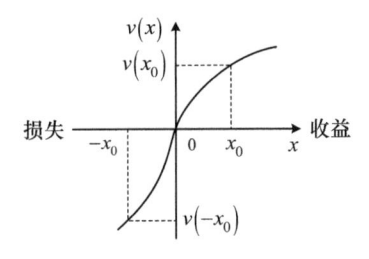

图 2.5　非对称 S 形价值函数

考虑到人们在不确定情况下的非理性认知和决策行为，结合二型模糊集合和前景理论对传统 TOPSIS 方法进行改进，改进的 TOPSIS 方法框架如图 2.6 所示。

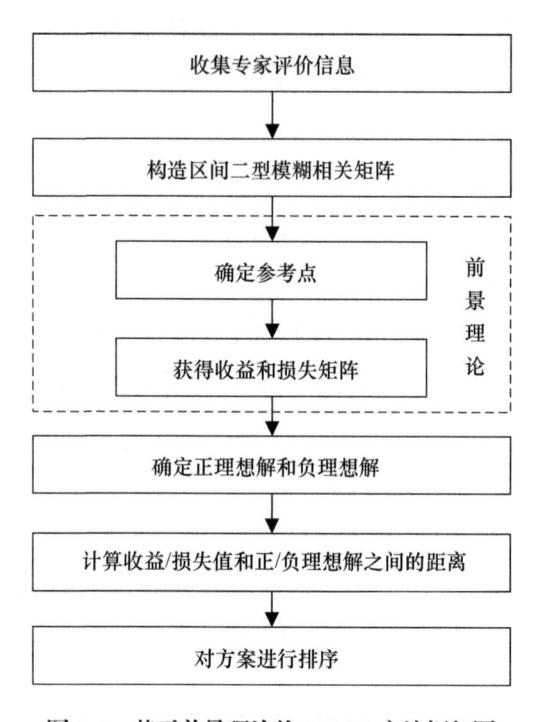

图 2.6　基于前景理论的 TOPSIS 方法框架图

假设共有 s 位专家使用区间二型模糊语言变量对 m 个效益型准则 $\{f_1, f_2, \cdots, f_m\}$ 下的 n 个备选方案 $\{x_1, x_2, \cdots, x_n\}$ 进行评估，已知准则权重为 $(\mu_1, \mu_2, \cdots, \mu_m)$（在实际问题中，准则权重可以利用 AHP 或 ANP 方法得到），专家 d_k $(1 \leq k \leq s)$ 关于 m 个准则下的 n 个方案的区间二型模糊评价信息如下：

$$\widetilde{A}^k = (\widetilde{a}_{ij}^k)_{m \times n} = \begin{pmatrix} \widetilde{a}_{11}^k & \widetilde{a}_{12}^k & \cdots & \widetilde{a}_{1n}^k \\ \widetilde{a}_{21}^k & \widetilde{a}_{22}^k & \cdots & \widetilde{a}_{2n}^k \\ \vdots & \vdots & & \vdots \\ \widetilde{a}_{m1}^k & \widetilde{a}_{m2}^k & \cdots & \widetilde{a}_{mn}^k \end{pmatrix} \quad (2.38)$$

其中，$\tilde{a}_{ij}^k$ ($i=1, 2, \cdots, m$; $j=1, 2, \cdots, n$) 指专家 d_k 对第 i 个准则下第 j 个方案的语义评价。

首先，通常来说，评价得分高的方案被最终选择的可能性也高。以方案 x_i 为例，每位专家给出的评分可能存在差异，即存在最高分和最低分。对于给出的评价低于最高分（即不看好该方案）的专家来说，该方案的最高分意味着损失（不看好的方案可能被选中）。因此，利用前景理论考虑专家的风险行为，根据评价矩阵建立每位专家的收益和损失矩阵。首先，根据各方案的排序结果确定其收益和损失参考点。例如，根据语言术语对应的二型模糊集对 $\tilde{a}_{ij}^k$ ($1 \leqslant k \leqslant s$) 进行排序得到损失和收益参考点：

$$\tilde{a}_{ij}^+ = \max\ (\tilde{a}_{ij}^k) \tag{2.39}$$

$$\tilde{a}_{ij}^- = \min\ (\tilde{a}_{ij}^k) \tag{2.40}$$

然后，基于上述参考点，分别获得损失参考矩阵 $\tilde{A}^+ = (\tilde{a}_{ij}^+)_{m \times n}$ 和收益参考矩阵 $\tilde{A}^- = (\tilde{a}_{ij}^-)_{m \times n}$：

$$\tilde{A}^+ = (\tilde{a}_{ij}^+)_{m \times n} = \begin{pmatrix} \tilde{a}_{11}^+ & \tilde{a}_{12}^+ & \cdots & \tilde{a}_{1n}^+ \\ \tilde{a}_{21}^+ & \tilde{a}_{22}^+ & \cdots & \tilde{a}_{2n}^+ \\ \vdots & \vdots & \vdots & \vdots \\ \tilde{a}_{m1}^+ & \tilde{a}_{m2}^+ & \cdots & \tilde{a}_{mn}^+ \end{pmatrix} \tag{2.41}$$

$$\tilde{A}^- = (\tilde{a}_{ij}^-)_{m \times n} = \begin{pmatrix} \tilde{a}_{11}^- & \tilde{a}_{12}^- & \cdots & \tilde{a}_{1n}^- \\ \tilde{a}_{21}^- & \tilde{a}_{22}^- & \cdots & \tilde{a}_{2n}^- \\ \vdots & \vdots & \vdots & \vdots \\ \tilde{a}_{m1}^- & \tilde{a}_{m2}^- & \cdots & \tilde{a}_{mn}^- \end{pmatrix} \tag{2.42}$$

根据参考矩阵 $\tilde{A}^+ = (\tilde{a}_{ij}^+)_{m \times n}$，每位专家的损失矩阵 $A^{k-} = (a_{ij}^{k-})_{m \times n}$ 可以确定为：

$$A^{k-} = (a_{ij}^{k-})_{m\times n} = \begin{pmatrix} a_{11}^{k-} & a_{12}^{k-} & \cdots & a_{1n}^{k-} \\ a_{21}^{k-} & a_{22}^{k-} & \cdots & a_{2n}^{k-} \\ \vdots & \vdots & \vdots & \vdots \\ a_{m1}^{k-} & a_{m2}^{k-} & \cdots & a_{mn}^{k-} \end{pmatrix} \quad (2.43)$$

其中，a_{ij}^{k-} 可以通过公式 (2.12) 计算二型模糊数 $\tilde{a}_{ij}^{k}$ 和 $\tilde{a}_{ij}^{+}$ 之间的距离得到：

$$a_{ij}^{k-} = -\theta\{-[c(\tilde{a}_{ij}^{k}) - c(\tilde{a}_{ij}^{+})]\}^{\beta} \quad (2.44)$$

其中，$c(\tilde{a}_{ij}^{k})$，$c(\tilde{a}_{ij}^{+}) \in [0, 1] \Rightarrow a_{ij}^{k-} \in [0, 1]$，即 a_{ij}^{k-} 为精确值，所以 A^{k-} 为精确值矩阵。然后，根据属性权重 $(\mu_1, \mu_2, \cdots, \mu_m)$，得到每位专家关于所有准则下的备选方案综合损失 B^{k-} 如下：

$$B^{k-} = (b_j^{k-})_{1\times n} = (b_1^{k-} \quad b_2^{k-} \quad \cdots \quad b_n^{k-}) \quad (2.45)$$

其中，$b_j^{k-} = \sum_{i=1}^{m} \mu_i a_{ij}^{k-}$。

类似地，收益矩阵 $A^{k+} = (a_{ij}^{k+})_{m\times n}$ 也可以根据参考矩阵 $\tilde{A}^{-} = (\tilde{a}_{ij}^{-})_{m\times n}$ 得到：

$$A^{k+} = (a_{ij}^{k+})_{m\times n} = \begin{pmatrix} a_{11}^{k+} & a_{12}^{k+} & \cdots & a_{1n}^{k+} \\ a_{21}^{k+} & a_{22}^{k+} & \cdots & a_{2n}^{k+} \\ \vdots & \vdots & \vdots & \vdots \\ a_{m1}^{k+} & a_{m2}^{k+} & \cdots & a_{mn}^{k+} \end{pmatrix} \quad (2.46)$$

其中，a_{ij}^{k+} 同样可以通过公式 (2.12) 计算二型模糊数 $\tilde{a}_{ij}^{k}$ 和 $\tilde{a}_{ij}^{-}$ 之间的距离得到：

$$a_{ij}^{k+} = [c(\tilde{a}_{ij}^{k}) - c(\tilde{a}_{ij}^{-})]^{\alpha} \quad (2.47)$$

其中，$c(\tilde{a}_{ij}^{k})$，$c(\tilde{a}_{ij}^{-}) \in [0, 1] \Rightarrow a_{ij}^{k+} \in [0, 1]$，即 a_{ij}^{k+} 为精确值，所以 A^{k+} 为精确值矩阵。

根据准则权重 $(\mu_1, \mu_2, \cdots, \mu_m)$，得到每位专家关于所有准则下的备选方案综合收益 B^{k+} 如下：

$$B^{k+} = (b_j^{k+})_{1\times n} = (b_1^{k+} \quad b_2^{k+} \quad \cdots \quad b_n^{k+}) \quad (2.48)$$

其中，$b_j^{k+} = \sum_{i=1}^{m} \mu_i a_{ij}^{k+}$。

根据综合收益 B^{k+} 和综合损失 B^{k-}，综合正理想解为最大收益 $B^{*+} = [\max(b_1^{k+}), \cdots, \max(b_n^{k+})]$ 和最小损失 $B^{0-} = [\min(b_1^{k-}), \cdots, \min(b_n^{k-})]$，综合负理想解为最小收益 $B^{0+} = [\min(b_1^{k+}), \cdots, \min(b_n^{k+})]$ 和最大损失 $B^{*-} = [\max(b_1^{k-}), \cdots, \max(b_n^{k-})]$。

根据正理想解和负理想解，分别计算收益/损失与最优解和最劣解之间的距离 d_j^* 和 d_j^0 如下：

$$d_j^* = \sqrt{\sum_{k=1}^{t} \{[b_j^{k+} - \max(b_j^{k+})]^2 + [b_j^{k-} - \min(b_j^{k-})]^2\}} \quad (2.49)$$

$$d_j^0 = \sqrt{\sum_{k=1}^{t} \{[b_j^{k+} - \min(b_j^{k+})]^2 + [b_j^{k-} - \max(b_j^{k-})]^2\}} \quad (2.50)$$

根据距离 d_j^* 和 d_j^0，计算比值 O_j ($1 \leq j \leq n$) 为：

$$O_j = \frac{d_j^0}{d_j^0 + d_j^*} \quad (2.51)$$

最后，将比值 O_j 按降序排列，O_j 值越大，方案 x_j 越好。

上述扩展的 TOPSIS 方法在处理决策偏好不确定性的同时考虑了专家行为，能够为复杂不确定场景下的多准则决策问题之解决提供信息处理和方案优选策略。

第五节 本章小结

本章主要围绕二型模糊多属性决策理论分别对二型模糊集合相关理论及不确定视角下的多属性决策方法进行了介绍。首先介绍了二型模糊集合的定义、基本运算法则以及二型模糊集距离和相似性计算方法。接着介绍了语言变量信息的二型模糊量化表达与处理，具体介绍了几种常用的二型模糊信息集成算子。最后网络分析法 ANP 和 TOPSIS 方法为例介绍多属性决策方法在二型模糊环境下的应用。本章内容为复杂情境下的大规模群决策研究提供了不确定偏好信息获取和处理基础。

#　第　三　章

社交信任关系分析

　　社交关系是指一组社会行为者（个人或组织）通过社会互动形成的二元关系，是社会网络的重要组成部分之一。雅各布·莫雷诺（Jacob Moreno）在20世纪30年代发展了第一份社交关系图以研究人际关系。到20世纪80年代，社会网络的理论和方法在社会和行为科学中流行开来。当前，社会网络及其分析是社会心理学、社会学、统计学和图论中内在的跨学科学术领域，与其他复杂网络一起构成了网络科学新兴领域的一部分（汪小帆等，2012）。

　　社会网络能够通过研究人与人之间的关系，揭示出人际交往的复杂性和多样性。社会网络及其分析工具的快速发展为市场营销、疾病传播、社会资本、组织行为、管理决策等提供了新的研究视角。例如，考虑到社交关系对决策行为的影响，社会网络群决策研究开始出现（Zhang等，2018a）。社交关系泛指社会行为者之间因一段时间的互动形成的相对稳定的二元关系。在广泛社交关系中存在着一种特殊的关系形式——信任关系。相比于一般社交关系，信任关系具有强度较大、难建立但易摧毁、情境依赖性和动态敏感性等特征。因其特殊性，信任关系成为社会心理学、组织行为学、营销学、管理学等多个领域的研究重点。特别地，信任在群决策领域的研究日益增多，逐渐成为社会网络群决策、大规模群决策研究中的重要行为要素（Wu 等，2020b；Wu 等，2022b）。因此，本章主要对社会网络基本概念、社会网络分析基本工具以及信任关系的量化分析进行介绍。

第一节 社会网络分析

社会网络分析是指基于信息科学、数学、社会学、管理学等多学科的融合理论和方法，为理解人类各种社会关系的形成与演变提供的一种可计算的分析方法。社会网络分析方法种类繁多，考虑到本书主要涉及大规模群决策者影响力计算与聚类等问题，本节主要介绍社会网络基本概念、基本分析指标以及常用社区发现方法。

一 社会网络基本概念

定义 3.1.1 （Aldous 和 Wilson，2003）一个简单加权无向网络图可以表示为 $G=(V, E, W)$，其中 $V=\{v_1, v_2, \cdots, v_n\}$ 为 n 个节点组成的非空集合，$E=\{e_{kl}\}$ （$k, l=1, 2, \cdots, n, k \neq l$）表示节点连边的有限集合，$W=\{w_{kl}\}$ （$k, l=1, 2, \cdots, n, k \neq l$）表示边的权重集合，$e_{kl}$ 表示节点 v_k 和 v_l 以权重 w_{kl} 进行连接的关系边。

定义 3.1.2 （Wu 等，2017a）社交网络 G 的邻接矩阵 $A=(a_{kl})_{n \times n}$ 是 $0-1$ 阵，当节点 v_k 和 v_l 之间存在社交关系时，$a_{kl}=1$；否则，$a_{kl}=0$：

$$a_{kl}=\begin{cases} 1, & e_{kl} \in E \\ 0, & e_{kl} \notin E \end{cases} \quad (3.1)$$

满足上述定义的网络称为一般社交网络。

当节点之间存在信任关系时，网络 G 变成了具有特殊社交意义的有向图且表示为 $G=(V, E, T)$，$V=\{v_1, v_2, \cdots, v_n\}$ 同样为 n 个节点组成的非空集合，$E=\{e_{kl}\}$ （$k, l=1, 2, \cdots, n, k \neq l$）表

示节点间信任关系的有限集合，$T=\{t_{kl}\}$ （k，$l=1$，2，…，n，$k\neq l$）表示信任水平的集合，e_{kl} 表示节点 v_k 以 t_{kl} 的程度信任邻居 v_l。

当 G 为一个完全图时，其边和点之间的关系为：

$$N(E) = \frac{n(n-1)}{2} \quad (3.2)$$

其中，$N(E)$ 表示边的数量。

二 基本分析指标

网络基本分析指标有中心性、密度、聚集系数（Wasserman 和 Faust，1994；Aldous 和 Wilson，2003）等。中心性主要用来测量个体在网络中的位置，反映了节点在网络中的重要性程度。度中心性、接近度中心性、中介中心性以及特征向量中心性是常用的四个基本中心性指标。度中心性是最基本的节点重要性测度指标，节点重要性由其直接邻居数量决定。接近度中心性描述的是某节点与其他所有节点距离的远近程度。中介中心性用于衡量某节点的信息传递能力。特征向量中心性不仅取决于节点的直接邻居数目，还取决于邻居的重要性。除此之外，近些年流行的网页排序方法——PageRank 中心性也成为常用中心性度量指标。

定义 3.1.3 节点 v_k 的度中心性 $C_D(v_k)$ 是指与其发生连接关系的节点 v_l 的数量，表示为：

$$C_D(v_k) = N(e_{kl}) \quad (3.3)$$

定义 3.1.4 节点 v_k 的接近度中心性 $C_C(v_k)$ 定义如下：

$$C_C(v_k) = \frac{1}{\sum_{l=1, k\neq l}^{n} dist(v_k, v_l)} \quad (3.4)$$

其中，$dist(v_k, v_l)$ 指的是节点 v_k 和 v_l 之间的最短路径长度。

定义 3.1.5 节点 v_k 的中介中心性 $C_B(v_k)$ 定义如下：

$$C_B(v_k) = \sum_{v_k, v_l \in V, v_k \neq v_l} \frac{\sigma_{v_k, v_l}(v_k)}{\sigma_{v_k, v_l}} \quad (3.5)$$

其中，σ_{v_h,v_l} 表示从节点 v_h 到 v_l 的最短路径数，$\sigma_{v_h,v_l}(v_k)$ 表示节点 v_k 在上述最短路径中出现的次数。

定义 3.1.6 节点 v_k 的特征向量中心性 $C_E(v_k)$ 定义如下：

$$C_E(v_k) \propto \sum_{k,l=1;k\neq l}^{n} A_{kl} C_E(v_k) \tag{3.6}$$

如果 t-维向量 x 用来表示节点 v_1 到 v_t 的特征向量中心性，则上式可以改写成

$$x \propto Ax \tag{3.7}$$

该式可以等价转换为 $Ax = \lambda x$，其中 λ 为常数。特征向量中心性 $C_E(v_k)$ 可以定义为对应最大特征值 λ_k 的特征向量 $e_k = [e_{k1}, e_{k2}, \cdots, e_{kn}]^T$。

定义 3.1.7 （Brin & Page，1998）针对权值恒为 1 的有向网络 $G = \{V, E, W\}$，节点 v_k 的 PageRank 中心性 p_k 可以表示为：

$$p_k = \alpha \sum_{l} W_{kl} \frac{p_l}{g_l} + (1-\alpha) \frac{1}{n} \tag{3.8}$$

其中，W 等价于网络 G 的邻接矩阵，当节点 v_k 和 v_l 有连接关系时，$w_{kl} = 1$，否则为 0。$g_l = \max(1, \sum_{l'} W_{ll'})$，$v_{l'}$ 是 v_l 的邻居节点，其中 $\alpha > 0$ 是阻尼系数，表示节点 v_k 以概率 α 随机游走到邻居 v_l，以 $1-\alpha$ 跳跃到其他邻居。

网络密度是用于刻画网络中节点间连边密集程度的重要指标。

定义 3.1.8 对于无向无权网络 $G = (V, E)$，其密度 $d(G)$ 可以用来描述节点之间边的密集程度：

$$d(G) = \frac{2|E|}{n(n-1)} \tag{3.9}$$

其中，$|E|$ 和 n 分别为网络 G 中的边和节点的数量。

网络因节点连接规律不同而呈现出不同的结构特征。目前常见的网络结构主要有规则网络、随机网络、小世界网络和无标度网络。现实中人们之间的社交网络主要表现为小世界网络结构。小世界网络中大部分节点彼此并不直接相连，但经过少数几步就可到达。

Watts 和 Strogatz（1998）提出了小世界网络（Small world network）的概念，并指出这类网络图可以通过两个独立的结构特征来识别——聚集系数和平均最短路径长度。路径长度是指节点之间的直接或间接连边数，最短路径即连接两个节点且拥有最短边数的那条路径。聚集系数应用于识别复杂网络节点之间的集聚问题，对网络的稀疏度比较敏感。关于网络的聚集系数概念介绍如下。

定义3.1.9 对一个简单无向图 $G=\{V, E\}$，节点 v_k 的直接邻居节点表示为 $N_k=\{v_l: e_{ll'} \in E\}$，则无向图 G 中节点 v_k 的局部聚集系数 LCC_k 可以表示为：

$$LCC_k = \frac{2|\{e_{ll'}: v_l, v_{l'} \in N_k, e_{ll'} \in E\}|}{|N_k|(|N_k|-1)} \quad (3.10)$$

其中，v_l 和 $v_{l'}$ 是集合 N_k 的元素，即节点 v_k 的邻居节点，$|N_k|$ 表示节点 v_k 的邻居数量，$|\{e_{ll'}: v_l, v_{l'} \in N_k, e_{ll'} \in E\}|$ 表示节点 v_k 的邻居节点之间边的数量，$|N_k|(|N_k|-1)/2$ 表示在节点 v_k 与其邻居之间边的数量。

网络 G 的总体聚集系数 CC 可以通过其全部节点的局部聚集系数的平均值得到：

$$CC = \frac{1}{n}\sum_{k=1}^{n} LCC_k \quad (3.11)$$

当 $CC=1$，意味着网络 G 是一个完全网络。

三　社区发现算法

社区发现（Community detection）是研究大规模网络的有效工具。在社区发现算法中，模块度（modularity）是衡量社区内连接密度与社区间连接密度的关键技术（Newman，2004）。模块度的值主要取决于网络中节点的社区分配，即模块度可以用来衡量社区分配的效果。模块度的值越接近于1，被划分的网络社区结构越稳定，社区发现效果就越好。因此，Blondel 等（2008）基于模块度增量 ΔQ 提出 Louvain 方法来发现社区。

定义 3.1.10 （Blondel 等，2008）假设有大规模网络 LG 可以分类为 R 个社区 $LG = \{SG_1, \cdots, SG_r\}$，$r, s \in R$，$v_r^k$ 表示节点 v_k 属于社区 SG_r，节点 v_r^k 从社区 SG_r 移动到 SG_s 产生的模块度增量表示为：

$$\Delta Q = \left[\frac{\sum_{in} + 2W_{r,in}}{M_{rs}} - \left(\frac{\sum_{tot} + W_r}{M_{rs}}\right)^2\right] - \left[\frac{\sum_{in}}{M_{rs}} - \left(\frac{\sum_{tot}}{M_{rs}}\right)^2 - \left(\frac{W_r}{M_{rs}}\right)^2\right]$$

(3.12)

其中，$\sum_{in}$ 表示社区 SG_s 内的边权和，$\sum_{tot}$ 表示网络 LG 中其他节点与社区 SG_s 内部节点发生关系的边权和；$W_{r,in}$ 表示从节点 v_r^k 到社区 SG_s 内部节点的边权和，$W_r = \sum_{r=1}^{t} c_{rs}$ 是从网络 LG 其他节点到 v_r^k 的边权和；$M_{rs} = \sum_{r,s=1, r \neq s}^{t} c_{rs}$ 表示网络 LG 所有节点之间的边权和，其中，c_{rs} 表示社区 SG_r 与 SG_s 之间的权重，根据同属于社区 SG_r 和 SG_s 的节点之间的边权和得到。

如果模块度增量 $\Delta Q \geq 0$，则根据最大化增量 $\max \Delta Q$ 将节点 v_r^k 从社区 SG_r 移动到社区 SG_s，否则，得到最后的社区发现结果。

第二节　信任网络分析

信任关系是一种具有特殊、具体意义的社交关系，具有难建立、传递性和易摧毁等特性。信任比一般社交关系具有较强的影响力，能够有效促进共识形成。目前，吴坚教授团队关于信任群决策的研究较为丰富。Wu 等（2015）在不完全语义信息环境下提出基于信任的共识模型。Wu 和 Chiclana（2014）基于区间值模糊互补偏好关系提出一种社交网络分析信任共识模型。然后，Wu 等（2016）基于四维信息为社会网络群决策构造 uninorm 信任传递和集成方法。接着，Wu 等（2017a）根据信任传递算法为社会网络群决策提出虚拟交互共识模型。另外，Wu 等（2018a）基于分布式语言信任为社会网络群决策提出最小调整成本共识模型。最近，Wu 等（2019b）又基于态度信任推荐机制来平衡群决策中的共识与和谐问题。考虑到决策者的自信程度，Liu 等（2017）为达成群共识提出基于信任诱导的推荐机制。Liu 等（2019d）为社会网络群决策提出基于自信的共识模型和基于信任的反馈机制。Taghavi 等（2020）基于信任、自信和相似性处理群决策问题中的偏好高度不确定问题。已有信任群决策研究为传统群共识研究开辟了新思路。

一　信任网络定义

信任在不同领域有不同的定义。Cho 等人（2015）总结了不同领域中信任的定义，并给出了信任的一般定义："信任是委托人基于主观信念承担风险的意愿，即根据对受托人经验的认知评估，受托人将在给定情况的不确定性下表现出可靠的行为，以最大化委托人的利益。"

根据上述定义，我们提炼出信任的一些不同于一般社会关系的特点如下（Cho 等，2015）。

情境依赖和传递性。信任概念是依赖于应用场景的。例如，如果 B 是医生，A 可能信任 B 的医疗建议，但不一定信任 B 的法律忠告。在同一应用场景下，信任可以传递，如果 A 信任 B，B 信任 C，则 A 将信任 C，即使他不认识 C。

主观性和敏感性。信任是委托人对受托人的主观感知。信任的建立是一个漫长而复杂的过程，但一旦受托人表现出负面行为，信任就会瞬间被破坏，所以信任关系是敏感和脆弱的。

信任网络是一种特殊的社会网络，它主要关注社会实体之间的信任关系，根据一般信任网络的基本定义（Wu 等，2018a），用户间的信任网络可以定义为：

定义 3.2.1　一个有向加权信任网络 $G=(V, E, T)$ 由三要素构成，其中 $V=\{v_1, \cdots, v_m\}$ 表示用户集，$E=\{e_{ij}\}$ 表示用户间信任关

系（边）集，$T=\{t_{ij}\}$ 表示边集合 E 对应的具体信任值，也称信任水平，集合 T 中的要素 t_{ij} 表示用户 v_i 对 v_j 的信任水平。

二 信任传递算子

t-norm 算子在信任传递中应用较多（Victor 等，2009；Victor 等，2011），它的拓展形式有 Hamather t-norm 算子，Algebraic t-norm 算子，Frank t-norm 算子和 Einstein t-norm 算子（Xia 等，2012）。Hamacher t-norm 算子是具有参数 γ 的许多其他 t-norm 算子的推广，如 Algebraic t-norm 算子和 Einstein t-norm 算子。由于参数 γ 可以表示偏好、风险态度（Xia 等，2012）或专家效用（Liu，2014），Hamacher t-norm 可以灵活应用于实际场景中。

参数化的 Hamacher t-norm 算子（Xia 等，2012）表示为

$$T(x, y) = \frac{xy}{\gamma + (1-\gamma)(x+y-xy)} \quad \gamma > 0 \qquad (3.13)$$

易证参数化 Hamacher t-norm 算子满足经典 t-norm 算子的以下性质（Tang 等，2017）：

(1) 幂等性：对所有 x，有 $T(1, x) = x$；

(2) 交换律：对所有 x 和 y，有 $T(x, y) = T(y, x)$；

(3) 结合律：对所有 x，y 和 z，有 $T[x, T(y, z)] = T[T(x, y), z]$；

(4) 单调性：如果 $x \leq x_0$ 和 $y \leq y_0$，则有 $T(x, y) \leq T(x_0, y_0)$。

当 $\gamma = 1$ 时，参数化的 Hamacher t-norm 算子可以转化为 Algebraic t-norm 算子；当 $\gamma = 2$ 时，可以转化为 Einstein t-norm 算子。Tang 等人（2017）将参数 γ 的含义与决策者的风险态度联系起来，即决策者在偏好小于 γ 时是风险追求者，而在偏好大于 γ 时是风险规避者。

第三节 二型模糊信任计算

在不同的学科中，信任被用来定义不同的关系（Cho，2011），如社交网络中个体之间的信任关系，社会化商务中顾客和商家之间的信任关系，选举中选举人与被选举人之间的信任关系等。信任具有情境依赖、主观性、非对称性、敏感性以及传递性等特征（Cho 等，2015）。信任的传递性特征使得其在群决策的缺失信息补全和共识达成过程中起着重要作用（Wu 等，2015；Wu 等，2018a）。在社会化商务推荐中，相对于陌生人，人们更倾向于接受信任对象分享的经验。因此，信任的传递特性在提高推荐系统精度和覆盖度方面也尤为重要（Massa 和 Avesani，2004）。

一 区间二型模糊信任水平

在现实生活中，缺乏经验的人们倾向于向其信任的朋友、亲人或同事咨询经验。但由于人际关系的局限性，并不是所有人都能够直接认识有经验且值得信任的人。信任的传递特性可以在目标用户与值得信任的经验用户之间建立联系。当存在多条传递路径时，信任集成算子可以有效集成多条传递路径上的信任值。图 3.1 展示了在一个简单的信任网络上无经验用户 v_I 可以通过多条传递路径与经验用户 v_E 建立联系，其中传递用户亦可称作中介用户。

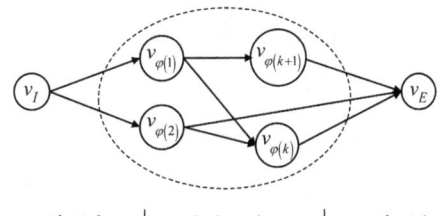

无经验用户 v_I ｜ 中介用户 $v_{\varphi(h)}$ ｜ 经验用户 v_E

图 3.1 信任网络举例

尽管基于信任的研究较多，应用领域较广，信任度量仍然是个开放性话题。研究人员根据自主判断用不同的尺度衡量了信任程度（Marsh，1994），有语义标签（Romano，2013）、二进制（Cho等，2015）、离散和连续表达（Marsh，1994）以及模糊数（Ayadi等，2016；Kant和Bharadwaj，2013）等。由于区间二型模糊数在处理不确定性时表现出更大的灵活性，本章采用区间二型模糊语言变量来描述信任水平，如表3.1所示。

表3.1　　　　信任语言变量与相应的区间二型模糊数

语言变量	梯形区间二型模糊数
完全信任（Full Presence of Trust, FPT）	[(1, 1, 1, 1; 0.9), (1, 1, 1, 1; 1)]
非常信任（Very High Trust, VHT）	[(0.82, 0.88, 0.92, 0.98; 0.9), (0.80, 0.85, 0.95, 1.00; 1)]
很信任（High Trust, HT）	[(0.62, 0.68, 0.72, 0.78; 0.9), (0.60, 0.65, 0.75, 0.80; 1)]
中等信任（Medium Trust, MT）	[(0.42, 0.48, 0.52, 0.58; 0.9), (0.40, 0.45, 0.55, 0.60; 1)]
低信任（Low Trust, LT）	[(0.22, 0.28, 0.32, 0.38; 0.9), (0.20, 0.25, 0.35, 0.40; 1)]
不怎么信任（Very Low Trust, VLT）	[(0.02, 0.08, 0.12, 0.18; 0.9), (0.00, 0.05, 0.15, 0.20; 1)]
完全不信任（Full Absence of Trust, FAT）	[(0, 0, 0, 0; 0.9), (0, 0, 0, 0; 1)]

二　区间二型模糊信任传递与集成算子

信任传递与集成运算是信任网络分析的重要基础。Algebraic t-norm能够在信任传递过程中始终保持区间二型模糊数的形式以避免信息丢失。目前，已有信任集成运算研究主要基于OWA算子（Wu等，2016）展开。但是，随着传递路径的延长，信任丢失的可能性增大，信任传递质量递减。而IOWA算子能够将信任传递路径长度作为诱导变量考虑到信任集成计算中（Yager，2003）。为了衡量不确定环境下的信任传递值，我们提出区间二型模糊 Algebraic t-norm 算子以及利用 IT2-IOWA 算子来集成多条传递路径上的信任值。

假设用户 v_1 信任用户 v_2，用户 v_2 信任用户 v_3，则在 Algebraic 信任传递算子的基础上，用户 v_1 对用户 v_3 的信任评分计算为：

$$\widetilde{T}(v_1, v_3) = \widetilde{T}(v_1, v_2) \cdot \widetilde{T}(v_2, v_3) \quad (3.14)$$

其中，$\widetilde{T}(v_1, v_2)$ 为用户 v_1 对用户 v_2 的信任值，$\widetilde{T}(v_2, v_3)$ 是用户 v_2 对用户 v_3 的信任值。因为 $\widetilde{T}(v_1, v_2)$ 和 $\widetilde{T}(v_2, v_3)$ 是区间二型模糊数，所以经过公式（3.14）处理之后得到的 $\widetilde{T}(v_1, v_3)$ 仍然是区间二型模糊数。根据区间二型模糊集质心法，区间二型模糊信任的精确值区间为 $[0, 1]$：$c[\widetilde{T}(v_1, v_2)]$，$c[\widetilde{T}(v_2, v_3)]$，$c[\widetilde{T}(v_1, v_2)] \in [0, 1]$。

上述仅给出中间有一个中介用户且仅有一条传播路径的信任传递运算。然而，现实生活中，可能存在多个中介用户且有多条传播路径存在。例如，无经验用户 v_I 与经验用户 v_E 之间存在多条传播路径，其中第 i 条传播路径长度为 $L_i = k+1$，中间有 k 个中介用户，传播路径为 $v_I \to v_{\delta(1)} \to v_{\delta(2)} \to v_{\delta(k)} \to v_E$。当传播路径上中介用户数量 $k \geq 2$ 时，公式（3.14）的一般化形式可以表示为：

$$\begin{aligned}\widetilde{T}(v_I, v_E)^i = &\widetilde{T}(v_I, v_{\delta(1)}) \otimes \widetilde{T}(v_{\delta(1)}, v_{\delta(2)}) \otimes \cdots \otimes \\ &\widetilde{T}(v_{\delta(l)}, v_{\delta(l+1)}) \otimes \cdots \otimes \widetilde{T}(v_{\delta(k)}, v_E)\end{aligned} \quad (3.15)$$

令 $\widetilde{E}_0 = [(0, 0, 0, 0; 1)(0, 0, 0, 0; 0.9)]$，$\widetilde{E}_1 = [(1, 1, 1, 1; 1)(1, 1, 1, 1; 0.9)]$，$\widetilde{E}_0$ 和 $\widetilde{E}_1$ 分别对应于表3.1的"完全不信任"和"完全信任"语言变量。由于 $\widetilde{E}_0 \leq \widetilde{T}(v_I, v_{\delta(1)})$，…，$\widetilde{T}(v_{\delta(l)}, v_{\delta(l+1)})$，…，$\widetilde{T}(v_{\delta(k)}, v_E) \leq \widetilde{E}_1$，易证得 $\widetilde{E}_0 \leq \widetilde{T}(v_I, v_E)^i \leq \widetilde{E}_1$，即 $c[\widetilde{T}(v_I, v_E)^i] \in [0, 1]$。

命题 1 基于 t-norm 特征和信任传递特性，我们为第 i 条传播路径上的区间二型模糊信任传递算子提出以下命题：

(1) $\tilde{T}[\tilde{E}_1, \tilde{T}(v_I, v_E)^i] = \tilde{T}(v_I, v_E)^i$，意味着"完全信任"对信任传递没有影响。

(2) $\tilde{T}[\tilde{E}_0, \tilde{T}(v_I, v_E)^i] = \tilde{E}_0$，意味着"完全不信任"对信任传递有负影响，信任传递被中断，该传递路径无效。

(3) $\tilde{T}(v_I, v_E)^i \leq \min\{\tilde{T}(v_I, v_{\delta(l)}), \cdots, \tilde{T}(v_{\delta(l)}, v_{\delta(l+1)}), \cdots, \tilde{T}(v_{\delta(k)}, v_E)\}$，意味着用户在信任感知上是悲观的，可能低估信任价值以规避风险。

(4) $\tilde{T}(v_I, v_{\delta(l)}) \otimes \tilde{T}[\tilde{T}(v_{\delta(l)}, v_{\delta(k)}), \tilde{T}(v_{\delta(k)}, v_E)] = \tilde{T}[\tilde{T}(v_I, v_{\delta(l)}), \tilde{T}(v_{\delta(l)}, v_{\delta(k)})] \otimes \tilde{T}(v_{\delta(k)}, v_E)$，意味着信任传递不受用户位置和信任关系的方向所影响。

(5) 对于一般信任度 $\tilde{E}_0 \leq \tilde{T}(v_I, v_{\delta(l)}), \cdots, \tilde{T}(v_{\delta(l)}, v_{\delta(l+1)}), \cdots, \tilde{T}(v_{\delta(k)}, v_E) \leq \tilde{E}_1$，信任传递值 $\tilde{T}(v_I, v_E)^i$ 随着路径的延长而递减。

证明 根据区间二型模糊数的乘法运算，对上述命题证明如下：

(1) $\tilde{T}[\tilde{E}_1, \tilde{T}(v_I, v_E)^i] = \tilde{E}_1 \otimes \tilde{T}(v_I, v_E)^i = \tilde{T}(v_I, v_E)^i$；

(2) $\tilde{T}[\tilde{E}_0, \tilde{T}(v_I, v_E)^i] = \tilde{E}_0 \otimes \tilde{T}(v_I, v_E)^i = \tilde{E}_0$；

(3) 根据公式（3.15）和 $\tilde{T}(v_I, v_{\delta(l)}), \cdots, \tilde{T}(v_{\delta(l)}, v_{\delta(l+1)}), \cdots, \tilde{T}(v_{\delta(k)}, v_E) \leq \tilde{E}_1$，我们得到 $\tilde{T}(v_I, v_{\delta(1)}) = \tilde{T}(v_I, v_{\delta(1)}) \otimes \tilde{E}_1 \otimes \cdots \otimes \tilde{E}_1 \geq \tilde{T}(v_I, v_E)^i$，$\tilde{T}(v_{\delta(l)}, v_{\delta(l+1)}) = \tilde{E}_1 \otimes \cdots \otimes \tilde{T}(v_{\delta(l)}, v_{\delta(l+1)}) \otimes \cdots \otimes \tilde{E}_1 \geq \tilde{T}(v_I, v_E)^i$ 和 $\tilde{T}(v_{\delta(k)}, v_E) = \tilde{E}_1 \otimes \cdots \otimes \tilde{T}(v_{\delta(k)}, v_E) \geq \tilde{T}(v_I, v_E)^i$，因此，$\tilde{T}(v_I, v_E)^i \leq \min\{\tilde{T}(v_I, v_{\delta(l)}), \tilde{T}(v_{\delta(l)}, v_{\delta(l+1)}), \tilde{T}(v_{\delta(k)}, v_E)\}$。

(4) 由于 $\tilde{T}(v_I, v_{\delta(l)}) \otimes \tilde{T}[\tilde{T}(v_{\delta(l)}, v_{\delta(k)}), \tilde{T}(v_{\delta(k)}, v_E)]$ 和 $\tilde{T}[\tilde{T}(v_{\delta(l)}, v_{\delta(k)}), \tilde{T}(v_{\delta(k)}, v_j)] = \tilde{T}(v_{\delta(l)}, v_E)$,所以得到 $\tilde{T}[\tilde{T}(v_I, v_{\delta(l)}), \tilde{T}(v_{\delta(l)}, v_E)] = \tilde{T}(v_I, v_E)^i$;由于 $\tilde{T}[\tilde{T}(v_I, v_{\delta(l)}), \tilde{T}(v_{\delta(l)}, v_{\delta(k)})] \otimes \tilde{T}(v_{\delta(k)}, v_E)$,$\tilde{T}[\tilde{T}(v_I, v_{\delta(l)}), \tilde{T}(v_{\delta(l)}, v_{\delta(k)})] = \tilde{T}(v_I, v_{\delta(k)})$,所以得到 $\tilde{T}[\tilde{T}(v_I, v_{\delta(k)}), \tilde{T}(v_{\delta(k)}, v_E)] = \tilde{T}(v_I, v_E)^i$。因此,推导出 $\tilde{T}(v_I, v_{\delta(l)}) \otimes \tilde{T}[\tilde{T}(v_{\delta(l)}, v_{\delta(k)}), \tilde{T}(v_{\delta(k)}, v_E)] = \tilde{T}[\tilde{T}(v_I, v_{\delta(l)}), \tilde{T}(v_{\delta(l)}, v_{\delta(k)})] \otimes \tilde{T}(v_{\delta(k)}, v_E)$

(5) 由于 $\tilde{T}(v_I, v_{\delta(l+1)}) = \tilde{T}(v_I, v_{\delta(1)}) \otimes \tilde{T}(v_{\delta(1)}, v_{\delta(2)}) \otimes \cdots \otimes \tilde{T}(v_{\delta(l)}, v_{\delta(l+1)})$ 和 $\tilde{E}_0 \leq \tilde{T}(v_I, v_{\delta(l)}), \cdots, \tilde{T}(v_{\delta(l)}, v_{\delta(l+1)}), \cdots, \tilde{T}(v_{\delta(k)}, v_E) \leq \tilde{E}_1$,可知 $\tilde{T}(v_I, v_E)^i = \tilde{T}(v_I, v_{\delta(1)}) \otimes \tilde{T}(v_{\delta(1)}, v_{\delta(2)}) \otimes \cdots \otimes \tilde{T}(v_{\delta(l)}, v_{\delta(l+1)}) \otimes \cdots \otimes \tilde{T}(v_{\delta(k)}, v_E) = \tilde{T}(v_I, v_{\delta(l+1)}) \otimes \cdots \otimes \tilde{T}(v_{\delta(k)}, v_E) < \tilde{T}(v_I, v_{\delta(l+1)})$。

根据六度分割理论,两个用户之间建立连接需要的中介用户一般不超过 6 个,则令 $k \leq 5$,避免了传递路径过长造成信息丢失引起的信任评估失真问题。

假设在无经验用户 v_I 与经验用户 v_E 之间总共存在 p 条路径,则 v_I 对 v_E 的信任程度可以通过 IT2-IOWA 算子集成 p 条路径上的信任传递值得到:

$$\tilde{T}(v_I, v_E) = f_{\text{IT2-IOWA}}\{[u_1, \tilde{T}(v_I, v_E)^1], \cdots, [u_p, \tilde{T}(v_I, v_E)^p]\}$$
$$= \sum_{i=1}^{p} w_i \tilde{T}(v_I, v_E)^i_{\mu\text{-index}(i)} \quad (3.16)$$

其中,由于信任传递质量与路径长度成反比,诱导变量 $\mu_i = 1/L_i$,L_i 是第 i 个传递路径的长度,$\tilde{T}(v_I, v_E)^i$ 代表第 i 个传递路径上

得到的 v_I 对 v_E 的信任程度，w_i（$i=1$，2，$\cdots$，p）是 IT2-IOWA 算子的对应权重，可以根据公式（2.21）和公式（2.22）计算得到。

三 区间二型模糊信任评估模型

根据上述介绍的区间二型模糊信任传递算子和集成算子，我们给出信任网络上区间二型模糊信任评估模型的主要步骤。

步骤1：识别无经验用户与经验用户所处的信任网络

确定无经验用户 v_I 和经验用户 v_E 并识别他们所处的信任网络 $G=(V,E,\tilde{T})$。其中，$V=\{v_I,v_{\delta(1)},v_{\delta(2)},\cdots,v_n\}$ 为网络 G 上所有用户集合，$E=\{v_{\delta(l)}\rightarrow v_{\delta(l+1)}\}$ 为网络 G 上信任关系集合，$\tilde{T}$ 为信任关系强度集合，由表3.1所示的区间二型模糊语言变量来表示。

步骤2：识别所有有效信任传递路径

通过信任网络 G 识别 v_I 到 v_E 的所有长度小于 6 的 p 条传递路径。

步骤3：利用区间二型模糊 Algebraic 传递算子计算信任传递值

利用公式（3.15）所示的区间二型模糊 Algebraic 传递算子计算所有 p 条传递路径上得到的信任度 $\tilde{T}(v_I,v_E)^i$（$i=1$，2，$\cdots$，p）。

步骤4：利用区间二型模糊 IOWA 算子集结所有路径得到的信任值

根据公式（3.16）集成所有 p 条传递路径得到的信任值 $\tilde{T}(v_I,v_E)^i$（$i=1$，2，$\cdots$，p）以得到 v_I 对 v_E 的综合信任评估值 $\tilde{T}(v_I,v_E)$。其中 IT2-IOWA 算子的对应权重 w_i（$i=1$，2，$\cdots$，p），通过模糊语义量化函数"Most of"以及公式（2.21）和公式（2.22）计算得到。

步骤5：将区间二型模糊数表示的信任评估值对应转换到语言变量区间

通过 IT2-IOWA 算子集结得到的 v_I 对 v_E 的综合评估信任度 $\tilde{T}$

(v_I, v_E) 仍然为区间二型模糊数。为了直观地理解 v_I 对 v_E 的可能信任程度，根据区间二型模糊质心排序法，将 $\tilde{T}$ (v_I, v_E) 与表 3.1 所有区间二型模糊数对比，得到 $\tilde{T}$ (v_I, v_E) 所属的语言变量区间。

最后，对上述区间二型模糊信任评估模型的特点分析如下：

（1）利用区间二型模糊语言变量表述信任水平，灵活处理信任表达的不确定性和主观性；

（2）考虑到信任传递质量的递减特征，提出区间二型模糊 Algebraic 传递算子计算信任传递值，然后利用区间二型模糊诱导有序加权平均算子集成所有路径上的传递信任值，有效避免信息丢失；

（3）从信任表示、信任传递到信任集成始终保持着区间二型模糊数的形式，并将最终集成得到的信任值转换到语言变量区间，这种一贯的区间二型模糊集形式既避免了信息丢失，又使得用户以一种更接近本能的方式参与整个信任评估过程。

四 算例分析及其对比分析

本节利用一个社会化商务算例来展示区间二型模糊信任评估模型的应用。本算例通过一个简单的信任网络描述区间二型模糊评估模型在无经验用户与经验用户之间建立联系的过程，并给出对比分析。

（一）算例分析

假设一个简单的信任网络（如图 3.2 所示）中有无经验用户 v_I 和经验用户 v_E 以及 8 个咨询用户 $\{v_{\delta(1)}, v_{\delta(2)}, \cdots, v_{\delta(8)}\}$。现需要通过该信任网络寻找 v_I 到 v_E 之间的所有传递路径并计算最终的信任评估值。

根据图 3.2 可知，无经验用户 v_I 与经验用户 v_E 之间存在信任网络 G，并且该网络上的信任关系权值由表 3.1 中的区间二型模糊语言变量来表示。通过信任网络 G 识别 v_I 到 v_E 的所有长度小于 6 的传递路径为 $p=6$ 条。

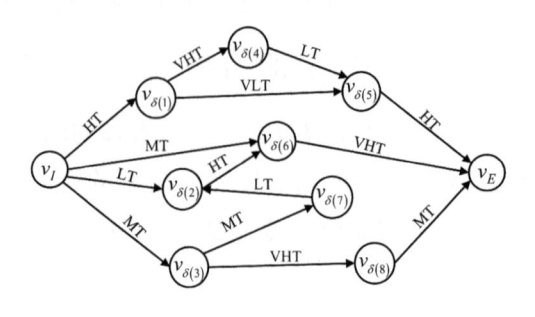

图 3.2 信任网络

P_1: $v_I \to v_{\delta(1)} \to v_{\delta(4)} \to v_{\delta(5)} \to v_E$ ($L_1 = 4$)

P_2: $v_I \to v_{\delta(1)} \to v_{\delta(5)} \to v_E$ ($L_2 = 3$)

P_3: $v_I \to v_{\delta(6)} \to v_E$ ($L_3 = 2$)

P_4: $v_I \to v_{\delta(2)} \to v_{\delta(6)} \to v_E$ ($L_4 = 3$)

P_5: $v_I \to v_{\delta(3)} \to v_{\delta(7)} \to v_{\delta(2)} \to v_{\delta(6)} \to v_E$ ($L_5 = 5$)

P_5: $v_I \to v_{\delta(3)} \to v_{\delta(8)} \to v_E$ ($L_5 = 3$)

接着，根据公式（3.15）所示的区间二型模糊 Algebraic 传递算子分别计算每条路径上的信任传递值 $\tilde{T}(v_I, v_E)^i$（$i = 1, 2, \cdots, 6$）。例如：

$$\tilde{T}(v_I, v_E)^1 = \tilde{T}(v_I, v_{\delta(1)}) \cdot \tilde{T}(v_{\delta(1)}, v_{\delta(4)}) \cdot \tilde{T}(v_{\delta(4)}, v_{\delta(5)}) \cdot \tilde{T}(v_{\delta(5)}, v_E)$$
$$= [(0.0576, 0.0898, 0.1870, 0.2560; 1)$$
$$(0.0693, 0.1139, 0.1526, 0.2266; 0.9)]$$

利用区间二型模糊 IOWA 算子集结所有路径得到的信任值。根据传递路径长度和所得信任值，IT2-IOWA 的二元变量表示为（L_i, $\tilde{T}(v_I, v_E)^i$）（$i = 1, 2, \cdots, 6$）。路径长度的降序排列为 $L_3 < L_2 = L_4 = L_5 < L_1 < L_5$，即诱导变量的排序为 $u_3 > u_2 = u_4 = u_5 > u_1 > u_5$。因此，区间二型模糊信任变量的排序为 $\tilde{T}(v_I, v_E)^3 > \tilde{T}(v_I, v_E)^2 \approx \tilde{T}$

$(v_I, v_E)^4 \approx \widetilde{T}(v_I, v_E)^5 > \widetilde{T}(v_I, v_E)^1 > \widetilde{T}(v_I, v_E)^5$。

另外,根据模糊语义量化函数"Most of"以及公式(2.21)和(2.22)计算权重向量为:$w_1 = 0.5077$,$w_2 = 0.1141$,$w_3 = 0.1244$,$w_4 = 0.1064$,$w_5 = 0.0585$ 和 $w_5 = 0.0549$。由于 $\widetilde{T}(v_I, v_E)^2 \approx \widetilde{T}(v_I, v_E)^4 \approx \widetilde{T}(v_I, v_E)^5$,所以,$w_2$、$w_3$ 和 w_4 应该平均为:$w'_2 = w'_3 = w'_4 = 0.1150$。然后,利用 IT2-IOWA 计算 v_I 对 v_E 的综合信任评估值 $\widetilde{T}(v_I, v_E)$:

$$\widetilde{T}(v_I, v_E) = [(0.1931, 0.2403, 0.3546, 0.4229; 1)$$
$$(0.2112, 0.2716, 0.3173, 0.3946; 0.9)]$$

最后,将区间二型模糊数表示的信任评估值转换成语言变量形式辅助用户判断。将 IT2-IOWA 算子集结得到 $\widetilde{T}(v_I, v_E)$ 与表 3.1 所有区间二型模糊数对比,发现 $LT < \widetilde{T}(v_I, v_E) < MT$,因此用户 v_I 对用户 v_E 有比较低的信任值,所以无经验用户 v_I 不太可能购买经验用户 v_E 推荐的商品。

(二)对比分析

为了说明区间二型模糊信任模型在信任集成方面的优点,这里将 IT2-IOWA 算子与区间二型模糊 OWA(IT2-OWA)算子对比如下。

首先,同样基于模糊语言量化函数"Most of"计算算子权重:$w_1 = 0.4082$,$w_2 = 0.1691$,$w_3 = 0.1298$,$w_4 = 0.1094$,$w_5 = 0.0964$ 和 $w_5 = 0.0871$。当 IT2-IOWA 的诱导变量全都相同时,IT2-IOWA 退化成 IT2-OWA 算子,即 IT2-OWA 是 IT2-IOWA 的特例。因此,在不考虑传递路径长度时,利用 IT2-OWA 算子集结传递信任值得到的最终信任值 $\widetilde{T}'(v_I, v_E)$ 为:

$$\widetilde{T}'(v_I, v_E) = [(0.1740, 0.2199, 0.3346, 0.4050; 1)$$
$$(0.1915, 0.2510, 0.2968, 0.3757; 0.9)]$$

然后，将 $\widetilde{T}'(v_I, v_E)$ 与表 3.1 的区间二型模糊语言变量比较发现 $\widetilde{T}'(v_I, v_E) \in [VLT, LT]$。显然，通过 IT2-OWA 算子得到的综合信任评估值与 IT2-IOWA 算子得到的综合信任评估值属于不同的语言变量区间。产生这种区别的主要原因是：(1) IT2-IOWA 算子主要基于路径长度对待集成信任值先排序再集结，而 IT2-OWA 算子主要基于待集成信任值进行排序再集结。(2) IT2-IOWA 算子权重主要基于路径长度的排序来确定，而 IT2-OWA 算子权重与待集成数据的位置有关。

第四节　本章小结

本章首先介绍了社会网络基本概念、社会网络分析常用指标以及社区发现算法。然后重点介绍信任关系概念、信任量化分析以及运算。最后详细介绍了二型模糊环境下的信任关系分析与处理，包括二型模糊信任水平测度、信任传递与集成以及信任评估等内容。本章内容主要为社交关系影响下的不确定大规模群决策研究中的社交关系测度、决策者权重计算以及聚类分析等重要环节提供理论基础。

第四章

模糊偏好视角下的大规模群决策

偏好信息是决策者对决策方案态度的直观体现，是在决策过程中能够被认识和利用的关键知识。但是，由于决策者知识、经验的有限性，其决策偏好往往呈现模糊不确定性。不确定偏好信息的量化与处理是解决大规模群决策问题的首要任务。本章主要利用区间二型模糊语言变量量化分析模糊偏好。

在复杂决策情境下，大群体评价备选方案需要考虑的因素众多，决策属性也可能呈现出大规模特征。聚类分析成为降低大规模群决策复杂性的有力工具。聚类分析指将研究对象根据某种规则分组，类内关系越紧密、类间关系越稀疏，聚类效果越好。大规模群决策聚类分析是指将大群体决策者按照相似偏好或紧密关系聚为合适数量的子群。此时，将内部偏好高度相似的子群看作虚拟决策个体，大规模群决策问题即降维成传统群决策问题。类似地，我们也可以对大规模决策属性进行降维分析。

因此，本章主要从偏好不确定视角介绍决策主体和属性规模均较大情况下的大规模群决策方法，分别针对大规模决策者和属性提出区间二型模糊等价关系聚类分析算法和区间二型模糊主成分分析法，在一定程度上解决了大规模群决策中的高度模糊性和复杂性问题。

第一节　面向大规模决策者的区间二型模糊等价关系聚类分析算法

针对决策群体的大规模特征和偏好表达不确定性，本节首先介绍基于模糊偏好信息的聚类分析算法，主要将模糊等价关系聚类算法拓展到区间二型模糊环境下，进而基于区间二型模糊等价关系聚类算法提出大规模群决策方法，并对其特点进行总结。

一　区间二型模糊等价关系聚类算法

聚类分析是对大规模群决策进行降维的重要工具。聚类算法种类繁多，但是基于二型模糊理论的聚类研究主要集中在模糊 C 均值算法且主要用于改进人工智能领域的模式识别技术。Hwang 等（2007）通过两个参数之和来构造区间二型模糊集的主隶属度函数，首次提出区间二型模糊 C 均值聚类算法。Linda 等（2012）将广义二型模糊理论运用到聚类分析中并提出了广义二型模糊 C 均值聚类算法。王丽（2012）针对区间二型 C 均值聚类算法存在的问题，例如，初始值选取、处理特殊结构数据时效果不明显、降型计算量过大等，对区间二型模糊 C 均值算法进行了改进。Qiu 等（2013）使用两个模糊器和一个空间约束来确定区间二型模糊的隶属函数，基于此改进区间二型模糊 C 均值算法并将其应用到医学影像分割中。接着，Qiu 等（2014）通过优化初始聚类质心和降型方法来降低区间二型模糊 C 均值算法的复杂性。除此之外，还有基于二型模糊拓展的其他聚类算法，比如 Choi 和 Lee（2009）提出基于区间二型模糊隶属函数生成方法的模式识别算法。Shukla 等（2020）通过区间二型模糊集不确定域的概念处理大数据的真实性特征并将其规模降低到可管理的程度。Xing 等（2019）基于邻居信息提出区间二型模糊聚类算法来对遥感图像进行识别。已有研究结果为传统不确定聚类分析提供了新的研究视角。

但是，模糊C均值聚类对初始聚类质心较为敏感，计算复杂度较高。模糊等价关系聚类是层次聚类法在解决模糊聚类问题时的一种特殊形式，该算法最大的特点是可以根据不同的聚类水平得到不同的聚类结果，而不是将聚类结果局限在某一个固定的状态，因此该算法不需要提前确定聚类数。为对大规模群决策者进行聚类分析，我们将模糊等价关系聚类分析算法拓展到区间二型模糊环境下，提出区间二型模糊等价关系聚类分析算法（IT2-FEC）。

IT2-FEC算法的主要特点是首先利用区间二型模糊语言变量表征决策者偏好，并通过二型模糊Jaccard相似度确定决策者之间的偏好相似矩阵；然后通过传递闭包得到聚类对象之间的模糊等价关系；接着，根据截集原理选取不同的聚类水平以得到动态聚类结果；最后结合实际应用场景对聚类结果进行分析。下面详细介绍该算法的步骤。

步骤1 构造偏好相似性矩阵

根据区间二型模糊Jaccard相似性方法计算成对决策者 (v_k, v_l) 之间的偏好相似性，构造相似性矩阵 $S = (s_{kl})_{n \times n}$ （$1 \leq k, l \leq n$）。

步骤2 计算模糊等价关系矩阵

根据传递闭包算法，在相似矩阵 S 的基础上得到模糊等价关系矩阵 $R = (r_{kl})_{n \times n}$。求解传递闭包的算法有多种，此处直接引用文献（Liang等，2005）给出的求解传递闭包的迭代算法：

（1）计算 S^2，如果 $S^2 = S$ 或者 $S^2 \subset S$，则传递闭包 $T(S) = S$，然后停止。否则，$k = 2$ 转到（2）。

（2）如果 $2^k \geq m - 1$，则 $T(S) = S^{(m-1)}$，然后停止。否则，计算 $S^{2^k} = S^{2^{(k-1)}} \cdot S^{2^{(k-1)}}$。如果 $S^{2^k} = S^{2^{(k-1)}}$，则 $T(S) = S^{2^k}$，迭代停止。否则，转到（3）。

（3）$k = k + 1$，转向（2）。

根据上述传递闭包算法得到模糊等价关系矩阵 $R = T(S)$。

步骤3 得到动态聚类结果

基于模糊等价关系矩阵 R 的不重复元素确定聚类水平 λ：$\lambda = $

$(\lambda_1, \lambda_2, \cdots, \lambda_q) = unique(R)$。基于不同的聚类水平 λ，我们可以根据聚类判断矩阵 $J = (j_{kl})_{n \times n}$ 得到动态聚类结果：

$$j_{kl} = \begin{cases} 1, & \lambda_e < r_{kl} \leq \lambda_{e+1} \ (e = 1, 2, \cdots, q) \\ 0, & \text{其他} \end{cases} \tag{4.1}$$

比较判断矩阵的列元素，当 $j_k = j_l$ 全部对应相等时，则决策者 v_k 和 v_l 属于同一类。

步骤4 分析聚类结果

动态聚类结果展现了聚类对象的多属性及不确定性特点，在不同的情境下，某一对象可能属于不同的类。因此，可以根据实际应用问题的特点和需求选择合适的聚类结果。

二 基于区间二型模糊等价关系聚类分析的大规模群决策方法

假设存在一个大规模群决策问题，n 个决策者 $V = \{v_1, v_2, \cdots, v_n\}$ 基于 h 个属性 $F = \{f_1, f_2, \cdots, f_h\}$ 对 m 个方案 $X = \{x_1, x_2, \cdots, x_m\}$ 进行排序。决策者根据表 3.1 构造的区间二型模糊语言变量给出评价信息。该大规模群决策问题是一个多准则决策问题，因此需要考虑信息集成问题。这里主要介绍基于加权几何平均算子（Weighted geometric averaging，WGA）和组合加权几何平均算子（Combined weighted geometric averaging，CWGA）的多准则决策信息集结方法。

CWGA 算子是由 WGA 算子和有序加权几何平均算子（Ordered weighted geometric averaging，OWGA）组合而成（徐泽水和达庆利，2002）。其中，WGA 算子是先根据每个数据的重要性对其加权，然后进行集结。OWGA 是对数据信息从大到小重新排序，并根据数据信息的位置进行加权再集结。作为 WGA 和 OWGA 的组合，CWGA 算子同时考虑了个体参数和其相应位置的重要性。基于此特征，我们将 WGA 和 CWGA 算子拓展到区间二型模糊环境下，分别简称为 IT2-WGA 和 IT2-CWGA，并将其应用到多准则大规模群决策问题中。

在给出 IT2-WGA 和 IT2-CWGA 算子的定义之前，我们首先介绍区间梯形二型模糊集（常用区间二型模糊集形式）的指数运算规则。

定义 4.1.1 梯形区间二型模糊数 $\widetilde{A}_k = [\,(a_{k1}^U, a_{k2}^U, a_{k3}^U, a_{k4}^U; 1)\,(a_{k1}^L, a_{k2}^L, a_{k3}^L, a_{k4}^L; h(\widetilde{A}_k^L))]$ 的指数运算定义为：

$$(\widetilde{A}_k)^c = [\,((a_{k1}^U)^c, (a_{k2}^U)^c, (a_{k3}^U)^c, (a_{k4}^U)^c; 1)$$
$$((a_{k1}^L)^c, (a_{k2}^L)^c, (a_{k3}^L)^c, (a_{k4}^L)^c; h(\widetilde{A}_k^L))] \quad (4.2)$$

其中，c 是一个常数，上隶属函数的高通常可以设定为 1。

基于此，我们给出 IT2-WGA 和 IT2-CWGA 算子的定义如下。

定义 4.1.2 设 $f: R^n \to R$，n 维 IT2-WGA 算子定义为：

$$\tilde{z}_i^k = \text{IT2-WGA}(\tilde{b}_{i1}^k, \tilde{b}_{i2}^k, \cdots, \tilde{b}_{ih}^k) = \prod_{g=1}^{h}(\tilde{b}_{ig}^k)^{w_g} \quad (4.3)$$

其中，$k = 1, 2, \cdots, n$，$g = 1, 2, \cdots, h$，$w = (w_1, w_2, \cdots, w_h)^T$ 是权重向量且 $w_g \in [0, 1]$，$\sum_{g=1}^{h} w_g = 1$。

定义 4.1.3 设 $f: R^n \to R$，n 维 IT2-CWGA 算子定义为：

$$\tilde{z}_i = \text{IT2-CWGA}_{\omega, \lambda}(\tilde{z}_i^1, \tilde{z}_i^2, \cdots, \tilde{z}_i^n) = \prod_{p=1}^{q}(\tilde{e}_i^p)^{\lambda_p} \quad (4.4)$$

其中，$\tilde{e}_i^p$ 是 $(\tilde{z}_i^k)^{t\omega_p}$（$k = 1, 2, \cdots, n$；$1 \leq p \leq q$）中第 p 大的要素，ω_p 是决策者的权重，t 是平衡因子，$\lambda = (\lambda_1, \lambda_2, \cdots, \lambda_q)^T$ 是相应权重且满足 $\lambda_p \in [0, 1]$，$\sum_{p=1}^{q} \lambda_p = 1$。

基于区间二型模糊等价关系聚类算法和 IT2-CWGA 集成算子提出的大规模群决策方法的主要步骤如下：

步骤 1 构造初始不确定决策矩阵和不确定属性权重矩阵

基于表 3.1 中的区间二型模糊语言变量，n 个决策者基于 h 个属性对 m 个方案进行评价。根据评价信息，我们可以得到各决策者的初始决策矩阵 $\widetilde{A}^k = (\tilde{a}_{ig}^k)_{m \times n}$，比如，第 k 个决策者的初始偏好矩阵表示为：

$$\widetilde{A}^k = (\widetilde{a}_{ig}^k)_{m \times h} = \begin{pmatrix} \widetilde{a}_{11}^k & \widetilde{a}_{12}^k & \cdots & \cdots & \widetilde{a}_{1h}^k \\ \widetilde{a}_{21}^k & \widetilde{a}_{22}^k & \cdots & \cdots & \widetilde{a}_{2h}^k \\ \cdots & \cdots & \cdots & \cdots & \cdots \\ \widetilde{a}_{m1}^k & \widetilde{a}_{m2}^k & \cdots & \cdots & \widetilde{a}_{mh}^k \end{pmatrix} \quad (4.5)$$

假设属性权重同样由决策者以区间二型模糊语言变量的形式给出：

$$\widetilde{W} = (\widetilde{w}_{gk})_{h \times n} = \begin{pmatrix} \widetilde{w}_{11} & \widetilde{w}_{12} & \cdots & \cdots & \widetilde{w}_{1n} \\ \widetilde{W}_{21} & \widetilde{w}_{22} & \cdots & \cdots & \widetilde{w}_{2n} \\ \cdots & \cdots & \cdots & \cdots & \cdots \\ \widetilde{w}_{h1} & \widetilde{w}_{h2} & \cdots & \cdots & \widetilde{w}_{hn} \end{pmatrix} \quad (4.6)$$

其中，$k = 1, 2, \cdots, n$，$g = 1, 2, \cdots, h$。

然后，属性的权重向量 $\overline{\widetilde{W}}$ 可以基于初始权重矩阵 $\widetilde{W}$ 得到：

$$\overline{\widetilde{W}} = (\overline{\widetilde{W}}_g)_{h \times 1} \quad (4.7)$$

其中，第 g 个属性权重为 $\overline{\widetilde{w}}_g = \dfrac{\widetilde{w}_{g1} \oplus \widetilde{w}_{g2} \oplus \cdots \oplus \widetilde{w}_{gn}}{n}$，得到的 $\overline{\widetilde{w}}_g$ 依然是一个区间二型模糊数，$g = 1, 2, \cdots, h$。

步骤 2 构造综合不确定决策矩阵

假设 m 个方案同等重要，即不考虑其权重，则基于各决策者的初始决策矩阵 $\widetilde{A}^k = (\widetilde{a}_{ig}^k)_{m \times h}$，可以确定所有决策者关于属性的综合偏好 $\widetilde{A}_g^k = (\widetilde{a}_g^k)_{h \times 1}$：

$$\widetilde{a}_g^k = \frac{\widetilde{a}_{g1}^k \oplus \widetilde{a}_{g2}^k \oplus \cdots \oplus \widetilde{a}_{gm}^k}{m} \quad (4.8)$$

其中，$k = 1, 2, \cdots, n$，$g = 1, 2, \cdots, h$。

然后，基于决策者关于属性综合偏好 $\widetilde{A}_g^k = (\widetilde{a}_g^k)_{h \times 1}$ 和属性权重向量 $\overline{\widetilde{W}} = (\overline{\widetilde{w}}_g)_{h \times 1}$，得到决策者的综合偏好 $\widetilde{a}_k$：

$$\tilde{\tilde{a}}_k = \tilde{\tilde{w}}_1 \otimes \tilde{\tilde{a}}_1^k \oplus \tilde{\tilde{w}}_2 \otimes \tilde{\tilde{a}}_2^k \oplus \cdots \oplus \tilde{\tilde{w}}_h \otimes \tilde{\tilde{a}}_h^k \tag{4.9}$$

其中，$k = 1, 2, \cdots, n$。类似地，其他决策者的综合偏好也可以根据上式得到，最终得到的大群体决策者的综合偏好表示为 $\tilde{\tilde{a}}_1, \tilde{\tilde{a}}_2, \cdots, \tilde{\tilde{a}}_n$。

步骤3 基于区间二型模糊等价关系聚类算法对大规模决策者分类处理

（1）根据区间二型模糊 Jaccard 相似性方法，基于大规模决策者的综合偏好 $\tilde{\tilde{a}}_1, \tilde{\tilde{a}}_2, \cdots, \tilde{\tilde{a}}_n$，计算相似矩阵（精确值矩阵）$S = (s_{kl})_{n \times n}$ $(1 \leq k, l \leq n)$。

（2）根据传递闭包算法计算传递闭包 $T(S)$ 以得到模糊等价关系 R。

（3）选择聚类水平 λ 基于判断矩阵 $J = (j_{kl})_{n \times n}$ 得到动态聚类结果。

（4）基于实际情况进行动态聚类分析并选择合适的聚类结果。

步骤4 计算子群体权重

假设选定某一聚类水平，大规模决策者被分为 r 个子群体 $\{SG_1, SG_2, \cdots, SG_r\}$，现在需要计算子群体权重。首先需要根据初始决策矩阵 $\tilde{\tilde{A}}^k = (\tilde{\tilde{a}}_{ig}^k)_{m \times h}$ 和属性权重计算个体决策者的权重，然后根据聚类结果计算子群体权重。

（1）基于属性权重 $\tilde{\tilde{W}}$ 集成元素 $\tilde{\tilde{A}}^k$ 得到 $\tilde{\tilde{C}}^k$：

$$\tilde{\tilde{C}}^k = (\tilde{\tilde{c}}_i^k)_{1 \times h} = (\tilde{\tilde{c}}_{i1}^k \quad \tilde{\tilde{c}}_{i2}^k \quad \cdots \quad \cdots \quad \tilde{\tilde{c}}_{ih}^k) \tag{4.10}$$

其中，$\tilde{\tilde{c}}_i^k = \tilde{\tilde{w}}_1 \otimes \tilde{\tilde{a}}_{i1}^k \oplus \tilde{\tilde{w}}_2 \otimes \tilde{\tilde{a}}_{i2}^k \oplus \cdots \oplus \tilde{\tilde{w}}_h \otimes \tilde{\tilde{a}}_{ih}^k$，$k = 1, 2, \cdots, n$，$i = 1, 2, \cdots, m$。

（2）计算 $\tilde{\tilde{C}}^k$ 列元素的几何平均：

$$\tilde{\tilde{r}}_{\tilde{\tilde{C}}^k} = (\tilde{\tilde{c}}_1^k \otimes \tilde{\tilde{c}}_2^k \otimes \cdots \otimes \tilde{\tilde{c}}_m^k)^{1/m} \tag{4.11}$$

（3）计算个体决策者的权重 $\tilde{\tilde{\mu}}_k$：

$$\tilde{\mu}_k = \frac{\tilde{r}_{\tilde{C}^k}}{\tilde{r}_{\tilde{C}^1} \oplus \tilde{r}_{\tilde{C}^2} \oplus \cdots \oplus \tilde{r}_{\tilde{C}^n}} \quad (4.12)$$

（4）根据聚类结果，计算子群体权重 ω_s：

$$\omega_s = \frac{1}{N(SG_s)} \sum_{v_k \in SG_s} \tilde{\mu}_k \quad (4.13)$$

其中，决策者 v_k 属于子群体 SG_s，$N(SG_s)$ 表示该子群体内决策成员的数量，$k = 1, 2, \cdots, n$，$s = 1, 2, \cdots, r$。

步骤5 确定子群体的决策矩阵

每个子群体内部成员拥有相似偏好，由此子群体可以看作一个独立决策个体。基于个体决策者的初始决策偏好矩阵 $\tilde{A}^k = (\tilde{a}_{ig}^k)_{m \times h}$ 及其权重 $\tilde{\mu}_k$ 计算子群体的初始决策偏好矩阵 $\tilde{B}^s = (\tilde{b}_{ig}^s)_{m \times h}$：

$$\tilde{B}^s = (\tilde{b}_{ig}^s)_{3 \times 4} = \begin{pmatrix} \tilde{b}_{11}^s & \tilde{b}_{12}^s & \cdots & \cdots & \tilde{b}_{1h}^s \\ \tilde{b}_{21}^s & \tilde{b}_{22}^s & \cdots & \cdots & \tilde{b}_{2h}^s \\ \cdots & \cdots & \cdots & \cdots & \cdots \\ \tilde{b}_{m1}^s & \tilde{b}_{m2}^s & \cdots & \cdots & \tilde{b}_{mh}^s \end{pmatrix}_{m \times h} \quad (4.14)$$

其中，$\tilde{b}_{ig}^s = \tilde{\mu}_k \otimes \tilde{a}_{ig}^k$，$k = 1, 2, \cdots, n$，$g = 1, 2, \cdots, h$，$s = 1, 2, \cdots, r$。

步骤6 基于IT2-WGA算子集成不同属性下的方案评价值

考虑到方案本身的重要性，基于IT2-WGA算子集结决策子群体关于不同属性下的方案评价值 $\tilde{B}^s$。例如，第 s 个子群体关于第 i 个方案的评价值 $\tilde{z}_i^s$ 可以表示为：

$$\tilde{z}_i^s = \text{IT2-WGA}(\tilde{b}_{i1}^s, \tilde{b}_{i2}^s, \cdots, \tilde{b}_{ih}^s) = \prod_{g=1}^{h} (\tilde{b}_{ig}^s)^{w_g} \quad (4.15)$$

其中，w_g 是属性权重的精确值形式，由区间二型模糊属性权重 $\tilde{\tilde{w}}_g$ 基于质心排序法（2.11）得到，$i = 1, 2, \cdots, m$，$g = 1, 2, \cdots, h$，$s = 1, 2, \cdots, r$。

步骤7 基于 IT2-CWGA 算子集成子群体偏好

考虑到方案的相应位置，基于各决策子群体关于方案的综合评价值 $\tilde{z}_i^s$ 和子群体权重 ω_s，利用 IT2-CWGA 算子计算大规模决策者关于方案的综合评价值 $\tilde{z}_i$：

$$\tilde{z}_i = \text{IT2-CWGA}_{\omega,\lambda}(\tilde{z}_i^1, \tilde{z}_i^2, \cdots, \tilde{z}_i^r) = \prod_{p=1}^{r}(\tilde{e}_i^p)^{\lambda_p} \quad (4.16)$$

其中，$\lambda = (\lambda_1, \lambda_2, \cdots, \lambda_q)^T$ 是该算子相应的权重，$\tilde{e}_i^p$ 是加权值 $(\tilde{z}_i^p)^{t\omega_p}$ 的第 p 大元素，ω_p 是第 p 大元素对应的子群体权重，t 是平衡因子。

步骤8 方案排序

由于排序值 $\tilde{z}_i$ 是一个区间二型模糊数，通过区间二型模糊质心公式（2.11）可以将其降型为精确值 z_i，并基于 z_i 对方案进行排序。

基于区间二型模糊等价关系聚类分析算法的大规模群决策方法特点可以总结如下：（1）采用区间二型模糊集对语言变量进行建模，提高了算法处理不确定性的能力。（2）根据 Jaccard 区间二型模糊相似度方法求解相似矩阵，已有方法及程序大大缩短了二型模糊数据处理时间。（3）基于等价关系的聚类算法中不同聚类水平的选取使得聚类过程更加灵活、实用。（4）该不确定大规模群决策算法同时扩展了聚类算法和大规模群决策研究的应用领域，可以解决诸如基于在线评论信息对电商用户进行市场细分等问题。

第二节 面向大规模属性的区间二型模糊主成分分析方法

在复杂大规模群决策问题中，除了决策者规模较大之外，属性也会具有大规模特性。有限理性使得决策者很难根据数量较大的属性对方案进行评价且很难保证评价信息的一致性。类似地，属性也可以经过聚类进行降维，但是需要为属性簇重新命名以方便决策者对方案进行评价。本节针对属性的大规模特性，基于主成分分析对属性进行降维继而提出基于区间二型模糊主成分分析法的大规模群决策方法。

一 区间二型模糊主成分分析法

主成分分析法（Principal Component Analysis，PCA）（Moore，1981）是统计学中著名的多元统计方法，可以通过正交变换降低数据维数，浓缩原始相关数据信息得到不相关的变量，称为主成分。主成分以不同的权重包含着原始信息以避免信息丢失。因此，主成分分析法可以保留大规模属性的个性化和信息完整性，并且，相应决策信息可以由集成算子来集结，由此提出区间二型模糊主成分分析法来降低不确定大规模属性的维度。

对一个由 n 个决策者 $V=\{v_1, v_2, \cdots, v_n\}$，$h$ 个属性 $F=\{f_1, f_2, \cdots, f_h\}$ 和 m 个方案 $X=\{x_1, x_2, \cdots, x_m\}$ 构成的大规模群决策问题。在主成分分析法中，n 为样本数，h 为样本维度。首先明确区间二型模糊主成分分析法相关定义。

定义 4.2.1 在数乘运算的基础上，给出多个区间二型模糊数 $\widetilde{A}_1, \widetilde{A}_2, \cdots, \widetilde{A}_n$ 基于 $c_k \in R$ $(k=1, 2, \cdots, h)$ 的线性组合定义：

$$\widetilde{A} = \sum_{k=1}^{n} c_k \widetilde{A}_k = [(a_1^U, a_2^U, a_3^U, a_4^U; 1)(a_1^L, a_2^L, a_3^L, a_4^L; h(\widetilde{A}^L))] \quad (4.17)$$

其中，$a_1^U = \sum_{k \in N}[\lambda a_{k1}^U + (1-\lambda)a_{k4}^U]$，$a_2^U = \sum_{k \in N}[\lambda a_{k2}^U + (1-\lambda)a_{k3}^U]$，$a_3^U = \sum_{g \in H}[\lambda a_{k3}^U + (1-\lambda)a_{k2}^U]$，$a_4^U = \sum_{k \in N}(\lambda a_{k4}^U + (1-\lambda)a_{k1}^U)$，$\lambda = \begin{cases} 1, c_k > 0 \\ 0, c_k \leq 0 \end{cases}$。类似地，下隶属函数的元素也可以表示出来。

接下来，介绍区间二型模糊数的简单平均、方差和协方差的定义如下。

定义 4.2.2 对于给定的区间二型模糊数表示的关于 h 个属性的 n 个样本评价值 $\widetilde{A}_g^k$（$k=1, 2, \cdots, n$；$g=1, 2, \cdots, h$），第 g 个属

性的样本平均 $E(\widetilde{A}_g)$ 定义如下：

$$E(\widetilde{A}_g) = \frac{1}{n}\sum_{k=1}^{n}\widetilde{A}_g^k = \begin{bmatrix} \left(\frac{1}{n}\sum_{k=1}^{n}a_{k1}^U, \frac{1}{n}\sum_{k=1}^{n}a_{k2}^U, \frac{1}{n}\sum_{k=1}^{n}a_{k3}^U, \frac{1}{n}\sum_{k=1}^{n}a_{k4}^U; 1\right) \\ \left(\frac{1}{n}\sum_{k=1}^{n}a_{k1}^L, \frac{1}{n}\sum_{k=1}^{n}a_{k2}^L, \frac{1}{n}\sum_{k=1}^{n}a_{k3}^L, \frac{1}{n}\sum_{k=1}^{n}a_{k4}^L; \right. \\ \left. \frac{1}{n}\sum_{k=1}^{n}h(\widetilde{A}_k^L)\right) \end{bmatrix}$$

(4.18)

定义 4.2.3 对于区间二型模糊数表示的第 g 个属性的样本值 $\widetilde{A}_g = [\widetilde{A}_g^1, \widetilde{A}_g^2, \cdots, \widetilde{A}_g^n]^T$，其样本方差 $D(\widetilde{A}_g)$ 定义如下：

$$D(\widetilde{A}_g) = \frac{1}{n-1}\sum_{k=1}^{n}d[\widetilde{A}_g^k, E(\widetilde{A}_g)]\}^2 \qquad (4.19)$$

其中，$E(\widetilde{A}_g)$ 是第 g 个属性的样本均值 $\widetilde{A}$，$d[\widetilde{a}_g, E(\widetilde{A}_g)]$ 表示样本 $\widetilde{a}_g$ 与 $E(\widetilde{A}_g)$ 之间的距离，根据公式（2.12）得到，由此得到的样本方差 $D(\widetilde{A}_g)$ 是个精确数。

定义 4.2.4 对于第 g 个属性与第 g' 个属性的区间二型模糊评价值 $\widetilde{A}_g = [\widetilde{A}_g^1, \widetilde{A}_g^2, \cdots, \widetilde{A}_g^n]^T$ 和 $\widetilde{A}_{g'} = [\widetilde{A}_{g'}^1, \widetilde{A}_{g'}^2, \cdots, \widetilde{A}_{g'}^n]^T$，其样本协方差 $Cov(\widetilde{A}_g, \widetilde{A}_{g'})$ 可以定义为：

$$Cov(\widetilde{A}_g, \widetilde{A}_{g'}) = \frac{1}{n-1}\sum_{k=1}^{n}d[\widetilde{A}_g^k, E(\widetilde{A}_g)]d[\widetilde{A}_{g'}^k, E(\widetilde{A}_{g'})] \qquad (4.20)$$

其中，距离 $d[\widetilde{A}_g^k, E(\widetilde{A}_g)]$ 和 $d[\widetilde{A}_{g'}^k, E(\widetilde{A}_{g'})]$ 是由公式（2.12）得到的精确数，因此，样本协方差 $Cov(\widetilde{A}_g, \widetilde{A}_{g'})$ 也是个精确数。

基于上述定义，区间二型模糊主成分分析法的主要步骤介绍如下：

步骤1：构建语义样本矩阵

收集决策者关于大规模属性的语义偏好信息，并构建语义样本

矩阵 L：

$$L = (L_1, L_2, \cdots, L_h) = \begin{pmatrix} l_{11} & l_{12} & \cdots & l_{1h} \\ l_{21} & l_{22} & \cdots & l_{2h} \\ \cdots & \cdots & \cdots & \cdots \\ l_{n1} & l_{n2} & \cdots & l_{nh} \end{pmatrix}_{n \times h} \quad (4.21)$$

其中，$L_g = (l_{1g}, l_{2g}, \cdots, l_{ng})^T$ 表示决策者关于第 g 个属性的用语言变量表征的偏好信息。

步骤 2：转换语义样本矩阵为区间二型模糊矩阵

根据二型模糊语义编码本，将语义样本矩阵 L 转换成区间二型模糊样本矩阵 $\tilde{A}$：

$$\tilde{A} = (\tilde{A}_1, \tilde{A}_2, \cdots, \tilde{A}_h) = \begin{pmatrix} \tilde{a}_{11} & \tilde{a}_{12} & \cdots & \tilde{a}_{1h} \\ \tilde{a}_{21} & \tilde{a}_{22} & \cdots & \tilde{a}_{2h} \\ \cdots & \cdots & \cdots & \cdots \\ \tilde{a}_{n1} & \tilde{a}_{n2} & \cdots & \tilde{a}_{nh} \end{pmatrix}_{n \times h} \quad (4.22)$$

其中，$\tilde{a}_{kg}$ 是区间二型模糊数。

步骤 3：计算协方差矩阵

基于区间二型模糊样本矩阵，计算协方差矩阵 $Cov(\tilde{A})$：

$$Cov(\tilde{A}) = \begin{bmatrix} Cov(\tilde{A}_1, \tilde{A}_1) & Cov(\tilde{A}_1, \tilde{A}_2) & \cdots & Cov(\tilde{A}_1, \tilde{A}_h) \\ Cov(\tilde{A}_2, \tilde{A}_1) & Cov(\tilde{A}_2, \tilde{A}_2) & \cdots & Cov(\tilde{A}_2, \tilde{A}_h) \\ \cdots & \cdots & \cdots & \cdots \\ Cov(\tilde{A}_h, \tilde{A}_1) & Cov(\tilde{A}_h, \tilde{A}_2) & \cdots & Cov(\tilde{A}_h, \tilde{A}_h) \end{bmatrix}$$

(4.23)

其中，协方差矩阵 $Cov(\tilde{A})$ 的斜对角元素根据公式（4.20）计算得知 $Cov(\tilde{A}_g, \tilde{A}_g) = \dfrac{1}{n-1} \sum_{k=1}^{n} d[\tilde{A}_g^k, E(\tilde{A}_g)] d[\tilde{A}_g^k, E(\tilde{A}_g)] =$

$\frac{1}{n-1}\sum_{k=1}^{n}\{d[\widetilde{A}_g^k, E(\widetilde{A}_g)]\}^2$，因此，$Cov$ $(\widetilde{A}_g, \widetilde{A}_g)$ $= D$ $(\widetilde{A}_g)$ $(g=1, 2, \cdots, h)$，即斜对角元素可以根据公式（4.19）计算得到。其他元素可以通过公式（4.20）计算得到。

根据定义 4.2.4 计算得到的协方差 Cov $(\widetilde{A}_g, \widetilde{A}_{g'})$ 是精确数，因此，协方差矩阵 Cov $(\widetilde{A})$ 为精确值矩阵。

步骤 4：对协方差矩阵进行特征分解

对协方差矩阵 Cov $(\widetilde{A})$ 进行特征分解得到正交特征向量 e_1，e_2，$\cdots$，e_h 和特征值 λ_1，λ_2，$\cdots$，λ_h $(\lambda_1 \geq \lambda_2 \geq \cdots \geq \lambda_h)$，其中 e_g 是主成分系数，λ_g 是主成分方差，$g = 1, 2, \cdots, h$。

步骤 5：选择合适的主成分

为前 p $(p = 1, 2, \cdots, h)$ 个特征值计算累计贡献率（Cumulative Contribution Rate，CCR）：

$$CCR_p = \sum_{g=1}^{p}\lambda_g \Big/ \sum_{g=1}^{h}\lambda_g \qquad (4.24)$$

选择累计贡献率高于 85% 的前 p 个最大特征值对应的特征向量来构造如下矩阵：

$$e = (e_1, e_2, \cdots, e_p)^T = \begin{pmatrix} e_{11} & e_{12} & \cdots & e_{1p} \\ e_{21} & e_{22} & \cdots & e_{2p} \\ \cdots & \cdots & \cdots & \cdots \\ e_{h1} & e_{h2} & \cdots & e_{hp} \end{pmatrix} \qquad (4.25)$$

步骤 6：定义主成分

主成分分析法的目的是浓缩大规模初始变量为新的主成分。每一个主成分由评分矩阵的所有初始变量的线性表达来表示。评分矩阵前 p 个成分 $\widetilde{Y}_1$，$\widetilde{Y}_2$，$\cdots$，$\widetilde{Y}_p$ 可以由样本矩阵和前 p 个特征向量来确定：

$$\widetilde{Y} = \widetilde{A}e = (\widetilde{a}_{kg})_{n \times h}(e_{gf})_{h \times p} = (\widetilde{Y}_1, \widetilde{Y}_2, \cdots, \widetilde{Y}_p) = (\widetilde{y}_{kg})_{n \times p} \qquad (4.26)$$

为了用新术语描述主成分，首先应该识别主成分与原变量之间的关系。根据公式（4.26），原变量在主成分中的重要性主要由特征向量来表示。首先，对 e_{g1}，e_{g2}，$\cdots$，e_{gh} 降序处理；然后基于每个主成分的累计贡献率找到前 k 个变量。最后，根据前 k 个最大变量的重要性为主成分定义新的术语。比如，前两个变量是"大学文凭"和"高中毕业"，所以相应的主成分可以命名为"教育水平"。

步骤7：为主成分属性计算权重

假设利用区间二型模糊主成分分析法从大规模属性中确定了 p 个新属性，并且其对应的特征值从大到小的排序为 λ_1，λ_2，$\cdots$，λ_p。特征值表示特定成分的方差并体现了该成分在所有成分中的重要性程度。因此，第 g（$g=1$，2，$\cdots$，p，$p<h$）个新属性的权重可以根据它在整体主成分中的相对重要性计算：

$$w_g = \frac{\lambda_g}{\sum_{g=1}^{p}\lambda_g} \tag{4.27}$$

二 基于区间二型模糊主成分分析法的大规模群决策方法

基于区间二型模糊主成分分析的大规模群决策方法（IT2-PCA）的步骤介绍如下：

步骤1：识别大规模属性群决策问题

识别大规模属性群决策问题，包含大规模决策者集合 $V=\{v_1, v_2, \cdots, v_n\}$，方案集合 $X=\{x_1, x_2, \cdots, x_m\}$ 和大规模属性集合 $F=\{f_1, f_2, \cdots, f_h\}$。为了处理大规模群决策问题的高度不确定性，利用二型模糊语言变量来表示决策信息。

步骤2：基于二型模糊主成分分析法降低大规模属性的维度

（1）根据公式（4.21），构造语义样本矩阵 L；

（2）根据公式（4.22），将语义样本矩阵 L 转换成区间二型模糊矩阵 $\tilde{A}$；

（3）根据公式（4.23），计算协方差矩阵 $Cov(\tilde{A})$；

(4) 对 $Cov(\widetilde{A})$ 进行特征分解得到正交特征向量 e_1, e_2, …, e_h 和由大到小排列的特征值 λ_1, λ_2, …, λ_h;

(5) 根据公式 (4.24) 计算累计贡献率, 并选择累计贡献率大于 85% 的 p 个主成分;

(6) 根据原始属性信息在主成分中的占比为主成分定义新的术语;

(7) 根据公式 (4.27), 计算 p 个主成分属性的权重 $W = (w_1, w_2, \cdots w_p)$。

步骤 3: 决策者基于新属性对方案进行评价

决策者基于新属性对方案进行评价得到偏好矩阵 $\widetilde{B} = (\widetilde{B}_1, \widetilde{B}_2, \cdots, \widetilde{B}_n)$:

$$\widetilde{B}_k = (\widetilde{b}_{if}^k)_{m \times p} = \begin{pmatrix} \widetilde{b}_{11}^k & \widetilde{b}_{12}^k & \cdots & \widetilde{b}_{m1}^k \\ \widetilde{b}_{21}^k & \widetilde{b}_{22}^k & \cdots & \widetilde{b}_{m2}^k \\ \cdots & \cdots & \cdots & \cdots \\ \widetilde{b}_{m1}^k & \widetilde{b}_{m2}^k & \cdots & \widetilde{b}_{mp}^k \end{pmatrix} \quad (4.28)$$

其中, $k = 1, 2, \cdots, n$。

步骤 4: 基于区间二型模糊集成算子对方案排序

首先, 利用公式 (4.3) 的 IT2-WGA 算子对每个决策者关于 p 个属性的方案评价信息进行集成。然后, 利用公式 (4.4) 的 IT2-CWGA 算子集成 n 个决策者的方案评价信息得到 m 个方案的综合评价信息 $\tilde{z}_i$ ($1 \le i \le m$)。最后, 通过区间二型模糊质心排序方法 (2.11) 对 $\tilde{z}_i$ 进行降型并对方案进行排序。

区间二型模糊主成分分析法的特点可以总结如下: (1) 采用区间二型模糊语言变量构造样本矩阵更接近决策者的真实想法, 使得决策信息表达更加精准。(2) 主成分分析法将大规模属性降维成可以用少数主成分来代表的新属性, 该降维过程可以将属性精简表达,避免属性信息冗余，便于决策。（3）该不确定大规模群决策算法以解决大规模属性为目标，扩展了大规模群决策研究的应用领域，比如电商平台顾客满意度分析就涉及了包含商品运输、客户服务、商品质量等一级指标且其中每个一级指标下又包含很多次级指标的大规模属性问题。

第三节　区间二型模糊大规模群决策方法

前文分别介绍了如何处理大规模群决策问题中的决策者和决策属性的大规模特征。现实中的大规模群决策问题往往包含多种复杂不确定因素，如在线评论问题中的决策者、属性和方案均呈现高维特征。我们将决策者和属性均呈现出高维特征的群决策问题称为双大规模群决策问题，并通过组合大规模决策者降维方法 IT2-FEC 和大规模属性降维方法 IT2-PCA 来解决该问题（如图 4.1 所示）。首先需要识别双大规模群决策问题的复杂性特征，包括决策者、决策属性、备选方案、决策偏好等信息；然后为相应的语言变量构造对应的二型模糊数编码本；接着通过 IT2-PCA 方法对大规模属性进行降维，得到综合新属性并计算新属性权重；利用 IT2-FEC 方法对大规

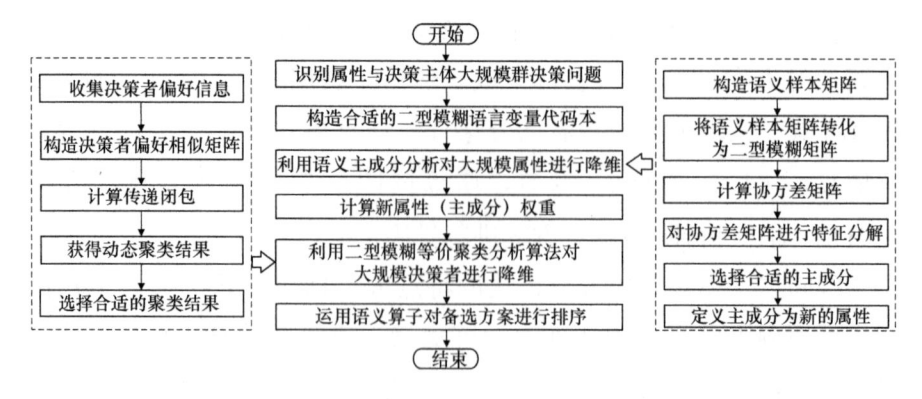

图 4.1　解决双大规模群决策问题的流程图

模决策者进行降维,并计算决策子群权重;最后利用语义算子对备选方案进行排序。

具体步骤如下:

步骤1:识别双大规模群决策问题复杂特征

假设在一大规模群决策问题中有 m 个决策者、n 种属性和 t 个备选方案,它们分别用 $D=\{d_1, d_2, \cdots, d_m\}$、$C=\{c_1, c_2, \cdots, c_n\}$ 和 $X=\{x_1, x_2, \cdots, x_t\}$ 表示。

步骤2:构造特定场景下的二型模糊语言变量编码本

人们可能会用语言表达自己的观点。因此,构造一个合适的编码本来获得表征语言变量的区间二型模糊集是非常重要的。首先要确定语言变量,然后根据问卷调查收集用户对上述语言变量的意见,最后构造编码本。

步骤3:利用 IT2-PCA 方法对大规模属性进行降维

IT2-PCA 在大规模属性上的应用可以参考前文介绍。在 IT2-PCA 过程中,根据 CCR 值选择 p 个主成分,并用新术语重新定义他们。

步骤4:计算新属性或主成分的权重

根据特征值 $\lambda_1, \lambda_2, \cdots, \lambda_n$ 计算新属性的权重向量 $w=(w_1, w_2, \cdots, w_p)$。

步骤5:用 IT2-FEC 方法对大规模决策者进行降维

(1) 收集并整合偏好信息

收集与新属性相关的备选方案的决策者评分,然后通过第 4 步获得的新属性权重 $w=(w_1, w_2, \cdots, w_p)$,将决策者对不同属性的意见进行整合。

(2) 构造相似矩阵 R

根据以上获得的综合偏好信息,通过区间二型模糊 Jaccard 相似度方法(Wu & Mendel, 2009c)构建 m 个决策者的相似矩阵 R。

(3) 计算传递闭包 $tran(R)$

基于相似矩阵 R 计算传递闭包 $tran(R)$(Jiang & Deng, 2013),

以获得等价矩阵 R'。

(4) 获得动态聚类结果

根据模糊集的割集理论，当置信水平 λ 取值范围不同时，得到不同的聚类结果。具有置信水平 λ 的等价矩阵 A 的过程可参考以下方法：

$$a_{ij} = \begin{cases} 1 & \lambda \geq a_{ij} \\ 0 & \lambda < a_{ij} \end{cases} \quad i, j \in [0, 50] \quad (4.29)$$

根据具有置信水平 λ 的等价矩阵，可以将等价矩阵中具有相同元素的几列划分为一个类。此时可以根据具体决策问题，从动态结果中选择合适的聚类结果。

步骤 6：计算新决策组的权重

假设 m 个决策者被分为 k 个聚类，将属于同一聚类的个体偏好信息进行聚合，并选取合适的方法计算类别的权重 $\tilde{\mu} = (\tilde{\mu}_1, \tilde{\mu}_2, \cdots, \tilde{\mu}_k)$。

步骤 7：使用区间二型模糊算子对备选方案进行排序

利用区间二型模糊算子对方案进行排序，然后基于所提出的语言距离法对处理结果进行排序，得到方案的排序结果。

与构造的编码本类似，我们假设分类和重定义属性的结果具有普遍性，这意味着 IT2-PCA 模型的样本提供者与大规模群决策问题中的决策者可以不是同一批。也就是说，对大规模属性的 IT2-PCA 结果只需进行一次，分类结果可以作为给定属性直接用于决策过程。因此，所提出的 IT2-PCA 模型可以为同一应用领域的双大规模群决策问题提供一个有效的降维工具。我们假设使用 IT2-PCA 获得的主成分包括所有可能的属性。因此，即使问题中出现了一些新的属性，我们也可以分析它的特征并将其应用到类似的主成分中。总之，为了解决双大规模群决策问题，我们只需要处理一次大规模属性，然后在类似的场景中仅处理不同的大规模决策者。

上述双大规模群决策方法的主要优点是它可以同时解决大规模

群决策问题的复杂性和不确定性。当决策者或属性规模较大时，上述方法的优势将更加明显。为验证双大规模群决策方法的有效性，下一节将介绍其在电子商务中的应用。

第四节　电子商务应用

语言是人类最直接明了的表达方式，比数值评价更接近真实表达。但"语言对不同的人来说有不同的意义"意味着人们对积极和消极可能有不同的态度。假设决策者可选择的偏好范围为 $[0, 10]$，标签"低"对于一个消极决策者来说可能对应于区间 $[1, 2]$，而对于一个积极决策者来说可能对应于区间 $[1.8, 3.2]$。区间二型模糊语言变量因其灵活性已广泛应用于不确定决策领域。为了使决策结果更贴近事实，本节利用问卷调查方法为电商评论情境构建区间二型模糊语言变量编码本。

一　问卷调查

基于常用的 7 个语言标签"极低（Extremely Low，EL）"、"非常低（Very Low，VL）"、"低（Low，L）"、"中等（Medium，M）"、"高（High，H）"、"非常高（Very High，VH）"和"极高（Extremely High，EH）"设计问卷 1（如附录 1）。

首先，对标签进行随机化处理，消除相邻词之间相关性的影响。然后，对于所有的标签，每个受试者都被告知用 0 到 10 之间的区间对每个标签进行描述。将问卷发送给 60 位某电商平台用户，其中男性、女性各 30 位且由一半工作族（学历和工作地点不同，收入差距也比较大，总体收入月均 5500 元人民币）和一半学生族（包含 8 位本科生和 22 位硕博研究生，不同层次学生享受不同的国家补贴，总体收入月均 800 元人民币）组成。回收问卷之后，统计得出男性、女性和总体的问卷响应比分别为 76%、90% 和 83%，有效回复的比率如图 4.2 所示。

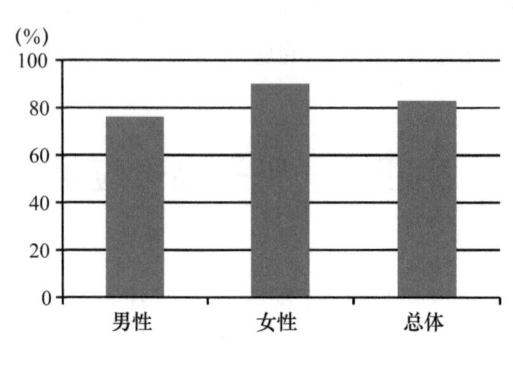

图 4.2 有效问卷直方图

二 数据处理

通过问卷调查获取的数据需要经过数据处理来构造区间二型模糊语言变量代码本。数据处理分为三个阶段：

（1）不良数据处理：清除一些不满足 $0 \leq a^k \leq b^k \leq 10$（$k=1$，$2$，$\cdots$，$n$）的无用结果，其中 n 为收集的有效问卷数。经过该过程，剩余 n' 个数据点。

（2）合理区间处理：对两个词 w_i 和 w_j（$1 \leq i < j \leq 7$），其区间需要满足 $0 \leq a_i^h \leq b_i^h$，$a_j^k \leq b_j^k \leq 10$，$1 \leq i < j \leq 7$，$1 \leq h < k \leq n$。经过该处理过程，剩余 n'' 个数据点。

（3）公差极限处理：如果一个数据区间 $[a^k, b^k]$ 和其长度 L^k（$k=1$，2，$\cdots$，n''）满足：

$$\begin{cases} a^k \in [m_l - \delta s_l, m_l + \delta s_l] \\ b^k \in [m_r - \delta s_r, m_r + \delta s_r] \\ L^k \in [m_L - \delta s_L, m_L + \delta s_L] \end{cases} \quad (4.30)$$

则该区间可以被接受，否则，该数据点将被清除。其中，m_l 和 s_l 分别是剩余 n'' 个数据左端点的样本均值和标准差，m_r 和 s_r 分别是剩余 n'' 个数据右端点的样本均值和标准差，δ 是容许因子，可以设置为 $\delta = 2$。经过该处理过程，剩余 n''' 个数据点。

三 建立区间二型模糊语言变量代码本

接下来是参数的确定,对于最终剩余的 n''' 个数据区间,计算其样本均值和标准差。然后,这 n''' 个数据区间 $[a^k, b^k]$($k=1, 2, \cdots, n$)可以被映射到三角模糊数,如图 4.3 所示。其中,上隶属函数的高往往设置为 1,a^L、a^M 和 a^U 分别是左三角函数的左端点、中间值和右端点,b^L、b^M 和 b^U 分别是右三角函数的左端点、中间值和右端点,p 和 h 分别表示下隶属函数的中间值和高。

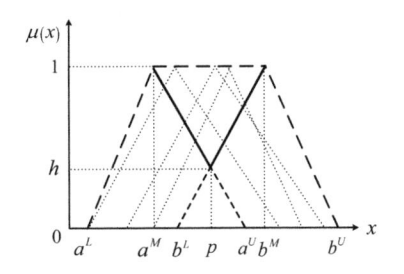

图 4.3 基于区间数构造的区间二型模糊数

构造区间二型模糊数的左右三角模糊数 $a = (a^L, a^M, a^U)$ 和 $b = (b^L, b^M, b^U)$ 的参数分别可以计算如下:

$$\begin{cases} a^L = \max\{0, m_a - \delta s_a\} \\ a^M = m_a \\ a^U = \min\{10, m_a + \delta s_a\} \end{cases} \quad (4.31)$$

$$\begin{cases} b^L = \max\{0, m_b - \delta s_b\} \\ b^M = m_b \\ b^U = \min\{10, m_b + \delta s_b\} \end{cases} \quad (4.32)$$

下隶属函数中间值 p 和高 h 可以计算如下:

$$p = \frac{a^U(b^M - b^L) + b^L(a^U - a^M)}{(b^M - b^L) + (a^U - a^M)} \quad (4.33)$$

$$h = \frac{a^U - p}{a^U - b^L} \quad (4.34)$$

从图 4.3 可以看出，构造的区间二型模糊数的上隶属函数本质是由无数个三角模糊数构成的一型梯形模糊数，下隶属函数为一型三角模糊数，该区间二型模糊数是一般区间梯形二型模糊数的特例，将其对应的语言标签称为区间二型模糊语言变量。因此二型模糊语言变量 w_i 可以表示为 $\tilde{A} = [(a^L, a^M, b^M, b^U; 1) (b^L, p, p, a^U; h(\tilde{A}^L))]$。

收集到 50 份有效问卷数且都满足数据处理的第一个条件 $0 \leq a^k \leq b^k \leq 10$，即 $n = n' = 50$。类似地，根据数据处理第二和第三个条件可以得到 n'' 和 n'''。接着，通过剩余的 n''' 个数据点计算区间二型模糊数的参数。数据处理过程和相关参数计算结果如表 4.1 所示。

表 4.1　　　　　　　数据处理过程和相关参数计算结果

语言变量	数据预处理			左侧统计值		右侧统计值	
	阶段 1	阶段 2	阶段 3	m_l	s_l	m_r	s_r
极低（EL）	50	50	43	0.21	0.37	0.60	0.63
非常低（VL）	50	48	46	0.99	0.89	2.02	1.21
低（L）	50	49	46	2.18	1.17	3.60	1.03
中等（M）	50	48	44	4.38	1.01	6.55	0.89
高（H）	50	50	42	6.69	0.88	8.11	0.76
非常高（VH）	50	50	47	7.91	0.97	9.06	0.72
极高（EH）	50	48	42	9.27	0.65	9.82	0.29

根据表 4.1，利用公式（4.31）—（4.34）可以得到七个语言变量对应的区间二型模糊数（如表 4.2），其中质心和平均质心根据 Liu 和 Mendel（2009c）所提方法计算得出。显然，七个语言变量的

平均质心并不是从 0 到 10，这表明在"极低"和"极高"之外还有其他的语言变量存在，亦证明了人类在决策表达时会表现出"有限理性"。

表 4.2　　七个语言变量的上下隶属函数和质心

语言变量	下隶属函数（LMF）	上隶属函数（UMF）	质心	平均质心
极低（EL）	(0, 0.43, 0.43, 0.96; 0.55)	(0, 0.21, 0.60, 1.85; 1)	[0.37, 0.90]	0.635
非常低（VL）	(0, 1.47, 1.47, 2.76; 0.47)	(0, 0.99, 2.02, 4.44; 1)	[1.15, 2.36]	1.755
低（L）	(1.54, 2.94, 2.94, 4.53; 0.53)	(0, 2.18, 3.60, 5.67; 1)	[2.11, 3.72]	2.915
中等（M）	(4.78, 5.54, 5.54, 6.41; 0.53)	(2.35, 4.38, 6.55, 8.32; 1)	[4.26, 6.63]	5.445
高（H）	(6.58, 7.45, 7.45, 8.44; 0.53)	(4.94, 6.69, 8.11, 9.63; 1)	[6.60, 8.17]	7.385
非常高（VH）	(7.61, 8.57, 8.57, 9.85; 0.57)	(5.98, 7.91, 9.06, 10; 1)	[7.83, 8.93]	8.380
极高（EH）	(9.23, 9.57, 9.57, 10; 0.56)	(7.97, 9.27, 9.82, 10; 1)	[8.98, 9.69]	9.335

为了直观地表示七个语言变量的表达程度，其几何结构如图 4.4 所示。

四　二型模糊大规模群决策模型应用

在电子商务中有许多影响商品交易的因素，像商品质量、运输速度、服务态度等。为了促进电子商务的长远发展，有必要研究用

图 4.4 七个区间二型模糊语言变量的隶属函数

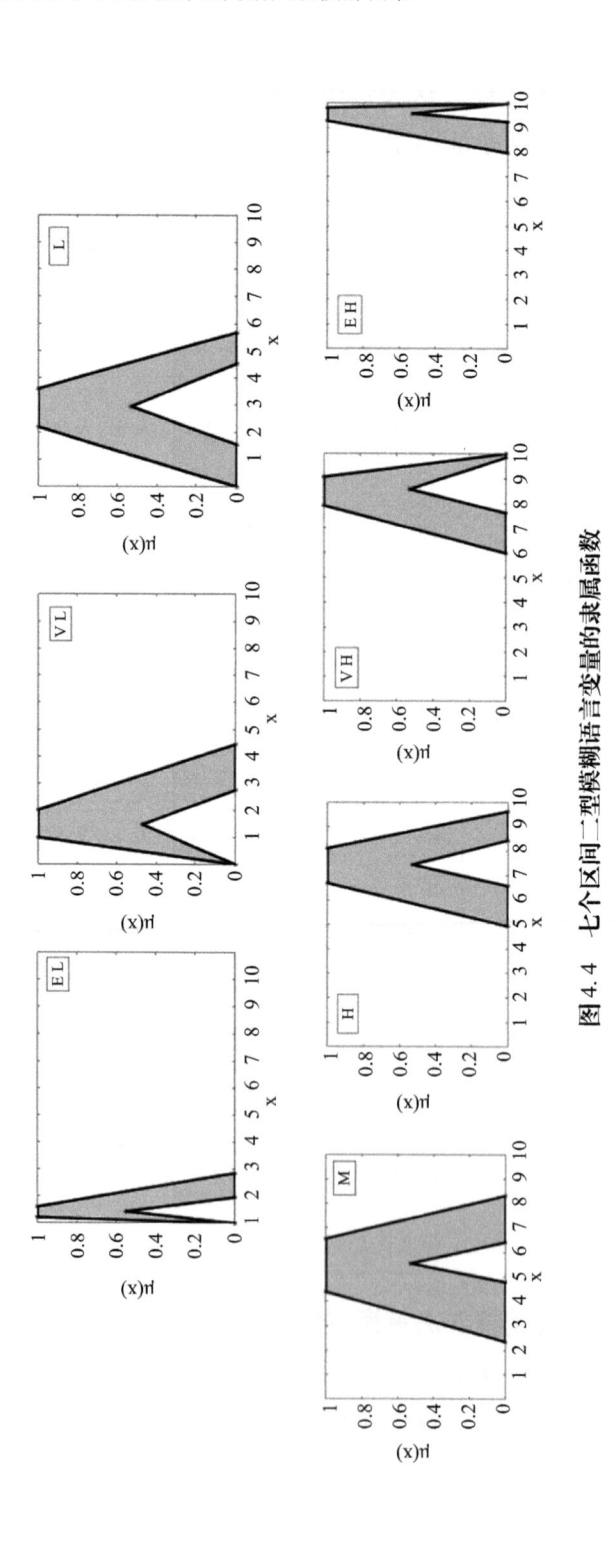

户在这些要素影响下的网购行为。首先，以免遗漏影响用户网购的重要要素，在附录的问卷2中总结了30个影响要素。然后，通过问卷2（表）收集网购用户对这些影响要素的感知程度。

因为同样的词语对不同的人可能有不同的含义，为了保证研究结果的合理性和应用情景的一致性，将问卷2分发给与问卷1相同的60位网购用户，并要求他们利用问卷1数据构造的区间二型模糊语言变量（表4.2）来评价问卷2中的网购属性。两周后，分别从男性和女性用户中回收了26份和30份问卷，删除不合格问卷（指用户对30个属性填报同样的语言变量或填写不完整），得到有效问卷中工作族23人和学生族24人。有效问卷回收率的柱状图如图4.5所示。

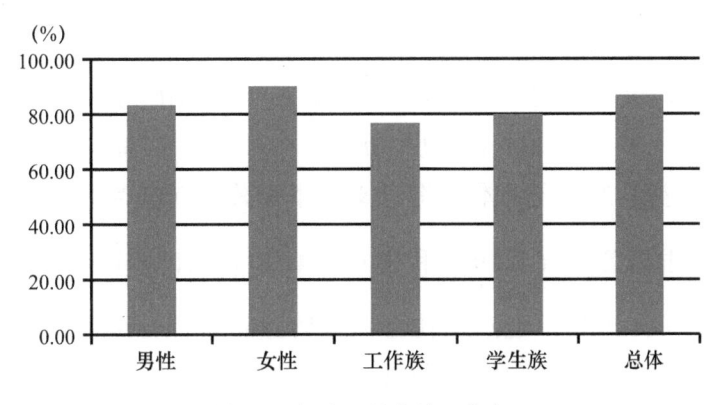

图 4.5 问卷 2 的有效回收率

通过对问卷2收集的有效数据进行数据分析，我们发现在此样本中性别和收入对用户的购物行为并没有太大的影响，影响他们购物的内在原因可能是个性或价值观。因此，本研究未考虑性别和收入对用户购物的影响。

首先利用IT2-PCA方法对大规模属性进行降维并为新属性命名。根据问卷2收集的语言评价数据构造语义样本矩阵 L：

$$L = \begin{pmatrix} VL & VH & VL & M & L & VH & M & L & VL & \cdots & H & EH & L & VL & VH \\ M & VH & M & H & M & EH & EH & M & M & \cdots & H & H & M & M & VH \\ M & H & L & M & M & M & M & M & M & \cdots & M & H & M & M & H \\ VH & L & M & H & VH & L & H & H & VH & \cdots & M & VL & M & M & L \\ L & M & L & VH & L & M & H & L & L & \cdots & H & M & L & L & M \\ M & H & L & H & M & VH & EH & M & M & \cdots & L & H & L & L & H \\ VL & M & VL & M & VL & M & L & VL & VL & \cdots & M & M & M & M & M \\ M & H & M & H & M & EH & VH & M & M & \cdots & H & H & M & M & H \\ H & L & H & VL & H & L & L & VH & H & \cdots & M & L & M & H & L \\ \cdots & \cdots & \cdots & \cdots & \cdots & \cdots & \cdots & \cdots & \cdots & \cdots & \cdots & \cdots & \cdots & \cdots & \cdots \\ EH & EH & H & EL & EH & EH & H & VL & VH & VH & \cdots & H & VH & H & EH & EH \\ EL & H & L & VL & H & L & H & L & L & \cdots & H & VH & L & EL & H \\ L & VH & M & L & VH & L & L & L & L & \cdots & L & VH & M & L & VH \\ H & EH & H & H & H & H & H & H & H & \cdots & VL & VH & H & H & EH \\ M & L & M & L & M & VL & L & M & M & \cdots & L & L & M & M & VL \end{pmatrix}_{52 \times 30}$$

通过表4.2的代码本，将语义样本矩阵 L 转换为区间二型模糊矩阵 $\tilde{A}$。根据公式（4.19）和公式（4.20），计算样本矩阵 $\tilde{A}$ 的协方差矩阵 $Cov(\tilde{A})$。通过对协方差矩阵进行特征分解得到正交特征向量 e_1，e_2，$\cdots$，e_{30} 和特征值 λ_1，λ_2，$\cdots$，λ_{30}。主成分的特征值 λ_1，λ_2，$\cdots$，λ_{30}（$\lambda_1 \geq \lambda_2 \geq \cdots \geq \lambda_{30}$）和累计贡献率 CCR 如表4.3所示。可以发现前四个主成分的累计贡献率高于85%，这足以表达原始属性的大部分信息。因此，表4.4主要给出前四个主成分的系数 e_1、e_2、e_3、e_4。

表4.3　　　　　　　　属性主成分的特征值和累计贡献率

主成分	1	2	3	4	5	6	7	8	9	10
特征值	7.4657	28.7248	18.2268	9.1593	4.3579	3.9302	2.4072	1.3693	0.9335	0.7917
累计贡献率	0.4377	0.6565	0.7953	0.8651	0.8983	0.9282	0.9465	0.9569	0.9640	0.9700

续表

主成分	11	12	13	14	15	16	17	18	19	20
特征值	0.5898	0.4999	0.4009	0.3532	0.3443	0.2851	0.2309	0.2109	0.1931	0.1716
累计贡献率	0.9745	0.9783	0.9814	0.9841	0.9867	0.9889	0.9907	0.9923	0.9938	0.9951
主成分	21	22	23	24	25	26	27	28	29	30
特征值	0.1302	0.1223	0.1040	0.0778	0.0601	0.0525	0.0352	0.0303	0.0213	0.0141
累计贡献率	0.9961	0.9970	0.9978	0.9984	0.9989	0.9993	0.9995	0.9998	0.9999	1.0000

为主成分定义新的属性术语。首先将表 4.4 的系数 e_{g1}，e_{g2}，$\cdots$，$e_{g,30}$（$g=1, 2, 3, 4$）降序排列。然后，计算四个主成分的累计贡献率，分别为 43.77%、21.88%、13.88% 和 6.98%。基于这些数据，可以发现第一个主成分包含的原始属性信息明显大于其他的主成分。根据表 4.4 所示的主成分的系数，以列数据 e_g 大于 0.2 为条件，为每个主成分从 30 个属性中选择主要影响要素。以第一个主成分为例，原始属性 1、3、5、8、9、10、12、13、16、20、21、23、24、25、28 和 29 的系数大于 0.2，并且这些属性大多与商品本身有关，因此，可以将第一个主成分定义为"商品信息的完整性"。

表 4.4　　　　　　　　所选择属性主成分的系数

主成分	1	2	3	4	主成分	1	2	3	4
e	e_1	e_2	e_3	e_4	e	e_1	e_2	e_3	e_4
1	0.2584	-0.0570	-0.1517	0.1720	9	0.2402	-0.0700	-0.1481	0.1593
2	0.0701	0.3867	0.0332	0.0577	10	0.2080	-0.0528	-0.1644	0.1481
3	0.2612	-0.0430	0.0541	-0.1201	11	-0.0253	0.0681	-0.4170	-0.1875
4	-0.0444	0.0714	-0.4424	-0.3455	12	0.2649	-0.0711	0.0798	-0.1082
5	0.2354	-0.0627	-0.1450	0.1486	13	0.2656	-0.0152	0.0151	-0.1216
6	0.0655	0.3630	0.0426	0.0178	14	0.0358	0.3512	0.0774	0.0248
7	-0.0348	0.0722	-0.3778	-0.1498	15	-0.0431	0.0508	-0.3641	-0.1254
8	0.2205	-0.0664	-0.1217	0.1225	16	0.2532	-0.0266	0.0444	-0.0842

续表

主成分	1	2	3	4	主成分	1	2	3	4
e	e_1	e_2	e_3	e_4	e	e_1	e_2	e_3	e_4
17	-0.0178	0.0965	-0.2743	0.0723	24	0.2292	-0.0230	0.0885	-0.1016
18	0.0797	0.3493	0.0300	0.0214	25	0.2457	-0.0457	0.0612	-0.0986
19	-0.0105	0.0854	-0.3133	0.0605	26	0.0819	0.1225	-0.0660	0.1579
20	0.2144	-0.0735	-0.1364	0.2962	27	0.0629	0.3393	0.0987	0.0089
21	0.2310	-0.0131	-0.0038	-0.3186	28	0.2258	-0.0222	0.0272	-0.1946
22	0.0520	0.3245	0.0520	-0.0143	29	0.2824	-0.0211	0.0472	-0.0545
23	0.2570	-0.0344	0.0413	-0.0768	30	0.0993	0.4079	0.0319	0.0808

类似地，其他主成分分别可以定义为"分配及配送服务""优惠政策"和"顾客服务"，如表4.5所示。

表4.5　　　　　　　　为主成分定义新属性术语

主成分	f_1	f_2	f_3	f_4
新属性名称	商品信息的完整性	分配和配送服务	优惠政策	顾客服务

接着，根据表4.3所示的四个主成分的特征值 λ_1，λ_2，λ_3，λ_4，基于公式（4.27）可以得到新主成分属性的权重分别为 $w_1 = 0.51$，$w_2 = 0.25$，$w_3 = 0.16$，$w_4 = 0.08$。该权重结果与上述分析相符，即第一个主成分的权重明显大于其他的主成分。

接下来，利用IT2-FEC方法将大规模决策者聚类。

假设目前某公司打算为50位优秀员工 $D = \{d_1, d_2, \cdots, d_{50}\}$ 团购一批同款手机作为奖品，备选方案为同一价位不同品牌的三部手机 $X = \{x_1, x_2, x_3\}$，考虑的网购要素为上述精简的四个主成分要素 $F = \{f_1, f_2, f_3, f_4\}$，要素权重为 $W = (0.51, 0.25, 0.16, 0.08)$。

基于表4.2中的区间二型模糊语言变量，50位公司员工基于4个属性对3个方案进行评价。根据评价信息，我们可以得到各决策

者的初始决策矩阵 $\widetilde{A}^k = (\tilde{a}_{ig}^k)_{3 \times 4}$ ($k = 1, 2, \cdots, 50$)。例如，第 1 个决策者的初始偏好语义矩阵表示为：

$$\widetilde{A}^1 = (\tilde{a}_{ig}^1)_{3 \times 4} = \begin{pmatrix} EH & VH & VH & EH \\ M & H & EH & M \\ EH & M & VH & VH \end{pmatrix}$$

假设三个方案同等重要，即不考虑其权重。根据表 4.2 中的区间二型模糊语言变量代码本，将初始决策语义矩阵转换成区间二型模糊矩阵，基于各决策者的初始决策矩阵 $\widetilde{A}^k = (\tilde{a}_{ig}^k)_{3 \times 4}$，可以确定所有决策者关于四个属性的综合偏好 $\widetilde{A}_g^k = (\tilde{a}_g^k)_{3 \times 1}$，$k = 1, 2, \cdots, 50$，$g = 1, 2, 3, 4$。例如，第一个决策者 d_1 关于四个属性的综合偏好为：

$\tilde{a}_1^1 = (\tilde{a}_{11}^1 \oplus \tilde{a}_{21}^1 \oplus \tilde{a}_{31}^1) / 3 = [(6.097, 7.640, 8.730, 9.440; 1)$
$(7.747, 8.227, 8.227, 8.803; 0.53)]$

基于 $\widetilde{A}_g^k = (\tilde{a}_g^k)_{h \times 1}$ 和权重向量 $W = (0.51, 0.25, 0.16, 0.08)$，可以确定决策者的综合偏好 $\widetilde{A}_k = (\tilde{a}_k)_{1 \times 1}$ ($k = 1, 2, \cdots, 50$)。例如，d_1 的综合偏好 $\tilde{a}_1$ 为：

$\tilde{a}_1 = 0.51 \times \tilde{a}_1^1 \oplus 0.25 \times \tilde{a}_2^1 \oplus 0.16 \times \tilde{a}_3^1 \oplus 0.08 \times \tilde{a}_4^1$
$= [(5.713, 7.391, 8.597, 9.499; 1)$
$(7.412, 8.048, 8.048, 8.832; 0.53)]$

类似地，其他决策者的综合偏好也可以根据上式得到，我们最终得到的大群体决策者的综合偏好表示为 $\widetilde{A} = (\tilde{a}_1, \tilde{a}_2, \cdots, \tilde{a}_{50})$。

接下来，基于区间二型模糊等价关系聚类算法对大规模决策者分类处理。根据区间二型模糊 Jaccard 相似性方法，计算相似矩阵 $S = (s_{kl})_{50 \times 50}$ ($1 \leq k, l \leq 50$)。根据传递闭包算法计算传递闭包 $T(S)$，经过五次迭代，得到模糊等价关系 R^5。为直观展示，分别给出 50 位决策者之间相似关系和等价关系的热力图（见图 4.6）。

$$S = \begin{pmatrix}
1 & 0.874 & 0.464 & 0.895 & 0.578 & 0.521 & 0.610 & 0.384 & 0.333 & 0.866 & \cdots & 0.090 & 0.118 & 0.019 & 0.290 & 0.538 \\
0.874 & 1 & 0.530 & 0.925 & 0.524 & 0.595 & 0.696 & 0.445 & 0.383 & 0.892 & \cdots & 0.110 & 0.142 & 0.029 & 0.340 & 0.615 \\
0.464 & 0.530 & 1 & 0.509 & 0.276 & 0.886 & 0.750 & 0.850 & 0.718 & 0.515 & \cdots & 0.225 & 0.286 & 0.083 & 0.658 & 0.850 \\
0.895 & 0.925 & 0.509 & 1 & 0.522 & 0.574 & 0.675 & 0.424 & 0.363 & 0.955 & \cdots & 0.099 & 0.129 & 0.023 & 0.319 & 0.594 \\
0.578 & 0.524 & 0.276 & 0.522 & 1 & 0.309 & 0.361 & 0.222 & 0.198 & 0.510 & \cdots & 0.043 & 0.060 & 0.004 & 0.168 & 0.318 \\
0.521 & 0.595 & 0.886 & 0.574 & 0.309 & 1 & 0.842 & 0.758 & 0.643 & 0.581 & \cdots & 0.197 & 0.250 & 0.070 & 0.587 & 0.944 \\
0.610 & 0.696 & 0.750 & 0.675 & 0.361 & 0.842 & 1 & 0.638 & 0.543 & 0.684 & \cdots & 0.166 & 0.210 & 0.055 & 0.493 & 0.877 \\
0.384 & 0.445 & 0.850 & 0.424 & 0.222 & 0.758 & 0.638 & 1 & 0.836 & 0.429 & \cdots & 0.255 & 0.327 & 0.093 & 0.767 & 0.722 \\
0.333 & 0.383 & 0.718 & 0.363 & 0.198 & 0.643 & 0.543 & 0.836 & 1 & 0.366 & \cdots & 0.311 & 0.399 & 0.117 & 0.915 & 0.612 \\
0.866 & 0.892 & 0.515 & 0.955 & 0.510 & 0.581 & 0.684 & 0.429 & 0.366 & 1 & \cdots & 0.101 & 0.131 & 0.025 & 0.322 & 0.601 \\
\vdots & \vdots & \vdots & \vdots & \vdots & \vdots & \vdots & \vdots & \vdots & \vdots & \ddots & \vdots & \vdots & \vdots & \vdots & \vdots \\
0.090 & 0.110 & 0.225 & 0.099 & 0.043 & 0.197 & 0.166 & 0.255 & 0.311 & 0.101 & \cdots & 1 & 0.761 & 0.367 & 0.330 & 0.185 \\
0.118 & 0.142 & 0.286 & 0.129 & 0.060 & 0.250 & 0.210 & 0.327 & 0.399 & 0.131 & \cdots & 0.761 & 1 & 0.271 & 0.426 & 0.236 \\
0.019 & 0.029 & 0.083 & 0.023 & 0.004 & 0.070 & 0.055 & 0.093 & 0.117 & 0.025 & \cdots & 0.367 & 0.271 & 1 & 0.123 & 0.063 \\
0.290 & 0.340 & 0.658 & 0.319 & 0.168 & 0.587 & 0.493 & 0.767 & 0.915 & 0.322 & \cdots & 0.330 & 0.426 & 0.123 & 1 & 0.558 \\
0.538 & 0.615 & 0.850 & 0.594 & 0.318 & 0.944 & 0.877 & 0.722 & 0.612 & 0.601 & \cdots & 0.185 & 0.236 & 0.063 & 0.558 & 1
\end{pmatrix}_{50 \times 50}$$

$$R^5 = \begin{pmatrix}
1 & 0.928 & 0.853 & 0.928 & 0.770 & 0.853 & 0.853 & 0.853 & 0.928 & 0.770 & 0.770 & 0.853 & \cdots \\
0.938 & 1 & 0.853 & 0.938 & 0.770 & 0.853 & 0.853 & 0.853 & 0.938 & 0.770 & 0.770 & 0.853 & \cdots \\
0.853 & 0.853 & 1 & 0.853 & 0.770 & 0.920 & 0.920 & 0.862 & 0.853 & 0.770 & 0.770 & 0.862 & \cdots \\
0.928 & 0.938 & 0.853 & 1 & 0.770 & 0.853 & 0.853 & 0.853 & 0.955 & 0.770 & 0.770 & 0.853 & \cdots \\
0.770 & 0.770 & 0.770 & 0.770 & 1 & 0.770 & 0.770 & 0.770 & 0.770 & 0.770 & 0.770 & 0.770 & \cdots \\
0.853 & 0.853 & 0.920 & 0.853 & 0.770 & 1 & 0.930 & 0.896 & 0.853 & 0.770 & 0.770 & 0.862 & \cdots \\
0.853 & 0.853 & 0.920 & 0.853 & 0.770 & 0.930 & 1 & 0.896 & 0.853 & 0.770 & 0.770 & 0.862 & \cdots \\
0.853 & 0.853 & 0.896 & 0.853 & 0.770 & 0.896 & 0.896 & 1 & 0.862 & 0.770 & 0.770 & 0.915 & \cdots \\
0.853 & 0.853 & 0.862 & 0.853 & 0.770 & 0.862 & 0.862 & 0.862 & 1 & 0.770 & 0.770 & 0.853 & \cdots \\
0.928 & 0.938 & 0.853 & 0.955 & 0.770 & 0.853 & 0.853 & 0.853 & 1 & 0.770 & 0.770 & 0.853 & \cdots \\
\vdots & \vdots & \vdots & \vdots & \vdots & \vdots & \vdots & \vdots & \vdots & \vdots & \vdots & \vdots & \vdots \\
0.700 & 0.700 & 0.700 & 0.700 & 0.700 & 0.700 & 0.700 & 0.700 & 0.700 & 1 & 0.844 & 0.700 & \cdots \\
0.700 & 0.700 & 0.700 & 0.700 & 0.700 & 0.700 & 0.700 & 0.700 & 0.700 & 0.844 & 1 & 0.759 & \cdots \\
0.700 & 0.700 & 0.700 & 0.700 & 0.700 & 0.700 & 0.700 & 0.700 & 0.700 & 0.759 & 0.759 & 1 & \cdots \\
0.853 & 0.862 & 0.862 & 0.853 & 0.770 & 0.862 & 0.862 & 0.915 & 0.862 & 0.700 & 0.700 & 1 & \cdots \\
0.853 & 0.853 & 0.920 & 0.853 & 0.770 & 0.930 & 0.944 & 0.862 & 0.896 & 0.700 & 0.700 & 0.862 & \cdots
\end{pmatrix}_{50\times 50}$$

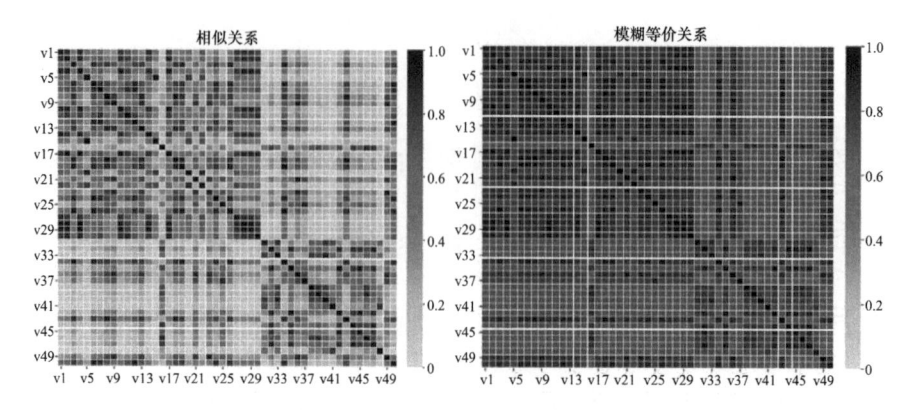

图 4.6　50 位决策者之间相似关系和模糊等价关系热力图

根据模糊等价关系矩阵 R 中的不重复要素确定聚类水平 $\lambda =$ (0.700, 0.759, 0.770, 0.783, 0.811, 0.842, 0.844, 0.853, 0.859, 0.862, 0.864, $\cdots$, 0.968, 0.971, 0.972, 1) 来构造判断

$$J_{\lambda \in (0.842, 0.844]} = \begin{pmatrix} 0 & 0 & 0 & 0 & 1 & 0 & 0 & 0 & 0 & 0 & \cdots & 1 & 1 & 1 & 0 & 0 \\ 0 & 0 & 0 & 0 & 1 & 0 & 0 & 0 & 0 & 0 & \cdots & 1 & 1 & 1 & 0 & 0 \\ 0 & 0 & 0 & 0 & 1 & 0 & 0 & 0 & 0 & 0 & \cdots & 1 & 1 & 1 & 0 & 0 \\ 0 & 0 & 0 & 0 & 1 & 0 & 0 & 0 & 0 & 0 & \cdots & 1 & 1 & 1 & 0 & 0 \\ 1 & 1 & 1 & 1 & 0 & 1 & 1 & 1 & 1 & 1 & \cdots & 1 & 1 & 1 & 1 & 1 \\ 0 & 0 & 0 & 0 & 1 & 0 & 0 & 0 & 0 & 0 & \cdots & 1 & 1 & 1 & 0 & 0 \\ 0 & 0 & 0 & 0 & 1 & 0 & 0 & 0 & 0 & 0 & \cdots & 1 & 1 & 1 & 0 & 0 \\ 0 & 0 & 0 & 0 & 1 & 0 & 0 & 0 & 0 & 0 & \cdots & 1 & 1 & 1 & 0 & 0 \\ 0 & 0 & 0 & 0 & 1 & 0 & 0 & 0 & 0 & 0 & \cdots & 1 & 1 & 1 & 0 & 0 \\ 0 & 0 & 0 & 0 & 1 & 0 & 0 & 0 & 0 & 0 & \cdots & 1 & 1 & 1 & 0 & 0 \\ \cdots & \cdots & \cdots & \cdots & \cdots & \cdots & \cdots & \cdots & \cdots & \cdots & \cdots & \cdots & \cdots & \cdots & \cdots & \cdots \\ 1 & 1 & 1 & 1 & 1 & 1 & 1 & 1 & 1 & 1 & \cdots & 0 & 0 & 1 & 1 & 1 \\ 1 & 1 & 1 & 1 & 1 & 1 & 1 & 1 & 1 & 1 & \cdots & 0 & 0 & 1 & 1 & 1 \\ 1 & 1 & 1 & 1 & 1 & 1 & 1 & 1 & 1 & 1 & \cdots & 1 & 1 & 0 & 1 & 1 \\ 0 & 0 & 0 & 0 & 1 & 0 & 0 & 0 & 0 & 0 & \cdots & 1 & 1 & 1 & 0 & 0 \\ 0 & 0 & 0 & 0 & 1 & 0 & 0 & 0 & 0 & 0 & \cdots & 1 & 1 & 1 & 0 & 0 \end{pmatrix}_{50 \times 50}$$

矩阵 $J = [j_{k1}]_{50 \times 50}$，并以此为基础得到动态聚类结果。例如，当 $\lambda_5 = 0.842 < r_{kl}^5 \leq \lambda_7 = 0.844$ 时得到判断矩阵 $J_{\lambda \in (0.842, 0.844]}$。为了展现动态聚类结果，不同聚类水平下的判断矩阵热力图如图 4.7 所示。

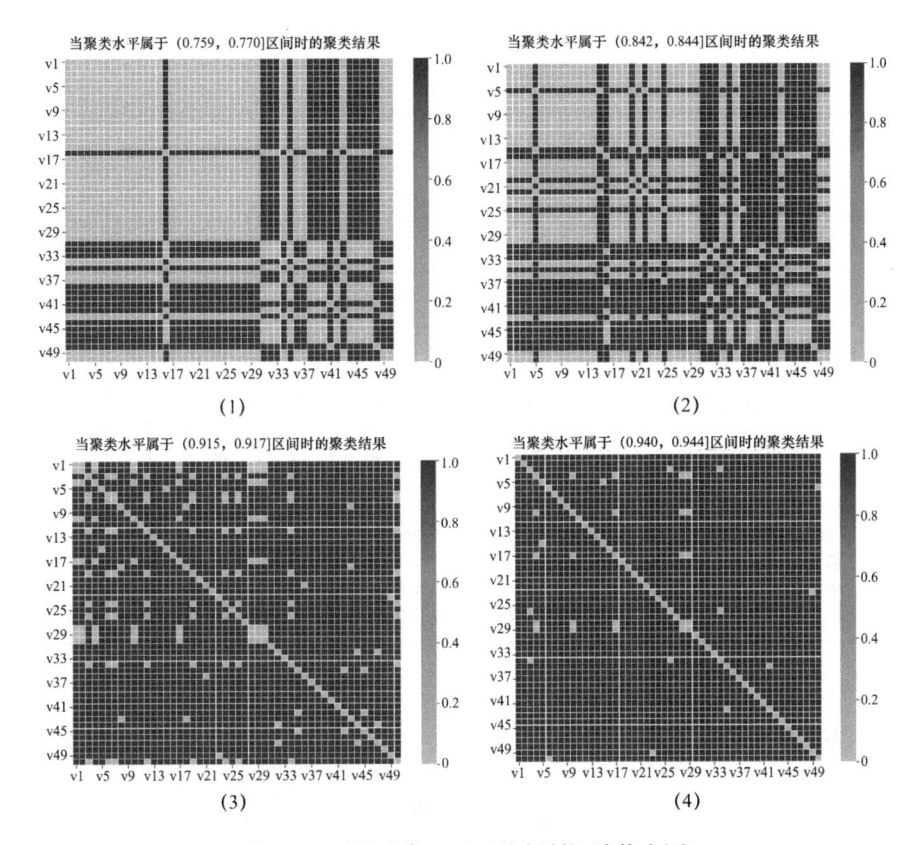

图 4.7 不同聚类水平下的判断矩阵热力图

以 $\lambda = (0.842, 0.844]$ 时 50 位决策者聚为 5 类为例介绍后续步骤。这 5 类决策群体分别为 $SG_1 = \{v_1, v_2, v_3, v_4, v_5, v_7, v_8, v_9, v_{10}, v_{11}, v_{12}, v_{13}, v_{14}, v_{17}, v_{18}, v_{19}, v_{21}, v_{23}, v_{24}, v_{26}, v_{27}, v_{28}, v_{29}, v_{30}, v_{34}, v_{36}, v_{43}, v_{49}, v_{50}\}$，$SG_2 = \{v_5, v_{15}, v_{20}, v_{22}\}$，$SG_3 = \{v_{16}, v_{32}, v_{35}, v_{38}, v_{39}, v_{42}, v_{44}, v_{45}, v_{46}, v_{47}\}$，$SG_4 = \{v_{31}, v_{33}, v_{40}, v_{41}, v_{48}\}$ 和 $SG_5 = \{v_{25}, v_{37}\}$。

接下来，需要确定子群体权重。首先根据初始决策矩阵 $\widetilde{A}^k = (\widetilde{a}_{ig}^k)_{3\times4}$ 和属性权重 W 计算个体决策者的权重如表4.6所示。根据单个决策者的权重，基于公式（4.13）计算子群体权重：$\omega_1 = 0.022$，$\omega_2 = 0.025$，$\omega_3 = 0.016$，$\omega_4 = 0.014$，$\omega_5 = 0.018$。

表4.6　　50位决策者的权重

决策者	1	2	3	4	5	6	7	8	9	10
权重	0.024	0.023	0.021	0.024	0.024	0.022	0.022	0.020	0.020	0.023
决策者	11	12	13	14	15	16	17	18	19	20
权重	0.023	0.022	0.021	0.023	0.025	0.016	0.023	0.020	0.021	0.025
决策者	21	22	23	24	25	26	27	28	29	30
权重	0.020	0.025	0.020	0.022	0.018	0.022	0.024	0.024	0.024	0.023
决策者	31	32	33	34	35	36	37	38	39	40
权重	0.014	0.017	0.015	0.022	0.017	0.020	0.019	0.014	0.015	0.014
决策者	41	42	43	44	45	46	47	48	49	50
权重	0.013	0.017	0.021	0.017	0.017	0.016	0.017	0.012	0.020	0.022

基于个体决策者的初始决策偏好矩阵 $\widetilde{A}^k = (\widetilde{a}_{ig}^k)_{3\times4}$ 及其权重 $\widetilde{\mu}_k$（$k=1,2,\cdots,50$）计算子群体的初始决策偏好矩阵 $\widetilde{B}^s = (\widetilde{b}_{ig}^s)_{3\times4}$（$s=1,2,3,4,5$；$i=1,2,3$；$g=1,2,3,4$）。考虑到方案本身的重要性，基于IT2-WGA算子集结决策子群体关于属性的评价值 $\widetilde{B}^s$（$s=1,2,3,4,5$）得到决策子群体关于方案的综合属性评价值 $\widetilde{z}_1^s$。考虑到方案的相应位置，基于综合属性评价值 $\widetilde{z}_1^s$ 和子群体权重 ω_s，通过IT2-CWGA算子计算大规模决策者关于方案的综合评价值 $\widetilde{z}_i$（$i=1,2,3$）。例如，假设已知该集成算子的相应权重为 $\lambda = (0.2, 0.25, 0.3, 0.15, 0.1)^T$，则关于第一个方案的

综合评价值 $\tilde{z}_1$ 计算为：

$$\tilde{z}_1 = \text{IT2-CWGA}_{\omega,\lambda}(\tilde{z}_i^1, \tilde{z}_i^2, \tilde{z}_i^3, \tilde{z}_i^4, \tilde{z}_i^5) = \prod_{p=1}^{5}(\tilde{e}_i^p)^{\lambda_p}$$

$$= (\tilde{e}_1^1)^{0.2} \otimes (\tilde{e}_1^2)^{0.25} \otimes (\tilde{e}_1^3)^{0.3} \otimes (\tilde{e}_1^4)^{0.15} \otimes (\tilde{e}_1^5)^{0.1}$$

$$= [(2.579, 3.156, 3.529, 3.876; 1)(3.094, 3.362, 3.362, 3.653; 0.47)]$$

其中，$\tilde{e}_1^1 = (\tilde{z}_1^2)^{t\omega_2}$ 是加权值 $(\tilde{z}_1^s)^{t\omega_s}$ 中的最大元素，ω_2 是第二个子群体的权重 $\omega_2 = 0.26$，t 是平衡因子，设为 $t = 3$。同理，也可以得到其他方案的综合评价值：

$$\tilde{z}_2 = [\,(0, 3.102, 3.519, 3.891; 1)$$
$$(3.010, 3.333, 3.333, 3.636; 0.47)\,]$$
$$\tilde{z}_3 = [\,(0, 2.827, 3.243, 3.643; 1)$$
$$(2.743, 3.057, 3.057, 3.383; 0.47)\,]$$

通过区间二型模糊质心排序方法（2.11）对方案的综合评价值 $\tilde{z}_i$（$i = 1, 2, 3$）解模糊为精确值 z_i：$z_1 = 3.304$，$z_2 = 2.580$，$z_3 = 2.401$。最终，基于 z_i 对方案的排序为 $x_1 > x_2 > x_3$。因此，x_1 是最优方案。

第五节 本章小结

本章首先基于问卷调查法为电子商务背景下的商品评价构造了区间二型模糊语言变量编码本。然后，基于该编码本，分别提出基于区间二型模糊等价关系聚类算法和区间二型模糊主成分分析法的大规模群决策方法，其中前者主要以大规模群决策者为对象，后者主要以大规模属性为对象。最后，运用电子商务背景下的大规模决策问题验证了两种方法的可行性。

本章的创新特色是利用二型模糊集理论处理不确定偏好，并改进相应聚类分析方法对大规模群决策问题进行降维分析。聚类分析不仅可以降低大规模群决策问题的复杂性，而且可以模拟现实中的大群体决策流程，即以小群体形式进行交互并得到最终决策结果，使得大规模群决策方法更加贴近实际。然而，本章内容忽略了现实决策场景中决策主体的行为因素，如社交关系对决策过程的影响。因此，我们在下一章中将着重介绍综合考虑社交关系与模糊偏好的大规模群决策方法。

第 五 章

考虑社交关系与模糊偏好的大规模群决策

社交媒体改变了信息获取与传播的方式，使熟悉或陌生的人们真正实现"互联互通"。人们之间的社交关系重塑了其行为模式，互联网的发展打破了传统群体决策的时空局限，新的决策范式正在产生。近些年，以社会网络群决策和大规模群决策为代表的新型群体决策方法开始出现。与传统群决策相比，前者更加注重社交网络对群体共识达成的影响，而后者则聚焦于复杂（大规模、不确定、异质性等）决策偏好处理、聚类分析、共识达成以及方案优选等复杂决策场景下的全过程管理。因此，前者可以看作后者的一部分。社交关系不仅为解决大规模群决策问题提供了新的思路，相关社会网络分析方法还为大规模群决策问题之解决提供了新的工具。本章主要基于社交关系介绍大规模群决策中的偏好信息处理和聚类分析过程。

在社交媒体上，决策者的主观性和盲从性较线下更甚，"集体失智"和"团体迷思"行为导致网络舆情频发。集体决策过程中的不确定性问题更加突出。本章首次在大规模群决策问题中考虑社交关系，将偏好与社交关系看作大规模群决策问题中的两类决策信息，探讨综合考虑两类决策信息下的社区发现过程,并结合社会网络分析思想探讨信息不完全视角下的大规模群决策问题。

第一节 基于社交关系的二型模糊大规模群决策方法

在大规模群决策发展初期,大部分研究的开展以"个体决策者之间相互独立"为前提,主要研究偏好信息下的大群体决策过程。随着信息化的发展和社交媒体的普及,社交关系不仅可以丰富决策者的偏好信息,社会网络分析工具还可以助力大规模群决策复杂问题的解决。例如,社区发现算法可以比传统聚类算法更自然地发现大规模决策者之间的社区,从而降低大规模群决策问题的复杂性。为应对决策的不确定性,本节首先利用区间二型模糊语言变量表征决策者信息。然后,探索决策者之间的社交关系并利用著名的模块度社区发现算法——Louvain 方法(Blondel 等,2008),识别大规模决策者中的潜在社区,并基于社会网络中心性计算个体和社区重要性。最后,利用模糊加权平均(Fuzzy Weighted Averaging,FWA)算子和 TOPSIS 方法来处理基于社区的群决策问题。

一 主要模型构建

首先,探索 n 个决策者 $V=\{v_1, v_2, \cdots, v_n\}$ 之间的社交关系并为其构建社交网络 $G=(V, E)$,其中,$E=\{e_{kl} \mid k, l=1, 2, \cdots, n; k \neq l\}$ 表示社交关系的集合。接着,结合社会网络分析方法分别介绍社区发现、个体决策者权重计算以及社区权重计算等大规模群决策关键技术。最后,介绍针对不确定环境下方案排序的区间二型模糊 TOPSIS 方法。

(一)决策者社区发现

对于一个由 n 个决策者组成的社交网络 G,Louvain 社区发现算法的应用步骤如下。

第一阶段：节点分类

步骤1：将每个决策者分为一类。因此，在初始聚类阶段，一共有 n 个社区 $G = \{SG'_1, SG'_2, \cdots, SG'_n\}$。

步骤2：对每个决策者 v_k，考虑其与邻居 v_l ($l = 1, 2, \cdots, n$; $l \neq k$) 之间的模块度增量 $\Delta Q > 0$。基于公式 (3.12)，将决策者 v_k 以最大模块度增量 $\max \Delta Q$ 从社区 SG'_r 转移到社区 SG'_s。对其他决策者重复这个步骤直到 $\Delta Q \leq 0$，且无决策者可移动，然后继续第二阶段。

第二阶段：社区融合

步骤1：假设在第一阶段最终发现了 x ($x < n$) 个社区，即 $G = \{SG'_1, SG'_2 \cdots, SG'_x\}$。对每个社区 SG'_r ($r = 1, 2, \cdots, x$)，考虑其与邻居社区 SG'_s ($s = 1, 2, \cdots, x$; $r \neq s$) 的模块度增量，基于公式 (3.12)，将社区 SG'_r 以最大模块度增量 $max \Delta Q$ 合并到社区 SG'_s。

步骤2：对其他社区重复步骤1直到没有变化。最后，n 个大规模群决策者被分成 t 个独立社区 $G = \{SG_1, \cdots, SG_t\}$，$t \leq x < m$。

接下来，在社区发现的基础上，计算个体决策者和社区的权重。

(二) 个体决策者权重计算

社交网络中心性体现了节点的声望、影响力和状态，是衡量网络节点重要性的有效工具。度中心性通过节点在网络中的直接邻居数量来确定，而特征向量中心性考虑了节点邻居的重要性，即邻居的质量。因此，我们综合度中心性和特征向量中心性来衡量节点的权重：

步骤1：根据公式 (3.3) 和 (3.6)，分别为决策者 v_k ($k = 1, 2, \cdots, n$) 计算其度中心性 $C_D(v_k)$ 和特征向量中心性 $C_E(v_k)$。

步骤2：分别为决策者 v_k 计算其度中心性 $C_D(v_k)$ 和特征向量中心性 $C_E(v_k)$ 的归一化形式：

$$C'_D(v_k) = \frac{C_D(v_k)}{\sum_{k=1}^{n} C_D(v_k)} \tag{5.1}$$

$$C'_E(v_k) = \frac{C_E(v_k)}{\sum_{k=1}^{n} C_E(v_k)} \qquad (5.2)$$

步骤3：结合归一化的度中心性 $C'_D(v_k)$ 和特征向量中心性 $C'_E(v_k)$ 来计算决策者 v_k 的融合中心性 $C_F(v_k)$：

$$C_F(v_k) = \sigma C'_D(v_k) + (1-\sigma) C'_E(v_k) \qquad (5.3)$$

其中，参数 σ 可以用来调节度中心性和特征向量中心性在融合中心性中的相对重要程度。比如，如果两个中心性同样重要，则 σ 等于 0.5。

步骤4：假设决策者 v_k 属于社区 SG_r ($r=1, 2, \cdots, t; t<n$)，则其权重 μ_k：

$$\mu_k = \frac{C_F(v_k)}{\sum_{v_k \in SG_r} C_F(v_k)} \qquad (5.4)$$

(三) 社区权重计算

社区权重可以通过社区中心与整个网络中心距离的倒数来计算，距离越远，权值越小。社区中心可以由其内部所有个体决策者的融合中心性来确定，而整个网络的中心可以由所有成员的融合中心性来确定。

步骤1：计算整个网络 G 的融合中心性 C_F：

$$C_F = \frac{1}{n} \sum_{v_k \in SG_r} C_F(v_k) \qquad (5.5)$$

步骤2：为每个社区 SG_r ($r=1, 2, \cdots, t; t<n$) 计算融合中心性 C_F^r：

$$C_F^r = \frac{1}{N(SG_r)} \sum_{v_k \in SG_r} C_F(v_k) \qquad (5.6)$$

其中，$N(SG_r)$ 表示社区 SG_r 内部的成员数。

步骤3：通过社区 SG_r 的融合中心性 C_F^r 与网络的融合中心性 C_F 相对距离的倒数计算社区的权重 ω_r：

$$\omega_r = \frac{1}{|C_F^r - C_F|} \qquad (5.7)$$

明显地，当 C_F^r 与 C_F 的距离越大，社区的权重越小。

步骤 4：为了不失一般性，将社区权重 ω_r 归一化处理：

$$\omega_r' = \frac{\omega_r}{\sum_{r=1}^{t} \omega_r} \tag{5.8}$$

其中，$\sum_{r=1}^{t} \omega_r' = 1$。

接下来，在已知个体决策者和社区权重的情况下，综合 IT2-FWA 算子和区间二型模糊 TOPSIS 方法来处理社区发现之后的群决策问题。

（四）社区综合偏好确定

为了降低信息丢失的影响，关于 IT2-TOPSIS 最优、最劣解的获取，我们采用 Chen（2015b）研究中的区间二型模糊数的交集和并集运算。基于 IT2-TOPSIS 方法确定社区综合偏好的主要步骤如下：

步骤 1：识别多属性决策问题并构建初始不确定决策矩阵

首先，识别决策者、属性和方案集合 $V = \{v_1, v_2, \cdots, v_n\}$，$F = \{f_1, f_2, \cdots, f_h\}$ 和 $X = \{x_1, x_2, \cdots, x_m\}$。根据决策者提供的区间二型模糊语言变量评价信息，构建初始决策矩阵 $\widetilde{A}^k = (\widetilde{a}_{ig}^k)_{m \times h}$（$k = 1, 2, \cdots, n$）。

步骤 2：归一化初始不确定决策矩阵

考虑到效益型和成本型属性的存在，对初始决策矩阵 $\widetilde{A}^k = (\widetilde{a}_{ig}^k)_{m \times n}$ 进行归一化处理：

$$\widetilde{a}_{ig}^k = \begin{cases} \widetilde{a}_{ig}^k & (1 \leq i \leq m, 1 \leq g \leq h) \quad \text{对效益型属性} f_g \\ \widetilde{a}_{ig}'^k & (1 \leq i \leq m, 1 \leq g \leq h) \quad \text{对成本型属性} f_g \end{cases} \tag{5.9}$$

其中，$\widetilde{a}_{ig}'^k$ 是 $\widetilde{a}_{ig}^k$ 的补。

现在，将所有成本型属性评价值转换为效益型属性评价值，并将决策矩阵 $\widetilde{A}^k = (\widetilde{a}_{ig}^k)_{m \times h}$ 归一化处理得到 $\widetilde{B}^k = (\widetilde{b}_{ig}^k)_{m \times h}$：

$$\tilde{b}_{ig}^k = \frac{\tilde{a}_{ig}^k}{\sum \tilde{a}_{ig}^k} \tag{5.10}$$

其中，$k = 1, 2, \cdots, n$，$i = 1, 2, \cdots, m$，$g = 1, 2, \cdots, h$。

步骤 3：为各社区构造群决策矩阵

根据已确定的决策者权重 $(\mu_1, \mu_2, \cdots, \mu_n)$，利用 IT2-FWA 算子集成社区 SG_r 内部个体决策矩阵 $\tilde{B}^k = (\tilde{b}_{ig}^k)_{m \times h}$ ($v_k \in SG_r$；$k = 1, 2, \cdots, n$) 得到群体决策矩阵 $\tilde{Y}^r = (\tilde{y}_{ig}^r)_{m \times h}$：

$$\tilde{y}_{ig}^r = \text{IT2-FWA}_\mu(\tilde{b}_{ig}^k \mid v_k \in SG_r) = \frac{\sum_{v_k \in SG_r} \mu_k \tilde{b}_{ig}^k}{\sum_{v_k \in SG_r} \mu_k} \tag{5.11}$$

步骤 4：计算所有社区对各方案的综合评价值

基于社区权重 ω_r 和各社区的群体决策矩阵 $\tilde{Y}^r = (\tilde{y}_{ig}^r)_{m \times h}$ ($r = 1, 2, \cdots, t$)，利用 IT2-FWA 算子计算所有社区的综合决策矩阵 $\tilde{Z} = (\tilde{z}_{ig})_{m \times h}$：

$$\tilde{z}_{ig} = IT2\text{-}FWA_\omega(\tilde{y}_{ig}^1, \tilde{y}_{ig}^2, \cdots, \tilde{y}_{ig}^t) = \frac{\sum_{r=1}^t \omega_r \tilde{y}_{ig}^r}{\sum_{r=1}^t \omega_r} \tag{5.12}$$

假设属性权重为 $w = (w_1, w_2, \cdots, w_h)$，则考虑属性权重对综合决策矩阵 $\tilde{Z} = (\tilde{z}_{ig})_{m \times h}$ 的影响得到 $\tilde{Z}' = (\tilde{Z}'_{ig})_{m \times h}$：

$$\tilde{z}'_{ig} = w_g \tilde{z}_{ig} \tag{5.13}$$

其中，$i = 1, 2, \cdots, m$。

步骤 5：确定最优和最劣解

根据文献 (Chen, 2015)，确定最优解 $\tilde{x}^+$ 和最劣解 $\tilde{x}^-$：

$$\tilde{x}^+ = [(\tilde{z}'_1)^+, (\tilde{z}'_2)^+, \cdots, (\tilde{z}'_h)^+] \tag{5.14}$$

其中 $(\tilde{z}'_g)^+ = [\ (\bigvee_{r=1}^t (\tilde{z}'_{ig})_1^U, \bigvee_{r=1}^t (\tilde{z}'_{ig})_2^U, \bigvee_{r=1}^t (\tilde{z}'_{ig})_3^U, \bigvee_{r=1}^t (\tilde{z}'_{ig})_4^U;\ 1)\ (\bigvee_{r=1}^t (\tilde{z}'_{ig})_1^L, \bigvee_{r=1}^t (\tilde{z}'_{ig})_2^L, \bigvee_{r=1}^t (\tilde{z}'_{ig})_3^L, \bigvee_{r=1}^t (\tilde{z}'_{ig})_4^L, \bigwedge_{r=1}^t h(\tilde{z}'_{ig}))\ ]$。

$$\tilde{x}^- = [\ (\tilde{z}'_1)^-, (\tilde{z}'_2)^-, \cdots, (\tilde{z}'_h)^-] \quad (5.15)$$

其中 $(\tilde{z}'_g)^- = [\ (\bigwedge_{r=1}^{t} (\tilde{z}'_{ig})^U_1, \bigwedge_{r=1}^{t} (\tilde{z}'_{ig})^U_2, \bigwedge_{r=1}^{t} (\tilde{z}'_{ig})^U_3, \bigwedge_{r=1}^{t} (\tilde{z}'_{ig})^U_4$;
1) $(\bigwedge_{r=1}^{t} (\tilde{z}'_{ig})^L_1, \bigwedge_{r=1}^{t} (\tilde{z}'_{ig})^L_2, \bigwedge_{r=1}^{t} (\tilde{z}'_{ig})^L_3, \bigwedge_{r=1}^{t} (\tilde{z}'_{ig})^L_4, \bigwedge_{r=1}^{t} h(\tilde{z}'_{ig}))]$。

步骤 6：计算各方案综合评价值与最优/最劣解之间的距离

根据区间二型模糊集合的质心距离法 [如公式 (2.12)]，计算各方案综合评价值 $\tilde{z}'_{ig}$ 与最优解 $\tilde{x}^+$ 之间的距离：

$$d^+(x_i) = \sqrt{\sum_{g=1}^{h} [d(\tilde{z}'_{ig}, (\tilde{z}'_g)^+)]^2} \quad (5.16)$$

其中，$i = 1, 2, \cdots, m$。

同样，可以计算各方案综合评价值 $\tilde{z}'_{ig}$ 与最劣解 $\tilde{x}^-$ 之间的距离：

$$d^-(x_i) = \sqrt{\sum_{g=1}^{h} [d(\tilde{z}'_{ig}, (\tilde{z}'_g)^-)]^2} \quad (5.17)$$

其中，$i = 1, 2, \cdots, m$。

步骤 7：基于各方案与最优解的接近度对其进行排序

计算各方案与最优解之间的接近度 $C(x_i)$：

$$C(x_i) = \frac{d^-(x_i)}{d^+(x_i) + d^-(x_i)} \quad (5.18)$$

其中，$i = 1, 2, \cdots, m$。

现在，对接近度 $C(x_i)$ 以降序排列，$C(x_i)$ 越大，方案 x_i 越好。上述内容介绍了考虑一般社交关系的二型模糊大规模群决策方法的关键技术，像社区发现算法、个体决策者和社区权重的计算以及基于区间二型模糊集的 TOPSIS 方法。

二 考虑社交关系的大规模群决策方法主要步骤及特点分析

（一）主要步骤

假设有一大规模群决策问题，n 个有社交关系的决策者决定从 m 个方案中基于 h 个属性选取最优方案。根据考虑一般社交关系的二型模糊大规模群决策方法的关键技术，该大规模群决策问题的处理步骤如下：

步骤1：构建不确定初始决策矩阵并将其归一化

通过决策者利用区间二型模糊语言变量给出的主观评价信息，构建初始不确定决策矩阵 $\widetilde{A}^k = (\tilde{a}_{ig}^k)_{m \times h}$，并根据公式（5.9）和（5.10）对初始不确定决策矩阵进行归一化处理得到 $\widetilde{B}^k = (\tilde{b}_{ig}^k)_{m \times h}$（$k = 1, 2, \cdots, n$）。

步骤2：为大规模群决策者构建社交网络

基于 n 个决策者 $V = \{v_1, v_2, \cdots, v_n\}$ 之间的社交关系为其构建社交网络 $G = \{V, E\}$，其中，$E = \{e_{kl} \mid k, l = 1, 2, \cdots, n; k \neq l\}$ 表示社交关系的集合。

步骤3：识别大规模群决策者之间的社区

以社交网络 G 为基础，利用 Louvain 社区发现算法对大规模群决策者进行聚类并最终得到 t 个社区 $G = \{SG_1, SG_2, \cdots, SG_t\}$，$t \leq x < m$。

步骤4：计算个体决策者和社区的权重

在社区发现的基础上，通过公式（5.4）计算得出个体决策者权重 μ_k（$k = 1, 2, \cdots, n$）。接着，通过公式（5.8）计算得出各社区的权重 ω_r'（$r = 1, 2, \cdots, t$）。

步骤5：为各社区构造群决策矩阵

在归一化初始决策矩阵 $\widetilde{B}^k = (\tilde{b}_{ig}^k)_{m \times h}$（$v_k \in SG_r$; $k = 1, 2, \cdots, n$）和决策者权重 μ_k（$k = 1, 2, \cdots, n$）的基础上，利用 IT2-FWA 算子（如公式（5.11））确定社区 SG_r 的群决策矩阵 $\widetilde{Y}^r = (\tilde{y}_{ig}^r)_{m \times h}$（$r = 1, 2, \cdots, t$）。

步骤6：利用区间二型模糊 TOPSIS 方法解决以社区为单位的群决策问题

首先，基于社区权重 ω_r 和各社区群决策矩阵 $\widetilde{Y}^r = (\tilde{y}_{ig}^r)_{m \times h}$（$r = 1, 2, \cdots, t$），利用 IT2-FWA 算子计算所有社区的综合决策矩阵 $\widetilde{Z} = (\tilde{z}_{ig})_{m \times h}$ 和加权综合决策矩阵 $\widetilde{Z}' = (\tilde{z}_{ig}')_{m \times h}$。然后，确定最优解

$\tilde{x}^+$ 和最劣解 $\tilde{x}^-$。接着，计算各方案综合评价值与最优解之间的距离 $d^+(x_i)$ 以及最劣解之间的距离 $d^-(x_i)$。最后，计算各方案与最优解之间的接近度 $C(x_i)$ 并对方案进行排序。

（二）特点分析

由于社会网络分析工具能够以不同于传统聚类的方式来降低大规模群决策问题的复杂性，我们提出基于一般社交关系的二型模糊大规模群决策方法。该方法包含以社区发现算法对大规模群决策降维和利用区间二型模糊 TOPSIS 方法来处理以社区为单位的多属性群决策问题，其主要特点可以总结如下：

1. 所提方法考虑了决策者之间的社交关系并利用社区发现算法对大规模群决策问题进行降维处理。所用 Louvain 社区发现算法具有直观、易于实现、计算速度快等特点，尤其适用于处理大规模网络社区发现问题。

2. 个体决策者的权重是基于其自身在网络中的位置重要性以及与其他决策者之间的联系程度来确定的，与传统基于决策者偏好的权重计算方法相比更加客观。

3. 决策者采用区间二型模糊语言变量的方式给出关于方案的评价值，这种模糊表达方式使得决策者评价更接近本能。

4. 采用区间二型模糊加权平均算子集成决策信息并利用改进的区间二型模糊 TOPSIS 方法对方案进行排序，能够有效避免信息丢失和处理不确定决策问题。

三　模型应用及其对比分析

（一）模型应用

假设由 50 位员工组成的一小型公司为了奖励员工过去几个月的辛苦工作，打算为员工定制团体聚餐娱乐一体化项目。由于资金有限，公司需要基于价格、环境、距离和口味四个属性从五个备选方案中选择一个性价比最高的方案。在决策开始之前，首先对 50 位员工进行编号,则该大规模群决策问题包含 50 位决策者 $V = \{v_1, v_2, \cdots, v_{50}\}$、4 个属性 $F = \{f_1, f_2, f_3, f_4\}$ 和 5 个方案 $X = \{x_1, x_2, x_3, x_4, x_5\}$。

一方面,员工被要求用表 5.1 中的语言变量基于 4 个属性给出关于 5 个方案的感受。基于所有员工提供的评价信息,构建初始不确定决策矩阵。例如,第一位决策者偏好如表 5.2 所示。

表 5.1　　　　　　　语言变量和相应的区间二型模糊数

语言变量	区间梯形二型模糊数
非常不满意(Very Dissatisfied, VD)	[(0, 0.1, 0.2, 0.3; 1) (0.05, 0.12, 0.18, 0.25; 0.9)]
不满意(Dissatisfied, D)	[(0.1, 0.2, 0.3, 0.5; 1) (0.25, 0.32, 0.38, 0.45; 0.9)]
中等(Medium, M)	[(0.3, 0.5, 0.5, 0.7; 1) (0.4, 0.5, 0.5, 0.6; 0.9)]
满意(Satisfied, S)	[(0.5, 0.7, 0.8, 0.9; 1) (0.55, 0.62, 0.68, 0.75; 0.9)]
非常满意(Very Satisfied, VS)	[(0.7, 0.8, 0.9, 1; 1) (0.75, 0.82, 0.88, 0.95; 0.9)]

表 5.2　　　　　　　第一位决策者的偏好

v_1	f_1	f_2	f_3	f_4
x_1	VS	S	S	VS
x_2	M	D	VS	M
x_3	M	S	D	S
x_4	S	S	M	S
x_5	M	M	S	VS

另一方面,根据 50 位员工的朋友或同事关系构造社交网络 $G = \{V, E\}$(如图 5.1 所示)。接着,利用 Louvain 算法将 50 位员工分为 6 类(如图 5.2 所示):$SG_1 = \{v_1, v_2, v_3, v_4, v_5, v_5, v_7, v_8\}$,$SG_2 = \{v_9, v_{10}, v_{11}, v_{16}, v_{17}, v_{18}, v_{19}, v_{20}\}$,$SG_3 = \{v_{12}, v_{13}, v_{14},$

v_{15}, v_{21}, v_{37}, $v_{38}\}$,$SG_4 = \{v_{22}, v_{23}, v_{25}, v_{27}, v_{28}, v_{29}\}$,$SG_5 = \{v_{24}$, v_{30}, v_{31}, v_{32}, v_{33}, v_{34}, v_{35}, $v_{36}\}$,$SG_6 = \{v_{26}, v_{39}, v_{40}, v_{41}, v_{42}, v_{43}$, v_{44}, v_{45}, v_{46}, v_{47}, v_{48}, v_{49}, $v_{50}\}$。

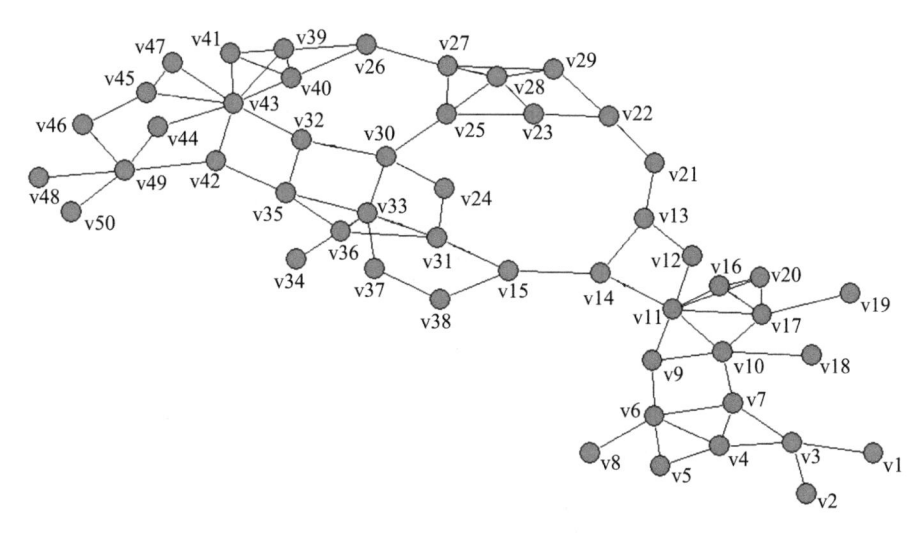

图 5.1　50 位员工之间的社交网络

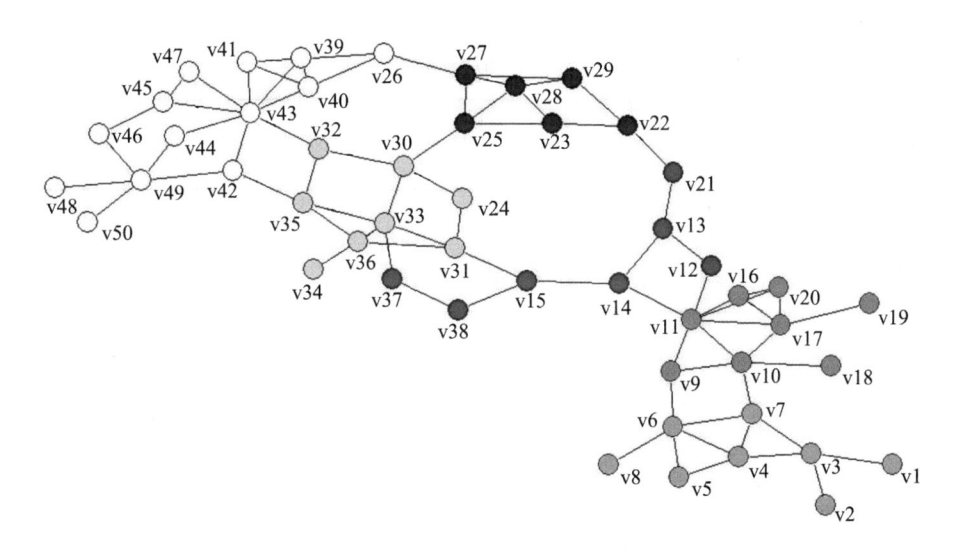

图 5.2　50 位员工之间的社区结构

在社区发现的基础上，根据公式（5.4）计算社区成员的权重 μ_k 如表5.3至表5.8所示。

表5.3　　　　　　　　　　　　社区1的成员权重

μ_1	μ_2	μ_3	μ_4	μ_5	μ_6	μ_7	μ_8
0.05	0.05	0.20	0.20	0.10	0.20	0.15	0.05

表5.4　　　　　　　　　　　　社区2的成员权重

μ_9	μ_{10}	μ_{11}	μ_{16}	μ_{17}	μ_{18}	μ_{19}	μ_{20}
0.08	0.16	0.21	0.13	0.21	0.04	0.04	0.13

表5.5　　　　　　　　　　　　社区3的成员权重

μ_{12}	μ_{13}	μ_{14}	μ_{15}	μ_{21}	μ_{37}	μ_{38}
0.14	0.19	0.20	0.18	0.07	0.11	0.11

表5.6　　　　　　　　　　　　社区4的成员权重

μ_{22}	μ_{23}	μ_{25}	μ_{27}	μ_{28}	μ_{29}
0.11	0.17	0.16	0.17	0.22	0.17

表5.7　　　　　　　　　　　　社区5的成员权重

μ_{24}	μ_{30}	μ_{31}	μ_{32}	μ_{33}	μ_{34}	μ_{35}	μ_{36}
0.09	0.14	0.14	0.09	0.23	0.04	0.14	0.13

表5.8　　　　　　　　　　　　社区6的成员权重

μ_{26}	μ_{39}	μ_{40}	μ_{41}	μ_{42}	μ_{43}	μ_{44}	μ_{45}	μ_{46}	μ_{47}	μ_{48}	μ_{49}	μ_{50}
0.05	0.11	0.11	0.08	0.05	0.18	0.05	0.08	0.05	0.05	0.03	0.13	0.03

基于各社区内部成员权重，利用 IT2-FWA 算子［如公式 (5.11)］计算各社区的群决策矩阵 $\tilde{Y}^r = (\tilde{y}_{ig}^r)_{5\times 4}$（$r = 1, 2, 3, 4, 5, 6$）。以社区群决策信息为基础，利用区间二型模糊 TOPSIS 方法对方案进行排序。最终计算得知：$C(x_1) = 0.9294$，$C(x_2) = 0.5255$，$C(x_3) = 0.1696$，$C(x_4) = 0.4882$ 和 $C(x_5) = 0.5120$。因此，$x_1 > x_2 > x_5 > x_4 > x_3$，$x_1$ 是最优方案。

（二）对比分析

本节将所提方法与上章提出的基于区间二型模糊等价关系的大规模群决策方法做对比。基于区间二型模糊等价关系的大规模群决策方法主要基于偏好相似性对决策者进行聚类，其特征是可以基于不同的聚类水平得到动态聚类结果。本节所提方法主要基于决策者之间的社交关系发现社区，且根据社交网络结构来确定个体和社区的权重。虽然两种方法都基于区间二型模糊语言变量表示决策信息，但采用的聚类信息和方法均不同，本对比是为了展现基于不同信息得到不同的决策结果，而不是为了说明方法的优劣性。

基于区间二型模糊等价关系聚类算法得到的其中一种聚类结果为：$SG_1' = \{v_1, v_2, v_3, v_4, v_5, v_8\}$，$SG_2' = \{v_5, v_7, v_9, v_{13}, v_{14}, v_{17}, v_{18}, v_{19}, v_{20}, v_{24}, v_{25}, v_{27}\}$，$SG_3' = \{v_{10}, v_{11}, v_{12}, v_{15}, v_{21}, v_{22}, v_{28}, v_{30}, v_{31}, v_{32}, v_{33}, v_{34}, v_{35}, v_{37}, v_{42}\}$，$SG_4' = \{v_{28}, v_{38}, v_{39}, v_{40}, v_{41}, v_{43}, v_{44}, v_{45}, v_{46}, v_{47}\}$，$SG_5' = \{v_{16}, v_{26}, v_{29}, v_{36}, v_{48}, v_{49}, v_{50}\}$。通过区间二型模糊偏好信息计算得到个体和群体权重，基于权重信息，利用 IT2-CWGA 算子计算群体关于方案的综合评价值 $\tilde{x}_i'$（$i = 1, 2, 3, 4, 5$），并将 $\tilde{x}_i'$ 转换成精确数：$x_1' = 0.7965$，$x_2' = 0.6957$，$x_3' = 0.6184$，$x_4' = 0.6889$ 和 $x_5' = 0.7051$，并对方案排序：$x_1 > x_5 > x_2 > x_4 > x_3$。

两种方法得到结果的对比如表 5.9 所示。显然，基于两种方法的方案排序结果不同。

表 5.9　　　　　　　两种方法的结果对比

排序	本章方法			基于区间二型模糊等价关系的大规模群决策方法		
	方案	排序值	方案之间差距	方案	排序值	方案之间差距
1	x_1	0.929	$x_1 \sim x_3$　0.759	x_1	0.797	$x_1 \sim x_3$　0.179
2	x_2	0.526	$x_1 \sim x_2$　**0.403**	x_5	0.705	$x_1 \sim x_5$　**0.092**
3	x_5	0.512	$x_2 \sim x_5$　**0.014**	x_2	0.696	$x_5 \sim x_2$　**0.009**
4	x_4	0.488	$x_5 \sim x_4$　**0.024**	x_4	0.689	$x_2 \sim x_4$　**0.007**
5	x_3	0.170	$x_4 \sim x_3$　0.318	x_3	0.618	$x_4 \sim x_3$　0.071

根据表 5.9，两种方法得到结果的相似性可以总结如下：

（1）最优和最劣方案分别是 x_1 和 x_3。

（2）最优方案 x_1 远优于其他方案。

（3）中间三个方案 x_2、x_5 和 x_4 之间的差距较小。基于本节所提方法得到的方案之间的差距较大，易于区分，可避免因信息丢失引起的方案排序错误。由此说明决策者之间的社交关系对大规模群决策有一定的影响。另外，两种方法对方案排序的相似性结果并不是偶然的，而是因为社交关系一般建立在相似偏好和喜好的基础上，这种现象也体现在两种方法得到的部分聚类结果的重叠上。总之，基于区间二型模糊等价关系聚类的大规模群决策方法适用于社交关系未知的情况，而当社交关系已知时，则基于一般社交关系的二型模糊大规模群决策方法更加合适。

第二节　综合考虑社交关系与偏好信息的二型模糊大规模群决策方法

上节内容主要尝试在大规模群决策问题中考虑决策者之间的社交关系，并利用社区发现算法识别大群体中潜在社群，方便后续决策分析过程。但上述处理将社交关系与偏好信息分开考虑，忽略了偏好和社交关系均属于决策信息的本质，即两者均对聚类结果有影响。因此，本节综合考虑偏好信息和社交关系对大规模群决策的影响。此外，上节内容仅考虑两个决策者之间的社交关系存在与否，并未考虑其强度。但是由于交往程度与亲疏关系的不同，决策者之间的社交关系强弱程度往往不等，且这种强弱关系一般是不确定的，即很难以某个具体数值来描述。因此，本节采用区间二型模糊语言变量描述社交关系的强弱程度，通过矩阵形式集结社交关系与偏好信息，利用区间二型模糊 K 均值聚类算法（IT2-FKC）对大规模群决策问题进行降维，最终利用二型模糊集成算子集结子群偏好信息来进行方案优选，具体流程如图 5.3 所示。

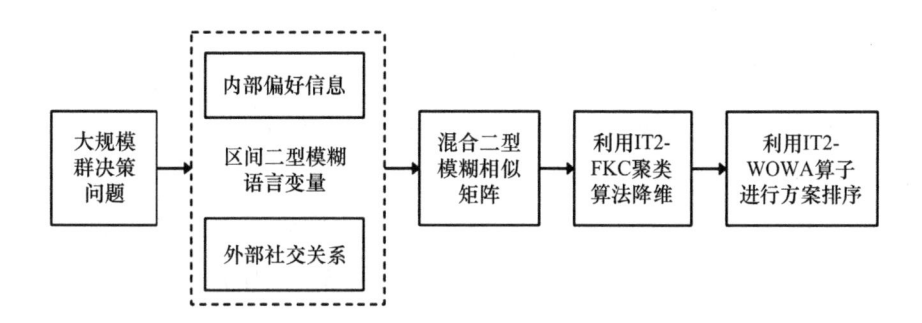

图 5.3　综合考虑社交关系和偏好信息的大规模群决策方法流程

一　模型构建

综合考虑社交关系与偏好信息的二型模糊大规模群决策方法主要包含内部偏好信息与外部社交关系处理、基于混合不确定决策信息的聚类分析、社区权重计算以及不确定决策信息集结等内容。

（一）内部偏好信息与外部社交关系处理

为了处理决策者表达的主观性和不确定性，使用区间二型模糊语言变量表示内部偏好信息和外部社交关系强度。

1. 对于内部偏好信息

首先，决策者采用表 5.1 的区间二型模糊语言变量基于 h 个属

性对 m 个方案进行评价，构建初始偏好矩阵 $\widetilde{A}^k = (\tilde{a}_{ig}^k)_{m \times h}$ （$k = 1$, 2, $\cdots$, n; $i = 1$, 2, $\cdots$, m; $g = 1$, 2, $\cdots$, h）。

假设属性权重为 $\tau = (\tau_1, \tau_2, \cdots, \tau_h)$，而方案之间无差别，则决策者基于所有属性关于所有方案的综合偏好信息 $\widetilde{D}_k$ 为：

$$\widetilde{D}_k = \frac{(\tau_1 \tilde{a}_{11}^k + \cdots + \tau_h \tilde{a}_{1h}^k) + \cdots + (\tau_1 \tilde{a}_{m1}^k + \cdots + \tau_h \tilde{a}_{mh}^k)}{n} \quad (5.19)$$

其中，$k = 1, 2, \cdots, n$。

然后，基于决策者的综合偏好信息 $\widetilde{D}_k$（$k = 1, 2, \cdots, n$），根据公式（2.13）所示的区间二型模糊 Jaccard 相似性方法计算决策者之间的模糊偏好相似矩阵 $S_P = (S_{kl}^P)_{n \times n}$，其中，$S_{kl}^P = S_J(\widetilde{D}_k, \widetilde{D}_l)$。

2. 对于外部社交关系

采用区间二型模糊语言变量来描述决策者之间社交关系的强弱程度。社交关系强弱对应的语言变量可以描述为"非常不熟悉（Very Unfamiliar, VU）"，"不熟悉（Unfamiliar, U）"，"中等（Medium, M）"，"熟悉（Familiar, F）"，"非常熟悉（Very Familiar, VF）"。由于该五个语言变量程度等级与表 5.1 中的"满意（Satisfied, S）和不满意（Dissatisfied, D）类似，所以可以对应于表 5.1 中的区间二型模糊数。

根据决策者之间的社交关系，可以构建有权无向图 $G = \{V, E, W\}$，其中 $V = \{v_1, v_2, \cdots, v_n\}$ 为决策者集合，$E = \{e_{kl}\}$ 是边的集合，$W = \{\widetilde{w}_{kl}\}$ 为边权重，即决策者 v_k 和 v_l 以 $\widetilde{w}_{kl}$ 的熟悉程度连接在一起。另外，两个不直接相连的决策者之间可以经过关系传播建立联系，由此，可以得到尽可能多的成对决策者之间的关系强度。对于无权有向图来说，两个不直接相连决策者之间可能不止一条路径，一般选择最短路径作为关系传播的关键路径。最短路径的选择需要满足关系强度大且路径短的规则，因此我们提出"最大传播—最短路径"方法。首先，对于网络 G 上的"熟悉"关系，基于区间二型模糊数的减法运算表达其严格互补的"不熟悉"关系。例如,当决策者 v_k 和 v_l 之间的熟悉程度 $\widetilde{w}_{kl}$ 为"熟悉"时,即 $\widetilde{w}_{kl}$ = [(0.5, 0.7, 0.8, 0.9; 1) (0.55, 0.62, 0.68, 0.75; 0.9)],则他们之间的不熟悉程度 $\widetilde{\widetilde{w}}_{kl}$ 为:

$$\widetilde{\widetilde{w}}_{kl} = [(1, 1, 1, 1; 1) (1, 1, 1, 1; 0.9)] -$$
$$[(0.5, 0.7, 0.8, 0.9; 1) (0.55, 0.62, 0.68, 0.75; 0.9)]$$
$$= [(0.1, 0.2, 0.3, 0.5; 1) (0.25, 0.32, 0.38, 0.45; 0.9)]$$
(5.20)

然后,针对两个非直接相连的决策者 v_k 和 v_l 之间存在 q ($q>1$) 条传播路径,根据最小"不熟悉"程度 $\min\{\widetilde{\widetilde{s}}_{kl}\}$ 寻找最短路径作为关键传播路径:

$$\widetilde{\widetilde{s}}_{kl}^p = \widetilde{\widetilde{w}}_{k,k+1} \oplus \widetilde{\widetilde{w}}_{k+1,k+2} \oplus \cdots \oplus \widetilde{\widetilde{w}}_{k+1} \quad (5.21)$$

其中,$\widetilde{\widetilde{s}}_{kl}^p$ 表示第 p 条传播路径的"不熟悉"程度。根据公式(2.11)所示的区间二型模糊数的质心排序法,$\min\{\widetilde{\widetilde{s}}_{kl}\}$ 由 q 条路径的"不熟悉"程度 $\widetilde{\widetilde{s}}_{kl}^p$ 排序得到。

接着,根据选定的关键传播路径,利用传播算子计算非直接相连的决策者 v_k 和 v_l 之间的连接强度 $\widetilde{s}_{kl}^C$ ($k, l = 1, 2, \cdots, n; k \neq l$):

$$\widetilde{s}_{kl}^C = \widetilde{s}_{kl}^C = \widetilde{w}_{k \to k+1} \otimes \widetilde{w}_{k+1 \to k+2} \otimes \cdots \otimes \widetilde{w}_{k+r \to l} \quad (5.22)$$

同样,其他非直接相连但有传播路径的决策者之间的连接强度也可以得到。

最后,基于所有决策者之间的连接强度信息,利用公式(2.11)所示的区间二型模糊数的质心法将区间二型模糊集表示的连接强度 $\widetilde{s}_{kl}^C$ 降型为精确值 s_{kl}^C,从而构造关系相似矩阵 $S_C = (s_{kl}^C)_{n \times n}$。

现在,集成模糊偏好相似矩阵 S_P 和模糊关系相似矩阵 S_C 得到混合相似矩阵 $S = (s_{kl})_{n \times n}$:

$$s_{kl} = \alpha s_{kl}^P + (1-\alpha) s_{kl}^C \quad (5.23)$$

其中，参数 $\alpha \in [0, 1]$ 可以依据情境来设置。为避免在人群中太过另类，满足自己的心理依赖，群体中的人们经常会表现出从众行为。另外，群体行动时一般奉行群体利益大于个体利益的准则。因此，这里认为外部社交关系比内部偏好关系更为重要，比如令 $\alpha = 0.4$。

（二）基于混合不确定决策信息的聚类分析

在确定了聚类要素是混合信息之后，选取合适的聚类算法较为关键。一般来说，基于偏好信息的降维往往使用聚类算法，而基于社交关系的降维往往使用社区发现算法。与聚类分析的本质类似（Jiang & Deng, 2013），社区发现的本质是社区内部节点联系紧密，社区之间较为稀疏（Hu & Chan, 2016）。因此，内部偏好信息和外部社交关系组成的混合信息可以利用某个聚类算法来处理。聚类算法多种多样，如常用的模糊 C 均值（Oner & Oztaysi, 2018），模糊等价关系聚类（Wu & Liu, 2016）和 K 均值（Li 等, 2016）。其中 K 均值的优点是简单、易于理解、快速计算等，并在很多社区发现算法中表现优秀（Jiang 等, 2013）。因此，在本节，利用 IT2-FKC 算法来处理二型模糊环境下的大规模群决策者之间的混合信息。

与经典 K 均值算法类似，IT2-FKC 算法也遵循两步迭代步骤。首先，将每位决策者分配为一类并确定每个点与其他聚类中心的距离最小。其次，重新计算质心并重新分配每位决策者的归属，直到决策者所属类别不再发生变化，算法结束。基于混合决策信息的 IT2-FKC 聚类算法的详细步骤如下：

步骤 1：确定初始聚类数

计算每个决策者的度中心性 $C_D(v_k)$（$k = 1, 2, \cdots, n$），根据前 t 个最大度中心定义初始聚类数为 t。因此，相应的 t 个决策者的偏好信息即代表着初始聚类中心 $\widetilde{C}'_1, \cdots, \widetilde{C}'_r, \cdots, \widetilde{C}'_t$，对应的社区表示为 $SG'_1, \cdots, SG'_r, \cdots, SG'_t$。

步骤 2：分配决策者到相应的社区

根据混合相似矩阵 $S=(s_{kl})_{n\times n}$，分别将决策者分配到最相似的社区中，得到新的聚类结果 $SG''_1,\cdots,SG''_r,\cdots,SG''_t$。

步骤 3：计算新的聚类中心

对于新的聚类结果 $SG''_1,\cdots,SG''_r,\cdots,SG''_t$，基于区间二型模糊偏好信息计算新的聚类中心 $\widetilde{C}''_1,\cdots,\widetilde{C}''_r,\cdots,\widetilde{C}''_t$：

$$\widetilde{C}''_r = \frac{\sum_{v_k\in SG''_r}\mu_k \widetilde{D}_k}{N(SG''_r)} \tag{5.24}$$

其中，μ_k 为决策者权重，可以由度中心性和特征向量中心性共同来确定，如公式（5.4）所示。$\widetilde{D}_k$ 为决策者关于所有方案的综合偏好信息，$N(SG''_r)$ 为社区 SG''_r 内部的成员数。

步骤 4：计算个体决策者与新聚类中心之间的距离并将其分配到相应社区

根据第二章公式（2.12）所示的区间二型模糊质心距离法计算个体决策者与新的聚类质心 $\widetilde{C}''_1,\cdots,\widetilde{C}''_r,\cdots,\widetilde{C}''_t$ 之间的距离，并将该决策者归类到距离最近的社区，得到新的聚类结果 $SG'''_1,\cdots,SG'''_r,\cdots,SG'''_t$。

步骤 5：重复步骤 3 和步骤 4

重复步骤 3 和步骤 4 直到聚类结果不再发生变化，得到最终的聚类结果 $SG_1,\cdots,SG_r,\cdots,SG_t$。

（三）社区权重计算

在聚类分析结果中，不同的社区群体在决策过程中的重要性亦有所不同。Freeman（1979）曾为衡量网络中心性提出了一个简单易用的数学方法：

$$C(SG_r) = \frac{\sum_{v_k\in SG_r}[C(v^*)-C(v_k)]}{\max\sum_{v_k\in SG_r}[C(v^*)-C(v_k)]} \tag{5.25}$$

其中，$r=1, 2, \cdots, t$，$C(v_k)$ 是节点 v_k 的中心性指标，$C(v^*)$ 表示社区 SG_r 内节点的最大中心性，即 $C(v^*) = \max C(v_k)$。

不同于个体节点中心性，社区中心性指标衡量的是社区结构的中心化程度，并不能代表其重要性。因此，利用公式（5.25）来度量社区重要性有一定的局限性。例如，根据公式（5.25），图 5.4（1）社区的度中心性为 0，而图 5.4（2）社区的度中心性为 3。

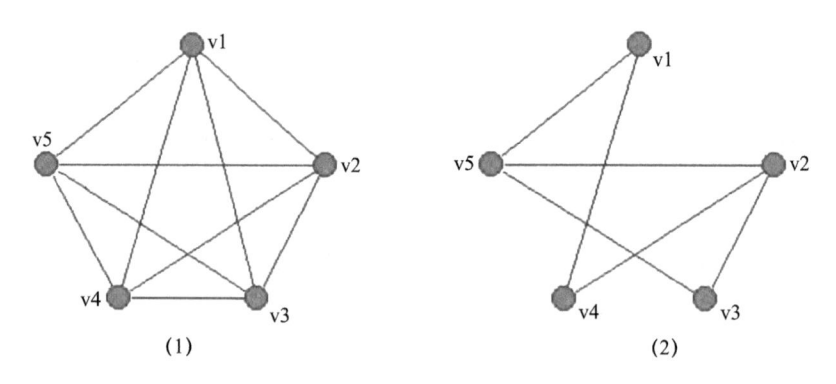

图 5.4 社区中心性举例

但是，从紧密程度可以看出图 5.4（1）社区的重要性不一定小于图 5.4（2）社区。为了弥补该问题，我们对公式（5.25）进行了改进：

$$C(SG_r) = \frac{\sum_{v_k \in SG_r} \{C(v_k) - [C(v^*) - C(v^-)]/N(SG_r)\}}{\max C(v^*)} \quad (5.26)$$

其中，$C(v^-) = \min C(v_k)$，$N(SG_r)$ 为社区 SG_r 中的成员个数。

下面，综合度中心性和特征向量中心性介绍社区权重的计算步骤：

步骤 1：计算社区的度中心性

基于公式（3.3）和公式（5.26），计算社区的度中心性：

$$C_D(SG_r) = \frac{\sum_{v_k \in SG_r}\{C_D(v_k) - [C_D(v^*) - C_D(v^-)]/N(SG_r)\}}{\max C_D(v^*)} \quad (5.27)$$

其中，$C_D(v^*) = \max C_D(v_k)$，$C_D(v^-) = \min C_D(v_k)$，$\max C_D(v^*)$ 表示社区 SG_r 内部节点最大可能度，实际上，社区内部最大可能度为 $N(SG_r) - 1$，所以公式（5.27）可以转换成：

$$C_D(SG_r) = \frac{\sum_{v_k \in SG_r}\{C_D(v_k) - [C_D(v^*) - C_D(v^-)]/N(SG_r)\}}{N(SG_r) - 1} \quad (5.28)$$

接着，计算社区度中心性的归一化形式：

$$\overline{C}_D(SG_r) = \frac{C_D(SG_r)}{\sum_{r=1}^{t} C_D(SG_r)} \quad (5.29)$$

步骤 2：计算社区的特征向量中心性

$$C_E(SG_r) = \frac{\sum_{v_k \in SG_r}\{C_E(v_k) - [C_E(v^*) - C_E(v^-)]/N(SG_r)\}}{\max C_E(v^*)} \quad (5.30)$$

其中，$C_E(v^*) = \max C_E(v_k)$，$C_E(v^-) = \min C_E(v_k)$，$\max C_E(v^*)$ 表示社区 SG_r 内部节点最大可能特征向量中心性，实际上，当社区内部所有节点相连时，我们可以得到最大特征向量中心性 $\max C_E(v^*) = N(SG_r)$。因此，上式可以转换为：

$$C_E(SG_r) = \frac{\sum_{v_k \in SG_r}\{C_E(v_k) - [C_E(v^*) - C_E(v^-)]/N(SG_r)\}}{N(SG_r)} \quad (5.31)$$

接着，计算社区特征向量中心性的归一化形式：

$$\overline{C}_E(SG_r) = \frac{C_E(SG_r)}{\sum_{r=1}^{t} C_E(SG_r)} \quad (5.32)$$

步骤 3：基于社区度中心性和特征向量中心性计算社区权重

基于社区度中心性和特征向量中心性，计算社区混合中心性 $C_H(SG_r)$：

$$C_H(SG_r) = \frac{\overline{C}_D(SG_r) + \overline{C}_E(SG_r)}{2} \quad (5.33)$$

接着，基于社区混合中心性确定社区权重 λ_r（$r = 1, 2, \cdots, t$）：

$$\lambda_r = \frac{C_H(SG_r)}{\sum_{r=1}^{t} C_H(SG_r)} \quad (5.34)$$

（四）不确定决策信息集成处理

Yager（1988）提出的有序加权平均 OWA 算子能够有效集结决策信息，在多个领域得到了广泛应用，基于 OWA 的多种扩展形式也相继出现（Chiclana，2004；Torra，1997；Yager，1994）。其中，加权的有序加权平均算子（Weighted Ordered Weighted Averaging，WOWA）（Torra，1997）是 OWA 算子和加权平均算子的一般化形式。由于同时考虑了信息来源和信息本身的重要性，WOWA 算子在决策领域得到了广泛研究（Liu，2006；Sang 等，2014）。为了集成不确定信息，接下来介绍区间二型模糊环境下的 WOWA 算子（IT2-WOWA）。

定义 5.2.1 设 $f_{\text{IT2-WOWA}}: R^n \rightarrow R$，则有：

$$f_{\text{IT2-WOWA}}(\tilde{A}_1, \tilde{A}_2, \cdots, \tilde{A}_n) = \sum_{k=1}^{n} w_k \tilde{A}_{\sigma(l)} \quad (5.35)$$

其中，$w_k = W^*(\sum_{l \leq k} \lambda_{\sigma(l)}) - W^*(\sum_{l \leq k} \lambda_{\sigma(l)})$，$W^*$ 为点 $(0, 0)$ 到 $(j/n, \sum_{h \leq j} w_h)$ 的单调递增函数；$[\sigma(1), \sigma(2), \cdots, \sigma(n)]$ 是 $(1, 2, \cdots, n)$ 的置换，并且 $\tilde{A}_{\sigma(l-1)} \geq \tilde{A}_{\sigma(l)}$；$\lambda = (\lambda_1, \lambda_2, \cdots, \lambda_n)$ 是与 $\tilde{A}_k$ 相关联的 n 维加权向量，$\lambda_k \in [0, 1]$，$\sum_{k=1}^{n} \lambda_k = 1$，称函数 $f_{\text{IT2-WOWA}}$ 为 n 维 IT2-WOWA 算子。

二 模型步骤与特点分析

上述内容介绍了综合考虑社交关系和偏好关系的二型模糊大规

模群决策方法的关键技术。下面给出该方法的具体步骤,并对其特点进行分析。

(一) 模型主要步骤

步骤1：识别大规模群决策问题

识别大规模群决策问题中的决策者集合 $V = \{v_1, v_2, \cdots, v_n\}$，方案集合 $X = \{x_1, x_2, \cdots, x_m\}$ 和属性集合 $F = \{f_1, f_2, \cdots, f_h\}$，其中，属性权重为 $\tau = (\tau_1, \tau_2, \cdots, \tau_h)$。基于区间二型模糊语言变量获取不确定决策信息并构造初始决策矩阵 $\tilde{A}^k = (\tilde{a}_{ig}^k)_{m \times n}$，$k = 1, 2, \cdots, n$，$i = 1, 2, \cdots, m$，$g = 1, 2, \cdots, h$。同时，分析决策者之间的社交关系，以区间二型模糊语言变量获取社交关系强度并绘制社交网络 G。

步骤2：处理内部偏好信息和外部社交关系

首先基于初始决策矩阵 $\tilde{A}^k = (\tilde{a}_{ig}^k)_{m \times n}$ 和属性权重 τ 得到决策者综合偏好 $\tilde{D}_k$ $(k = 1, 2, \cdots, n)$。然后，基于综合偏好计算模糊偏好相似矩阵 $S_P = (s_{k1}^P)_{n \times n}$。同时，基于社交网络 G，利用"最大传播—最短路径"算法寻找非直接相连的决策者之间的最短路径，进而得到关系相似矩阵 $S_C = (s_{k1}^C)_{n \times n}$。最后，令 $\alpha = 0.4$，利用公式 (5.23) 基于相似矩阵 S_P 和 S_C 得到混合相似矩阵 $S = (s_{k1})_{n \times n}$。

步骤3：利用区间二型模糊 K 均值算法对决策者进行聚类分析

基于混合相似矩阵 S，利用迭代的 IT2-FKC 算法对 n 个决策者进行聚类得到 t 个社区 $SG_1, \cdots, SG_r, \cdots, SG_t$。

步骤4：计算社区权重

在社区发现的基础上，利用改进的社区中心性指标分别计算社区度中心性和特征向量中心性，继而根据公式 (5.34) 确定社区权重。

步骤5：为社区计算群决策矩阵

基于个体决策者权重 $\mu = (\mu_1, \mu_2, \cdots, \mu_n)$ 和初始决策矩阵

$\widetilde{A}^k = (\tilde{a}_{ig}^k)_{m \times n}$, $k = 1, 2, \cdots, n$, $i = 1, 2, \cdots, m$, $g = 1, 2, \cdots, h$, 利用简单加权平均计算群决策矩阵 $\widetilde{Y}_r = (\tilde{y}_{ig}^r)_{m \times h}$:

$$\tilde{y}_{ig}^r = \sum_{v_k \in SG_r} \mu_k \tilde{a}_{ig}^k \tag{5.36}$$

其中，$r = 1, 2, \cdots, t$。

然后，基于属性权重 $\tau = (\tau_1, \tau_2, \cdots, \tau_h)$ 计算社区关于方案的综合偏好信息 $\widetilde{Z}_r = (\widetilde{Z}_i^r)_{m \times 1}$:

$$\tilde{z}_i^r = \tau_1 \times \tilde{y}_{i1}^r + \tau_2 \times \tilde{y}_{i2}^r + \cdots + \tau_h \times \tilde{y}_{ih}^r \tag{5.37}$$

步骤6：基于 IT2-WOWA 算子对方案进行排序

基于社区权重 $\lambda = (\lambda_1, \lambda_2, \cdots, \lambda_t)$，选择合适的语言量化函数 Q，根据公式（2.21）和（2.22）计算算子权重 w_r（$r = 1, 2, \cdots, t$），利用 IT2-WOWA 算子集成社区关于方案的综合偏好信息 $\tilde{z}_i^r$（$i = 1, 2, \cdots, m$）：

$$\tilde{z}_i = f_{\text{IT2-WOWA}}(\tilde{z}_i^1, \tilde{z}_i^2, \cdots, \tilde{z}_i^t) = \sum_{r=1}^t w_r (\tilde{z}_i^r)_{\sigma(s)} \tag{5.38}$$

利用上式计算出所有社区关于所有方案的综合评价，通过公式（2.11）所示的区间二型模糊质心排序法将方案按照 $\tilde{z}_i$（$i = 1, 2, \cdots, m$）进行排序。

（二）特点分析

综合考虑社交关系和偏好关系的二型模糊大规模群决策方法的特点可以总结如下：

1. 为了使聚类信息更全面，提出综合考虑社交关系和偏好关系的二型模糊大规模群决策方法。另外，为了处理决策者的主观性和不确定性，内部偏好信息和外部社交关系均由区间二型模糊语言变量来表达。

2. 与已有研究不同，所提方法不仅在大规模群决策问题中考虑了社交关系，还进一步关注了社交关系的强弱程度和传播效应，并提出"最大传播—最短路径"方法来评估非直接相连决策者之间的连接强度。

3. 为了基于不确定内部偏好信息和外部社交关系组成的混合信息对大规模群决策者进行聚类，提出区间二型模糊 K 均值（IT2-FKC）算法，该算法承袭了传统 K 均值简单易用和高速运行的特点，并且能够处理区间二型模糊数表示的聚类信息。

4. 为了弥补传统社区中心性指标的局限性，对其进行改进，并基于度中心性和特征向量中心性利用改进的社区中心性指标来计算社区权重。

三　模型应用及其对比分析

（一）模型应用

假设某公司为了开拓市场决定开展一项新业务，组织了包含部门领导和领域专家的 25 位决策者从 5 个备选方案中选取最优方案。有四个需要考量的属性：资金、人力、风险和可持续发展能力。也就是说，该问题包含 25 位决策者 $V = \{v_1, v_2, \cdots, v_{25}\}$，5 个方案 $X = \{x_1, x_2, x_3, x_4, x_5\}$ 和 4 个属性 $F = \{f_1, f_2, f_3, f_4\}$，且属性对应权重为：$\tau = (0.25, 0.2, 0.3, 0.25)$。

基于表 5.1 所示的区间二型模糊语言变量表述决策者偏好和社交关系强度，分别构建初始决策矩阵 $\widetilde{A}^k = (\tilde{a}_{ig}^k)_{m \times h}$，$k = 1, 2, \cdots, 25$，$i = 1, 2, 3, 4, 5$，$g = 1, 2, 3, 4$ 和社交网络 G（如图 5.5 所示）。

基于初始决策矩阵 $\widetilde{A}^k = (\tilde{a}_{ig}^k)_{5 \times 4}$ 和属性权重 τ 得到决策者综合偏好 $\widetilde{D}_k$（$k = 1, 2, \cdots, 25$）。例如，决策者 v_1 的初始偏好信息如表 5.10 所示，该决策者基于所有属性对所有方案的综合评价信息为 $\widetilde{D}_1 = [(0.44, 0.62, 0.72, 0.82; 1)(0.53, 0.64, 0.70, 0.77; 0.9)]$。

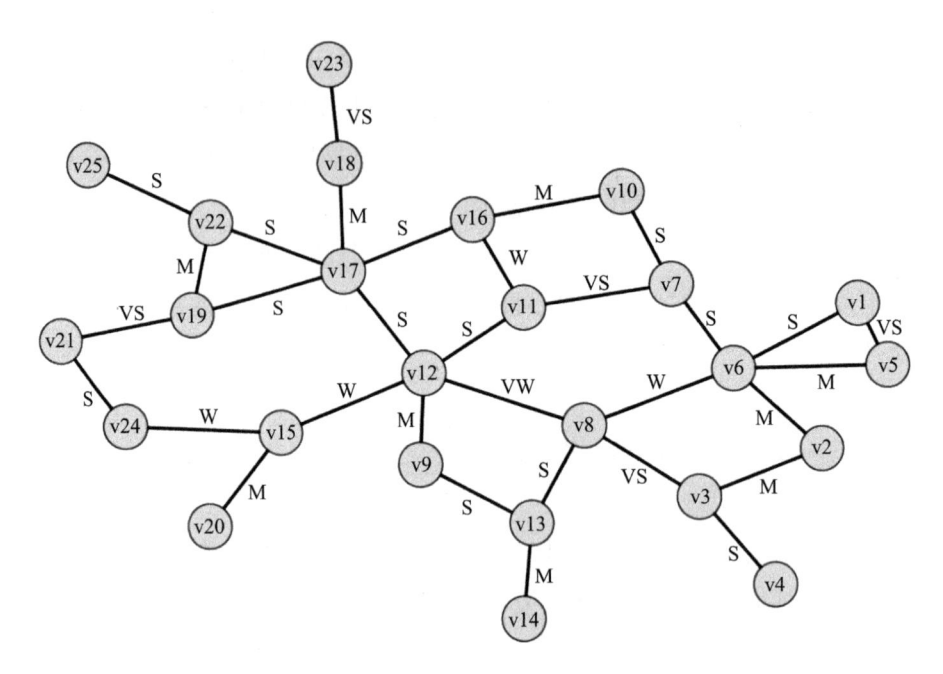

图 5.5　25 个决策者之间的网络结构

表 5.10　　　　　　　　　　决策者 v_1 的初始偏好信息

	f_1	f_2	f_3	f_4
x_1	VS	S	S	VS
x_2	M	D	VS	M
x_3	M	S	D	S
x_4	S	S	M	S
x_5	M	M	S	VS

基于综合评价信息 $\widetilde{D}_k$（$k=1,2,\cdots,25$），利用区间二型模糊 Jaccard 相似性方法构建模糊偏好相似矩阵 $S_P = (s_{kl}^P)_{25 \times 25}$：

$$S_P = \begin{pmatrix} 1 & 0.8128 & 0.6776 & 0.9562 & \cdots & \cdots & 0.2918 & 0.1291 & 0.3639 & 0.3687 \\ 0.8128 & 1 & 0.8354 & 0.7773 & \cdots & \cdots & 0.3732 & 0.1713 & 0.4601 & 0.4665 \\ 0.6776 & 0.8354 & 1 & 0.6478 & \cdots & \cdots & 0.4617 & 0.2214 & 0.5637 & 0.5721 \\ 0.9562 & 0.7773 & 0.6478 & 1 & \cdots & \cdots & 0.2781 & 0.1229 & 0.3469 & 0.3514 \\ \vdots & \vdots & \vdots & \vdots & & & \vdots & \vdots & \vdots & \vdots \\ 0.3023 & 0.3859 & 0.4765 & 0.2880 & \cdots & \cdots & 0.9727 & 0.5129 & 0.8612 & 0.8438 \\ 0.2918 & 0.3732 & 0.4617 & 0.2781 & \cdots & \cdots & 1 & 0.5285 & 0.8375 & 0.8203 \\ 0.1291 & 0.1713 & 0.2214 & 0.1229 & \cdots & \cdots & 0.5285 & 1 & 0.4356 & 0.4221 \\ 0.3639 & 0.4601 & 0.5637 & 0.3469 & \cdots & \cdots & 0.8375 & 0.4356 & 1 & 0.9814 \\ 0.3687 & 0.4665 & 0.5721 & 0.3514 & \cdots & \cdots & 0.8203 & 0.4221 & 0.9814 & 1 \end{pmatrix}_{25 \times 25}$$

根据图 5.5 展示的社交强度, 利用提出的 "最大传播—最短路径" 方法来构造关系相似矩阵 $S_C = (s_{kl}^C)_{25 \times 25}$。令 $\alpha = 0.4$, 基于相似矩阵 S_P 和 S_C, 得到混合相似矩阵 $S = (S_{kl})_{25 \times 25}$:

$$S = \begin{pmatrix} 1 & 0.5660 & 0.3612 & 0.4572 & \cdots & \cdots & 0.2659 & 0.1566 & 0.1849 & 0.2707 \\ 0.5660 & 1 & 0.6504 & 0.5518 & \cdots & \cdots & 0.2618 & 0.1482 & 0.2719 & 0.2800 \\ 0.3612 & 0.6504 & 1 & 0.6954 & \cdots & \cdots & 0.2560 & 0.1399 & 0.2450 & 0.2890 \\ 0.4572 & 0.5518 & 0.6954 & 1 & \cdots & \cdots & 0.1588 & 0.0835 & 0.1519 & 0.1808 \\ \vdots & \vdots & \vdots & \vdots & & & \vdots & \vdots & \vdots & \vdots \\ 0.2595 & 0.2593 & 0.2580 & 0.1602 & \cdots & \cdots & 0.6662 & 0.3985 & 0.7807 & 0.5522 \\ 0.2659 & 0.2618 & 0.2560 & 0.1588 & \cdots & \cdots & 1 & 0.4261 & 0.5632 & 0.7644 \\ 0.1566 & 0.1482 & 0.1399 & 0.0835 & \cdots & \cdots & 0.4261 & 1 & 0.3295 & 0.3390 \\ 0.1849 & 0.2719 & 0.2450 & 0.1519 & \cdots & \cdots & 0.5632 & 0.3295 & 1 & 0.5627 \\ 0.2707 & 0.2800 & 0.2890 & 0.1808 & \cdots & \cdots & 0.7644 & 0.3390 & 0.5627 & 1 \end{pmatrix}_{25 \times 25}$$

设定聚类数 $t=3$, 计算网络 G 中所有节点度并排序, 选取排名前三的节点 v_5、v_{12} 和 v_{17} 作为初始聚类中心。利用 IT2-FKC 算法, 得到最终聚类结果如图 5.6 所示。

根据公式 (5.4) 计算社区内部成员权重 $\mu = (\mu_1, \mu_2, \cdots, \mu_{25})$。同时, 根据改进的社区中心性指标得到社区权重 $\lambda_1 = 0.17$, $\lambda_2 = 0.41$ 和 $\lambda_3 = 0.42$。接着, 基于个体权重 μ 和初始决策矩阵 $\widetilde{A}^k = (\tilde{a}_{ig}^k)_{5 \times 4}$, $k = 1, 2, \cdots, 25$, $i = 1, 2, 3, 4, 5$, $g = 1, 2, 3, 4$, 利用简单加权平均计算群决策矩阵 $\widetilde{Y}_r = (\tilde{y}_{ig}^r)_{5 \times 4}$ ($r = 1, 2, 3$)。然

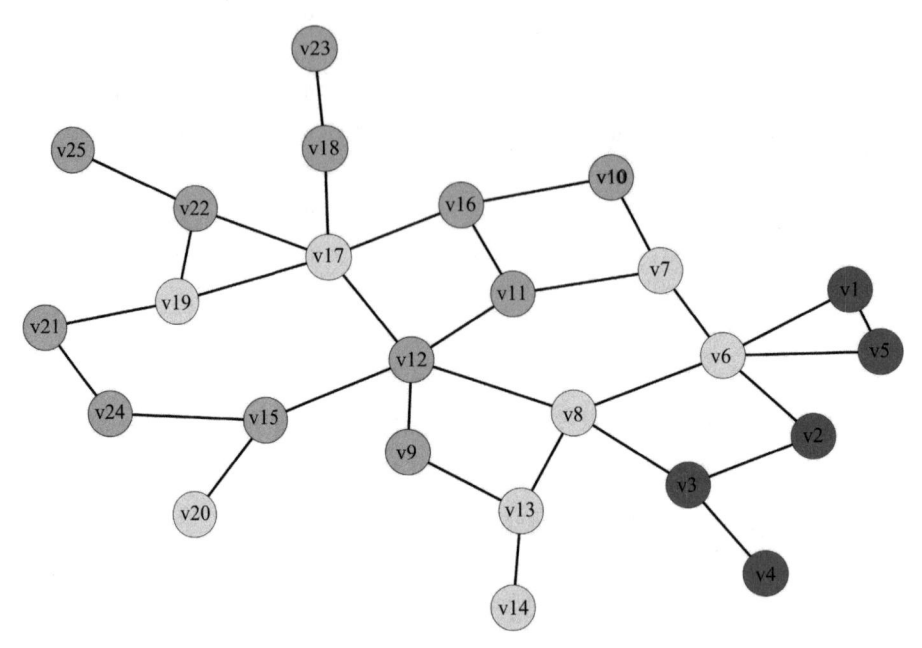

图 5.6　25 个决策者的聚类结果

后，基于属性权重 $\tau = (0.25, 0.2, 0.3, 0.25)$ 计算社区关于方案的综合偏好信息 $\widetilde{Z}_r = (\tilde{z}_i^r)_{5 \times 1}$。选择"Most of"对应的语言量化函数，根据公式（2.21）和公式（2.22）计算算子权重：$w_1 = 0$，$w_2 = 0.49$ 和 $w_3 = 0.51$。最后，利用 IT2-WOWA 算子得到社区关于方案的综合偏好信息 $\tilde{z}_i$（$i = 1, 2, 3, 4, 5$），对 $\tilde{z}_i$ 进行降型处理得到如下方案排序：$x_1 > x_5 > x_2 > x_3 > x_4$，即 x_1 为最优方案。

（二）对比分析

当 $\alpha = 0$ 或 $\alpha = 1$ 时，第四章第一节和本章第一节所提方法成为本节所提方法的特例。当 $\alpha = 1$ 时，仅考虑偏好信息，基于模糊偏好相似矩阵 $S_P = (s_{kl}^P)_{25 \times 25}$ 得到聚类结果如图 5.7 所示，方案排序结果为 $x_1 > x_5 > x_4 > x_2 > x_3$。当 $\alpha = 0$ 时，仅考虑社交关系，基于关系矩阵 $S_C = (s_{kl}^C)_{25 \times 25}$ 得到聚类结果如图 5.8 所示，方案排序结果为 $x_1 > x_5 > x_2 > x_4 > x_3$。三种大规模群决策方法得到的方案排序对比结果如

表 5.11 所示。

从表 5.11 可以看出，虽然基于不同决策信息得到的最优和最劣方案相同，但是聚类以及方案排序结果不尽相同。从聚类结果的部分重叠现象可知，社交关系除了主要建立在相似偏好的基础上之外，可能还会受其他诸如亲戚、同事关系等的影响。对于存在社交关系的大规模群决策问题，仅考虑偏好信息或社交关系均可能得到片面的决策结果。因此，在这种情境下，应该综合考虑内部偏好信息和外部社交关系。

表 5.11　基于不同决策信息的聚类分析和方案排序对比

决策信息	方案排序				
	x_1	x_2	x_3	x_4	x_5
融合信息	1	3	4	5	2
仅考虑偏好信息	1	4	5	3	2
仅考虑社交关系	1	3	5	4	2

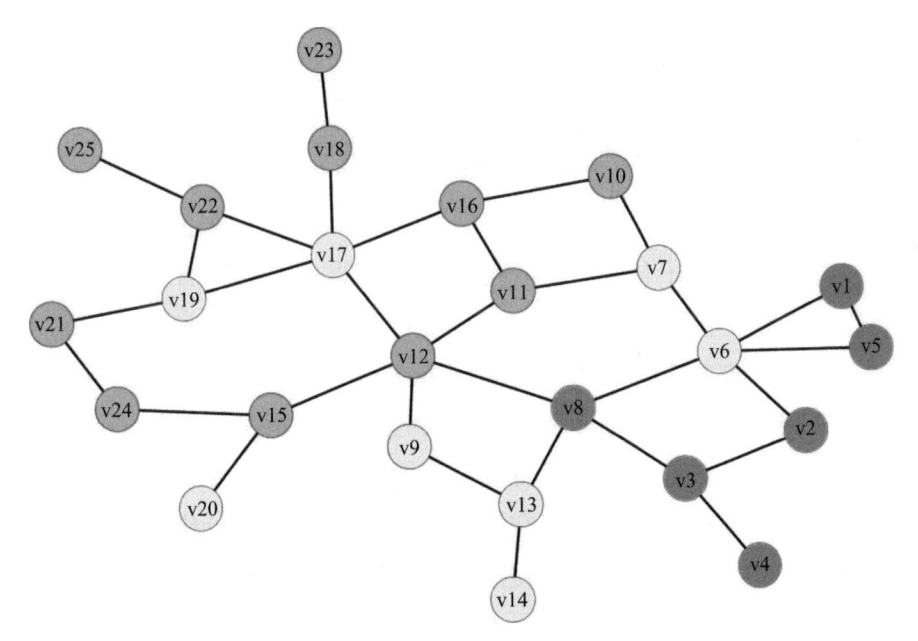

图 5.7　仅考虑偏好信息的聚类结果

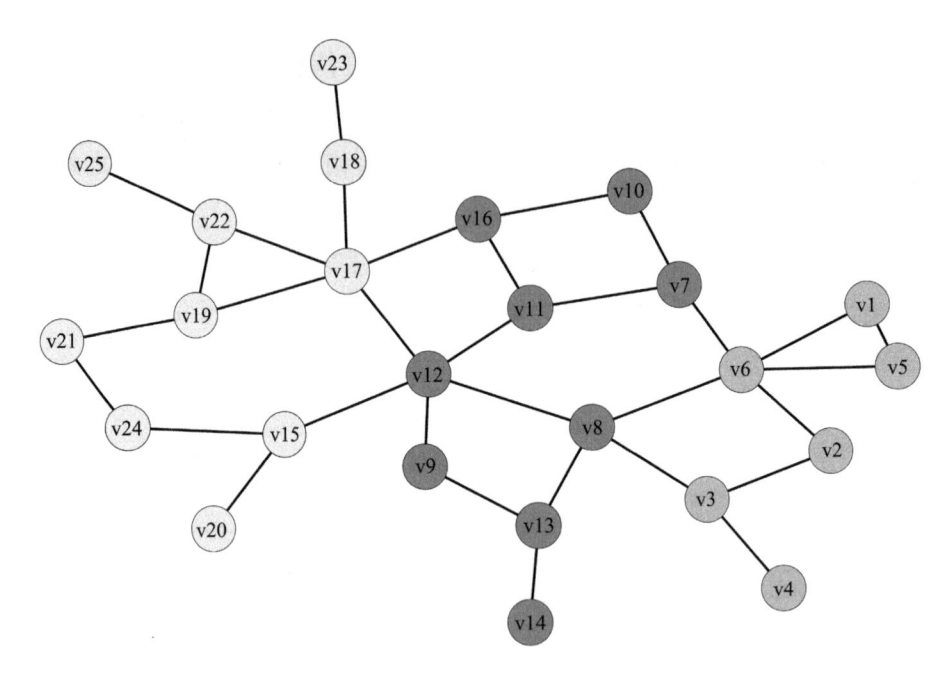

图 5.8　仅考虑社交关系的聚类结果

第三节　信息不完全与风险态度视角下的大规模群决策方法

群决策中偏好不确定性产生的原因有很多，主要有决策者语言表达的模糊性和决策者因知识经验有限提供的缺失信息，即信息不完全问题。前文利用区间二型模糊方法对大群体决策偏好模糊性进行了研究，本节主要通过考虑决策管理者和决策参与者的不同风险态度介绍基于不完全决策信息下的大规模群决策方法。此外，社交关系对大规模群决策行为存在着从决策偏好、聚类分析乃至共识达成过程的全方位影响。前文利用社交关系对大规模决策者的个体影响力和社区特性进行了分析，本节重点讨论社区内部用户偏好的极化特征，为确定社区集体偏好提供支撑。由于决策偏好差异化和社交关系的稀疏性，社区规模与观点不平衡现象常常出现。因此，本节还对大规模群决策中的少数群体进行了识别与分析。

一 模型构建

信息不完全视角下的大规模群决策模型构建主要包括基于不完全偏好信息的相似性计算、决策者潜在社交网络构建与社区发现、社区内部观点极化行为分析、少数观点识别与管理等关键环节。为应对信息不完全对决策过程的影响，上述环节均在对决策管理者和决策参与者的风险态度进行考虑的基础上开展。

（一）基于不完全偏好信息的相似性计算

为验证社交关系影响下的大规模群决策模型效果，前文主要通过假设方式给出决策者之间的社交网络结构。实际上，人们之间社交关系的获取方式有多种。对于线下社交网络，可以通过决策者之间的同事、朋友、合作等关系获取。对于在线社交网络，可以通过获取决策者之间关注与被关注关系、关于某个话题的评论与转发、关于某些决策问题的相似偏好等来获取。本节主要通过决策者之间的相似偏好关系挖掘其潜在的社交关系。

在介绍模型之前，首先明确决策问题和对应公式符号如下：假如某个大规模群决策问题由 n 个决策者 $D=\{d_1, d_2, \cdots, d_n\}$，$m$ 个决策准则 $F=\{f_1, f_2, \cdots, f_m\}$ 及相应权重 $p=\{p_1, p_2, \cdots, p_m\}$，$z$ 个方案 $X=\{x_1, x_2, \cdots, x_z\}$ 及相应权重 $q=\{q_1, q_2, \cdots, q_z\}$ 组成。令 $V^i=(v^i_{kl})_{m\times z}$ ($i=1, 2, \cdots, n$) 表示决策者 d_i 的决策矩阵，其中 $v^i_{kl} \in [0, 1]$ 表示决策者 d_i 考虑决策准则 $f_j \in F$ 时对方案 $x_l \in X$ 的偏好程度。假设决策者对 m 个准则下的 z 个方案进行了评估，决策者 d_i ($i=1, 2, \cdots, n$) 的不完全偏好矩阵定义如下：

$$V^i = \begin{bmatrix} v^i_{11} & v^i_{12} & \cdots & v^i_{1z} \\ v^i_{21} & v^i_{22} & \cdots & v^i_{2z} \\ \cdots & \cdots & \cdots & \cdots \\ v^i_{m1} & v^i_{m2} & \cdots & v^i_{mz} \end{bmatrix} \quad (5.39)$$

为了清楚表达决策矩阵 V^i ($i=1,2,\cdots,n$) 的不完全特征，定义矩阵 V^i 的判断矩阵 $B^i=(b_{kl}^i)_{m\times z}$ 如下：

$$b_{kl}^i = \begin{cases} 1, & \exists v_{kl}^i \notin \varnothing \\ 0, & \exists v_{kl}^i \in \varnothing \end{cases} \quad (5.40)$$

信息不完全对决策者之间的偏好相似性计算有较大影响。例如，当偏好矩阵 V^i ($i=1,2,\cdots,n$) 包含缺失信息或判断矩阵 B^i 至少包含 1 个 0 元素时，基于偏好矩阵行元素计算得到的相似性并不等于基于列元素计算得到的相似性。因此，基于不完全偏好信息的决策者相似性计算分别从准则与方案视角开展。本节主要采用 Jaccard 相似性方法（Chiclana 等，2013）计算决策者之间的偏好相似性。

从准则视角，决策者 d_i 和 d_j 之间的 Jaccard 相似性 SC_{ij}^k ($k=1,2,\cdots,m$) 计算如下（如表 5.12 所示）：

表 5.12　　　　　　　　　准则视角下的相似性计算

		方案						方案			
	d_i	x_1	x_2	$\cdots$	x_l	$\cdots$	x_z	d_j	x_1	x_2	$\cdots$	x_l	$\cdots$	x_z
准则	f_1	v_{11}^i	v_{12}^i	$\cdots$	v_{1l}^i	$\cdots$	v_{1z}^i	f_1	v_{11}^j	v_{12}^j	$\cdots$	v_{1l}^j	$\cdots$	v_{1z}^j
	f_2	v_{21}^i	v_{22}^i	$\cdots$	v_{2l}^i	$\cdots$	v_{2z}^i	f_2	v_{21}^j	v_{22}^j	$\cdots$	v_{2l}^j	$\cdots$	v_{2z}^j
	$\cdots$	$\cdots$	$\cdots$	$\cdots$	$\cdots$	$\cdots$	$\cdots$	$\cdots$	$\cdots$	$\cdots$	$\cdots$	$\cdots$	$\cdots$	$\cdots$
	f_k	v_{k1}^i	v_{k2}^i	$\cdots$	v_{kl}^i	$\cdots$	v_{kz}^i	f_k	v_{k1}^j	v_{k2}^j	$\cdots$	v_{kl}^j	$\cdots$	v_{kz}^j
	$\cdots$	$\cdots$	$\cdots$	$\cdots$	$\cdots$	$\cdots$	$\cdots$	$\cdots$	$\cdots$	$\cdots$	$\cdots$	$\cdots$	$\cdots$	$\cdots$
	f_m	v_{m1}^i	v_{m2}^i	$\cdots$	v_{ml}^i	$\cdots$	v_{mz}^i	f_m	v_{m1}^j	v_{m2}^j	$\cdots$	v_{ml}^j	$\cdots$	v_{mz}^j

$$SC_{ij}^k = \frac{\sum_{l=1}^z v_{kl}^i v_{kl}^j}{\sum_{l=1}^z (v_{kl}^i)^2 + \sum_{l=1}^z (v_{kl}^j)^2 - \sum_{l=1}^z v_{kl}^i v_{kl}^j} \quad (5.41)$$

其中，$SC_{ij}^k \in [0,1]$，$i,j=1,2,\cdots,n$，$i\neq j$。此外，当 $(b_{kl}^i)_{1\times z} \times [(b_{kl}^j)_{1\times z}]^T = 0$ 时，$SC_{ij}^k = 0$，

从方案视角，决策者 d_i 和 d_j 之间的 Jaccard 相似性 SA_{ij}^l（$l = 1$，2，$\cdots$，z）计算如下（如表 5.13 所示）：

表 5.13　　　　　　　　方案视角下的相似性计算

		方案					
	d_i	x_1	x_2	$\cdots$	x_l	$\cdots$	x_z
准则	f_1	v_{11}^i	v_{12}^i	$\cdots$	v_{1l}^i	$\cdots$	v_{1z}^i
	f_2	v_{21}^i	v_{22}^i	$\cdots$	v_{2l}^i	$\cdots$	v_{2z}^i
	$\cdots$	$\cdots$	$\cdots$	$\cdots$	$\cdots$	$\cdots$	$\cdots$
	f_k	v_{k1}^i	v_{k2}^i	$\cdots$	v_{kl}^i	$\cdots$	v_{kz}^i
	$\cdots$	$\cdots$	$\cdots$	$\cdots$	$\cdots$	$\cdots$	$\cdots$
	f_m	v_{m1}^i	v_{m2}^i	$\cdots$	v_{ml}^i	$\cdots$	v_{mz}^i
	d_j	x_1	x_2	$\cdots$	x_l	$\cdots$	x_z
准则	f_1	v_{11}^j	v_{12}^j	$\cdots$	v_{1l}^j	$\cdots$	v_{1z}^j
	f_2	v_{21}^j	v_{22}^j	$\cdots$	v_{2l}^j	$\cdots$	v_{2z}^j
	$\cdots$	$\cdots$	$\cdots$	$\cdots$	$\cdots$	$\cdots$	$\cdots$
	f_k	v_{k1}^j	v_{k2}^j	$\cdots$	v_{kl}^j	$\cdots$	v_{kz}^j
	$\cdots$	$\cdots$	$\cdots$	$\cdots$	$\cdots$	$\cdots$	$\cdots$
	f_m	v_{m1}^j	v_{m2}^j	$\cdots$	v_{ml}^j	$\cdots$	v_{mz}^j

$$SA_{ij}^l = \frac{\sum_{k=1}^m v_{kl}^i v_{kl}^j}{\sum_{k=1}^m (v_{kl}^i)^2 + \sum_{k=1}^m (v_{kl}^j)^2 - \sum_{k=1}^m v_{kl}^i v_{kl}^j} \quad (5.42)$$

其中，$SA_{ij}^l \in [0, 1]$，$i, j = 1, 2, \cdots, n$，$i \neq j$。此外，当 $[(b_{kl}^i)_{m \times 1}]^T \times (b_{kl}^j)_{m \times 1} = 0$ 时，$SA_{ij}^l = 0$，$k = 1, 2, \cdots, m$。

决策者之间的相似性矩阵 $S = (S_{ij})_{n \times n}$ 可以通过 WOWA 算子集成准则视角和方案视角下的相似性矩阵得到：

$$S_{ij} = \text{S-WOWA}(SC_{ij}^k, SA_{ij}^l) = \frac{1}{2}[\Phi_{\text{WOWA}}(SC_{ij}^k) + \Phi_{\text{WOWA}}(SA_{ij}^l)]$$

$$= \frac{1}{2}\left(\sum_{k=1}^m \omega_k SC_{ij}^{\sigma(k)} + \sum_{l=1}^z \omega_l' SA_{ij}^{\sigma'(l)}\right)$$

$$(5.43)$$

其中，$S_{ij} \in [0, 1]$，$(SC_{ij}^{\sigma(1)}, SC_{ij}^{\sigma(2)}, \cdots, SC_{ij}^{\sigma(m)})$ 和 $(SA_{ij}^{\sigma'(1)}, SA_{ij}^{\sigma'(2)}, \cdots, SA_{ij}^{\sigma'(z)})$ 分别是 $(SC_{ij}^1, SC_{ij}^2, \cdots, SC_{ij}^m)$ 和 $(SA_{ij}^1, SA_{ij}^2, \cdots, SA_{ij}^z)$ 由大到小重新排列后的向量值。$\omega = (\omega_1, \omega_2, \cdots, \omega_m)$ 和 $\omega' = (\omega'_1, \omega'_2, \cdots, \omega'_z)$ 分别是 WOWA 函数 $\Phi_{WOWA}^Q(SC_{ij}^k)$ 和 $\Phi_{WOWA}^{Q'}(SA_{ij}^l)$ 的权重向量，可以通过正则递增单调（RIM）量化函数 $Q(r) = r^\alpha$ 和 $\omega_j = w^*(\sum_{h \leq j} y_{\sigma(h)}) - w^*(\sum_{h < j} y_{\sigma(h)})$ 计算得到（其中，y 表示数据本身权重，如准则视角下 $y = p$），准则和方案视角下的参数 α 分别表示为 $\alpha_{WOWA}^{criteria}$ 和 $\alpha_{WOWA}^{alternative}$。

基于上述 WOWA 算子可以计算不同风险态度下的相似性矩阵。一些关于上述 WOWA 算子的性质介绍如下：

性质1：当 $w_k = 1/m$ 和 $w_l = 1/z$ 时，WOWA 算子退化为加权平均算子，$\forall k = 1, 2, \cdots, m$，$\forall l = 1, 2, \cdots, z$，得到 $S_{ij} = WA(SC_{ij}^k, SA_{ij}^l) = \frac{1}{2}(\sum_{k=1}^m p_{\sigma(k)} SC_{ij}^{\sigma(k)} + \sum_{l=1}^z q_{\sigma'(l)} SA_{ij}^{\sigma'(l)})$。

性质2：当 $p_k = 1/m$ 和 $q_l = 1/z$ 时，WOWA 退化为 OWA 算子，$\forall k = 1, 2, \cdots, m$，$\forall l = 1, 2, \cdots, z$，得到 $S_{ij} = OWA(SC_{ij}^k, SA_{ij}^l) = \frac{1}{2}(\sum_{k=1}^m w_k SC_{ij}^{\sigma(k)} + \sum_{l=1}^z w'_l SA_{ij}^{\sigma'(l)})$。

性质3：当 $\omega = \omega' = (0, 0, \cdots, 1)$ 时，$(S_{ij})_* = \frac{1}{2}[\min_k(SC_{ij}^{\sigma(k)}) + \min_l(SA_{ij}^{\sigma'(l)})] = \frac{1}{2}(SC_{ij}^{\sigma(m)} + SA_{ij}^{\sigma'(z)})$；当 $\omega = \omega' = (1, 0, \cdots, 0)$ 时，$(S_{ij})^* = \frac{1}{2}[\max_k(SC_{ij}^{\sigma(k)}) + \max_l(SA_{ij}^{\sigma'(l)})] = \frac{1}{2}(SC_{ij}^{\sigma(1)} + SA_{ij}^{\sigma'(1)})$。并且，$\frac{1}{2}(SC_{ij}^{\sigma(m)} + SA_{ij}^{\sigma'(z)}) \leq S_{ij} \leq \frac{1}{2}(SC_{ij}^{\sigma(1)} + SA_{ij}^{\sigma'(1)})$。

（二）决策者潜在社交网络构建与社区发现

网络结构是数据矩阵的直观展现形式，基于相似矩阵 S 可以构建决策者间潜在的社交网络 G。偏好相似是人际关系形成的重要因素之一,只有当偏好相似水平高于某个阈值水平 θ 时社交关系才可能形成。因此,社交网络 G 的邻接矩阵 $A = (A_{ij})_{n \times n}$ 需要满足:

$$A_{ij} = \begin{cases} 1 & S_{ij} \geq \theta \\ 0 & 其他 \end{cases} \tag{5.44}$$

其中,相似性阈值 θ 可以利用 OWA 算子确定如下:

$$\theta = \Phi_{\text{OWA}}(S_{ij}) = \sum_{g=1}^{n'} w_g S_{ij}^{\sigma(g)} \tag{5.45}$$

其中,$n' = n(n-1)/2$ 表示成对决策者数量,$S_{ij}^{\sigma(g)}$($i < j$)是一组数据 $(S_{ij}, \cdots, S_{n(n-1)})$ 中的第 g 大的元素,权重向量 w_g 可以根据 RIM 量化函数 $Q(y)$ 与参数 $\alpha_{\text{OWA}}^{similarity}$ 计算得到,$\sum_{g=1}^{n'} w_g = 1$。

图 5.9 展示了 RIM 量化函数 $Q(r)$ 和 orness 测度 $orness(Q) = \int_0^1 Q(r) dr = \frac{1}{\alpha + 1}$ 随着参数 α 而变化的趋势。

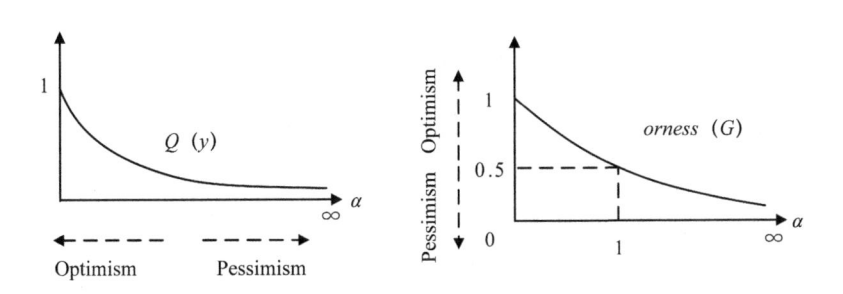

图 5.9 RIM 量化函数和 orness 测度

根据图 5.9,可以发现:

(1) 参数 $\alpha_{\text{OWA}}^{similarity}$ 越大,决策管理者对相似矩阵 S 越悲观,即认为该矩阵对于决策者之间的真实相似关系反映不够。当 $\alpha_{\text{OWA}}^{similarity} \to +\infty$ 时,有 $w_g = (0, 0, \cdots, 1)$ 和 $orness(Q) = 0$,意味着决策管理者对相似矩阵 S 持有完全悲观态度,相似性阈值取相似矩阵元素最小值，即 $\theta = \min S_{ij}$，基于相似矩阵构建的社交网络结构达到最大稀疏度。

（2）参数 $\alpha_{\text{OWA}}^{similarity}$ 越小，决策管理者对相似矩阵 S 越乐观，即认为该矩阵足够反映决策者之间的真实相似关系。当 $\alpha_{\text{OWA}}^{similarity} = 0$ 时，有 $w_g = (1, 0, \cdots, 0)$ 和 $orness(Q) = 1$，意味着决策管理者对相似矩阵 S 持有完全乐观态度，相似性阈值取相似矩阵元素最大值，$\theta = \max S_{ij}$，基于相似矩阵构建的社交网络结构达到最大密集度。

（3）当 $\alpha_{\text{OWA}}^{similarity} = 1$，有 $w_g = (1/n, 1/n, \cdots, 1/n)$ 和 $orness(Q) = 0.5$，意味着决策管理者对相似矩阵 S 持中立态度，忽略相似矩阵稀疏性对他们理解决策者偏好的干扰。

显然，基于不同的参数 $\alpha_{\text{OWA}}^{similarity}$ 所构建的社交网络结构 G 亦不同。此外，基于社交网络 G，可以识别大规模群决策者中的社区结构。算法 5.1 介绍了利用 Louvain 方法对决策者网络 G 进行社区发现的过程。

算法 5.1 不完全偏好信息下大规模群决策者社区结构识别

输入：不完全偏好信息

步骤 1：根据决策情境定义 RIM 量化函数 Q 和 Q' 来分别计算准则和方案视角下的 WOWA 算子权重 ω 和 ω'。

步骤 2：基于权重 ω 和 ω'，构建相似性矩阵 $S = (S_{ij})_{n \times n}$。

步骤 3：根据相似矩阵 S 确定相似性阈值 θ 并建立社交网络 G。

步骤 4：利用 Louvain 方法识别最大模块度下的社区发现结果 $G = \{SG_1, SG_2, \cdots, SG_t\}$。

输出：社区发现结果 $G = \{SG_1, SG_2, \cdots, SG_t\}$

（三）社区内部群体极化行为分析

根据大规模群决策降维特征，偏好相似或社交关系较近的个体被划分为社群。此时，社群可以看作虚拟的决策个体，大规模群决策退化为传统群决策问题。社群偏好决定着后续的方案排序过程，主要通过集成社群内个体偏好来确定。但是，由于群体压力和社交关系的双重影响，社群内偏好演化容易出现群体观点极化现象，此时简单的信息集成处理难以反映真实情境下的社群偏好。Rao 和 Steckel（1991）提出如下模型来分析群体观点极化现象（如图 5.10 所示）：

$$U_g = \sum_{i=1}^{n} \lambda_i u_i + \varphi(\bar{u} - K) \tag{5.46}$$

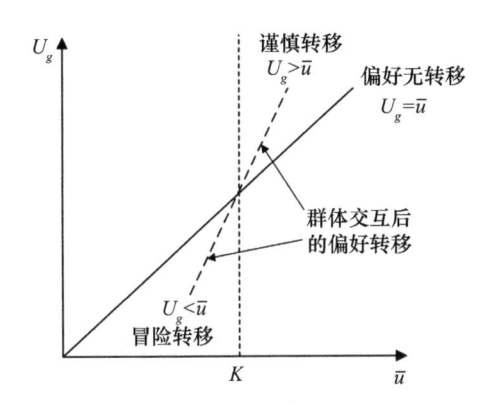

图 5.10　群体观点极化假设

其中，U_g 表示社群偏好，u_i 表示决策者 d_i 的个体偏好，λ_i 表示决策者 d_i 在社群内的重要性，$\bar{u}$ 表示社区成员的平均偏好，K 表示轴心点，φ 表示非负偏好转移参数。

但是，上述群体观点极化模型主要通过实验获得，缺少对参数 φ 和 K 的量化处理。上述参数主要与决策情境有关。假如极化行为是由风险态度引起，如果群体倾向于规避风险，轴心点 K 将减小，偏好会向上转移。相反，若群体是风险追求型，则轴心点 K 将增大，偏好将向下转移。

因此，K 可以看作群体压力的参考点，可以通过集成社群内多数观点来确定。因此，社群在准则 f_k 下关于方案 x_l 的偏好参考点 K_{kl} 可以由 OWA 算子确定如下：

$$K_{kl} = \Phi_{\text{OWA}}(v_{kl}^i) = \sum_{i=1}^{n} w_i v_{kl}^i \tag{5.47}$$

其中，v_{kl}^i 表示社群内决策者 d_i 在准则 f_k 下关于方案 x_l 的偏好，权重向量 w_i 可以由 RIM 量化函数 Q 和参数 $\alpha_{OWA}^{reference}$ 确定，$\sum_{i=1}^{n} w_i = 1$。

偏好转移参数 φ 反映了真实社群偏好偏离社群个体偏好集成结果的程度。假设两个极端值 [orness(Q) 取 0 或 1] 之间的极化程度没有差异，参数 φ 可以根据多数决策者的态度与中立态度之间的差异来确定：

$$\varphi = |\text{orness}(Q) - 0.5| = \left| \frac{1}{1 + \alpha_{OWA}^{reference}} - 0.5 \right| \quad (5.48)$$

其中，$\varphi \in [0, 0.5]$，$\varphi(\alpha_{OWA}^{reference} = 1) = 0$，$\varphi(\alpha_{OWA}^{reference} = 0) = \varphi(\alpha_{OWA}^{reference} \to +\infty) = 0.5$。

假设社群内个体权重没有区别，即个体决策者权重 $\lambda_i = \frac{1}{|SG_r|}$ ($d_i \in SG_r$)，其中 $|SG_r|$ 表示社群 SG_r ($r = 1, 2, \cdots, t$) 的成员数，可以计算社群的平均偏好 $\bar{u}_{kl}^r$ 如下：

$$\bar{u}_{kl}^r = \frac{1}{|SG_r|} \sum_{d_i \in G_r} v_{kl}^i \quad (5.49)$$

最后，在群体极化行为的影响下，社群 SG_r 关于第 k 个准则下对第 l 个方案的偏好 U_{kl}^r 可以表示为：

$$\begin{aligned} U_{kl}^r &= \bar{u}_{kl}^r + \varphi(\bar{u}_{kl}^r - K_{kl}) \\ &= \frac{1}{|SG_r|} \sum_{d_i \in SG_r} v_{kl}^i + \left| \frac{1}{1 + \alpha_{OWA}^{reference}} - 0.5 \right| \sum_{d_i \in SG_r} \left[\left(\frac{1}{|SG_r|} - w_i \right) v_{kl}^i \right] \end{aligned} \quad (5.50)$$

根据上述公式，社群观点在群体交互之后可能变得越来越极端，关于可能存在的极端情况解释如下：

(1) 当社群 SG_r 内大多数成员给出较高评价时，社群成员越是风险追求型，orness 测度越大，即偏好转移参数 φ 越大，轴心点 K 取值也将增大。此时由于 $\bar{u} < K$ 和 $\varphi > 0$，群体偏好将向下转移 $U_{kl}^r < \bar{u}_{kl}^r$。

(2) 当社群 SG_r 内成员意见相左时，社群整体态度保持中立，orness (Q) = 0.5，$\varphi = 0$。此时社群 SG_r 内难以形成极化观点，即由 $\bar{u} = K$ 和 $\varphi = 0$，得到 $U_{kl}^r = \bar{u}_{kl}^r$。

(3) 当社群 SG_r 内大多数成员给出较低评价时，社群成员越是风险规避型，orness 测度就越小，即偏好转移参数 φ 越小，轴心点 K 取值也将减小。此时由于 $\bar{u} > K$ 和 $\varphi > 0$，群体偏好将向上转移 $U_{kl}^r > \bar{u}_{kl}^r$。

(四) 少数观点识别与管理

在大多数大规模群决策研究中，多数群体意见常常被当作社群观点，即"少数服从多数"原则。然而，不管是从公平视角，还是根据"真理往往掌握在少数人手中"的道理，少数观点都需要得到我们的重视。Xu 等（2015a）认为少数观点的识别主要基于以下两个条件：（1）某社群观点远离大群体观点；（2）该社群仅有少数成员。在该方法中，首先识别与群体观点最远的社群，然后结合该社群规模判断其是否拥有少数观点。然而，该方法容易忽略那些与群体观点较远且规模较小的社群。此外，大群体总的观点主要基于所有社群观点集成而来，这其中就包括少数观点群体，因此条件（1）易受到总群体观点的影响。本节对条件（1）作如下改进：某社群观点远离所有其他社群观点。

社群 SG_r 观点与其他社群 SG_s（$s = 1, 2, \cdots, t; r \neq s$）观点的距离可以通过其观点 U_{kl}^r 的相似性 S_{rs} 来度量，$r = 1, 2, \cdots, t$，$k = 1, 2, \cdots, m$ 和 $l = 1, 2, \cdots, z$。类似地，该相似性可以利用 WOWA 算子基于参数 $\alpha_{WOWA}^{criteria}$ 和 $\alpha_{WOWA}^{alternative}$ 计算得到。然后，社群 SG_r 与其他社群观点的平均相似性 $\bar{S}_r$ 可以定义为：

$$\bar{S}_r = \frac{1}{t-1} \sum_{s=1, r \neq s}^{t} S_{rs} \quad (5.51)$$

平均相似性 $\bar{S}_r$ 越大，社群 SG_r 与其他社群观点差距越小。

一般地，令 $\frac{1}{t} \sum_{r=1}^{t} \bar{S}_r$ 表示决定社群观点是否为少数观点的相似

性阈值，令取整函数 $[n/t]$ 表示规模阈值。令 $I_r = \|SG_r\| \times \bar{S}_r$ 为社群 SG_r 的综合观点识别指标，$\bar{I}$ 为识别少数观点的综合阈值：

$$\bar{I} = [n/t] \times \frac{1}{t}\sum_{r=1}^{t}\bar{S}_r \tag{5.52}$$

当 $I_r \leq \bar{I}$ 时，认为社群 SG_r 拥有少数观点。

基于综合识别指标 I_r，社群 SG_r 的权重 μ_r 可以确定如下：

$$\mu_r = I_r / \sum_{r=1}^{t} I_r \tag{5.53}$$

其中，$\sum_{r=1}^{t}\mu_r = 1$。

少数观点综合识别指标 I_r 可以成为集成不同社群信息的重要诱导因素，此时需要用到诱导型加权平均算子（IOWA）。当考虑信息本身的重要性时，μ_r、IOWA 可以拓展为重要性诱导加权平均算子（I-IOWA）。根据 I-IOWA，少数观点可以被忽略或根据决策管理者的乐观或悲观态度来考虑其对决策过程的影响。大群体关于决策准则 k 下的方案 l 的综合观点可以利用 I-IOWA 算子集成社群观点 U_{kl}^r ($r=1, 2, \cdots, t$; $k=1, 2, \cdots, m$; $l=1, 2, \cdots, z$) 得到：

$$U_{kl} = \Phi_{\text{I-IOWA}}[(I_1, U_{kl}^1), (I_2, U_{kl}^2), \cdots, (I_t, U_{kl}^t)] = \sum_{r=1}^{t} w_r U_{kl}^{\sigma(r)} \tag{5.54}$$

其中，权重向量 w_r 同样可以基于 RIM 量化函数 Q 和参数 $\alpha_{\text{I-IOWA}}^{minority}$ 计算得到，$(I_{\sigma(r)}, U_{kl}^{\sigma(r)})$ 是第 r 大诱导值的二元表达，w_r 通过社群权重 μ_r 计算得到：

$$w_r = Q(\sum_{s \leq r}\mu_{\sigma(r)}) - Q(\sum_{s < r}\mu_{\sigma(r)}) \tag{5.55}$$

根据 RIM 量化函数 Q，利用 I-IOWA 算子对少数观点进行如下管理：

（1）假如决策管理者认为不值得考虑少数观点，即他们对于少数观点对决策结果的影响持乐观态度（少数观点对决策结果几乎没有影响），则 orness(Q) > 0.5，$\alpha_{\text{I-IOWA}}^{minority} \in [0, 1]$，参数 $\alpha_{\text{I-IOWA}}^{minority} = 1$ 越小，多数观点在大群体综合观点中越重要。

(2) 假如决策管理者从来不考虑少数观点可能对决策结果的影响，则 $orness(Q) = 0.5$ 和 $\alpha_{\text{I-IOWA}}^{minority} = 1$。

(3) 假如决策管理者认为少数观点很值得考虑，即他们对于少数观点对决策结果的影响持悲观态度（少数观点对决策结果有很大影响），则 $orness(Q) < 0.5$ 和 $\alpha_{\text{I-IOWA}}^{minority} > 1$。

在上述最后一种情况中，参数 $\alpha_{\text{I-IOWA}}^{minority}$ 越大，少数观点越重要。然而，当前对于少数观点的考虑需要建立在不损害多数群体利益的前提下。假设社群 $SG_{\sigma(s)}$ 以最小的权重 $\min w_s$ 持有多数观点，社群 $SG_{\sigma(r)}$ 以最大的权重 $\max w_r$ 持有少数观点，为了避免高估少数观点的重要性而损害多数群体，此处令参数 $\alpha_{\text{I-IOWA}}^{minority} > 1$ 并使得权重 $w_r \leq w_s$：

$$(\sum_{r' \leq r} \mu_{\sigma(r')})^{\alpha_{\text{I-IWWA}}^{minority}} - (\sum_{r' < r} \mu_{\sigma(r')})^{\alpha_{\text{I-IWWA}}^{minority}} \leq (\sum_{r' \leq s} \mu_{\sigma(s')})^{\alpha_{\text{I-IOWA}}^{minority}} - (\sum_{r' < s} \mu_{\sigma(s')})^{\alpha_{\text{I-IOWA}}^{minority}}$$

(5.56)

由少数观点权重 w_r 随着参数 $\alpha_{\text{I-IOWA}}^{minority}$ 的增大而增大，而多数观点权重 w_s 则越来越小，上式中的参数 $\alpha_{\text{I-IOWA}}^{minority}$ 可以通过模拟曲线的交叉点来确定。

二 模型步骤

基于上述介绍的不完全偏好相似性计算、社交网络构建、社区发现以及少数观点识别与管理等关键技术，接下来介绍不完全偏好信息下的大规模群决策过程。

假如有一大规模群决策问题：有一大规模群决策问题管理者想要从 z 个备选方案 $X = \{x_1, x_2, \cdots, x_z\}$ 中为 n 个决策者 $D = \{d_1, d_2, \cdots, d_n\}$ 选出最优方案，备选方案对应权重为 $q = \{q_1, q_2, \cdots, q_z\}$。假设上述决策者已经对一些方案从 m 个准则 $F = \{f_1, f_2, \cdots, f_m\}$ 方面作出了评价，准则对应权重为 $p = \{p_1, p_2, \cdots, p_m\}$。令 $V^i = (v_{kl}^i)_{m \times z}$ $(i = 1, 2, \cdots, n)$ 表示决策者 d_i 的偏好矩阵，其中 $v_{kl}^i \in [0, 1]$ 表示决策者 d_i 对方案 $x_l \in X$ 在准则 $f_j \in F$ 下的评价。

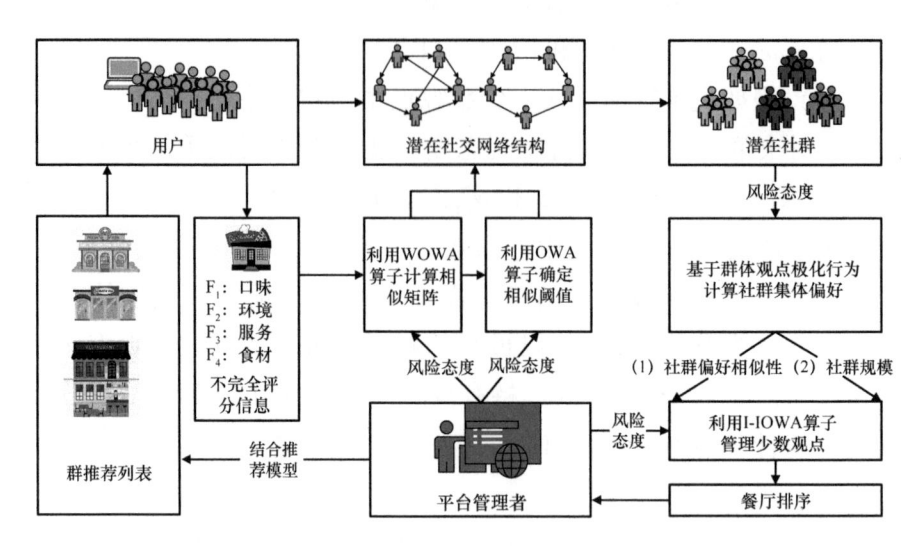

图 5.11 基于大规模群决策模型的餐厅群推荐框架

基于信息不完全视角下的大规模群决策步骤如下：

步骤 1：基于不完全偏好信息计算用户相似性矩阵

根据不完全偏好信息，利用公式（5.41）和公式（5.42）计算用户偏好相似性，基于具体的参数 $\alpha_{\text{WOWA}}^{criteria}$ 和 $\alpha_{\text{WOWA}}^{alternative}$，利用公式（5.43）确定用户之间的相似性矩阵 $S=(S_{ij})_{n\times n}$。

步骤 2：基于相似性阈值建立虚拟用户社交网络

根据管理者对不完全偏好信息下用户相似性的态度，选择合适的参数 $\alpha_{\text{OWA}}^{similarity}$，根据公式（5.55）来确定相似性阈值 θ。基于相似性矩阵 S 和阈值 θ，利用公式（5.44）所示的邻接矩阵确定用户社交网络 G。

步骤 3：利用 Louvain 方法识别用户社区

基于社交网络结构 G，利用 Louvain 社区发现方法将大群体用户划分为 t 个社群 $G=\{SG_1, SG_2, \cdots, SG_t\}$。

步骤 4：根据群体极化行为确定社群观点

为每个社群 SG_r 计算其平均观点 $\bar{u}_{kl}^r$（$r=1, 2, \cdots, t$；$k=1$,

2, …, m; $l=1$, 2, …, z),利用公式(5.47)—(5.50)改进的群体极化模型和参数 $\alpha_{\text{OWA}}^{\text{reference}}$ 确定社群观点 U_{kl}^{r}。

步骤5:识别少数观点

根据改进的少数观点判断条件,利用公式(5.51)计算社群 SG_{r} 与其他所有社群之间的平均观点相似度 $\overline{S}_{r}$,并确定取整函数 $[n/t]$。计算少数观点综合识别指标 I_{r},根据公式(5.52)识别少数观点社群。

步骤6:考虑少数观点确定方案排序

根据决策管理者对待少数观点的态度,估计参数 $\alpha_{\text{I-IOWA}}^{\text{minority}}$ 的取值,接着利用公式(5.54)—(5.56)中的I-IOWA算子确定大群体偏好 U_{kl}($k=1$, 2, …, m; $l=1$, 2, …, z)。结合权重 p,计算 m 个决策准则下大群体用户对 z 个方案的综合偏好 U_{l}($l=1$, 2, …, z):

$$U_{l} = \sum_{k=1}^{m} p_{k} U_{kl} \tag{5.57}$$

最后,根据综合偏好 U_{l} 对 z 个方案进行排序。

三 案例分析

近些年,由于价格优势和在线购物技术的日渐完善,大众点评、美团、携程等在线团购业务发展迅速。在线平台通常基于多数人偏好为用户提供推荐列表,而忽略了少数观点。然而,有时少数观点也可以影响公众情绪甚至引导公众观点,如某些小众景点的爆火现象。本节我们以集餐饮、观影、旅行等娱乐生活于一体的大众点评网为例,来介绍不完全偏好信息下大规模群决策模型的群体推荐应用(如图5.11所示),并进行相应敏感性分析。

(一)模型应用

用户通常首先使用大众点评搜索意向餐厅、查看用户评论并购买意向餐厅优惠券,在餐厅消费之后可以在平台针对该餐厅从"口味"(属性 f_1)、"环境"(属性 f_2)、"服务"(属性 f_3)和"食材"(属性 f_4)4个属性进行评价。

从大众点评的城市选项选择"南京",提取 12000 名用户关于 5500 家餐厅的 100000 条评论。尽管数据集规模较大,数据仍然比较稀疏。这是因为虽然个体用户评价过的餐厅数量较多,但是群体用户同时对某几家餐厅进行评价的经验比较少。因此,首先对初始数据集作如下处理:(1)选择评价过 Top 100 餐厅的用户集合;(2)统计个体用户对 Top 100 餐厅集合中元素的评价次数,确定了 63 名用户;(3)确定上述用户评价过的 Top 5 餐厅,分别表示为方案 x_1, x_2, x_3, x_4 和 x_5。此时,可以将大众点评上的群推荐问题描述成包含 63 个用户 $D = \{d_1, d_2, \cdots, d_{63}\}$、5 个方案 $X = \{x_1, x_2, x_3, x_4, x_5\}$ 以及 4 个准则 $F = \{f_1, f_2, f_3, f_4\}$ 的大规模群决策问题。

随着人们健康饮食意识的增强,人们对食物安全与绿色程度愈加关注,因此假设"食材"准则的权重比其他几个准则重要,即准则权重向量为 $p = \{0.25, 0.25, 0.2, 0.3\}$。在此决策背景下,方案被认为是无差异的,其权重向量为 $q = \{0.2, 0.2, 0.2, 0.2, 0.2\}$。部分用户对 4 个准则下的 5 家餐厅评分如表 5.14 所示,通过集成所有个体偏好信息得到大群体用户对 5 家餐厅的总体平均评分如表 5.15 所示。

表 5.14　　　　　　　　部分用户评分

d_1	f_1	f_2	f_3	f_4	d_2	f_1	f_2	f_3	f_4	d_3	f_1	f_2	f_3	f_4
x_1	3	2	2	2	x_1	—	—	—	—	x_1	3	2	3	2
x_2	—	—	—	—	x_2	—	—	—	—	x_2	4.5	3	3	3
x_3	—	—	—	—	x_3	—	—	—	—	x_3	3	2	2.5	3
x_4	—	—	—	—	x_4	4	3	3	2	x_4	—	—	—	—
x_5	—	—	—	—	x_5	—	—	—	—	x_5	—	—	—	—
d_4	f_1	f_2	f_3	f_4	d_8	f_1	f_2	f_3	f_4	d_9	f_1	f_2	f_3	f_4
x_1	5	2	5	4	x_1	3.5	3	3	2	x_1	4	3	3	3
x_2	4	2	4.5	4	x_2	—	—	—	—	x_2	—	—	—	—
x_3	5	2.5	5	3	x_3	—	—	—	—	x_3	—	—	—	—
x_4	—	—	—	—	x_4	—	—	—	—	x_4	—	—	—	—
x_5	—	—	—	—	x_5	—	—	—	—	x_5	—	—	—	—

表 5.15　　　　　　　　　　五家餐厅的总体平均评分

	f_1	f_2	f_3	f_4
x_1	3.527	2.543	2.833	2.704
x_2	3.973	2.892	3.462	2.978
x_3	3.601	2.627	2.954	2.673
x_4	3.923	3.103	3.482	3.087
x_5	3.458	2.354	2.931	2.389

基于表 5.14 所示的个体不完全偏好信息，计算用户相似性。用户间的相似性程度与平台管理者的乐观程度成反比。平台管理者对不完全偏好信息越乐观，即他们认为信息完整程度对其理解用户行为影响不大，用户的相似性越低。由于当前数据中用户对准则的评分比对餐厅的评分更加完整，令 $\alpha_{\text{WOWA}}^{alternative} \leq \alpha_{\text{WOWA}}^{criteria}$。假设平台管理者认为数据稀疏性对他们理解用户行为影响较小，令 $\alpha_{\text{WOWA}}^{criteria} = 0.5$ 和 $\alpha_{\text{WOWA}}^{alternative} = 0.3$，可以得到相似性矩阵 $S = (S_{ij})_{63 \times 63}$。

同样，平台管理者的态度也会影响相似性阈值的选取。平台管理者对相似度越乐观，即他们认为用户之间的相似性对其理解用户行为影响不大，也可取较大相似性阈值，此时得到的用户虚拟社交网络结构较为稀疏。假设平台管理者对理解用户行为持乐观态度，即不需要高度细分用户市场时，令 $\alpha_{\text{OWA}}^{similarity} = 0.75$ 并确定相似性阈值 $\theta = 0.147$。基于该相似性阈值，用户之间可能存在的虚拟社交网络 G 如图 5.12 所示。

基于网络 G，利用 Louvain 社区发现方法识别出 4 个社群：$SG_1 = \{d_1, d_7, d_8, d_9, d_{11}, d_{17}, d_{24}, d_{28}, d_{39}, d_{49}, d_{54}, d_{55}, d_{59}, d_{63}\}$，$SG_2 = \{d_2, d_{12}, d_{14}, d_{18}, d_{20}, d_{31}, d_{32}, d_{34}, d_{36}, d_{40}, d_{43}, d_{46}, d_{48}, d_{50}, d_{52}, d_{56}, d_{61}\}$，$SG_3 = \{d_3, d_4, d_5, d_{10}, d_{13}, d_{15}, d_{16}, d_{19}, d_{25}, d_{26}, d_{29}, d_{30}, d_{33}, d_{42}, d_{44}, d_{45}, d_{57}, d_{58}\}$ 和 $SG_4 = \{d_5, d_{21}, d_{22}, d_{23}, d_{27}, d_{35}, d_{37}, d_{38}, d_{41}, d_{47}, d_{51}, d_{53}, d_{60}, d_{62}\}$，社区发现结果如图 5.13 所示。

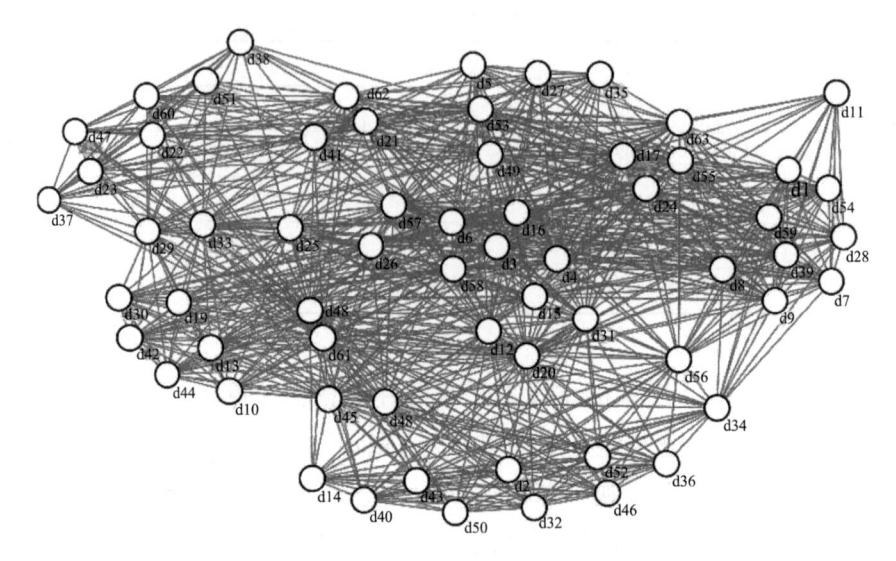

图 5.12　相似性阈值为 $\theta = 0.147$ 时的用户间虚拟社交网络

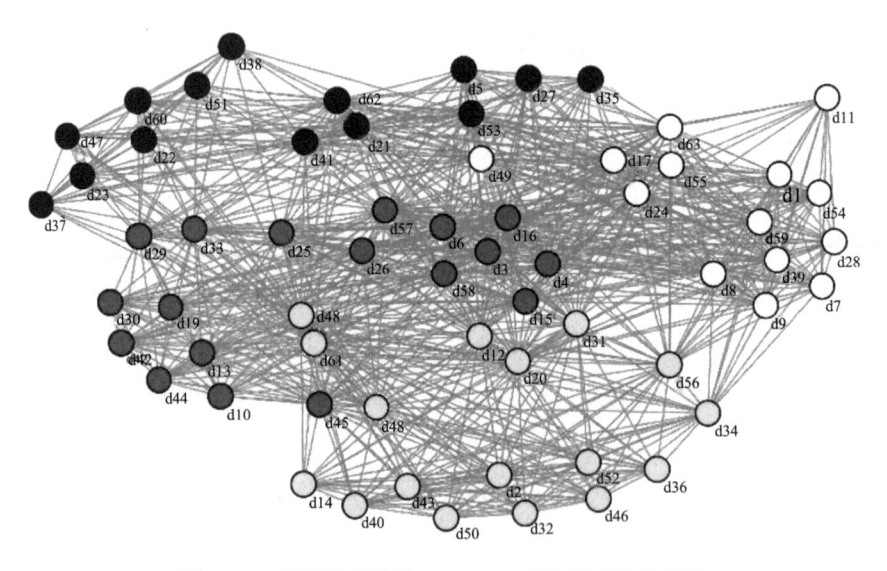

图 5.13　相似性阈值为 $\theta = 0.147$ 时的社区发现效果

根据上述社区发现结果，计算得到的社群平均偏好如表 5.16 所示。与表 5.15 对比发现，所有社群的平均偏好均低于大群体用户的平均偏好。

表 5.16　　　　　　　　　　　　　　社群平均偏好

SG_1	f_1	f_2	f_3	f_4	SG_2	f_1	f_2	f_3	f_4
x_1	3.357	2.429	2.714	2.643	x_1	0.588	0.412	0.412	0.471
x_2	—	—	—	—	x_2	0.412	0.412	0.529	0.294
x_3	0.875	0.500	0.571	0.643	x_3	0.353	0.353	0.294	0.294
x_4	—	—	—	—	x_4	3.765	2.765	3.176	2.765
x_5	0.214	0.143	0.143	0.143	x_5	0.176	0.118	0.118	0.118
SG_3	f_1	f_2	f_3	f_4	SG_4	f_1	f_2	f_3	f_4
x_1	1.500	1.000	1.389	1.111	x_1	0.214	0.143	0.214	0.143
x_2	4.056	2.722	3.389	2.833	x_2	—	—	—	—
x_3	1.611	1.111	1.389	1.056	x_3	1.714	1.500	1.571	1.357
x_4	0.111	0.111	0.111	0.111	x_4	—	—	—	—
x_5	0.500	0.333	0.389	0.333	x_5	2.429	1.857	2.071	2.000

假设用户感知到的风险是因给予负面评价受到平台商家的潜在骚扰，并且社群中的成员具有相同的风险态度，则社群可能表现出不同程度的风险追求。用户越倾向于追求风险，参考点 K 就越大，如图 5.14 所示。

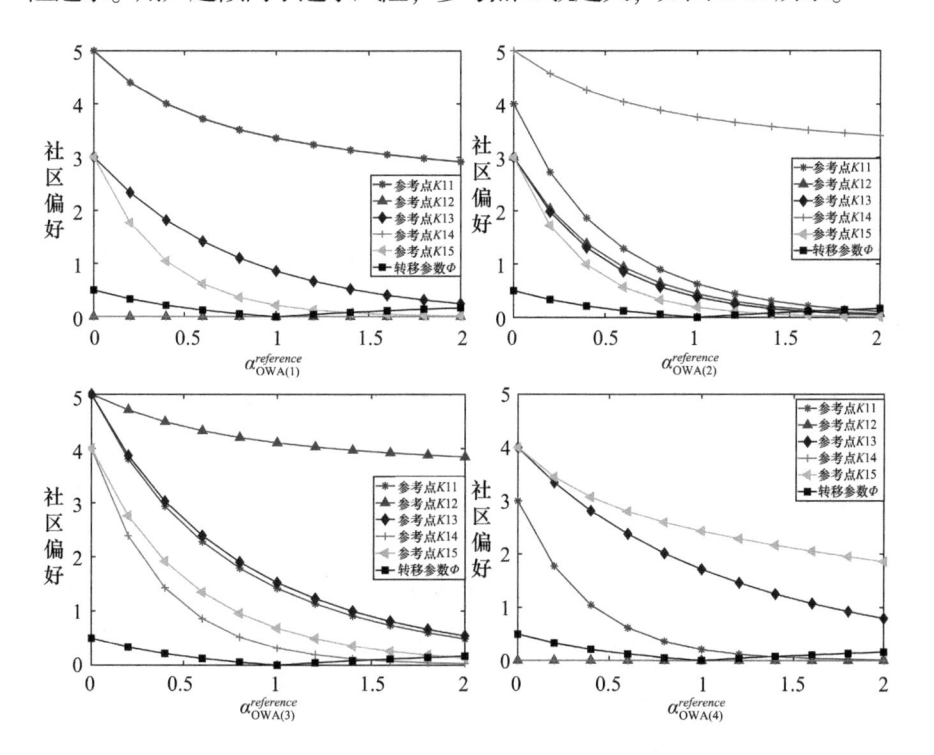

图 5.14　参考点和用户决策态度之间的关系

令 $\alpha_{\text{OWA}(1)}^{reference} = \alpha_{\text{OWA}(2)}^{reference} = \alpha_{\text{OWA}(3)}^{reference} = \alpha_{\text{OWA}(4)}^{reference} = 0.75$，考虑群体极化行为的每个社群集体偏好如表 5.17 所示。

表 5.17 考虑群体极化行为的社群集体偏好

SG_1	f_1	f_2	f_3	f_4	SG_2	f_1	f_2	f_3	f_4
x_1	3.343	2.410	2.696	2.627	x_1	0.563	0.394	0.394	0.448
x_2	—	—	—	—	x_2	0.393	0.261	0.505	0.281
x_3	0.835	0.485	0.556	0.623	x_3	0.335	0.335	0.278	0.278
x_4	—	—	—	—	x_4	3.767	2.763	3.171	2.755
x_5	0.200	0.133	0.133	0.133	x_5	0.163	0.109	0.109	0.109
SG_3	f_1	f_2	f_3	f_4	SG_4	f_1	f_2	f_3	f_4
x_1	1.466	0.980	1.397	1.085	x_1	0.200	0.133	0.200	0.133
x_2	4.030	2.699	3.368	2.814	x_2	—	—	—	—
x_3	1.576	1.090	1.357	1.033	x_3	1.687	1.474	1.546	1.331
x_4	0.075	0.083	0.083	0.092	x_4	—	—	—	—
x_5	0.458	0.311	0.357	0.311	x_5	2.211	1.843	2.058	1.985

根据少数观点识别条件，计算得到少数观点识别指标 $I_1 = 2.079$，$I_2 = 2.015$，$I_3 = 3.173$，$I_4 = 1.504$ 和 $\bar{I} = 2.161$，因此社群 SG_1、SG_2 和 SG_4 拥有少数观点。意味着少数观点不能仅仅依靠社群规模来判定。此外，计算得到社群权重分别为 $\mu_1 = 0.237$，$\mu_2 = 0.230$，$\mu_3 = 0.362$ 和 $\mu_4 = 0.171$。平台管理者对少数意见越悲观，即他们认为有必要考虑少数意见对整体用户行为的影响，少数意见社群的权重就越大，如图 5.15 所示。

根据图 5.15，考虑到平台管理者对用户少数观点的乐观、悲观和中立态度，对餐厅排名结果分析如下。

（1）当平台管理者认为有必要考虑少数观点时，参数 $\alpha_{\text{I-IOWA}}^{minority}$ 应该满足 $1 < \alpha_{\text{I-IOWA}}^{minority} \leqslant 1.318$。图 5.15 显示，当 $\alpha_{\text{I-IOWA}}^{minority} = 1.318$ 时，社群

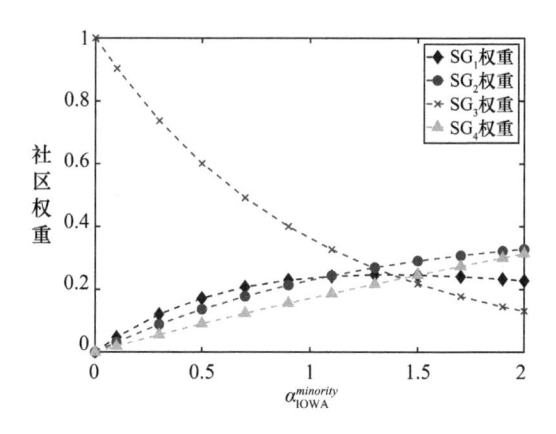

图 5.15 少数观点重要性与平台管理者风险态度之间的关系

权重 $w_2 = w_3$，当参数 $\alpha_{\text{I-IOWA}}^{minority}$ 增加得越快，少数观点社群 SG_2 比多数观点社群 SG_3 越重要。

令 $\alpha_{\text{I-IOWA}}^{minority} = 1.2$，计算得到与 I-IOWA 算子有关的权重 w_r 为：$w_1 = 0.258$，$w_2 = 0.260$，$w_3 = 0.267$ 和 $w_4 = 0.215$，集结社群偏好得到 5 家餐厅的最终排序结果为 $x_1 > x_4 > x_2 > x_3 > x_5$。

（2）当平台管理者认为没有必要考虑少数观点时，令参数 $\alpha_{\text{I-IOWA}}^{minority} = 0.3$，得到权重 $w_1 = 0.124$，$w_2 = 0.084$，$w_3 = 0.737$ 和 $w_4 = 0.054$，最终集结社群偏好得到 5 家餐厅的最终排序结果为 $x_4 > x_1 > x_2 > x_3 > x_5$。

（3）当平台管理者对少数观点持中立态度时，参数 $\alpha_{\text{I-IOWA}}^{minority} = 1$，得到权重 $w_1 = 0.247$，$w_2 = 0.221$，$w_3 = 0.362$ 和 $w_4 = 0.170$，最终集结社群偏好得到 5 家餐厅的最终排序结果为 $x_4 > x_1 > x_2 > x_3 > x_5$。

根据后两种情况下的餐厅一致性排序结果可以发现，当群体风险中立时，他们更倾向于接受多数观点。当考虑少数观点时，也就是在第一种排序结果中，餐厅 x_1 优先于 x_4。

（二）敏感性分析

为了展示用户和平台管理者的不同风险态度对餐厅排名的影响，

接下来介绍与风险态度有关的各参数 $\alpha_{\text{WOWA}}^{criteria}$，$\alpha_{\text{WOWA}}^{alternative}$，$\alpha_{\text{OWA}}^{similarity}$，$\alpha_{\text{OWA}}^{reference}$ 和 $\alpha_{\text{I-IOWA}}^{minority}$ 的敏感性分析。

用户相似度度量与平台管理者态度之间的关系如图 5.16 所示。可以发现，不同的风险态度会导致不同的相似矩阵和网络结构，因此用户社区发现结果和餐厅排序结果也不同。所以，餐厅排序结果对参数 $\alpha_{\text{WOWA}}^{criteria}$ 和 $\alpha_{\text{WOWA}}^{alternative}$ 均较为敏感。

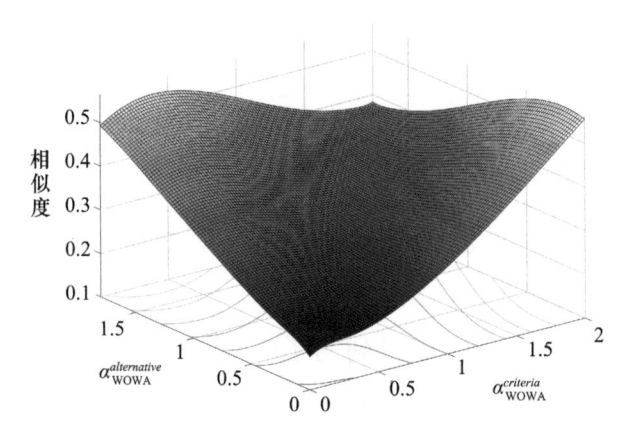

图 5.16　用户相似度与平台管理者风险态度之间的关系

相似性阈值 θ 和社区网络 G 的结构随着参数 $\alpha_{\text{OWA}}^{similarity}$ 的变化趋势如图 5.17 所示。从图 5.17 可以看出，相似性阈值 θ 和用户社交网络结构均与平台管理者的风险态度密切相关，但是用户社交网络稀疏度仅对积极态度敏感。当参数取 0.5 时，即平台管理者态度中立时，社交网络结构发生明显变化，这是由于当相似性阈值小于某个值时，相似性矩阵变化较小或不再变化，以此为基础的社交网络结构趋于稳定或不再变化。也就是说，当平台管理者对用户相似性持悲观态度时，认为有必要考虑较全面的用户相似关系，即相似性阈值越小越好。

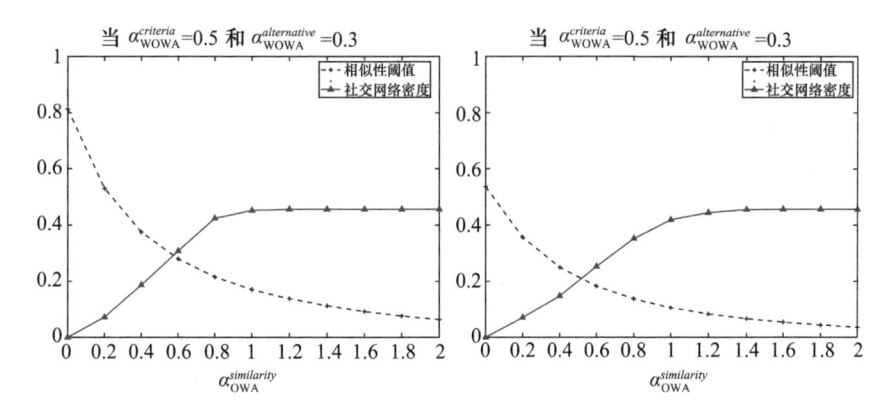

图 5.17　相似性阈值和社交网络结构变化趋势

图 5.18 展示了乐观态度下不同参数 $\alpha_{\mathrm{OWA}}^{similarity}$ 取值的社区发现结果，同时也展现了社交网络结构的稀疏度与参数 $\alpha_{\mathrm{OWA}}^{similarity}$ 的关系。

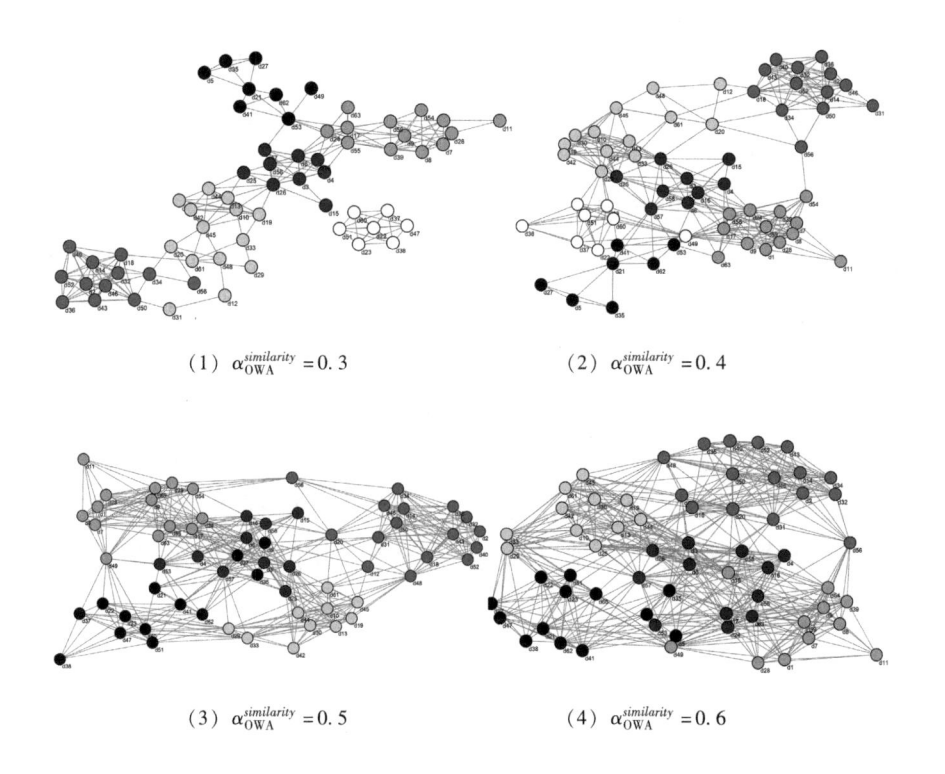

(1) $\alpha_{\mathrm{OWA}}^{similarity}=0.3$

(2) $\alpha_{\mathrm{OWA}}^{similarity}=0.4$

(3) $\alpha_{\mathrm{OWA}}^{similarity}=0.5$

(4) $\alpha_{\mathrm{OWA}}^{similarity}=0.6$

(5) $\alpha_{\text{OWA}}^{similarity} = 0.7$ (6) $\alpha_{\text{OWA}}^{similarity} = 2$

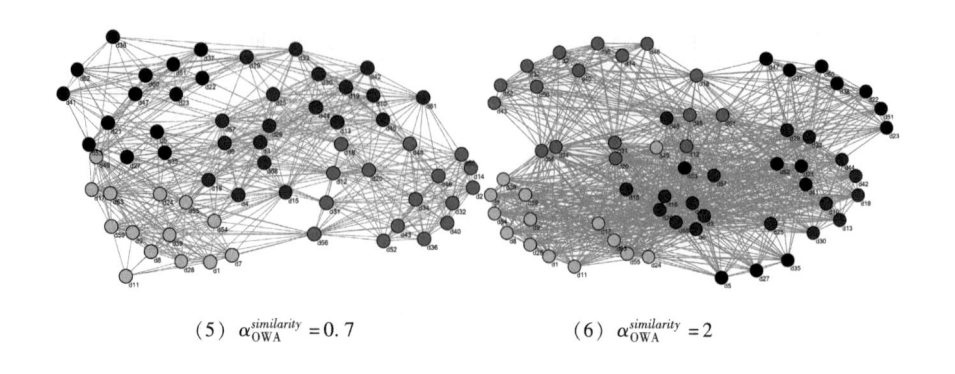

图 5.18　积极态度下不同参数 $\alpha_{\text{OWA}}^{similarity}$ 取值的社区发现结果

表 5.18 总结了参数 $\alpha_{\text{OWA}}^{similarity}$、$\alpha_{\text{OWA}}^{reference}$、$\alpha_{\text{I-IOWA}}^{minority}$ 的变化对社区发现、少数观点识别和餐厅排序等阶段的影响。例如，当 $\alpha_{\text{OWA}}^{similarity} = 0.3$ 和 $\alpha_{\text{OWA}}^{similarity} = 0.4$ 时，社区数为 6；当 $\alpha_{\text{OWA}}^{similarity} = 0.5$ 和 $\alpha_{\text{OWA}}^{similarity} = 0.6$ 时，社区数为 5；当 $\alpha_{\text{OWA}}^{similarity} = 0.7$ 和 $\alpha_{\text{OWA}}^{similarity} = 0.8$ 时，社区数为 4。此外，尽管不同参数取值下得到的社区数可能相同，但其内在社区结构可能存在一定差异。

从表 5.18 可以发现：（1）不同相似性阈值下构造的社区结构不同，基于此得到的社区发现结果中的少数观点社区也有所不同；（2）在同样的社区发现结果下，考虑少数观点对餐厅排序结构有较大影响，x_5 除外。同时，当参数 $\alpha_{\text{OWA}}^{similarity}$ 大于等于 0.5 时，餐厅排序结果趋于稳定；（3）相似性阈值越小，社区结构越稳定，群体成员越不容易受到风险态度的影响，这与群体思维相符，即群体相比个体有着更大的风险承受力。此外，根据餐厅排序结果，可以结合协同过滤方法来为不同风险态度用户提供个性化推荐列表。

表 5.18　当 $\alpha_{\text{WOWA}}^{criteria}=0.5$ 和 $\alpha_{\text{WOWA}}^{alternative}=0.3$ 时关于其他参数的敏感性分析

$\alpha_{\text{OWA}}^{similarity}$		0.3			0.4			0.5			0.6			0.7			2		
θ		0.297			0.250			0.213			0.183			0.147			0.106		
t		6			6			5			5			4			4		
用户风险态度 $\alpha_{\text{OWA}}^{reference}=0.45$																		
少数观点		SG_1, SG_2			SG_1, SG_6			SG_2, SG_4			SG_1, SG_2, SG_4			SG_2, SG_4			SG_2, SG_4		
$\max\alpha_{\text{I-IOWA}}^{minority}$		1.527			1.532			1.600			1.430			1.338			1.278		
α_I^m		1.2	0.3	1	1.2	0.3	1	1.2	0.3	1	1.2	0.3	1	1.2	0.3	1	1.2	0.3	1
餐厅排序	x_1	4	3	4	1	4	5	3	3	2	1	3	2	1	2	2	1	2	2
	x_2	1	2	2	2	2	2	1	2	3	2	2	3	3	3	3	2	3	3
	x_3	3	4	3	5	3	4	4	4	4	4	4	4	4	4	4	4	4	4
	x_4	2	1	1	3	1	1	2	1	1	3	1	1	2	1	1	3	1	1
	x_5	5	5	5	4	5	4	5	5	5	5	5	5	5	5	5	5	5	5
用户风险态度 $\alpha_{\text{OWA}}^{reference}=0.75$																		
少数观点		SG_6			SG_6			SG_2, SG_4			SG_4			SG_1, SG_2, SG_4			SG_1, SG_2, SG_4		
$\max\alpha_{\text{I-IOWA}}^{minority}$		1.729			1.555			1.508			1.198			1.292			1.255		
$\alpha_{\text{I-IOWA}}^{minority}$		1.2	0.3	1	1.2	0.3	1	1.2	0.3	1	1.2	0.3	1	1.2	0.3	1	1.2	0.3	1
餐厅排序	x_1	4	2	4	3	2	4	3	2	2	1	3	2	1	2	2	1	2	1
	x_2	1	3	2	2	4	3	1	3	4	2	2	4	3	3	3	2	3	3
	x_3	3	5	3	1	3	2	4	4	3	4	4	4	4	4	4	4	4	4
	x_4	2	1	1	4	1	1	2	1	1	3	1	1	2	1	1	3	1	2
	x_5	5	4	5	5	5	5	5	5	5	5	5	5	5	5	5	5	5	5
用户风险态度 $\alpha_{\text{OWA}}^{reference}=1.35$																		
少数观点		SG_6			SG_6			SG_2, SG_4			SG_1, SG_4			SG_1, SG_2, SG_4			SG_1, SG_2, SG_4		
$\max\alpha_{\text{I-IOWA}}^{minority}$		1.721			1.555			1.464			1.232			1.282			1.257		
$\alpha_{\text{I-IOWA}}^{minority}$		1.2	0.3	1	1.2	0.3	1	1.2	0.3	1	1.2	0.3	1	1.2	0.3	1	1.2	0.3	1
餐厅排序	x_1	4	2	4	3	2	4	3	2	2	1	3	2	1	2	2	1	2	1
	x_2	1	3	2	2	4	3	1	3	5	2	2	4	3	3	3	2	3	3
	x_3	2	5	3	1	3	1	4	4	3	4	4	3	4	4	4	4	4	4
	x_4	3	1	1	4	1	2	2	1	1	3	1	1	2	1	1	3	1	2
	x_5	5	4	5	5	5	5	5	5	4	5	5	5	5	5	5	5	5	5

第四节　本章小结

本章主要介绍不确定、不完全偏好信息与社交关系综合影响下的大规模群决策方法。首先，仍然利用区间二型模糊理论处理不确定偏好信息，根据大规模决策者社交关系识别关系相近社区并利用社会网络分析方法确定社区权重。接着，考虑社交关系对决策行为的影响，综合考虑区间二型模糊环境下内部偏好信息和外部社交关系对大规模群决策的影响，充分考虑了决策者的主观性和不确定性。最后，介绍偏好信息不完全和不同风险态度视角下的大规模群决策方法，不仅考虑到社交关系对决策行为的影响，还基于群体观点极化行为确定社区集体偏好，并进一步讨论少数观点对大规模群决策的影响。

通过本章研究得到如下管理学启示：对于不存在明显社交关系的大规模群决策问题，可在决策过程中仅考虑决策者的不确定偏好信息；而当大规模群决策者之间存在着明显的社交关系时，应当考虑决策者不确定偏好与社交关系对决策过程的综合影响，亦可以根据需求灵活调整两种信息在大规模群决策中的权重；对于偏好信息不完全问题，除了考虑补全信息之外，还可以通过不同风险态度考虑缺失信息对于社交关系构建、社区发现、少数观点识别、方案排序等决策过程的影响。

本章虽然创新性地考虑到社交关系对于大群体决策行为的影响，但对大规模群决策者之间社交关系的分析仅体现在权重计算和社区发现等方面，尚未深入考虑社交关系对群决策过程的本质影响。另外，前文第四章和第五章从偏好信息处理和聚类分析（包括社区发现）视角介绍了大规模群决策模型的关键技术，并未对共识达成这一群体决策的核心问题进行探讨，接下来的章节内容将从共识视角探讨社会网络分析技术在大规模群决策中的深层次应用以及以最大共识最小成本为目的的聚类分析方法设计。

第 六 章

共识达成与聚类分析视角下的大规模群决策

上述章节介绍了大规模群决策偏好信息处理与聚类分析相关内容,从本章开始进入群体共识研究部分。群体共识是群决策结果有效执行的关键。与传统群决策共识达成过程相比,大规模群决策过程由于决策偏好多样化、社交关系影响、群体交互成本较高等原因而更加复杂。聚类分析虽然能够在决策规模上降低大规模群决策复杂性,但共识达成过程可能受到聚类结果的影响,共识交互也会反过来影响聚类效果。本章通过构建共识演化网络展示群体共识达成效果,介绍平衡共识演化和聚类分析矛盾的大规模群决策方法,并从偏好调整成本视角介绍基于最小成本共识达成模型的大规模群决策方法。

第一节 传统群共识模型

鉴于共识对群决策的重要性,共识达成模型一直是传统群决策研究的热点之一。共识研究主要分为共识水平测度和共识达成模型构建两方面。根据研究目的不同，共识水平的计算可以分为个体间的共识水平和个体与群体间的共识水平两种。共识水平通常基于距离函数来确定（Chiclana 等，2013），常用距离函数可以根据共识水平概念的不同分为以下两种：成对个体偏好之间的距离和个体偏好与群体偏好间的距离（Dong 等，2018a）。

定义 6.1.1 （Dong 等，2016）成对个体决策者 v_k 和 v_l 之间的共识水平可以根据他们的偏好关系 F_k 和 F_l 得到：

$$CL_{k,l} = 1 - \sum_{i,j=1; i \neq j}^{m} \frac{|f_{ij}^k - f_{ij}^l|}{m(m-1)} \qquad (6.1)$$

其中，$CL_{k,l} \in [0,1]$。

基于成对个体间的共识水平 $CL_{k,l}$，我们可以得到决策者整体的共识水平 OCL：

$$OCL = \frac{1}{n(n-1)} \sum_{k,l=1; k \neq l}^{n} CL_{k,l} \qquad (6.2)$$

显然，$OCL \in [0,1]$。

接着，我们介绍个体与群体间的共识水平。

定义 6.1.2 （Chiclana 等，2008）个体和群体间的共识水平基于个体偏好 $F_k = (f_{ij}^k)_{m \times m}$ 与群体偏好 $F_g = (f_{ij}^g)_{m \times m}$ 的距离来确定：

$$CL_k = 1 - \sum_{i,j=1; i \neq j}^{m} \frac{|f_{ij}^k - f_{ij}^g|}{m(m-1)} \qquad (6.3)$$

其中，$CL_k \in [0,1]$。

基于个体决策者 v_k 与群体的共识水平 CL_k，所有决策者的整体共识水平 OCL 可以表示为（Li 等，2019a）：

$$OCL = \frac{1}{n} \sum_{k=1}^{n} CL_k \qquad (6.4)$$

显然，$OCL \in [0,1]$。

群体偏好可以根据集成个体偏好来确定，也可以通过优化算法得到。对于一个群决策问题，$\overline{F} = (\overline{f}_{ij})_{m \times m}$ 表示集体模糊偏好，C_h 表示决策者 v_k 调整单位偏好花费的单位成本。根据传统群决策基于效用偏好的最小调整成本共识模型（Ben-Arieh 和 Easton，2007；Gong 等，2015b；Zhang 等，2019），我们可以得到基于模糊偏好关系的最小调整成本共识模型如下：

$$\min \varphi(F) = \sum_{k=1}^{n} \sum_{i,j=1; i \neq j}^{m} C_k \frac{|f_{ij}^k - \bar{f}_{ij}|}{m(m-1)} \quad (6.5)$$

$$s.t. \ \bar{f}_{ij} + \bar{f}_{ji} = 1; \ i, j = 1, 2, \cdots, m$$

其中，$\bar{F} = (\bar{f}_{ij})_{m \times m}$ 是大群体之间可能达成共识的模糊偏好关系，$\bar{f}_{ij} > 0$。

第二节 共识演化网络

共识演化网络（Consensus Evolution Networks，CENS）是展示决策群体共识关系的网络模型，借用网络结构优势，能够直观地展现出群体共识演化情况。但是，区别于社交关系概念，共识演化网络呈现的是基于相似偏好关系构建的虚拟共识关系。

一 共识水平测量

共识程度是衡量群决策效果的重要指标，通常基于模糊偏好关系来衡量。

定义 6.2.1 （Tanino，1988）模糊偏好关系 F 是基于其隶属函数 μ_F 定义在 M 个方案组成的 $X \times X \to [0, 1]$ 上的模糊集，其中 $\mu_F(x_i, x_j) = f_{ij}$ 表示决策者评价方案 x_i 关于 x_j（$i, j = 1, 2, \cdots, m$）的偏好程度。模糊偏好关系满足 $f_{ij} + f_{ji} = 1$，当 $f_{ij} > 0.5$，x_i 优于 x_j；当 $f_{ij} < 0.5$，x_i 劣于 x_j；当 $f_{ij} = 0.5$，x_i 等价于 x_j。通常地，决策者 v_k（$k = 1, 2, \cdots, n$）关于方案 x_i 和 x_j 的模糊偏好关系可以表示为 $F_k = (f_{ij}^k)_{m \times m}$，其中，$f_{ij}^k + f_{ji}^k = 1$。

定义 6.2.2 （Palomares 等，2014a）决策者 d_k 和 d_l 之间的相

似矩阵 $SM_{kl} = (sm_{ij}^{kl})_{n \times n}$ 定义如下：

$$SM_{kl} = \begin{pmatrix} — & \cdots & sm_{1i}^{kl} & \cdots & sm_{1n}^{kl} \\ \cdots & — & \cdots & \cdots & \cdots \\ sm_{i1}^{kl} & \cdots & — & \cdots & sm_{in}^{kl} \\ \cdots & \cdots & \cdots & — & \cdots \\ sm_{n1}^{kl} & \cdots & sm_{ni}^{kl} & \cdots & — \end{pmatrix}_{n \times n} \quad (6.6)$$

其中，$sm_{ij}^{kl} = 1 - |f_{ij}^k - f_{ij}^l|$ 表示决策者 d_k 和 d_l 之间关于方案 x_i 与 x_j 的相似程度 sm_{ij}^{kl}（Herrera-Viedma 等，2005），$i, j = 1, 2, \cdots, n, i \neq j, k, l = 1, 2, \cdots, m, k \neq l$。

二 共识演化网络构建

首先基于模糊偏好关系利用公式（6.6）构建决策者之间的共识矩阵（Wu 等，2019e）：

$$CL = \begin{pmatrix} — & \cdots & CL_{1k} & \cdots & CL_{1n} \\ \cdots & — & \cdots & \cdots & \cdots \\ CL_{k1} & \cdots & — & \cdots & CL_{kn} \\ \cdots & \cdots & \cdots & — & \cdots \\ CL_{n1} & \cdots & CL_{nk} & \cdots & — \end{pmatrix}_{n \times n} \quad (6.7)$$

其中，$cm_{kl} = 2 \sum_{i=1}^{n-1} \sum_{j=i+1}^{n} sm_{ij}^{kl} / n(n-1)$，$cm_{kl} \in [0, 1]$。

基于共识矩阵 CL，可以通过共识阈值 ε 来构建共识演化网络。当 $CL_{kl} \geq \varepsilon$，表明决策者 d_k 和 d_l 之间的共识水平是可以接受的，即 d_k 和 d_l 之间达成共识且共识水平为 CL_{kl}，否则，d_k 和 d_l 之间没有达成共识。另外，共识阈值可以通过矩阵 CL 的元素来确定。

定义 6.2.3 （Wu 等，2019e）共识演化网络是简单无向有权图，表示为 $G = (V, E, CL)$，其中集合 V 表示 N 个决策者 $V = \{v_1, v_2, \cdots, v_n\}$，集合 $E = \{e_{kl}\}$（$k, l \in N, k \neq l$）表示决策者之间的共识关系，这些共识关系水平大于等于共识阈值 ε，表示为 $CL = \{CL_{kl}$

$k, l \in N, k \neq l, CL_{kl} \geq \varepsilon\}$。

共识演化网络 G 可以根据不同的共识阈值 ε 展现出不同的网络形式。当共识阈值 ε 分别取共识矩阵最大最小元素时，可以得到两个极端形式的共识演化网络：空共识演化网络 G_E 和完全共识演化网络 G_C，其他情况下均为不完全共识演化网络 G_I。

定义 6.2.4 （Wu 等，2019e）对于一个完全共识演化网络 $G_C = (V, E_C, CL_C)$，$E_C = \{e_{kl}^C \mid k, l = 1, 2, \cdots, n, k \neq l\}$ 表示决策者之间的共识关系，这些共识关系水平大于等于共识阈值 $\varepsilon_C = \min\{CL_{kl}\}$，表示为 $CL_C = \{CL_{kl}^C = CL_{kl} \mid k, l = 1, 2, \cdots, n, k \neq l, CL_{kl} \geq \varepsilon_C\}$。

定义 6.2.5 （Wu 等，2019e）对于一个空共识演化网络 $G_E = (D, E_E, CL_E)$，CL_E 表示决策者之间的共识关系，当这些共识关系水平大于共识阈值 ε_E 且该共识阈值满足 $\varepsilon_E = \max\{CL_{kl}\}$，表示为 $C_E = \{CL_{kl}^E = CL_{kl} \mid k, l = 1, 2, \cdots, n, k \neq l, \max\{CL_{kl}\} < \varepsilon_E\}$。

定义 6.2.6 （Wu 等，2019e）除了完全共识演化网络和空共识演化网络之外，其他均为不完全共识演化网络，表示为 $G_I = (D, E_I, CL_I)$，其中 $E_I = \{e_{kl}^I \mid k, l = 1, 2, \cdots, n, k \neq l\}$ 表示决策者之间的共识关系，这些共识关系大于等于共识阈值 ε_I 且该共识阈值满足 $\min\{CL_{kl}\} \leq \varepsilon_I \leq \max\{CL_{kl}\}$，表示为 $C_I = \{CL_{kl}^I = CL_{kl} \mid k, l = 1, 2, \cdots, n, k \neq l, CL_{kl} \geq \varepsilon_I\}$。

显然，对于完全共识演化网络来说，共识阈值较低，任何成对决策者之间总是存在一条共识关系边。在空共识演化网络中不存在任何共识关系，即任何成对决策者之间都没有达成共识。$\min\{CL_{kl}\}$ 是完全共识演化网络和不完全共识演化网络之间的共识阈值边界，$\max\{CL_{kl}\}$ 是不完全共识演化网络和空共识演化网络之间的共识阈值边界，所以不完全共识演化网络边的数量介于 G_C 与 G_E 之间：$N(E_E) < N(E_I) < N(E_C)$。

接下来，以算例 6.1 为例来介绍共识演化网络的构建。

算例 6.1 假设有一群决策问题，4 位决策者需要从 4 个决策方案中选出最优方案，4 位决策者关于 4 个备选方案的模糊偏好关系如下所示：

$$F_1 = \begin{pmatrix} 0.5 & 0.2 & 0.6 & 0.4 \\ 0.8 & 0.5 & 0.9 & 0.7 \\ 0.4 & 0.1 & 0.5 & 0.3 \\ 0.6 & 0.3 & 0.7 & 0.5 \end{pmatrix} \quad F_2 = \begin{pmatrix} 0.5 & 0.7 & 0.9 & 0.5 \\ 0.3 & 0.5 & 0.6 & 0.7 \\ 0.1 & 0.4 & 0.5 & 0.8 \\ 0.5 & 0.3 & 0.2 & 0.5 \end{pmatrix}$$

$$F_3 = \begin{pmatrix} 0.5 & 0.3 & 0.5 & 0.7 \\ 0.7 & 0.5 & 0.1 & 0.3 \\ 0.5 & 0.9 & 0.5 & 0.25 \\ 0.3 & 0.7 & 0.75 & 0.5 \end{pmatrix} \quad F_4 = \begin{pmatrix} 0.5 & 0.25 & 0.15 & 0.65 \\ 0.73 & 0.5 & 0.6 & 0.8 \\ 0.85 & 0.4 & 0.5 & 0.5 \\ 0.35 & 0.2 & 0.5 & 0.5 \end{pmatrix}$$

根据公式 (6.6) 和公式 (6.7)，得到共识矩阵 $CL = (CL_{kl})_{4 \times 4}$：

$$CL = \begin{bmatrix} 0 & 0.716 & 0.708 & 0.774 \\ 0.716 & 0 & 0.591 & 0.708 \\ 0.708 & 0.591 & 0 & 0.766 \\ 0.774 & 0.708 & 0.766 & 0 \end{bmatrix}$$

基于上述矩阵，可以发现 $\varepsilon_C = \min(cm_{kl}) = 0.591$，$\varepsilon_E = \max(cm_{kl}) + 0.001 = 0.775$，可以取 $\varepsilon_I = (\varepsilon_I^1, \varepsilon_I^2, \varepsilon_I^3, \varepsilon_I^4) = (0.708, 0.716, 0.766, 0.774)$。根据上述共识演化网络定义，完全共识演化网络 G_C，空共识演化网络 G_E 和不完全共识演化网络 $G_I = \{G_I^1, G_I^2, G_I^3, G_I^4\}$ 如图 6.1 所示。

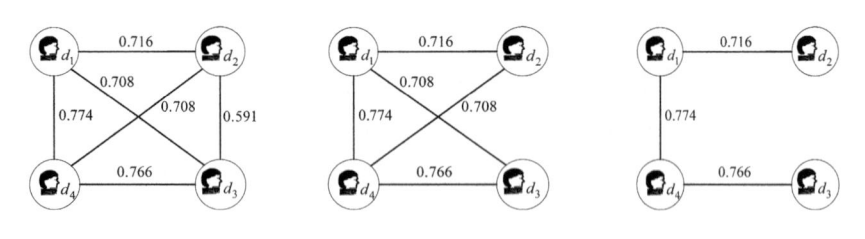

(1) 当 $\varepsilon_C = 0.591$ 时的 G_C (2) 当 $\varepsilon_I^1 = 0.708$ 时的 G_I^1 (3) 当 $\varepsilon_I^2 = 0.716$ 时的 G_I^2

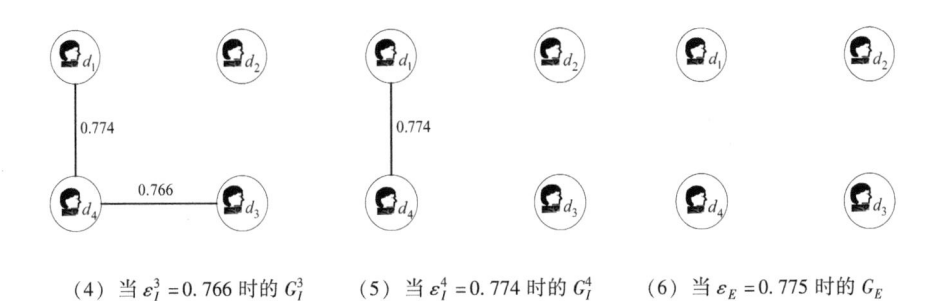

(4) 当 $\varepsilon_I^3 = 0.766$ 时的 G_I^3　　(5) 当 $\varepsilon_I^4 = 0.774$ 时的 G_I^4　　(6) 当 $\varepsilon_E = 0.775$ 时的 G_E

图 6.1　不同共识阈值下的共识演化网络结构

三　基于网络结构的共识水平测度

共识水平是判断群体共识程度的常用指标，共识水平测度方法因决策者偏好表达的不同而呈现出多种计算形式。此外，根据共识测度的基准不同，共识水平计算还可以分为个体决策者之间的共识水平测度和单个决策者与群体观点之间的共识测度。群体总体共识水平是判断是否引入反馈调整机制的重要判断条件。一般来说，总体共识水平可以根据上述方法的均值计算得到（Dong 等，2018a），如公式（6.4）。根据社会网络分析方法，共识演化网络结构能够为衡量总体共识水平提供新的视角。网络疏密度能够体现总体决策者之间已建立的共识关系，网络连边权重能够体现这种共识关系的强度。因此，接下来分别从结构和数值视角提出共识水平测度指标，最后综合两个指标得到总体共识水平。

（一）数值型共识指标

下面从三个层次来计算数值型共识指标 CR_N。

1. 权重确定：通过决策者 d_k 与其他决策者达成的共识水平和网络中个体决策者与其他决策者达成的总共识水平之间的比值计算权重 ω_N^k：

$$\omega_N^k = \frac{\sum_{l=1}^{m} c_{kl}}{\sum_{k=1}^{m}\sum_{l=1}^{m} c_{kl}} (i \neq j) \tag{6.8}$$

其中，$\sum_{l=1}^{m} c_{kl}$ 表示决策者 d_k 与其他决策者达成的共识水平之和，$\sum_{k=1}^{m}\sum_{l=1}^{m} c_{kl}$ 表示个体决策者与其他决策者达成的总共识水平之和，$\omega_N^k \in [0,1]$，$\sum_{l=1}^{m} \omega_N^k = 1$。该权重会随着决策者共识水平的变化而变化，当所有决策个体间的共识达成情况相同时，他们被看作在群决策中拥有同等重要的权重，即 $\omega_N^k = 1/m$。

2. 单位共识水平：决策者 d_k 的单位共识水平 u_N^k 可以计算如下：

$$u_N^k = \frac{\sum_{l=1}^{m} c_{kl}}{\deg(d_k)} (k \neq l) \tag{6.9}$$

其中，$\deg(d_k)$ 是决策者 d_k 的度中心性，表示决策者 d_k 与其他决策者之间存在共识边 $e_{kl} \in E$ 的数量，$c_{kl} \in C$ 是相应边的权重，表示决策者 d_k 与其他决策者之间的共识水平。

3. 群体数值型共识水平 CR_N 计算如下：

$$CR_N = \sum_{k=1}^{m} \omega_N^k u_N^k \tag{6.10}$$

其中，u_N^k 是决策者 d_k 的单位共识水平，ω_N^k 是决策者 d_k 的共识权重。

根据共识达成现象，当总体共识水平为 1 时说明所有个体决策者之间均达成完全共识。因此，数值型共识指标 CR_N 具有如下性质。

性质 6.1 数值型共识指标 CR_N 的水平处在 0 到 1 之间，即 $CR_N \in [0, 1]$。

证明：由于 $c_{kl} \in [0,1]$，$\sum_{l=1}^{m} c_{kl} \in [0, m-1](k \neq l)$。当 $\sum_{l=1}^{m} c_{kl} = 0$，根据公式 (6.9) 可以得到 $\sum_{l=1}^{m} c_{kl} = 0 \Rightarrow u_N^k = 0$。当 $\sum_{l=1}^{m} c_{kl} = m - 1$，意味着在决策者 d_k 和其他决策者之间有 $m-1$ 条边，且所有的边权值均为 1，明显可以得到 $\deg(d_k) = m - 1$，然后根据公式

(6.9)，得到 $\sum_{l=1}^{m} c_{kl} = m - 1 \Rightarrow u_N^k = 1$。当 $0 < \sum_{l=1}^{m} c_{kl} < m - 1$，总是存在 $\exists c_{kl} < 1$，然后根据公式（6.9）得到 $\sum_{l=1}^{m} c_{kl} < \deg(d_k) \Rightarrow 0 < u_N^k < 1$。因此，$u_N^k \in [0, 1]$。根据公式（6.8）容易得到 $\omega_N^k \in [0, 1]$ 和 $\sum_{k=1}^{m} \omega_N^k = 1$。根据公式（6.10）可以得到 $CR_N \in [0, 1]$。

（二）结构型共识指标

同样的，结构型共识指标 CR_S 可以通过以下三个层次得到。

1. 权重确定：基于决策者之间的关联强度计算权重 ω_S^k：

$$\omega_S^k = \frac{\deg(d_k)}{\sum_{k=1}^{m} \deg(d_k)} \tag{6.11}$$

其中，$\deg(d_k)$ 是决策者 d_k 的度中心性，$\omega_S^k \in [0,1]$，$\sum_{k=1}^{m} \omega_S^k = 1$，权重随着共识演化网络结构的变化而变化。

2. 单位连接强度：关于决策者 d_k 的单位连接强度 u_S^k 计算如下：

$$u_S^k = \frac{\deg(d_k)}{m - 1} \tag{6.12}$$

其中，$m - 1$ 是网络 G 中可能存在的最大度中心性。

3. 群体结构型共识水平 CR_S 计算如下：

$$CR_S = \sum_{k=1}^{m} \omega_S^k u_S^k \tag{6.13}$$

其中，ω_S^k 是决策者 d_k 的结构性权重，u_S^k 是决策者 d_k 的单位度中心性。

类似地，可以得到结构型共识指标 CR_S 的性质如下：

性质 6.2 结构型共识指标 CR_S 的水平处在 0 到 1 之间，即 $CR_S \in [0, 1]$。

证明：由于个体决策者的最大可能度为 $m - 1$，可以得到 $\deg(d_k) \in [0, m - 1]$，因此 $u_S^k \in [0, 1]$。同时，容易发现 $\omega_S^k \in$

$[0, 1]$ 和 $\sum_{k=1}^{m} \omega_S^k = 1$。根据公式 (6.13),可以证明 $CR_S \in [0, 1]$。

(三) 综合共识指标

当且仅当 $CR_N = 1$ 和 $CR_S = 1$ 时,所有的决策者在数值上和结构上达成完全共识,也就是说,所有决策者在综合水平上达成完全共识。因此,基于数值型共识指标 CR_N 和结构型共识指标 CR_S,可以得到综合共识指标 CR:

$$CR = CR_N \times CR_S \qquad (6.14)$$

其中,$CR_N \in [0, 1]$,$CR_S \in [0, 1] \Rightarrow CR \in [0, 1]$,$CR = 1$ 意味着所有的决策者完全达成共识。

如前所述,权重是基于个体间共识水平计算总体共识水平的重要工具 (Herrera-Viedma 等,2005;Dong 等,2016)。然而大部分研究是通过经验直接给出权重或通过计算获得静态权重 (Herrera-Viedma 等,2005;Wu 等,2018a)。Dong 等 (2016) 和 Palomares 等人 (2014a) 提出动态权重计算方法来持续研究共识达成过程。基于共识演化网络的共识计算方法同样考虑到了决策权重的动态性,这种动态性主要受到共识调整的影响。关于共识测度方法的对比如表 6.1 所示。

表 6.1 共识测度方法比较

参考文献	共识测度	决策者权重确定
Herrera-Viedma 等 (2005)	基于决策者之间的偏好距离	信息集成算子/静态
Wu 等 (2018a)		基于信任水平/静态
Dong et al. (2016)		多属性交互评价/动态
Palomares 等 (2014a)		考虑非合作行为/动态
共识演化网络综合共识测度指标	综合结构指标和数值指标	基于共识关系和共识水平/动态

接下来,继续利用算例 6.1 来展示基于共识演化网络的综合共识测度指标的应用。

算例 6.1（续） 根据传统方法和此处所提方法计算得到的共识演化网络 G_C，G_I^1，G_I^2，G_I^3，G_I^4 和 G_E 的综合共识水平如表 6.2 所示。为了消除不同权重的影响，假设个体决策者拥有同样的权重。因此，表 6.2 主要体现的是不同共识水平测度的效果。

表 6.2　　共识水平测度对比分析

共识演化网络	G_C	G_I^1	G_I^2	G_I^3	G_I^4	G_E
传统方法（Herrera-Viedma 等，2005；Palomares 等，2014a）	0.710	0.612	0.376	0.256	0.129	0
基于共识演化网络的方法	0.710	0.610	0.374	0.192	0.064	0

根据表 6.2，容易看出两种方法得到的总体共识水平较为接近，而对于完全共识演化网络和空共识演化网络来说，其计算结果完全相同。对于不完全共识演化网络来说，尽管不同方法下的共识水平结果有些许差异，但各方法得到的共识水平的变化趋势一致，即网络结构稀疏性越强，整体共识水平的下降趋势越明显。相对于不完全共识演化网络 G_I^1 和 G_I^2 的轻微变化，G_I^3 和 G_I^4 的共识水平差距较明显。从图 6.1 展示的 G_I^3 和 G_I^4 的网络结构可以看出，网络中越来越多的决策者成为孤立点，意味着他们与越来越多的决策者没有形成共识关系。因此，G_I^3 和 G_I^4 的共识水平变化与其结构变化趋势一致。

总之，基于共识演化网络的共识指标与传统方法计算结果接近，由此说明了该方法的合理性。但是，相对于传统方法，基于共识演化网络的共识测度在反映共识结构上更加灵活、直观，且对共识变化更灵敏。

四　基于敏感共识网络的反馈调整模型

反馈调整模型是处理群体共识未达到令人满意水平的常用方法之一。反馈调整通常包含非共识决策者识别和偏好调整策略制定。但对于大规模群决策问题来说，识别非共识决策者并不容易，而共识演化网络结构能够通过网络稀疏性直观展示非共识决策者。

(一) 敏感共识网络

共识演化网络结构在很大程度上受到共识阈值的影响。共识阈值越大，共识演化网络越稀疏，反之越稠密。当决策群体没有达成完全共识时，设定一个合适可行的共识阈值对于有效的共识调解来说至关重要。当总体共识程度较低，而设置高共识阈值时，群决策成本将急剧增加；当总体共识程度较高，而设置低共识阈值时，群决策质量难以得到保障。因此，共识阈值的确定对于群决策来说尤为重要。通过算例6.1可以发现，当共识阈值增加到某个值时，共识演化网络会出现明显的结构变化，则该共识阈值对于提出可行的共识达成目标具有重要的指导意义。

在社会网络分析中（Albert & Barabási, 200; Watts & Strogatz, 1998），聚集系数可以反映网络节点的集聚程度，是判断小世界网络的重要特征之一。对于共识演化网络而言，聚集系数可以直观反映网络结构的稀疏性变化。因此，利用聚集系数来定义敏感共识演化网络，并为共识阈值的设定提供参考。为了确定敏感共识阈值，基于第三章公式（3.11）为共识演化网络 G_r 计算聚集系数 CC_r。假设共识阈值 ε_t 的序数为 t，$r=0,\cdots,t+1$，相邻共识阈值下的共识演化网络的聚集系数差距越大，决策者对相邻网络中较高的那个总体共识水平越敏感。因此，基于聚集系数 CC_r ($r=0,\cdots,t+1$)，当两个相邻共识演化网络的聚集系数差距在整体中最大时，可以认为决策者对共识阈值 ε_r ($r=0,\cdots,t+1$) 较为敏感：

$$\max\ (CC_{r-1} - CC_r) \tag{6.15}$$

其中，CC_{r-1} 和 CC_r 是相应共识演化网络 G_{r-1} 和 G_r 的聚集系数。对于共识阈值 ε_r 来说，其对应的共识演化网络被认为是敏感共识网络。

聚集系数 CC_r 越小，决策者之间的连接越不稳定。也就是说，共识演化网络随着 ε_r 的增加开始变得脆弱和不稳定。换句话说，大部分决策者之间的共识水平尚未达到 ε_r。因此，参数 ε_r 的取值可以为设定群体的理想共识阈值 $\bar{\varepsilon}$ 提供参考。

接下来，仍然使用算例 6.1 来说明如何定义敏感共识演化网络。根据公式（3.11）为所构建的共识演化网络计算聚集系数，分别得到 $CC_0 = 1$，$CC_1 = 0.83$，$CC_2 = CC_3 = CC_4 = CC_5 = 0$。根据公式（6.15）可以得到 $\varepsilon_I^2 = 0.716$ 是敏感阈值，相应的共识演化网络 G_I^2 是敏感共识演化网络。根据图 6.1 可以明显看出，当 $\varepsilon_I^2 = 0.716$ 时，独立节点开始出现，共识演化网络开始变得稀疏和不稳定。

（二）敏感共识网络的补网络

补网络是指相对完全网络来说，与原网络连接关系互补的网络。也就是说，补网络和原网络的节点集合相同，节点间连接关系互补。如上所述，原共识演化网络结构随着 ε 的增加而逐渐稀疏。相反，其补网络随着 ε 的增大而逐渐紧密。原共识演化网络主要展现哪些决策者之间已经达成某种程度的共识，而其补网络主要展现哪些决策者之间尚未达成该种程度的共识。因此，从补网络上容易识别那些尚未达成共识的决策者。相对于一般共识演化网络来说，敏感共识演化网络的补网络是识别非共识决策者的关键。

将完全共识演化网络 G_C 看作全网络，敏感共识演化网络 $G_r = (D, E_r, C_r)$ 的补网络可以表示为 $\bar{G}_r = (D, \bar{E}_r, \bar{C}_r)$。除了节点集外，原网络和补网络的边集和边权集互补。

定义 6.2.7 根据全共识演化网络 $G_C = (D_C, E_C, C_C)$，敏感共识演化网络的补网络 I_0 包含 m 个决策者集合 $D = \{d_1, d_2, \cdots, d_m\}$，共识关系边集合 $\bar{E}_r = \{e_{kl} \mid e_{kl} \notin E_r\}$ 和共识水平集合 $\bar{C}_r = \{\bar{c}_{kl} \mid \bar{c}_{kl} = c_{kl}^C < \varepsilon_r\}$，$k, l = 1, 2, \cdots, m$，$k \neq l$。如果 $\bar{c}_{kl} \neq 0$，则在网络 $\bar{G}_r$ 中存在一条边 e_{kl} 将决策者 d_k 和 d_l 以共识水平 $\bar{c}_{kl}$ 连接起来。其中，$\bar{E}_r \cup E_r = E_C$，$\bar{c}_{kl}$ 是边 e_{kl} 的权重且 $\bar{C}_r \cup C_r = C_C$。

（三）基于成对调整策略的共识达成模型

为了提高群决策的总体共识水平，很多偏好调整策略相继被提出（Gong 等，2015a；Dong 等，2016）。反馈调整的目的是缩小非共识决策者与群体意见之间的差距。目前已有的调整策略主要以多数观点为参照，但对多数观点的识别以及对少数观点的处理过程较为复杂，因此提出基于成对决策者的调整策略。假如已知决策者 d_k 共识水平较低，而 d_l 是决策者 d_k 共识水平最大的邻居。由于决策者 d_l 与其余邻居有着较大的共识水平，所以以 d_l 为参照调整 d_k 的偏好能够同时提升决策者 d_k 与其他邻居的共识水平。因此，成对调整策略允许每次调整都以总共识水平最大化为目标。

对于成对调整策略来说，首先需要明确成对决策者的共识水平。

$$cl_k = \frac{\sum_{l=1}^{m}\omega_N^k c_{kl}}{\deg(d_k)}(k \neq l) \tag{6.16}$$

其中，c_{kl} 是决策者 d_k 与 d_l 之间的共识水平，ω_N^k 是决策者 d_k 的数值权重，$\deg(d_k)$ 是决策者 d_k 的度中心性。

如果存在 $cl_k = \min\{cl_h\}$，$cl_l = \max\{cl_h\}$，$h = 1, 2, \cdots, m$，那么根据调整规则（Herrera-Viedma 等，2002），决策者 d_k 需要参照 d_l 的模糊偏好关系进行偏好调整。为了使得决策者 d_k 和 d_l 之间的共识相似性足够近，模糊偏好关系调整策略如下：

$$f_{ij}^{k'} = \begin{cases} f_{ij}^k + |f_{ij}^k - f_{ij}^{kl}|/2, & f_{ij}^k \leq f_{ij}^{kl} \\ f_{ij}^k - |f_{ij}^k - f_{ij}^{kl}|/2, & f_i^k > f_{ij}^{kl} \end{cases} \tag{6.17}$$

其中，$i \leq j$，f_{ij}^{kl} 是 d_k 和 d_l 之间的集体偏好，$f_{ij}^{kl} = (f_{ij}^k + f_{ij}^l)/2$。当 $i > j$ 时，$f_{ji}^{k'} = 1 - f_{ij}^{k'}$。根据 Dong 等（2016）提出的反馈调整策略性质，调整的偏好 $f_{ij}^{k'}$ 应该满足 $f_{ij}^{k'} \in [\min(f_{ij}^k, f_{ij}^{kl}), \max(f_{ij}^k, f_{ij}^{kl})]$，因此提出性质 6.3 并证明如下。

性质 6.3 对于初始的模糊偏好关系 $F_k = (f_{ij}^k)_{n \times n}$ 而言，调整的模糊偏好关系 $F_{k'} = (f_{ij}^{k'})_{n \times n}$ 应该满足 $f_{ij}^{k'} \in [\min(f_{ij}^k, f_{ij}^{kl}), \max(f_{ij}^k, f_{ij}^{kl})]$。

证明 6.3 当 $f_{ij}^k \leq f_{ij}^{kl}$，$\min(f_{ij}^k, f_{ij}^{kl}) = f_{ij}^k$，$\max(f_{ij}^k, f_{ij}^{kl}) = f_{ij}^{kl}$，$f_{ij}^{k'} = f_{ij}^k + (f_{ij}^{kl} - f_{ij}^k)/2$，可知 $f_{ij}^{kl} - f_{ij}^k \geq 0 \Rightarrow f_{ij}^k \leq f_{ij}^{k'}$；同时由 $f_{ij}^{k'} =$

第六章 共识达成与聚类分析视角下的大规模群决策

$f_{ij}^k + (f_{ij}^{kl} - f_{ij}^k)/2 = f_{ij}^k/2 + f_{ij}^{kl}/2$ 可以推出 $f_{ij}^k \leqslant f_{ij}^{kl} \Rightarrow f_{ij}^{k'} \leqslant f_{ij}^k/2 + f_{ij}^{kl}/2 = f_{ij}^{kl}$，因此，当 $f_{ij}^k > f_{ij}^{kl}$，$\min(f_{ij}^k, f_{ij}^{kl}) = f_{ij}^{kl}$，$\max(f_{ij}^k, f_{ij}^{kl}) = f_{ij}^k$，可知 $f_{ij}^{k'} = (f_{ij}^{kl} + f_{ij}^k)/2 < (f_{ij}^k + f_{ij}^k)/2 = f_{ij}^k$ 和 $f_{ij}^{k'} = (f_{ij}^{kl} + f_{ij}^k)/2 > (f_{ij}^{kl} + f_{ij}^{kl})/2 = f_{ij}^{kl}$，因此，$f_{ij}^{k'} \in [\min(f_{ij}^k, f_{ij}^{kl}), \max(f_{ij}^k, f_{ij}^{kl})]$。

基于 $f_{ij}^{kl} = (f_{ij}^k + f_{ij}^l)/2$，公式（6.17）可以简单表示为：

$$f_{ij}^{k'} = \frac{3f_{ij}^k + f_{ij}^l}{4} \quad (i \leqslant j) \tag{6.18}$$

其中，$f_{ji}^{k'} = 1 - f_{ij}^{k'}$（$i > j$）。

基于成对调整策略的共识达成过程如图 6.2 所示，具体的共识调整过程如下。

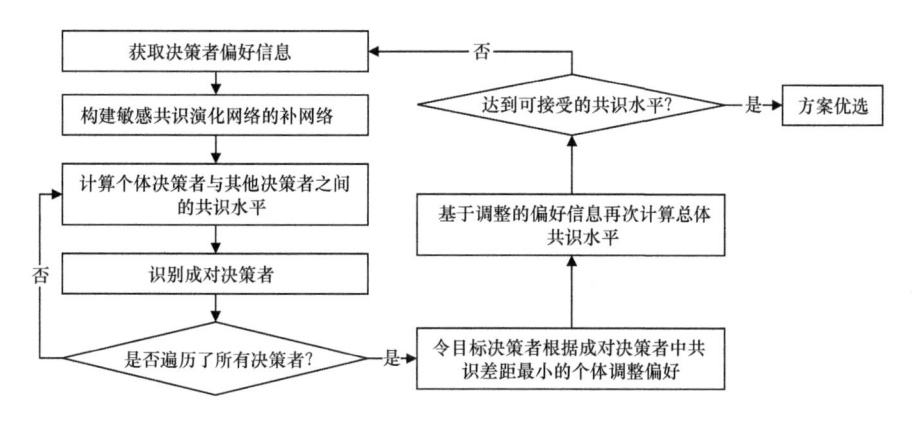

图 6.2 基于成对调整策略的共识达成模型框架图

步骤 1：计算个体决策者的共识水平 cl_k（$k = 1, \cdots, m$）并对其进行升序排列：$CL_0 = \{b_1, b_2, \cdots, b_n\}$，其中，$b_1 = \min\{cl_k\}$ 和 $b_n = \max\{cl_k\}$。根据最小的共识水平 b_1 从初始共识演化网络 G_0 中识别需要调整偏好的决策者 d_k，并将 b_1 从 CL_0 中剔除得到 $CL_0' = \{b_2, \cdots, b_n\}$。

步骤 2：从补网络 $\overline{G}_r$ 中识别决策者 d_k 的邻居集合 $ND_k = \{d_l \mid e_{kl} \in \overline{E}_r, l = 1, \cdots, m, k \neq l\}$。从 CL_0' 中提取邻居决策者的共识水平并按升序排列 $CL_l = [b_1', \cdots, b_t']$，然后寻找拥有最大共识水平 $c_t = $

max $\{cl_l\}$ 的决策者 d_l 作为偏好调整参考。由此，确定成对决策者 (d_k, d_l)。然后，从 CL'_0 中删除相应的共识水平 b'_l。

步骤3：重复步骤1和步骤2直到 $\overline{G}_r$ 中的成对决策者均被识别出。当网络 $\overline{G}_r$ 中决策者数量为奇数时，分配孤立决策者到下一轮。对于被识别出的成对决策者，根据识别规则和偏好调整规则得到改进的模糊偏好关系 $F_{k'} = (f_{ij}^{k'})_{n \times n}$。

步骤4：基于调整的模糊偏好关系建立新的共识演化网络，计算总体共识水平 $CR_0^{(1)}$，如果 $CR_0^{(1)} \geq \overline{\varepsilon}$，结束反馈调整过程，否则，继续下一轮调整。

算例6.1（续） 令群体决策理想共识水平为 $\overline{\varepsilon} = 0.80$，根据已有计算结果可知，共识演化网络 G_C 的总体共识水平为 $CR_0 = 0.710$，即 $CR_0 < \overline{\varepsilon}$，表示群体尚未达成理想的共识水平。因此，需要应用成对调整策略调整共识达成过程。已知 G_I^2 是敏感共识演化网络，其补网络 $\overline{G}_I^2$ 如图6.3所示。

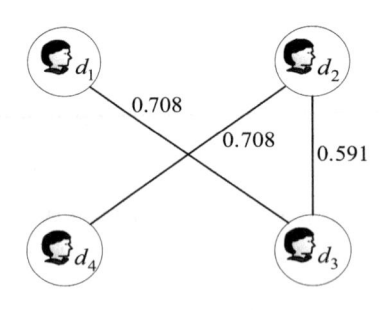

图6.3 当 $\varepsilon_2 = 0.716$ 时的共识演化补网络

计算决策者共识水平并按升序排列，$CL_0 = \{0.158, 0.166, 0.188, 0.197\}$ 集合中的共识水平分别对应决策者 d_2，d_3，d_1 和 d_4。首先，识别拥有最小共识水平的决策者 d_2，接着从 $\overline{G}_I^2$ 中寻找其邻居 $ND_2 = \{d_3, d_4\}$，确定成对决策者 (d_2, d_4) 由于决策者 d_4 拥有最大的共识水平。同样可以识别成对决策者 (d_3, d_1)。由于 $cl_2 = $ min

$\{cl_2, cl_4\}$, $cl_3 = \min\{cl_3, cl_1\}$, 调整决策者 d_2 和 d_3 的模糊偏好如下：

$$F_2^{(1)} = \begin{pmatrix} 0.5 & 0.475 & 0.525 & 0.575 \\ 0.515 & 0.5 & 0.6 & 0.75 \\ 0.475 & 0.4 & 0.5 & 0.65 \\ 0.425 & 0.25 & 0.35 & 0.5 \end{pmatrix}$$

$$F_3^{(1)} = \begin{pmatrix} 0.5 & 0.25 & 0.55 & 0.55 \\ 0.75 & 0.5 & 0.5 & 0.5 \\ 0.45 & 0.5 & 0.5 & 0.275 \\ 0.45 & 0.5 & 0.725 & 0.5 \end{pmatrix}$$

基于调整的模糊偏好 F_1、$F_2^{(1)}$、$F_3^{(1)}$ 和 F_4，重新计算总共识水平 $CR_0^{(1)} = 0.820$，可知 $CR_0^{(1)} \geq \bar{\varepsilon}$，即群体已达到令人满意的共识水平。因此，终止共识调整过程。

第三节 平衡共识演化和聚类分析矛盾的大规模群决策方法

聚类分析是有效降低大规模群决策复杂性的工具（Liu 等，2015b；Wu 和 Liu，2016；Xu 等，2016）。近些年，共识研究作为大规模群决策的重点和难点得到越来越多的关注（Gou 等，2018；Palomares 等，2014a；Rodriguez 等，2018）。这类大规模群决策研究的主要步骤为：（1）大群体聚类分析；（2）共识达成；（3）方案排序。

目前大部分聚类分析主要是以偏好关系为主，在共识调整过程中往往会涉及偏好反馈调整，当共识水平发生变化时，意味着决策者偏好发生了变化，基于偏好关系的聚类分析自然也会发生变化，因此在步骤（1）与（2）之间存在动态循环的过程。但是，随着共识水平的提高，决策者之间偏好差异性越来越小，而建立在这种差异基础上的聚类分析过程则越来越困难，所以，聚类分析与共识调整过程具有矛盾性。为了解决这种矛盾性，我们以共识演化网络为基础研究大规模群决策问题，当共识水平提高时，可以提高共识阈值来得到有效聚类。此外，以共识演化网络为基础还有助于借鉴社会网络分析工具来分析复杂大规模群决策问题。

为了平衡大规模群决策中共识演化与聚类分析之间的矛盾，基于共识演化网络提出动态聚类算法，并通过提高共识阈值对共识演化下的大规模群决策者进行有效聚类。本研究的主要架构如图 6.4 所示，从该图可看出聚类分析阶段和共识达成阶段处在一个动态循环过程中。

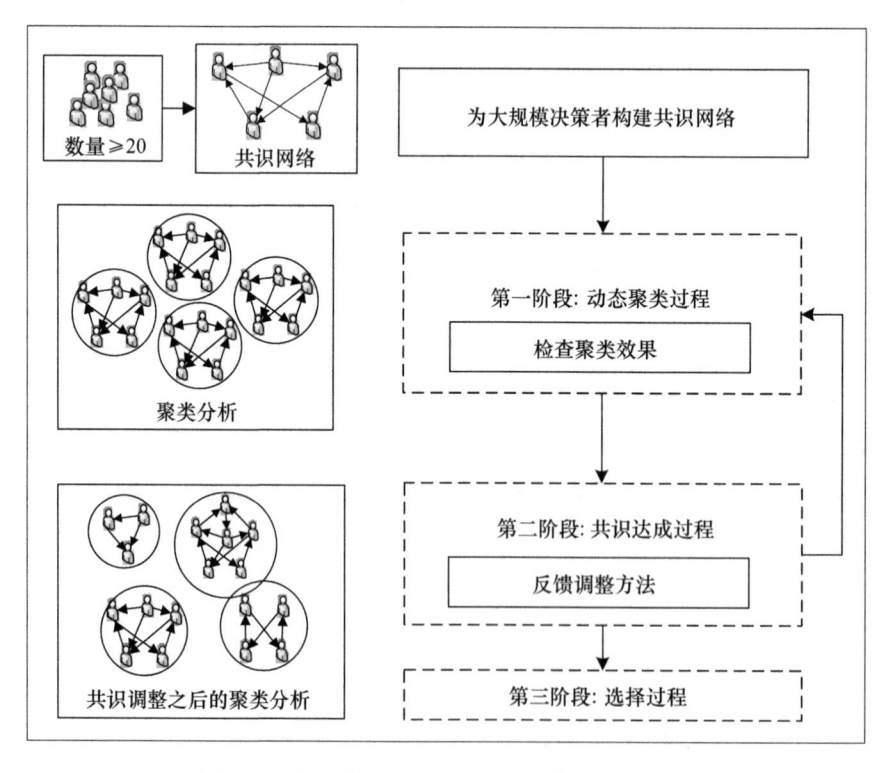

图 6.4 基于共识演化网络的大规模群决策架构

一 基于共识演化网络的大群体动态聚类分析

该部分主要讨论基于共识演化网络的大规模群决策动态聚类分析问题。首先,构造大规模群决策共识演化网络;然后,基于共识演化网络提出动态聚类算法;接着,分别定义了局部和全局共识演化网络,并基于类内类间共识水平给出聚类有效性检测算法;最后,基于聚类分析结果提出反馈调整算法。

(一)大规模群决策共识演化网络

基于 n 个决策者对 m 个方案的模糊偏好关系 $F = \{F_1, F_2, \cdots, F_n\}$,根据公式(6.1)和公式(6.7)建立共识矩阵 $LC = (lc_{kl})_{n \times n}$。根据共识演化网络定义,构造大规模共识演化网络 $LG = (LV, LE, LC)$,其中 $LV = \{v_1, v_2, \cdots, v_n\}$ 为决策者集合,$LE = \{le_{kl} \mid k = 1, 2, \cdots, n; k \neq l\}$ 为共识关系集合,$LC = \{lc_{kl} \geq \varepsilon \mid k, l = 1, 2, \cdots, n; k \neq l\}$ 表示共识关系对应的共识水平集合。通过控制共识水平 ε 可改变大规模共识演化网络的结构,如当 $\varepsilon = \min \{lc_{kl}\}$ 时,LC 为完全图,当 $\varepsilon > \max \{lc_{kl}\}$ 时,LG 为空图,当 $\min \{lc_{kl}\} \leq \varepsilon < \max \{lc_{kl}\}$ 时,LG 为不完全图。除去极端情况,大多数研究往往基于不完全图展开。

(二)基于社区发现的大规模群决策动态聚类算法

假设将共识关系看作一类特殊的社交关系,则共识演化网络可以看作一类特殊的社交网络。在社会网络分析中,Louvain 方法是一种常用的社区发现算法(Blondel 等,2008;Meo 等,2011)。本研究根据 Louvain 方法的思想基于共识演化网络提出动态的大规模群决策聚类算法(算法6.1)。

算法6.1 基于社区发现的大规模共识演化网络动态聚类分析算法

第一阶段:从个体决策者角度

步骤1:将大规模共识演化网络 LG 中的每个决策个体看作一

类。因此，在初始聚类阶段，一共有 n 个社区 $LG^{(1)} = \{SG_1^{(1)}, SG_2^{(1)}, \cdots, SG_n^{(1)}\}$。

步骤 2：对每个决策者 v_k，考虑其与邻居 v_l（$l = 1, 2, \cdots, n$；$k \neq l$）之间的模块度增量 $\Delta Q > 0$。基于公式（3.12），将决策者 v_k 以最大模块度增量 $\max \Delta Q$ 从社区 $SG_k^{(1)}$ 转移到社区 $SG_l^{(1)}$。对其他个体决策者重复这个步骤直到 $\Delta Q \leq 0$，且无决策者可移动，进入到第二阶段。

第二阶段：从社区角度

步骤 1：假设在第一阶段经过 p 轮发现了 x（$x < m$）个社区，$LG^{(p)} = \{SG_1^{(p)}, SG_2^{(p)}, \cdots, SG_x^{(p)}\}$。对每个社区 $SG_r^{(p)}$（$r = 1, 2, \cdots, x$），考虑其与邻居社区 $SG_s^{(p)}$（$s = 1, 2, \cdots, x$；$r \neq s$）的模块度增量，基于公式（3.12），将社区 $SG_r^{(p)}$ 以最大模块度增量 $\max \Delta Q$ 合并到社区 $SG_s^{(p)}$。

步骤 2：对其他社区重复步骤 1 直到没有变化。最后，大规模共识演化网络 LG 被分成 t 个独立社区 $LG = \{SG_1, SG_2, \cdots, SG_t\}$，$t \leq x < m$。

该算法第一阶段迭代的复杂性为 $O(n)$，其中 n 为大规模决策者的数量。第二阶段算法迭代的复杂性为 $O(n + N(SG))$，其中 $N(SG)$ 表示社区的数量。

算法 6.1 主要基于大规模共识演化网络 LG 来对决策者进行聚类，即共识关系是聚类要素。因此该算法的动态性主要体现在两个方面：一方面由不同取值的共识阈值 ε 造成，另一方面由于共识网络随着群体协商的进行而发生演化。

假设在未发生共识协商时，以取不同共识阈值 ε 的大规模共识演化网络为基础得到 q 个动态聚类结果，表示为 $LG_{\varepsilon_1}, LG_{\varepsilon_2}, \cdots, LG_{\varepsilon_q}$。也就是说，当 ε 取值不同时，决策个体可能属于不同的社区。另外，随着 ε 增加，共识演化网络变得越来越稀疏，越难得到有效聚类效果。但是，在共识协商之后，共识水平得到提升，此时只有

提高共识阈值 ε 的取值才能得到有效聚类。

(三) 局部和全局共识演化网络

根据算法 6.1, 当共识阈值为 ε_p ($1 \leq p \leq q$) 时, 大规模共识演化网络被划分为 t 个独立社区 $LG_{\varepsilon_q} = \{SG_1^{(p)}, SG_2^{(p)}, \cdots, SG_t^{(p)}\}$。社区内部成员之间的网络结构可以称作局部共识演化网络, 社区之间的网络结构可以称为全局共识演化网络。下面给出局部和全局共识演化网络的定义。

定义 6.3.1 局部共识演化网络 $SG_r^{(p)} = (D_r^{(p)}, E_r^{(p)}, C_r^{(p)})$ ($1 < r \leq t < m$) 由 $N(SG_r^{(p)})$ 个决策个体 $V_r^{(p)} = \{v_r^k \mid v_r^k \in SG_r^{(p)}\}$, 决策个体之间的共识关系 $E_r^{(p)} = \{e_r^{kl} \mid v_r^k, v_r^h \in SG_r^{(p)}\}$ 以及共识水平 $C_r^{(p)} = \{c_r^{kl} \mid v_r^k, v_r^h \in SG_r^{(p)}, c_r^{kl} = lc_{kl}\}$ 组成, 其中, $k, l = 1, 2, \cdots, n, k \neq l$。如果 $c_r^{kl} \geq 0$, 则在社区 $SG_r^{(p)}$ 内部成员 v_r^k 和 v_r^l 之间存在共识关系为 c_r^{kl} 的边 e_r^{kl}。

局部共识演化网络的共识水平称为局部共识水平 $\{CL_{loc(1)}^{(p)}, CL_{loc(2)}^{(p)}, \cdots, CL_{loc(t)}^{(p)}\}$。根据算法 6.1, 社区内部成员偏好相似, 共识水平接近, 因此可将他们看作无差别的决策参与者, 即权重相同。

定义 6.3.2 全局共识演化网络 $L\widetilde{G}^{(p)} = (SG^{(p)}, \widetilde{E}^{(p)}, \widetilde{C}^{(p)})$ 由 t 个社区 $\{SG_1^{(p)}, \cdots, SG_r^{(p)}, \cdots, SG_t^{(p)}\}$, 社区之间的共识关系 $\widetilde{E}^{(p)} = \{\tilde{e}_{rs}^{(p)}\}$ 及共识水平 $\widetilde{C}^{(p)} = \{\tilde{c}_{rs}^{(p)} \mid SG_r^{(p)}, SG_s^{(p)} \in L\widetilde{G}^{(p)}\}$ 组成, 其中 $r, s = 1, 2, \cdots, t, r \neq s$。如果 $\tilde{c}_{rs}^{(p)} \geq 0$, 则在社区 $SG_r^{(p)}$ 和 $SG_s^{(p)}$ 之间存在共识关系为 $\tilde{c}_{rs}^{(p)}$ 的边 $\tilde{e}_{rs}^{(p)}$。

在定义 6.3.2 中, 社区间的共识关系 $\tilde{c}_{rs}^{(p)}$ 可基于其局部共识演化网络主体的模糊偏好关系计算得出。首先, 局部共识演化网络主体的模糊偏好关系可以由社区内部成员的个体模糊偏好关系集成得到:

$$f_{ij}^{SG_r} = \frac{1}{N(SG_r^{(p)})} \sum_{v_r^k \in SG_r^{(p)}} f_{ij}^k \tag{6.19}$$

其中, $N(SG_r^{(p)})$ 表示社区 $SG_r^{(p)}$ 的成员数, $r = 1, 2, \cdots, t$。

然后，与成对决策者之间的共识水平计算类似，基于局部模糊偏好关系计算共识程度 $\tilde{c}_{rs}^{(p)}$ 得到社区间的共识水平。

社区权重对于大规模群体综合偏好的确定尤为重要。社区权重主要基于多数原则和社区内部紧密性来确定。多数原则是指社区重要性与其规模有关，成员越多，社区越重要。但多数原则忽略了社区内部关系对社区重要性的影响，一般地，社区内部越团结，越不容易受外界影响。因此，接下来，结合社区内部紧密性与多数原则来确定社区重要性。

基于多数原则的重要性 $\mu_{M(r)}^{(p)}$ 表示为：

$$\mu_{M(r)}^{(p)} = \frac{N(SG_r^{(p)})}{\sum_{r=1}^{t} N(SG_r^{(p)})} \qquad (6.20)$$

其中，$N(SG_r^{(p)})$ 是社区 $SG_r^{(p)}$ 的成员数量。

社区内部紧密度 $\mu_{C(r)}^{(p)}$ 表示为：

$$\mu_{C(r)}^{(p)} = \frac{CL_{loc(r)}^{(p)}}{\sum_{r=1}^{t} CL_{loc(r)}^{(p)}} \qquad (6.21)$$

其中，$CL_{loc(r)}^{(p)}$ 是社区 $SG_r^{(p)}$ 的局部共识水平，可以根据公式（6.1）得到。

最后，社区重要性 $w_r^{(p)}$（$r=1, 2, \cdots, t$）基于多数原则重要性和社区内部紧密度表示为：

$$w_r^{(p)} = (1 + \mu_{M(r)}^{(p)})^{\beta \mu_{C(r)}^{(p)}} \qquad (6.22)$$

其中，$\beta > 0$ 可以调整社区内部紧密度在社区权重中的作用程度，实验证明当 $\beta = 0.3$ 时比较贴近实际。基于该权重和局部模糊偏好关系，利用公式（6.1）和公式（6.2）可以得到全局共识水平。

（四）基于局部和全局共识演化网络的聚类效果检测算法

在经典聚类分析中，聚类有效性通常基于类内紧密度和类间稀疏度来衡量。类内越紧密，类间越稀疏，聚类效果越好。类似地，局部共识水平越高，全局共识水平越低，则社区划分效果越好。因此，本研究基于局部和全局共识演化网络给出聚类效果检测算法。首先明确三个规则：

规则1：每个社区的成员数不少于2人，社区数量不少于2个。

规则2：全局共识水平不应大于任何社区的局部共识水平。

规则3：可以选取全局共识水平与所有社区局部共识水平的比值最小的聚类结果作为后续决策的基础。

规则1是有效聚类的前提，规定当社区内人数大于等于2人时，才为有效社区，即单个决策者不能自成一个社区。另外，当社区数多于2个时才符合社区发现的意义。规则2是建立在类内越紧密、类间越稀疏、聚类效果越好的基础上，当任何局部共识水平都大于全局共识水平时，聚类效果较好。规则3是在规则2的基础上给出量化指标。

在上述三个规则的基础上，给出聚类效果检测算法（算法6.2）。

算法6.2 聚类效果检测算法

步骤1：首先基于规则1，清除不合理聚类结果。

步骤2：为所有社区计算局部共识水平 $\{CL_{loc(1)}^{(p)}, \cdots, CL_{loc(t)}^{(p)}\}$。然后计算所有社区的综合局部共识水平 $CL_{loc}^{(p)}$：$CL_{loc}^{(p)} = \sum_{r=1}^{t} w_r^{(p)} CL_{loc(r)}^{(p)}$，其中，$w_r$ 是社区 $SG_r^{(p)}$ 的权重。

步骤3：计算全局共识水平 $CL_{glo}^{(p)}$。

步骤4：根据规则2，对比全局共识水平 $CL_{glo}^{(p)}$ 和所有局部共识水平 $\{CL_{loc(1)}^{(p)}, \cdots, CL_{loc(t)}^{(p)}\}$，如果 $\min(CL_{loc(r)}^{(p)}) \geq CL_{glo}^{(p)}$，则该聚类结果有效。否则，无效。选择新的共识阈值 ε，基于新的大规模共识演化网络继续执行算法1直到有效聚类结果出现。

步骤5：在剩余的有效聚类中，基于规则3选择合适的聚类结果，即 $\min(CL_{glo}^{(p)}/CL_{loc}^{(p)})$。

二 基于动态聚类分析的共识达成过程

在共识达成过程中，当共识水平没有达到某个令人满意的阈值

$\overline{CL}$ 时，需要利用反馈调整方法来提升共识水平。在本节，基于聚类分析结果提出反馈调整方法，并在每次共识调整之后重新开展聚类分析。

（一）基于聚类分析的反馈调整方法

经过聚类分析，大规模群决策问题的共识达成复杂性被大大降低。现在，我们可以按照局部共识水平和全局共识水平逐一分析共识达成过程，而不需要像传统群决策算法一样考虑大规模决策者之间的协商过程。根据社区权重 $w_r^{(p)}$（$r=1, 2, \cdots, t$），包含更多成员且紧密的社区比成员少且稀疏的社区有较大的影响力。当影响力较大的社区选取某个策略时，其他社区很可能跟随该社区选择同样的策略。以影响力较大的社区为参考，提出反馈调整算法。

根据反馈调整的识别规则（Identification Rule），首先识别出拥有最大权重 $\max(w_r^{(p)})$ 的社区 $SG_r^{(p)}$。然后基于方向规则（Direction Rule），建议其他社区 $SG_s^{(p)}$（$s=1, 2, \cdots, t$）的决策者根据社区 $SG_r^{(p)}$ 的综合模糊偏好调整其偏好。为了提高调整效率，降低调整成本，首先衡量社区 $SG_r^{(p)}$ 的局部共识水平，如果 $CL_{loc}^r \geq \overline{CL}$，则计算其他社区共识水平 $SG_s^{(p)}$，若 $CL_{loc}^s < \overline{CL}$，开始反馈调整；否则的话，需要提高社区 $SG_r^{(p)}$ 的局部共识水平，保证该社区权重最大且满足共识要求。现在给出基于聚类分析的详细反馈调整算法（算法 6.3）如下。

算法 6.3 基于聚类分析的共识反馈调整算法

步骤 1：计算所有社区的权重 $w_r^{(p)}$（$r=1, 2, \cdots, t$）。

步骤 2：识别拥有最大权重 $\max(w_r^{(p)})$ 的社区并将其记为 $SG_r^{(p)}$，则其他社区记为 $SG_s^{(p)}$，$r=1, 2, \cdots, t$；$s=1, 2, \cdots, t$。

步骤 3：如果社区 $SG_r^{(p)}$ 的局部共识水平已经达到令人满意的水平：$CL_{loc(r)}^{(p)} \geq \overline{CL}$，则转到下一步。如果 $CL_{loc(r)}^{(p)} < \overline{CL}$，则社区 $SG_r^{(p)}$ 的成员需要根据给定的调整策略调整其偏好以提升局部共识水平直到 $CL_{loc(r)}^{(p)} \geq \overline{CL}$。同时，为调整过偏好的社区 $SG_r^{(p)}$ 更新其综合偏好。

步骤4：以社区 $SG_r^{(p)}$ 更新的偏好为参考劝说其他社区 $SG_s^{(p)}$ 决策者调整其偏好直到所有社区局部共识水平 $CL_{loc(r)}^{(p)} \geq \overline{CL}$。

反馈调整之后，基于调整过的偏好计算整体共识水平 CL。如果 $CL \geq \overline{CL}$，则停止调整，然后进入下一个决策阶段；否则的话，重复反馈调整直到 $CL \geq \overline{CL}$。

（二）反馈调整之后的聚类分析

反馈调整之后，共识演化网络结构发生了变化，相应的聚类结果也会发生变化。反馈调整使得决策者之间的偏好相似性越来越大，共识演化网络变得愈发紧密，越难获取有效的聚类分析结果，这就是所谓的聚类分析与共识达成过程中的矛盾问题。现在，就需要基于更大共识阈值 ε 的共识演化网络，利用算法6.1来进行有效聚类分析。对于新的聚类分析结果，接着采用算法6.2选取有效聚类结果。如果整体共识水平令人满意，则继续下阶段决策过程；否则，采取算法6.3调整偏好，再进行聚类分析。如此循环往复直到得到整体共识水平令人满意的有效聚类结果。

三 基于共识演化网络的大规模群决策方法

基于上述介绍的平衡聚类分析与共识达成过程矛盾的大规模群决策方法的关键技术，该大规模群决策方法的主要架构如图6.5所示。

（一）基于共识演化网络的大规模群决策方法的主要步骤

阶段1：动态聚类分析

步骤1：获取大规模群决策者的模糊偏好关系

识别一个大规模群决策问题，n 个决策者 $LV = \{v_1, v_2, \cdots, v_n\}$ 基于模糊偏好关系 $F_k = (f_{ij}^k)_{n \times n}$ （$k = 1, 2, \cdots, n$）对 m 个方案 $X = \{x_1, x_2, \cdots, x_m\}$ 进行评价。

步骤2：计算大规模群决策者之间的共识水平

根据公式（6.1）计算大规模群决策者之间的共识水平构建共识

```
┌─────────────────────────────┐
│      大规模群决策问题        │
└─────────────────────────────┘
```

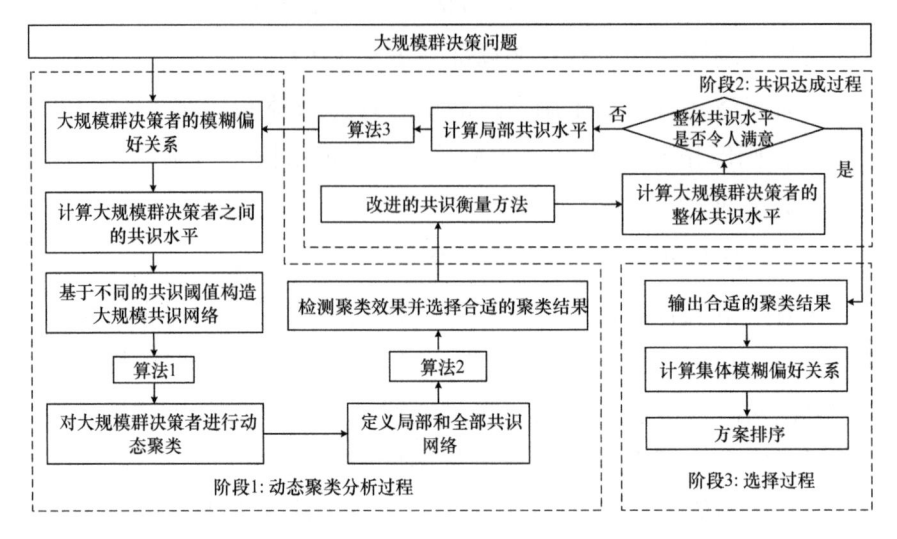

图 6.5 基于共识演化网络的大规模群决策方法架构

矩阵 $LC = (lc_{kl})_{n \times n}$。

步骤 3：基于不同的共识阈值构建共识演化网络

从共识矩阵 $LC = (lc_{kl})_{n \times n}$ 的不重复元素中确定共识阈值 ε，然后根据共识演化网络定义基于不同的共识阈值 ε 构造不同结构的共识演化网络 $LG_{\varepsilon} = (LV_{\varepsilon}, LE_{\varepsilon}, LC_{\varepsilon})$。

步骤 4：大规模共识演化网络的动态聚类分析

根据算法 6.1，基于不同结构的共识演化网络可以实现动态聚类分析，假设有 q 个动态聚类结果 $LG_{\varepsilon_1}, LG_{\varepsilon_2}, \cdots, LG_{\varepsilon_q}$。

步骤 5：定义局部和全局共识演化网络

在社区划分的基础上，根据定义 6.3.1 和定义 6.3.2，明确局部共识演化网络 $\{SG_1^{(p)}, SG_2^{(p)}, \cdots, SG_t^{(p)}\}$ （$1 \leqslant p \leqslant q$）和全局共识演化网络 $\widetilde{G}^{(p)}$。

步骤 6：检测聚类效果并确定合适的聚类结果

分别为局部和全局共识演化网络计算局部共识水平 $\{CL_{loc(1)}^{(p)}, CL_{loc(2)}^{(p)}, \cdots, CL_{loc(t)}^{(p)}\}$ 和全局共识水平 $CL_{glo(r)}^{(p)}$。然后，利用算法 6.2

检测动态聚类效果以选取合适的聚类结果。假设合适的聚类结果为 $LG_{\varepsilon_q} = \{SG_1^{(p)}, SG_2^{(p)}, \cdots, SG_t^{(p)}\}$，继续阶段 2。

阶段 2：共识达成过程

步骤 1：计算大规模群决策问题的整体共识水平

根据公式（6.4）计算大规模群决策问题的整体共识水平 CL，如果 $CL \geq \overline{CL}$，则进入阶段 3 的选择过程；否则，继续下一步。

步骤 2：反馈调整过程

如果 $CL < \overline{CL}$，则利用算法 6.3 开始反馈调整。计算社区权重 $w_r^{(p)}$（$r = 1, 2, \cdots, t$），以权重最大的社区为参考调整其他社区成员的偏好。

步骤 3：重复动态聚类过程

根据调整后的偏好，重复算法 6.1 的动态聚类分析和算法 6.2 的聚类有效性检测。然后检查新的整体共识水平 CL' 是否达到令群体满意的程度，如果 $CL' \geq \overline{CL}$，则输出有效聚类结果，继续阶段 3 的方案选择过程。否则的话，重复算法 6.3 对社区偏好进行调整直到达到令人满意的共识水平并输出有效聚类结果。

阶段 3：选择过程

步骤 1：输出合适的聚类结果

假设经过若干轮之后得到的共识水平达到满意值，输出有效聚类结果 $LG'' = \{SG_1'', SG_2'', \cdots, SG_t''\}$ 和更新的社区权重 w_r''（$r = 1, 2, \cdots, t$）。

步骤 2：计算综合模糊偏好信息

基于无差别的社区内部成员权重计算各社区综合偏好信息 $\{F_{SG_1}'', F_{SG_2}'', \cdots, F_{SG_t}''\}$：

$$f_{ij}^{''SG_r} = \frac{\sum_{v_r^k \in SG_r''} f_{ij}^{''k}}{N(SG_r'')} \quad (6.23)$$

然后，w_r'' 和社区综合模糊偏好 F_{SG_r}'' 计算所有社区的综合模糊偏好 $F'' = (f_{ij}'')_{n \times n}$：

$$f''_{ij} = \sum_{r=1}^{t} w''_r \times f^{''SG_r}_{ij} \quad (6.24)$$

步骤 3：对方案进行排序

利用 OWA 算子集成综合模糊偏好信息 F'' 得到 f_i（$i=1,2,\cdots,m$），其中，算子权重 $\pi = (\pi_1, \pi_2, \cdots, \pi_m)^T$ 由公式（5.39）所示的模糊语言量化函数"most"得到。

（二）特点分析

为了突出上述所提方法特点，接下来从理论角度将本研究与已有研究做对比。为了方便区分，将传统大规模群决策记为 T-LSGDM，将基于社会网络的大规模群决策记为 SN-LSGDM，本研究基于共识演化网络的大规模群决策记为 CEN-LSGDM。表 6.3 从聚类分析、权重确定和共识达成过程及再聚类等方面对三种大规模群决策方法做了详细对比。

1. 聚类分析

（1）在 T-LSGDM 中，聚类分析主要基于偏好相似性将研究对象进行归类（Palomares 等，2014a；Rodriguez 等，2018；Wu 和 Xu，2018；Xu 等，2018）。传统聚类方法主要有 K 均值（Wu 和 Xu，2018），模糊 C 均值（Palomares 等，2014a；Rodriguez 等，2018）等。（2）在 SN-LSGDM 中，常基于社交关系进行聚类（Wu 等，2018b；Wu 等，2019f）。（3）本研究中，通过构建共识演化网络利用社区发现算法实现动态聚类。同时，对动态聚类结果的有效性进行了分析。

2. 权重的确定

（1）在 T-LSGDM 中，决策个体常常被认为是无差别的（Rodriguez 等，2018；Zhang 等，2018b），社区权重常常基于多数原则来确定（Wu 等，2018b；Wu 等，2019f；Zhang 等，2018b），少数研究还考虑了共识行为（Labella 等，2018）或共识贡献（Palomares 等，2014a）。（2）在 SN-LSGDM 中，决策个体和社区的权重往往基于网络中心性来确定（Wu 等，2018b；Wu 等，2019f）。（3）在本研究中，决策个体仍然被认为是无差别的，但是社区权重由多数原则和社区紧密度来联合确定。

3. 共识达成过程和后续聚类分析

（1）在大部分 T-LSGDM 研究中，聚类分析和共识达成过程往往是相互独立的，且共识达成之后很少再分析聚类情况。（2）在 SN-LSGDM 中，因为该方面研究仍处在初期阶段，很少涉及共识达成过程。（3）在本研究中，我们考虑了基于共识演化网络的动态聚类，即在每次共识调整之后都重新考虑聚类分析。其中，平衡聚类分析和共识达成过程的矛盾问题主要通过提高共识阈值来实现。

表 6.3　　　　　　　多个大规模群决策模型的对比分析

大规模群决策研究	参考文献	聚类分析	共识调整过程	权重确定方法		共识调整后再聚类
				个体	群体	
T-LSGDM	Shi 等（2018）；	√	√	基于共识行为	—	×
	Wu 和 Xu（2018）	√	√	无差别	多数原则	√
	Zhang 等（2018b）	√	√	无差别	多数原则	×
	Xu 等（2018）	√	√	基于共识贡献	基于共识贡献	×
	Palomares 等（2014a）	√	√	基于共识贡献	基于共识贡献	×
	Rodriguez 等（2018）	√	√	无差别		×
SN-LSGDM	Wu 等（2018b；2019f）	√	×	基于连接关系	多数原则	
	Xu 等（2016）	√	×	无差别	多数原则	—
	Liu 等（2019a）	×	√	基于矛盾水平	—	
CEN-LSGDM	本研究	√	√	无差别		√

四　案例分析与对比分析

以 Xu 等人（2015b）总结的 2013 年雅安 7.0 级地震应急大规模群决策问题为例来验证上述所提方法的有效性。在该案例中，20 位专家以模糊偏好关系的形式对四个方案进行评价，期望从四个营救方案中选出最优方案。

(一) 案例分析

1. 构建大规模共识演化网络

已知 20 位决策者 $LV = \{v_1, v_2, \cdots, v_{20}\}$ 对四个方案 $X = \{x_1, x_2, x_3, x_4\}$ 的模糊偏好关系 $F_k = (f_{ij}^k)_{4 \times 4}$ ($k = 1, 2, \cdots, 20$; $i, j = 1, 2, 3, 4$; $i \neq j$) 如下：

$$F_1 = \begin{pmatrix} 0.5 & 0.9 & 0.9 & 0.8 \\ 0.1 & 0.5 & 0.7 & 0.8 \\ 0.1 & 0.3 & 0.5 & 0.4 \\ 0.2 & 0.2 & 0.6 & 0.5 \end{pmatrix} \quad F_2 = \begin{pmatrix} 0.5 & 0.3 & 0.7 & 0.8 \\ 0.7 & 0.5 & 0.3 & 0.6 \\ 0.3 & 0.7 & 0.5 & 0.3 \\ 0.2 & 0.4 & 0.7 & 0.5 \end{pmatrix}$$

$$F_3 = \begin{pmatrix} 0.5 & 0.1 & 0.6 & 0.4 \\ 0.9 & 0.5 & 0.6 & 0.4 \\ 0.4 & 0.4 & 0.5 & 0.3 \\ 0.4 & 0.6 & 0.7 & 0.5 \end{pmatrix} \quad F_4 = \begin{pmatrix} 0.5 & 0.1 & 0.8 & 0.4 \\ 0.9 & 0.5 & 0.6 & 0.6 \\ 0.2 & 0.4 & 0.5 & 0.8 \\ 0.6 & 0.4 & 0.2 & 0.5 \end{pmatrix}$$

$$F_5 = \begin{pmatrix} 0.5 & 0.4 & 0.4 & 0.4 \\ 0.6 & 0.5 & 0.1 & 0.5 \\ 0.6 & 0.9 & 0.5 & 0.4 \\ 0.6 & 0.5 & 0.6 & 0.5 \end{pmatrix} \quad F_6 = \begin{pmatrix} 0.5 & 0.3 & 0.6 & 0.7 \\ 0.7 & 0.5 & 0.8 & 0.8 \\ 0.4 & 0.2 & 0.5 & 0.9 \\ 0.3 & 0.2 & 0.1 & 0.5 \end{pmatrix}$$

$$F_7 = \begin{pmatrix} 0.5 & 0.2 & 0.6 & 0.6 \\ 0.8 & 0.5 & 0.8 & 0.8 \\ 0.4 & 0.2 & 0.5 & 0.6 \\ 0.4 & 0.2 & 0.4 & 0.5 \end{pmatrix} \quad F_8 = \begin{pmatrix} 0.5 & 0.4 & 0.7 & 0.6 \\ 0.6 & 0.5 & 0.4 & 0.8 \\ 0.3 & 0.6 & 0.5 & 0.7 \\ 0.4 & 0.2 & 0.3 & 0.5 \end{pmatrix}$$

$$F_9 = \begin{pmatrix} 0.5 & 0.6 & 0.6 & 0.7 \\ 0.4 & 0.5 & 0.9 & 0.9 \\ 0.4 & 0.1 & 0.5 & 0.9 \\ 0.3 & 0.1 & 0.1 & 0.5 \end{pmatrix} \quad F_{10} = \begin{pmatrix} 0.5 & 0.7 & 0.6 & 0.8 \\ 0.3 & 0.5 & 0.6 & 0.7 \\ 0.4 & 0.4 & 0.5 & 0.9 \\ 0.2 & 0.3 & 0.1 & 0.5 \end{pmatrix}$$

$$F_{11} = \begin{pmatrix} 0.5 & 0.4 & 0.4 & 0.6 \\ 0.6 & 0.5 & 0.3 & 0.4 \\ 0.6 & 0.7 & 0.5 & 0.7 \\ 0.4 & 0.6 & 0.3 & 0.5 \end{pmatrix} \quad F_{12} = \begin{pmatrix} 0.5 & 0.3 & 0.6 & 0.4 \\ 0.7 & 0.5 & 0.6 & 0.6 \\ 0.4 & 0.4 & 0.5 & 0.6 \\ 0.6 & 0.4 & 0.4 & 0.5 \end{pmatrix}$$

$$F_{13} = \begin{pmatrix} 0.5 & 0.6 & 0.2 & 0.3 \\ 0.4 & 0.5 & 0.4 & 0.3 \\ 0.8 & 0.6 & 0.5 & 0.4 \\ 0.7 & 0.7 & 0.6 & 0.5 \end{pmatrix} \quad F_{14} = \begin{pmatrix} 0.5 & 0.9 & 0.7 & 0.8 \\ 0.1 & 0.5 & 0.8 & 0.7 \\ 0.3 & 0.2 & 0.5 & 0.1 \\ 0.2 & 0.3 & 0.9 & 0.5 \end{pmatrix}$$

$$F_{15} = \begin{pmatrix} 0.5 & 0.7 & 0.4 & 0.5 \\ 0.3 & 0.5 & 0.1 & 0.2 \\ 0.6 & 0.9 & 0.5 & 0.4 \\ 0.5 & 0.8 & 0.6 & 0.5 \end{pmatrix} \quad F_{16} = \begin{pmatrix} 0.5 & 0.4 & 0.4 & 0.2 \\ 0.6 & 0.5 & 0.1 & 0.2 \\ 0.6 & 0.9 & 0.5 & 0.4 \\ 0.8 & 0.8 & 0.6 & 0.5 \end{pmatrix}$$

$$F_{17} = \begin{pmatrix} 0.5 & 0.4 & 0.4 & 0.1 \\ 0.6 & 0.5 & 0.5 & 0.4 \\ 0.6 & 0.5 & 0.5 & 0.7 \\ 0.9 & 0.6 & 0.3 & 0.5 \end{pmatrix} \quad F_{18} = \begin{pmatrix} 0.5 & 0.6 & 0.4 & 0.2 \\ 0.4 & 0.5 & 0.3 & 0.7 \\ 0.6 & 0.7 & 0.5 & 0.6 \\ 0.8 & 0.3 & 0.4 & 0.5 \end{pmatrix}$$

$$F_{19} = \begin{pmatrix} 0.5 & 0.6 & 0.2 & 0.3 \\ 0.4 & 0.5 & 0.4 & 0.3 \\ 0.8 & 0.6 & 0.5 & 0.4 \\ 0.7 & 0.7 & 0.6 & 0.5 \end{pmatrix} \quad F_{20} = \begin{pmatrix} 0.5 & 0.6 & 0.4 & 0.1 \\ 0.4 & 0.5 & 0.3 & 0.4 \\ 0.6 & 0.7 & 0.5 & 0.7 \\ 0.9 & 0.6 & 0.3 & 0.5 \end{pmatrix}$$

基于上述模糊偏好关系可以构建共识矩阵 $LC = (lc_{kl})_{20 \times 20}$:

$$LC = \begin{pmatrix} 0 & 0.750 & \cdots & 0.800 & 0.616 & \cdots & 0.566 \\ 0.750 & 0 & \cdots & 0.750 & 0.799 & \cdots & 0.683 \\ \cdots & \cdots & \cdots & \cdots & \cdots & \cdots & \cdots \\ 0.800 & 0.750 & \cdots & 0 & 0.750 & \cdots & 0.700 \\ 0.616 & 0.799 & \cdots & 0.750 & 0 & \cdots & 0.883 \\ \cdots & \cdots & \cdots & \cdots & \cdots & \cdots & \cdots \\ 0.566 & 0.683 & \cdots & 0.700 & 0.883 & \cdots & 0 \end{pmatrix}_{20 \times 20}$$

利用公式（6.2）计算得到该大规模群决策问题的整体共识水平为 $CL = 0.739$。根据共识矩阵 $LC = (lc_{kl})_{20 \times 20}$ 可知 $min\ (lc_{kl}) = 0.516$ 和 $max\ (lc_{kl}) = 1.000$。由共识演化网络定义，共识演化网络的完全图、不完全图和空图，如图 6.6 所示。

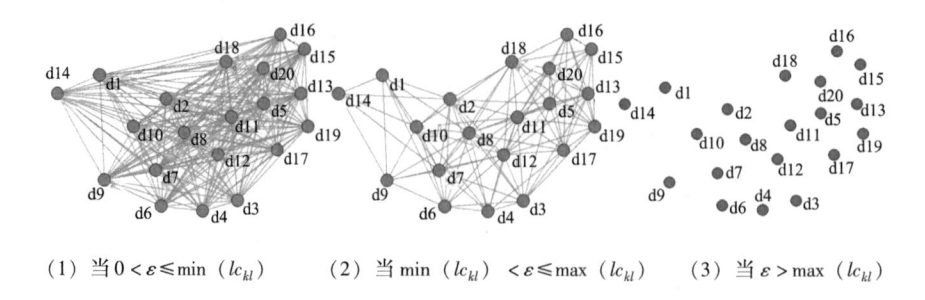

(1) 当 $0 < \varepsilon \leq \min(lc_{kl})$　　(2) 当 $\min(lc_{kl}) < \varepsilon \leq \max(lc_{kl})$　　(3) 当 $\varepsilon > \max(lc_{kl})$

图 6.6　不同共识阈值情况下的共识演化网络结构

2. 基于共识演化网络的动态聚类分析

利用算法 6.1，基于不同共识阈值 ε 下的共识演化网络对大规模决策者进行聚类。根据算法 6.2，有效动态聚类发生在 $\varepsilon \in [0.516, 0.833]$，分别为 $LG^{(1)}_{\varepsilon \in (0.516, 0.783]} = \{SG^{(1)}_1, SG^{(1)}_2\}$ 和 $LG^{(2)}_{\varepsilon \in (0.783, 0.833]} = \{SG^{(2)}_1, SG^{(2)}_2, SG^{(2)}_3\}$，聚类结果如表 6.4 所示。

表 6.4　　基于规则 1 得到的初始大规模群决策有效聚类结果

共识阈值区间	聚类结果
$\varepsilon \in (0.516, 0.783]$	$SG^{(1)}_1 = \{v_1, v_2, v_3, v_4, v_6, v_7, v_8, v_9, v_{10}, v_{12}, v_{14}\}$ $SG^{(1)}_2 = \{v_5, v_{11}, v_{13}, v_{15}, v_{16}, v_{17}, v_{18}, v_{19}, v_{20}\}$
$\varepsilon \in (0.783, 0.833]$	$SG^{(2)}_1 = \{v_1, v_{14}\}$ $SG^{(2)}_2 = \{v_2, v_3, v_4, v_6, v_7, v_8, v_9, v_{10}, v_{12}\}$ $SG^{1}_2 = \{v_5, v_{11}, v_{13}, v_{15}, v_{16}, v_{17}, v_{18}, v_{19}, v_{20}\}$

从上述两种聚类结果中，分别展示 $LG^{(1)}_{\varepsilon = 0.683}$ 和 $LG^{(2)}_{\varepsilon = 0.799}$ 的聚类结构如图 6.7 所示。

根据算法 6.2，检测聚类效果的相关指标如表 6.5 所示。根据 $\min(CL^{(p)}_{loc(r)}/CL^{(p)}_{glo}) = 0.830$，$p = 2$ 和 $r = 1, 2, 3$ 可知，$LG^{(2)}_{\varepsilon \in (0.783, 0.883]}$ 是合适的聚类结果。

第六章 共识达成与聚类分析视角下的大规模群决策　181

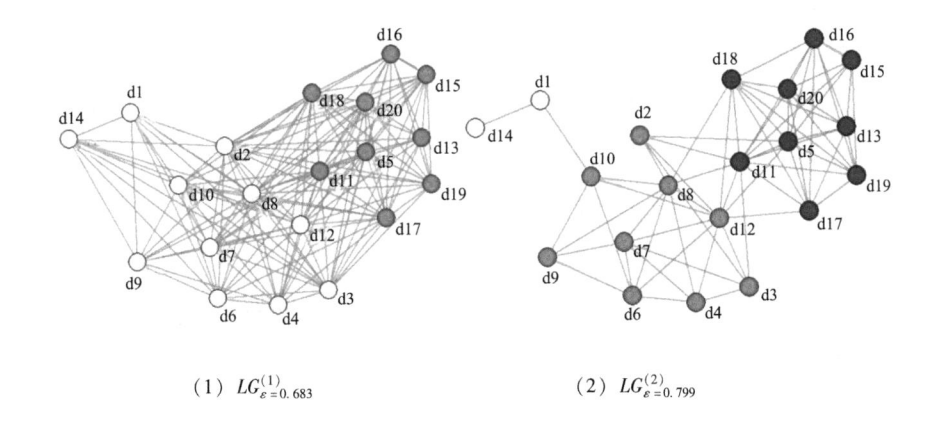

（1）$LG^{(1)}_{\varepsilon=0.683}$　　　　　　　　　　（2）$LG^{(2)}_{\varepsilon=0.799}$

图6.7 当 $LG^{(1)}_{\varepsilon=0.683}$ 和 $LG^{(2)}_{\varepsilon=0.799}$ 时的聚类结果

表6.5　　　　　　　　　判断有效聚类的相关指标

动态聚类		局部共识网络的权重	局部共识水平	全局共识水平	全局共识水平和局部共识水平的比值
$LG^{(1)}_{\varepsilon\in(0.516,0.783]}$	$SG^{(1)}_1$	0.512	0.777	0.810	0.751	0.926
	$SG^{(1)}_2$	0.488	0.845			
$LG^{(2)}_{\varepsilon\in(0.783,0.883]}$	$SG^{(2)}_1$	0.278	0.883	0.839	0.697	0.830
	$SG^{(2)}_2$	0.357	0.799			
	$SG^{(2)}_3$	0.365	0.845			

3. 共识达成过程和聚类分析更新过程

假设令人满意的共识水平为 $\overline{CL}=0.9$。根据整体共识水平 $CL=0.739$ 可知，目前的共识水平并不令人满意，因此需要利用算法6.3进行反馈调整。每次反馈调整之后均利用算法6.1再进行聚类分析，进而利用算法6.2确定有效聚类。经过两次迭代调整之后，整体共识水平 $CL''=0.922>\overline{CL}$。

共识达成之后需要再次执行算法6.1以得到最新的聚类结果。

从输出的最新聚类结果中，根据算法6.2的规则1，在共识阈值 $\varepsilon \in$ [0.892, 0.950] 发现五个有效聚类：$LG''^{(1)}_{\varepsilon=0.900} = \{SG''^{(1)}_1, SG''^{(1)}_2\}$，$LG''^{(2)}_{\varepsilon=0.930} = \{SG''^{(2)}_1, SG''^{(2)}_2, SG''^{(2)}_3\}$，$LG''^{(3)}_{\varepsilon=0.938} = \{SG''^{(3)}_1, SG''^{(3)}_2, SG''^{(3)}_3, SG''^{(3)}_4\}$，$LG''^{(4)}_{\varepsilon=0.942} = \{SG''^{(4)}_1, SG''^{(4)}_2, SG''^{(4)}_3, SG''^{(4)}_4, SG''^{(4)}_5\}$ 和 $LG''^{(5)}_{\varepsilon=0.944} = \{SG''^{(5)}_1, SG''^{(5)}_2, SG''^{(5)}_3, SG''^{(5)}_4, SG''^{(5)}_5, SG''^{(5)}_5\}$，聚类结果如图6.8所示。

根据算法6.2，检测剩余聚类效果的相关指标如表6.6所示。根据 $\min(CL^{(4)}_{loc}/CL^{(4)}_{glo}) = 0.962$ 可知，$LG''^{(4)}_{\varepsilon=0.942}$ 为适用于后续决策的聚类结果。

(1) $LG'''^{(1)}_{\varepsilon=0.900}$ (2) $LG''^{(2)}_{\varepsilon=0.930}$ (3) $LG'''^{(3)}_{\varepsilon=0.938}$

(4) $LG''^{(4)}_{\varepsilon=0.942}$ (5) $LG'''^{}_{\varepsilon=0.944}$

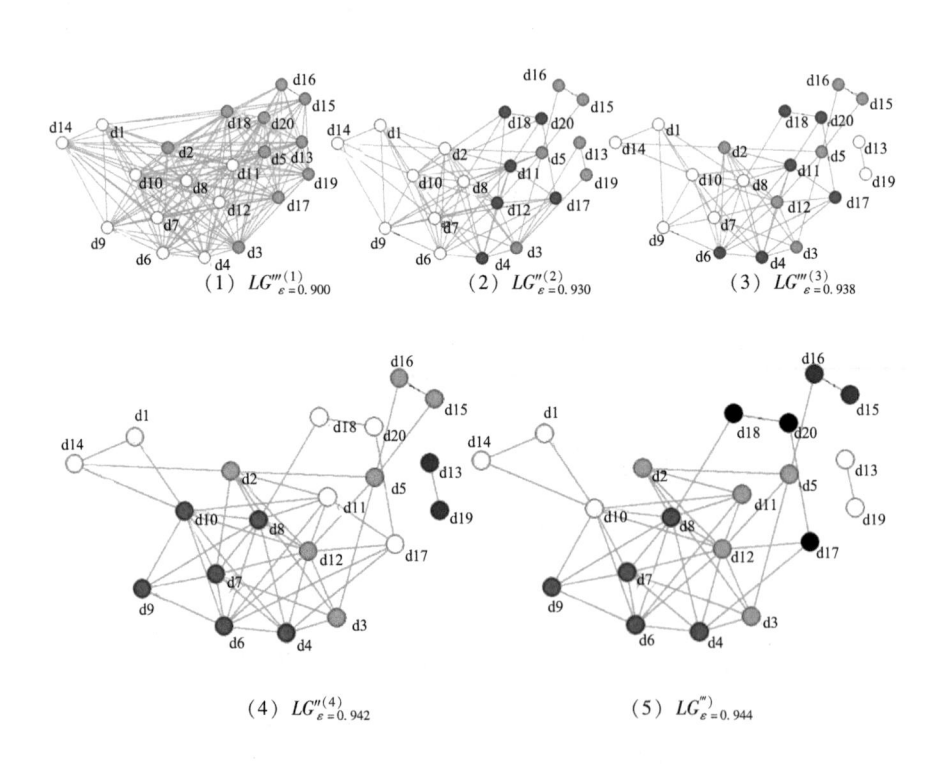

图6.8 两轮共识调整后的有效聚类

表 6.6　　　　　　　　检测剩余有效聚类的相关指标

动态聚类		社区权重	局部共识水平	全局共识水平	全局共识水平与局部共识水平的比值	
$LG''^{(1)}_{\varepsilon=0.900}$	社区 1	0.504	0.948	0.935	0.936	1.001
	社区 2	0.496	0.923			
$LG''^{(2)}_{\varepsilon=0.930}$	社区 1	0.351	0.950	0.942	0.934	0.991
	社区 2	0.325	0.940			
	社区 3	0.324	0.935			
$LG''^{(3)}_{\varepsilon=0.938}$	社区 1	0.258	0.948	0.954	0.932	0.977
	社区 2	0.257	0.937			
	社区 3	0.257	0.935			
	社区 4	0.228	1.0000			
$LG''^{(4)}_{\varepsilon=0.942}$	社区 1	0.190	0.971	0.961	0.924	0.962
	社区 2	0.210	0.958			
	社区 3	0.209	0.937			
	社区 4	0.200	0.942			
	社区 5	0.191	1.000			
$LG''^{(5)}_{\varepsilon=0.944}$	社区 1	0.166	0.956	0.958	0.922	0.963
	社区 2	0.173	0.958			
	社区 3	0.172	0.949			
	社区 4	0.165	0.936			
	社区 5	0.162	0.950			
	社区 6	0.162	1.000			

4. 方案选择过程

输出聚类结果 $LG''^{(4)}_{\varepsilon=0.942}$ 及相应社区权重，根据公式（6.23）和公式（6.24）计算综合模糊偏好为：

$$F'' = \begin{pmatrix} 0.5 & 0.529 & 0.391 & 0.346 \\ 0.471 & 0.5 & 0.337 & 0.422 \\ 0.609 & 0.630 & 0.5 & 0.518 \\ 0.652 & 0.576 & 0.481 & 0.5 \end{pmatrix}$$

基于公式（5.39）计算 OWA 算子权重为（0，0.4，0.5，0.1），利用 OWA 算子计算每个方案的综合评价值为（0.430，0.433，0.552，0.528），最后对方案进行排序：$x_3 > x_4 > x_2 > x_1$。

（二）对比分析

根据案例分析，数值方面的对比分析主要从聚类分析、社区权重确定和共识达成之后的聚类分析三个方面展开。

1. 聚类分析

传统聚类方法一般直接基于决策者偏好关系进行聚类。共识矩阵本质上体现的是决策者偏好关系的相似性。例如，根据共识矩阵 $LC = (lc_{hk})_{20 \times 20}$，决策个体 v_1 和 v_2 之间的共识相似性为 $lc_{12} = 0.750$，v_1 和 v_{13} 之间的共识相似性为 $lc_{1,13} = 0.800$。因此，v_1 和 v_{13} 属于同一社区的可能性应该大于 v_1 和 v_2。但是，从图 6.7 的（a）可以看出，v_1 和 v_2 同属于社区 $LG^{(1)}_{\varepsilon = 0.683}$，而 v_1 和 v_{13} 从未属于同一个社区。该现象主要是由于算法 6.1 考虑了共识相似性的传递性，即决策者邻居的共识水平的影响。v_1 和 v_2 共同邻居的共识相似性大于 v_1 和 v_{13} 的共同邻居的共识相似性。因此，算法 6.1 比传统聚类算法更精确。

2. 权重确定

分别将仅基于多数原则或社区紧密度得到的社区权重与本研究所提方法做对比。例如，对于初始聚类 $LG^{(2)}_{\varepsilon \in (0.783, 0.083]}$，分别计算结合多数原则和社区紧密度的社区权重 $w_r^{(2)}$，仅基于多数原则的社区权重 $\mu_{M(r)}^{(2)}$ 和仅基于社区紧密度的社区权重 $\mu_{C(r)}^{(2)}$（$r = 1, 2, 3$），结果如表 6.7 所示。

表 6.7　　聚类结果 $LG^{(2)}_{\varepsilon \in (0.783, 0.883]}$ 的社区权重对比

r	$\mu_{M(r)}^{(2)}$	$\mu_{C(r)}^{(2)}$	$w_r^{(2)}$
1	0.1	0.350	0.278
2	0.45	0.316	0.357
3	0.45	0.334	0.365

从表 6.7 可以看出，仅考虑多数原则或社区紧密度的社区权重容易引起不公平性，尤其是当 $r=1$ 时，仅基于多数原则时，社区权重被低估，仅基于社区紧密度时，社区权重被高估。对于成员少的社区来说，局部共识水平往往偏高。结合两种指标可以发现，被低估的多数准则社区重要性从 0.1 被社区紧密度调节至 0.278。同时，公式（6.22）中的参数 β 可以根据需要提高或降低社区紧密度的影响。另外，根据表 6.3，还有基于共识贡献的社区权重方法，如果我们将所有决策个体的平均模糊偏好关系作为集体模糊偏好关系，那么基于共识贡献的社区权重确定方法与多数原则类似。

3. 共识达成过程和再聚类

根据本章方法，经过两轮迭代，整体共识水平从 0.739 升至 0.922。而在文献（Xu 等，2015）中，经过复杂的三次迭代，整体共识水平从 0.7358 升至 0.7943。但是，文献（Xu 等，2015）主要是面向应急大规模群决策问题，而本研究主要面向一般化的大规模群决策问题。由于在应急决策中需要考量的因素更多，因此该共识调整结果没有可比性。本节所提方法的研究特色主要在于共识调整之后的再聚类分析。最终输出的聚类结果应该为 $LG''^{(4)}_{\varepsilon=0.942} = \{SG''^{(4)}_1, SG''^{(4)}_2, SG''^{(4)}_3, SG''^{(4)}_4, SG''^{(4)}_5\}$ 而不是初始聚类结果 $LG^{(2)}_{\varepsilon\in(0.783,0.883]} = \{SG^{(2)}_1, SG^{(2)}_2, SG^{(2)}_3\}$，且不同的聚类结果对后续的决策过程具有直接影响。

第四节　考虑偏好调整成本的大规模群决策聚类方法

在传统群决策中，当决策个体因为知识、经验或个人利益不同等原因导致整体共识水平较低时，调解者需要花费时间、精力乃至金钱来劝说这样的决策个体作出让步。但在大规模群决策问题中，由于决策个体规模较大，调解者花费数倍的成本对非合作个体进行

——劝解不太现实。因此，通过聚类分析将大规模群决策问题降维处理可以方便调解者针对特定群体给出合适的劝解策略。

由于决策个体知识、经验和代表利益不同，他们在调解过程中作出让步花费的个人成本也会有差别。如果像传统大规模群决策聚类方法那样仅基于偏好关系对决策者进行分类，则聚为一类的决策个体可能拥有不同的调整成本。在这种情况下，调解者仍然需要为同一小群体的决策个体提供不同的调解或补偿策略。如此一来，聚类分析并未起到降低大规模群决策复杂性的目的。所以，在考虑群共识的情况下，除了偏好关系，决策个体的偏好调整成本也是聚类分析的一个重要影响因素。

本章结合决策个体的偏好信息和调整成本基于 K 均值算法提出大规模群决策聚类分析方法。该研究得到的小群体由偏好和调整成本均比较类似的个体组成，因此调解者仅需要为小群体提供同一种或类似调节策略即可。如此一来，大规模群体共识达成进程得以加快，大大节约群体协商决策时间。

一 大规模群决策聚类方法设计

为了使聚类分析之后的共识达成过程顺利进行，基于偏好调整成本提出基于 K 均值的大规模群决策聚类算法，其中，偏好信息依然为聚类的主要要素，调整成本作为偏好信息的额外辅助信息。本节主要介绍该算法的关键技术如下。

（一）融合偏好信息和调整成本的个体决策者距离测度

此处考虑偏好调整成本的大规模群决策聚类算法主要基于 K 均值聚类提出。K 均值聚类分析方法虽然有诸如需要提前确定聚类数和聚类中心等缺点，但作为一个简单、易理解、迭代速度快的无监督算法，该方法仍然是最常用的聚类算法之一。另外，根据应用情境确定聚类中心，可以合理利用上述缺点。例如，本章基于共识水平和调整成本来确定聚类中心，比随机状态下得到的聚类结果更稳定和更实用。在 K 均值算法中，距离是衡量聚类对象连接与分离状态的基础。因此，首先给出基于偏好信息和调整成本的距离计算方法。

将偏好信息和调整成本看作决策者的双重属性：$V: \{F, C\}$，其中，$F = (F_k)$（$F_k = (f_{ij}^k)_{m \times m}$，$f_{ij}^k + f_{ji}^k = 1$）表示决策者的偏好信息，$C = (C_k)$（$C_k \in [0, 1]$）表示决策者的单位调整成本。

首先，计算基于偏好信息的距离 $dis(F_k, F_l)$：

$$dis(F_k, F_l) = \sum_{i,j=1; i \neq j}^{m} \frac{|f_{ij}^k - f_{ij}^l|}{m(m-1)} \qquad (6.25)$$

其中，$dis(F_k, F_l) \in [0, 1]$。

然后，计算基于单位调整成本的距离 $dis(C_k, C_l)$：

$$dis(C_k, C_l) = |C_k - C_l| \qquad (6.26)$$

其中，$dis(C_h, C_l) \in [0, 1]$。

假设将调整成本以参数 $\alpha \in [0, 1]$ 融合到偏好信息中。为了在聚类中考虑偏好信息和调整成本双重属性，需要计算成对决策者之间基于双重属性的距离 $D(v_k, v_l)$：

$$\begin{aligned}D(v_k, v_l) &= [dis^2(F_k, F_l) + \alpha \times dis^2(C_k, C_l)]^{\frac{1}{2}} \\ &= \left[\left(\sum_{i,j=1; i \neq j}^{m} \frac{|f_{ij}^k - f_{ij}^l|}{m(m-1)}\right)^2 + \alpha \times |C_k - C_l|^2\right]^{\frac{1}{2}} \end{aligned} \qquad (6.27)$$

由于 $dis(F_k, F_l), dis(C_h, C_l) \in [0, 1]$，所以 $D(v_k, v_l) \in [0, 1]$。

当 $\alpha = 0$，决策个体仅仅基于偏好信息被聚类，即 $D(v_k, v_l) = dis(F_k, F_l)$。当 $\alpha \in [0, 1]$，聚类分析中调整成本的作用随着 α 的增加而增强，在 $\alpha = 1$ 达到最强，即

$$D(v_k, v_l) = \sqrt{dis^2(F_k, F_l) + dis^2(C_h, C_l)}$$。相应地，偏好信息在聚类分析中的作用随着 α 的增加而降低。所以，偏好信息和调整成本在本聚类算法中是相互矛盾的两个属性。另外，偏好信息相似性决定了共识水平的高低，偏好信息在聚类中越重要，类内共识水平越高，但是对调整成本的忽视可能引起类内调整成本差别

较大，从而导致总调整成本较大。因此，偏好信息和调整成本的矛盾性同时也反映在类内共识水平和总调整成本之间的矛盾关系上。

(二) 平衡类内共识水平和总调整成本之间的矛盾

调整成本的系数 α 可以通过平衡共识水平和总调整成本之间的矛盾来确定，即选取合适的参数 α 来协调偏好信息和调整成本在聚类分析中的作用。α 的取值可以基于两个平均差来确定，一是类内共识水平的平均差，另一个是类内成员总调整成本的平均差。为了计算这些平均差，首先需要确定大群体的共识水平。由于调解者需要基于决策个体的调整成本给出补偿策略，而调解者的目标是以最小成本劝说决策个体达成共识，因此，我们基于最小调整成本模型确定共识偏好 F^*。

基于偏好关系的最小调整成本模型为：

$$\min \varphi(F) = \sum_{k=1}^{n} \sum_{i,j=1; i \neq j}^{m} C_k \frac{|f_{ij}^k - \bar{f}_{ij}|}{m(m-1)} \quad (6.28)$$

$$s.t. \ \bar{f}_{ij} + \bar{f}_{ji} = 1; \ i, j = 1, 2, \cdots, m$$

其中，$\bar{F} = (\bar{f}_{ij})_{m \times m}$ 是大群体可能的共识偏好。

根据模型求解器 Lingo，容易求得上述模型的最优共识观点 $F^* = (f_{ij}^*)_{m \times m}$。然后，类内共识水平的平均差可以确定如下。

1. 假设基于某个 α 值，n 个决策个体可以被聚为 t 类 SG_r ($r = 1, 2, \cdots, t$)，第 r 类 SG_r 内的决策个体与最优共识观点 F^* 之间的共识水平 CL_r^k ($v_k \in SG_r$) 可以根据公式 (6.3) 计算为：

$$\begin{aligned} CL_r^k &= 1 - dis(F_k, F^*) \\ &= 1 - \sum_{i,j=1; i \neq j}^{m} \frac{|f_{ij}^k - f_{ij}^*|}{m(m-1)} \end{aligned} \quad (6.29)$$

2. 基于共识水平 CL_r^k，SG_r 类内两决策个体 (v_k, v_l) 之间的共识水平的平均差 $\eta_\alpha (v_k, v_l)$ 为：

$$\eta_\alpha (v_k, v_l) = |CL_r^k - CL_r^l| \quad (6.30)$$

其中，$v_k, v_l \in SG_r$。

3. 基于成对决策个体之间的共识水平平均差 $\eta_\alpha(v_k, v_l)$，所有类内共识水平的平均差 ME_{consen}^α 可以计算为：

$$ME_{consen}^\alpha = \frac{1}{t}\sum_{r=1}^{t}\left(\frac{\sum_{v_k,v_l\in SG_r}\eta_\alpha(v_k,v_l)}{N(SG_r)(N(SG_r)-1)}\right) \quad (6.31)$$

其中，t 为聚类数，$N(SG_r)$ 是类 SG_r 包含的决策个体数。

类似地，类内总调整成本的平均差也可以计算如下。

1. 决策个体 v_k 以最优共识偏好 F^* 为参考的总调整成本 TC_k 为：

$$TC_k = \sum_{i,j=1;i\neq j}^{m} C_k \frac{|f_{ij}^k - f_{ij}^*|}{m(m-1)} \quad (6.32)$$

2. 基于决策个体的总调整成本 TC_k，SG_r 类内两决策个体 (v_k, v_l) 的总调整成本的平均差 $\xi_\alpha(v_k, v_l)$ 为：

$$\xi_\alpha(v_k, v_l) = |TC_k - TC_l| \quad (6.33)$$

其中，$v_k, v_l \in SG_r$。

3. 基于成对决策个体之间的总调整成本平均差 $\xi_\alpha(v_k, v_l)$，所有类内成对决策者之间的总调整成本的平均差 ME_{cost}^α 为：

$$ME_{cost}^\alpha = \frac{1}{t}\sum_{r=1}^{t}\left(\frac{\sum_{v_k,v_l\in SG_r}\xi_\alpha(v_k,v_l)}{N(SG_r)(N(SG_r)-1)}\right) \quad (6.34)$$

其中，t 为聚类数，$N(SG_r)$ 是类 SG_r 包含的决策个体数。

随着 α 取值的增加，偏好信息在聚类分析中的作用逐渐降低，调整成本在聚类分析中的作用逐渐增加。因此，随着 α 取值的增加，类内共识水平的平均差整体呈现上升趋势，而类内总调整成本的平均差整体上呈现下降趋势。

根据聚类准则，类内越紧密，类间越稀疏，聚类效果越好。类似地，当平均差 ME_{consen}^α 和 ME_{cost}^α 都比较小的时候，类内偏好和调整成本都比较相似，聚类效果越好。为了确定 α 的值，我们提出一个加权方法：

$$\min(\omega \times ME_{consen}^\alpha + \mu \times ME_{cost}^\alpha) \quad (6.35)$$

其中，ω 和 μ 分别是平均差 ME_{consen}^α 和 ME_{cost}^α 的权重。

由于随着 α 取值的增加，平均差 ME_{consen}^{α} 和 ME_{cos}^{α} 的整体趋势相反，所以当 ω 和 μ 之间某个权重增加的时候，另一个权重必定下降以使得公式（6.35）最小。因为 K 均值算法每次迭代都会随机选取初始聚类中心，所以同样 α 取值的情况下，每次聚类得到的平均差 ME_{consen}^{α} 和 ME_{cost}^{α} 的值不一定完全一致。一般情况下，合适的聚类结果需要迭代多次才能通过经验判断出来，所以我们可以通过多次聚类结果产生的平均差 ME_{consen}^{α} 和 ME_{cost}^{α} 来确定 α 的取值。假设 $\exists \max ME_{consen}^{\alpha} \neq \min ME_{consen}^{\alpha}$，$\exists \max ME_{cost}^{\alpha} \neq \min ME_{cost}^{\alpha}$，然后令 $a^* = \max ME_{consen}^{\alpha}$，$a_* = \min ME_{consen}^{\alpha}$，$b^* = \max ME_{cost}^{\alpha}$，$b_* = \min ME_{cost}^{\alpha}$，权重 ω 和 μ 可以通过如下公式来确定：

$$\omega = 1 - \frac{a^* - a_*}{a^* - a_* + b^* - b_*} \tag{6.36}$$

$$\mu = 1 - \frac{b^* - b_*}{a^* - a_* + b^* - b_*} \tag{6.37}$$

其中，$\omega + \mu = 1$ 表明 ω 和 μ 之间是相互制衡的。

（三）确定聚类算法的目标函数

K 均值算法的目标函数指的是决策个体与聚类中心之间距离的最小化。基于双重属性的距离 $D(v_k, v_l)$ 和参数 α 可以确定考虑偏好调整成本的聚类算法的目标函数。

假设 n 个决策个体应该被聚为 t 类 SG_r（$r = 1, 2, \cdots, t$），聚类中心 P_r（$r = 1, 2, \cdots, t$）以双重属性表示为 $P_r : \{PF_r, PC_r\}$，则类 SG_r 的综合偏好信息 $PF_r = (pf_{ij}^r)_{m \times m}$ 为：

$$pf_{ij}^r = \frac{\sum_{v_k \in SG_r} f_{ij}^k}{N(SG_r)} \tag{6.38}$$

其中，$N(SG_r)$ 是类 SG_r 内包含的决策个体数，PF_r 可以认为是类 SG_r 的集体偏好。

类似地，类 SG_r 的平均调整成本 PC_r 为：

$$PC_r = \frac{\sum_{v_k \in SG_r} C_k}{N(SG_r)} \quad (6.39)$$

接着，基于聚类中心 P_r：$\{PF_r, PC_r\}$，考虑偏好调整成本的 K 均值目标函数 $\varphi(F, C, \alpha)$ 为：

$$\varphi(F,C,\alpha) = \sum_{r=1}^{t} \sum_{v_l \in SG_r} [dis^2(F_l, PF_r) + \alpha \times dis^2(C_l, PC_r)]^{\frac{1}{2}} \quad (6.40)$$

基于公式（6.25）、公式（6.26）、公式（6.35）、公式（6.36）以及公式（6.37），考虑偏好调整成本的 K 均值聚类算法的目标函数 $\min\varphi(F, C, \alpha)$ 为：

$$\min\varphi(F,C,\alpha) = \sum_{r=1}^{t} \sum_{v_l \in SG_r} \left[\left(\sum_{i,j=1;i \neq j}^{m} \frac{|f_{ij}^l - pf_{ij}^r|}{m(m-1)} \right)^2 + \alpha \times |C_l - PC_r|^2 \right]^{1/2}$$

(6.41)

$$s.t. \begin{cases} \min \ (\omega \times ME_{consen}^{\alpha} + \mu \times ME_{cost}^{\alpha}) \\ \omega = 1 - \dfrac{a^* - a_*}{a^* - a_* + b^* - b_*} \\ \mu = 1 - \dfrac{b^* - b_*}{a^* - a_* + b^* - b_*} \end{cases}$$

根据以上介绍的关键技术，给出可以确定参数 α 取值的算法 6.4。事实上，在参数 α 未确定的情况下，算法 6.4 亦是考虑偏好调整成本的一般化聚类算法。

算法 6.4：确定 α 的取值

输入：n 个拥有双重属性 V：$\{F, C\}$ 的决策者，聚类数 t 和迭代次数 T。

步骤 1：随机选取 t（$t<n$）个决策个体 v_k：$\{F_k, C_k\}$ 作为初始聚类中心 P_k：$\{PF_k, PC_k\}$，$k=1, 2, \cdots, n$。

步骤 2：基于随机参数 α，根据目标函数（6.41）将决策个体 v_l（$l=1, 2, \cdots, n; l \neq k$）分配到最近的类，产生新的类 SG_r，$r=1, 2, \cdots, t$，$t<n$。如果类 SG_r 内的成员数等于 1，即 $N(SG_r)=1$，直接退出该算法，并尝试新的迭代。否则的话，继续下一步。

步骤3：为新形成的类 SG_r（$r = 1, 2, \cdots, t; t < n$）根据公式（6.38）和公式（6.39）重新计算基于双重属性的聚类中心 P_r：$\{PF_r, PC_r\}$。

步骤4：从步骤2开始重复直到聚类结果不再变化。

步骤5：重复步骤1到步骤4直到达到 T 次迭代，得到 α。

输出：α 的值

(四) 确定初始聚类中心

为了得到稳定的聚类结果，我们需要基于已知的参数 α 提前确定 t 个初始聚类中心。首先，在大规模群决策者中寻找与其他人有最大共识水平和最相似调整成本的决策个体 v_k（$k = 1, 2, \cdots, n$）作为第一个聚类中心：

$$max[\sum_{l=1, k \neq l}^{n} CL_{k,l} - \alpha \times dis(C_k, C_l)] \tag{6.42}$$

然后，找到与决策个体 v_k 有着最低共识水平和最小相似调整成本的决策个体 v_x（$x \in N, x \neq k$）作为第二个聚类中心：

$$\min [CL_{x,k} - \alpha \times dis(C_x, C_k)] \tag{6.43}$$

接着，找到与决策个体 v_k 和 v_x 共识水平较低且调整成本差距最大的决策个体 v_y（$y = 1, 2, \cdots, n; y \neq x \neq k$）作为下一个聚类中心：

$$\min \left\{ \begin{array}{l} \frac{1}{N(P)}(CL_{y,x} + CL_{y,k}) - \frac{\alpha}{N(P)} \times \\ [dis(C_y, C_x) + dis(C_y, C_k)] \end{array} \right\} \tag{6.44}$$

其中，$N(P)$ 表示已经确定的聚类中心的数量，这里 $N(P) = 2$。

重复公式（6.44）直到所有的 t（$t > 3$）个初始聚类中心被找到。基于确定的初始聚类中心和确定的 α 取值，考虑偏好调整成本的聚类算法如算法6.5所示。

算法6.5：考虑偏好调整成本的聚类算法

输入：n 个拥有双重属性 $V: \{F, C\}$ 的决策个体，聚类数 t 和参数 α。

步骤1：根据公式（6.42）、公式（6.43）和公式（6.44）定义 t（$t>3$）个初始聚类中心。

步骤2：重复算法1的步骤2到步骤4直到聚类结果没有变化。

输出：聚类结果 $\{SG_1, SG_2, \cdots, SG_t\}$。

二 方法步骤及特点分析

根据算法6.4和算法6.5，考虑偏好调整成本的聚类步骤如下：

步骤1：确定大群体的最优共识观点

识别一个由 n 个决策个体 $V=\{v_1, v_2, \cdots, v_n\}$ 和 m 个方案 $X=\{x_1, x_2, \cdots, x_m\}$ 组成的大规模群决策问题，其中，决策个体的偏好由模糊偏好关系 F_k（$k=1, 2, \cdots, n$）表示。获取所有决策个体关于所有方案的模糊偏好关系，然后利用模型（6.28）得到最优共识偏好 F^*。

步骤2：确定调整成本的系数

设定聚类数 t 和迭代次数 T，通过算法6.4确定调整成本的系数 α 的取值。

步骤3：确定初始聚类中心

基于已知的参数 α，根据公式（6.42）—（6.44）定义前三个初始聚类中心。然后，根据公式（6.44）确定剩余的 $t-3$ 个聚类中心。

步骤4：获得稳定的聚类结果

基于确定的参数 α 和 t 个初始聚类中心，利用算法6.5对大规模群决策者进行聚类，得到稳定的聚类结果 $\{SG_1, SG_2, \cdots, SG_t\}$。

步骤5：分析聚类之后的共识情况

计算每个类的集体偏好 F_k 与最优共识偏好 F^* 之间的共识水平 CL_r^*，所有类之间的整体共识水平 OCL_r^*，整体类内共识水平的平均差 ME_{consen}^α 和整体类内调整成本的平均差 ME_{cost}^α，基于上述指标分析该决策问题的共识情况。

在本节所提方法中，基于最小成本的最优共识偏好作为衡量类内共识水平与总调整成本之间矛盾的参考。该方法的主要难点在于调整成本系数的确定，即调整成本以什么辅助程度参与到偏好关系为主的聚类分析中比较合适。该系数需要满足的条件为公式（6.35）、公式（6.36）、公式（6.37）。当类内共识水平与总调整成本之间的矛盾得到平衡时，该系数也就被确定。基于此，包含偏好信息和调整成本的聚类目标函数即确定，并且基于确定的聚类中心，能够得到稳定的聚类结果。

三 案例分析

随着企业越来越意识到团队管理的重要性，团建正在成为公司管理和提升团队凝聚力的一项热门项目。本节以公司团建为例介绍考虑偏好调整成本的大规模群决策方法的应用与对比分析。

（一）公司团建背景

团建形式多种多样，有旅游、户外拓展、运动会和职业培训等。目前，公司团建大部分以旅游为主。携程是中国有名的在线旅游公司，开创了定制化商务旅行的新市场，成为第一个为众多企业客户和供应商搭建的专业平台。携程在2018年6月首次发布了"中国企业团建定制化旅游指标"的报告。报告分析了携程2018年完成的涉及34000多家企业客户和1200多家定制供应商的海量团建订单数据。2018年上半年，企业定制订单量同比增长200%。团建定制占企业定制总量的15%，其中互联网企业的团队建设比例最高。团建主要有三种类型：一种是休闲放松，如冥想、美景、美食之旅；二是野外拓展活动，如荒岛求生、草原徒步、穿越沙漠等；三是海外学习和考察，如企业考察和精英培训。

假设有一规模超300人的互联网公司打算于近期组织员工团建，团建领导从携程提供的众多方案中选取了四个备选方案：（1）x_1：塞班岛旅行；（2）x_2：灵山冥想；（3）x_3：内蒙古草原徒步和穿越沙漠；（4）x_4：世界著名大学培训。为了节省决策时间和成本，团建领导从300人中选出25位代表，对四个方案进行评价。其中每个代表能够至少代表超过12人的利益。25位决策代表以模糊偏好关系的形式对四个方案进行了评价。同时,所有决策代表从[0,1]对自己代表的小集体内部的非合作性进行评估。该评估值越大,该群体越难协调。因此,我们将该评估值作为该决策代表的单位调整成本。

大规模群决策问题的复杂性不仅体现在决策者规模上,还体现在决策个体之间的复杂交互上。该团建问题虽然只包含25位决策代表,由于每个代表又代表着自己小群体的利益,且25位决策代表之间的协商交互过程比传统群推荐复杂得多,因此该问题仍然可以看作大规模群决策问题。将25位决策代表看作该大规模群决策问题的决策个体 $V = \{v_1, v_2, \cdots, v_{25}\}$,25位决策个体对4个方案的模糊偏好关系 F_k ($k = 1, 2, \cdots, 25$) 和决策个体的单位调整成本 $C = \{C_1, C_2, \cdots, C_{25}\}$ 分别表示如下:

$$F_1 = \begin{pmatrix} 0.5 & 0.8 & 0.9 & 0.3 \\ 0.2 & 0.5 & 0.7 & 0.4 \\ 0.1 & 0.3 & 0.5 & 0.4 \\ 0.7 & 0.6 & 0.6 & 0.5 \end{pmatrix} \quad F_2 = \begin{pmatrix} 0.5 & 0.2 & 0.6 & 0.8 \\ 0.8 & 0.5 & 0.6 & 0.7 \\ 0.4 & 0.4 & 0.5 & 0.3 \\ 0.2 & 0.3 & 0.7 & 0.5 \end{pmatrix}$$

$$F_3 = \begin{pmatrix} 0.5 & 0.6 & 0.7 & 0.4 \\ 0.4 & 0.5 & 0.6 & 0.4 \\ 0.3 & 0.4 & 0.5 & 0.3 \\ 0.6 & 0.6 & 0.7 & 0.5 \end{pmatrix} \quad F_4 = \begin{pmatrix} 0.5 & 0.1 & 0.3 & 0.4 \\ 0.9 & 0.5 & 0.6 & 0.6 \\ 0.7 & 0.4 & 0.5 & 0.8 \\ 0.6 & 0.4 & 0.2 & 0.5 \end{pmatrix}$$

$$F_5 = \begin{pmatrix} 0.5 & 0.4 & 0.4 & 0.1 \\ 0.6 & 0.5 & 0.1 & 0.5 \\ 0.6 & 0.9 & 0.5 & 0.4 \\ 0.9 & 0.5 & 0.6 & 0.5 \end{pmatrix} \quad F_6 = \begin{pmatrix} 0.5 & 0.4 & 0.6 & 0.7 \\ 0.6 & 0.5 & 0.9 & 0.8 \\ 0.4 & 0.1 & 0.5 & 0.9 \\ 0.3 & 0.2 & 0.1 & 0.5 \end{pmatrix}$$

$$F_7 = \begin{pmatrix} 0.5 & 0.2 & 0.7 & 0.6 \\ 0.8 & 0.5 & 0.9 & 0.8 \\ 0.3 & 0.2 & 0.5 & 0.6 \\ 0.4 & 0.1 & 0.4 & 0.5 \end{pmatrix} \quad F_8 = \begin{pmatrix} 0.5 & 0.5 & 0.7 & 0.8 \\ 0.5 & 0.5 & 0.4 & 0.8 \\ 0.3 & 0.6 & 0.5 & 0.7 \\ 0.2 & 0.2 & 0.3 & 0.5 \end{pmatrix}$$

$$F_9 = \begin{pmatrix} 0.5 & 0.2 & 0.6 & 0.6 \\ 0.8 & 0.5 & 0.9 & 0.8 \\ 0.4 & 0.1 & 0.5 & 0.9 \\ 0.4 & 0.2 & 0.1 & 0.5 \end{pmatrix} \quad F_{10} = \begin{pmatrix} 0.5 & 0.7 & 0.6 & 0.5 \\ 0.3 & 0.5 & 0.6 & 0.7 \\ 0.4 & 0.4 & 0.5 & 0.9 \\ 0.5 & 0.3 & 0.1 & 0.5 \end{pmatrix}$$

$$F_{11} = \begin{pmatrix} 0.5 & 0.8 & 0.6 & 0.3 \\ 0.2 & 0.5 & 0.7 & 0.5 \\ 0.4 & 0.3 & 0.5 & 0.2 \\ 0.7 & 0.5 & 0.8 & 0.5 \end{pmatrix} \quad F_{12} = \begin{pmatrix} 0.5 & 0.3 & 0.3 & 0.2 \\ 0.7 & 0.5 & 0.6 & 0.6 \\ 0.7 & 0.4 & 0.5 & 0.6 \\ 0.8 & 0.4 & 0.4 & 0.5 \end{pmatrix}$$

$$F_{13} = \begin{pmatrix} 0.5 & 0.6 & 0.2 & 0.3 \\ 0.4 & 0.5 & 0.4 & 0.3 \\ 0.8 & 0.6 & 0.5 & 0.4 \\ 0.7 & 0.7 & 0.6 & 0.5 \end{pmatrix} \quad F_{14} = \begin{pmatrix} 0.5 & 0.9 & 0.7 & 0.2 \\ 0.1 & 0.5 & 0.8 & 0.3 \\ 0.3 & 0.2 & 0.5 & 0.1 \\ 0.8 & 0.7 & 0.9 & 0.5 \end{pmatrix}$$

$$F_{15} = \begin{pmatrix} 0.5 & 0.6 & 0.4 & 0.5 \\ 0.4 & 0.5 & 0.2 & 0.2 \\ 0.6 & 0.8 & 0.5 & 0.4 \\ 0.5 & 0.8 & 0.6 & 0.5 \end{pmatrix} \quad F_{16} = \begin{pmatrix} 0.5 & 0.4 & 0.4 & 0.3 \\ 0.6 & 0.5 & 0.1 & 0.2 \\ 0.6 & 0.9 & 0.5 & 0.4 \\ 0.7 & 0.8 & 0.6 & 0.5 \end{pmatrix}$$

$$F_{17} = \begin{pmatrix} 0.5 & 0.3 & 0.4 & 0.1 \\ 0.7 & 0.5 & 0.5 & 0.4 \\ 0.6 & 0.5 & 0.5 & 0.7 \\ 0.9 & 0.6 & 0.3 & 0.5 \end{pmatrix} \quad F_{18} = \begin{pmatrix} 0.5 & 0.7 & 0.4 & 0.2 \\ 0.3 & 0.5 & 0.3 & 0.7 \\ 0.6 & 0.7 & 0.5 & 0.6 \\ 0.8 & 0.3 & 0.4 & 0.5 \end{pmatrix}$$

$$F_{19} = \begin{pmatrix} 0.5 & 0.6 & 0.7 & 0.1 \\ 0.4 & 0.5 & 0.9 & 0.3 \\ 0.3 & 0.1 & 0.5 & 0.4 \\ 0.9 & 0.7 & 0.6 & 0.5 \end{pmatrix} \quad F_{20} = \begin{pmatrix} 0.5 & 0.8 & 0.4 & 0.1 \\ 0.2 & 0.5 & 0.3 & 0.4 \\ 0.6 & 0.7 & 0.5 & 0.7 \\ 0.9 & 0.6 & 0.3 & 0.5 \end{pmatrix}$$

$$F_{21} = \begin{pmatrix} 0.5 & 0.7 & 0.7 & 0.3 \\ 0.3 & 0.5 & 0.8 & 0.4 \\ 0.3 & 0.2 & 0.5 & 0.2 \\ 0.7 & 0.6 & 0.8 & 0.5 \end{pmatrix} \quad F_{22} = \begin{pmatrix} 0.5 & 0.3 & 0.2 & 0.3 \\ 0.7 & 0.5 & 0.6 & 0.6 \\ 0.8 & 0.4 & 0.5 & 0.6 \\ 0.7 & 0.4 & 0.4 & 0.5 \end{pmatrix}$$

第六章 共识达成与聚类分析视角下的大规模群决策 197

$$F_{23} = \begin{pmatrix} 0.5 & 0.6 & 0.2 & 0.2 \\ 0.4 & 0.5 & 0.4 & 0.3 \\ 0.8 & 0.6 & 0.5 & 0.4 \\ 0.8 & 0.7 & 0.6 & 0.5 \end{pmatrix} \quad F_{24} = \begin{pmatrix} 0.5 & 0.5 & 0.7 & 0.8 \\ 0.5 & 0.5 & 0.2 & 0.7 \\ 0.3 & 0.8 & 0.5 & 0.9 \\ 0.2 & 0.3 & 0.1 & 0.5 \end{pmatrix}$$

$$F_{25} = \begin{pmatrix} 0.5 & 0.7 & 0.4 & 0.5 \\ 0.3 & 0.5 & 0.1 & 0.2 \\ 0.6 & 0.9 & 0.5 & 0.4 \\ 0.5 & 0.8 & 0.6 & 0.5 \end{pmatrix}$$

$C = \{0.1, 0.3, 0.5, 0.7, 0.8, 0.1, 0.5, 0.7, 0.4, 0.5, 0.5, 0.8, 0.4, 0.6, 0.2, 0.8, 0.1, 0.4, 0.7, 0.3, 0.6, 0.4, 0.9, 0.2, 0.7\}$

（二）模型应用

基于上述所有决策个体的模糊偏好关系，利用公式（6.28）的最小调整成本模型确定最优共识偏好：

$$F^* = \begin{pmatrix} 0.5 & 0.6 & 0.4 & 0.3 \\ 0.4 & 0.5 & 0.6 & 0.5 \\ 0.6 & 0.4 & 0.5 & 0.4 \\ 0.7 & 0.5 & 0.6 & 0.5 \end{pmatrix}$$

设聚类数 $t = 4$，迭代次数为 $T = 10^4$，执行算法 6.4 得到 $\alpha = 0.3258$。另外，经过 10^4 次迭代之后得到的 ME_{consen}^{α} 和 ME_{cost}^{α} 的整体趋势如图 6.9 所示，其中，实线表示类内共识水平平均差 ME_{consen}^{α} 的变化趋势，虚线表示类内总调整成本平均差 ME_{cost}^{α} 的变化趋势。可见，ME_{consen}^{α} 的整体趋势是上升的，而 ME_{cost}^{α} 的整体趋势是下降的。

基于已知的参数 $\alpha = 0.3258$，根据公式（6.42）、公式（6.43）和公式（6.44）分别确定初始四个聚类中心为决策个体 v_3、v_5、v_{23} 和 v_4，初始聚类中心分别表示为 $\{P_1, P_2, P_3, P_4\}$，执行算法 6.5 得到稳定的聚类结果如图 6.10 所示。在图 6.10 中，菱形表示聚类中心，纵轴表示决策个体的单位调整成本，横轴表示决策个体的偏

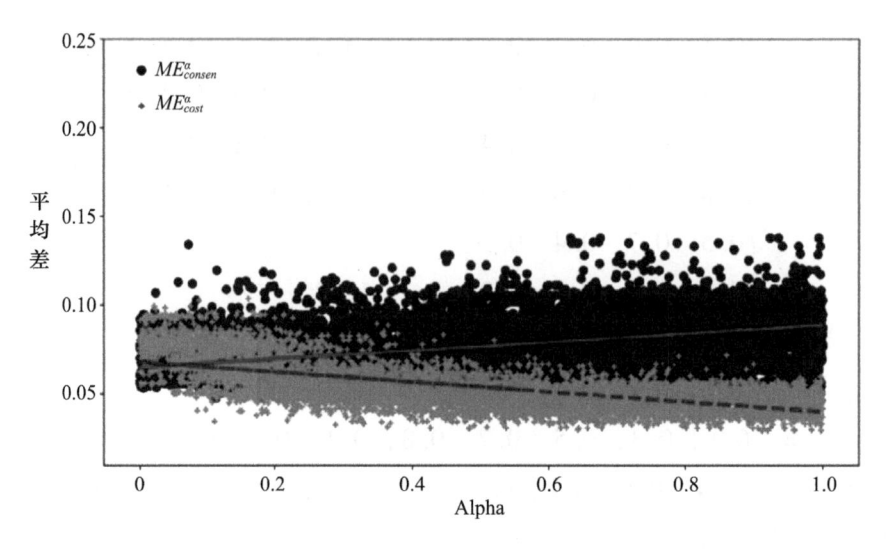

图 6.9　经过 10^4 迭代后 ME^α_{consen} 和 ME^α_{cost} 的整体趋势

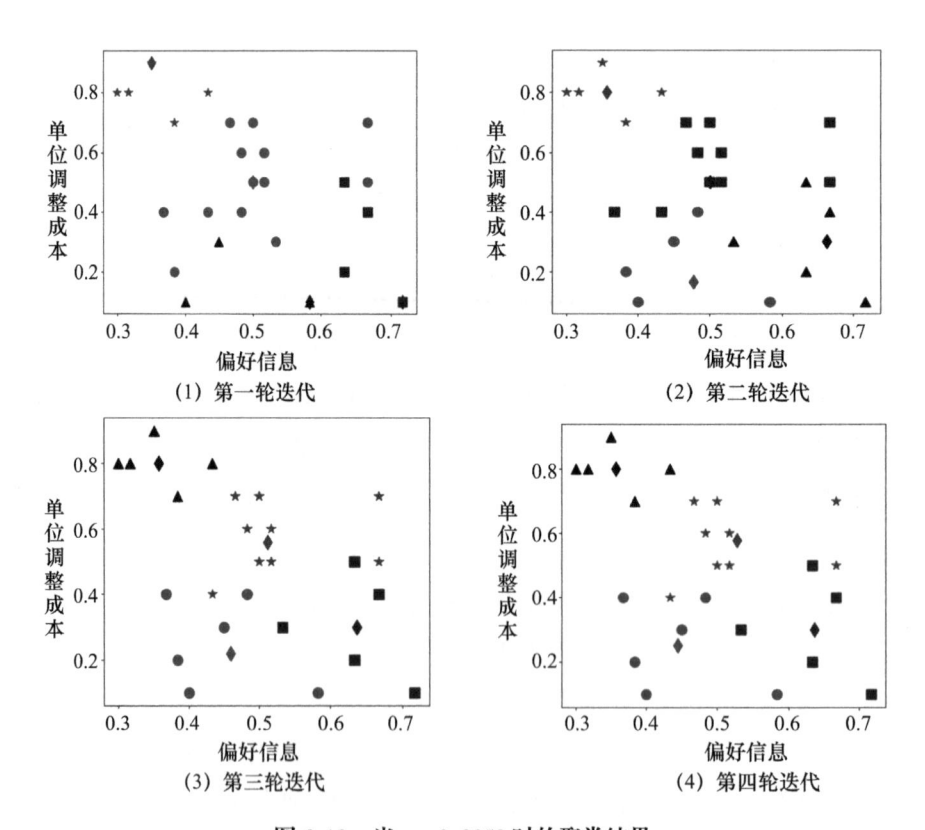

(1) 第一轮迭代

(2) 第二轮迭代

(3) 第三轮迭代

(4) 第四轮迭代

图 6.10　当 $\alpha = 0.3258$ 时的聚类结果

好信息,由模糊偏好关系矩阵上三角元素的平均值得到。例如,第一个聚类中心 P_1 是由决策个体 v_3 确定的,其相应的坐标轴表示为 (0.5, 0.5)。根据聚类结果可知,25 个决策个体被聚为四类: $SG_1 = \{v_1, v_{13}, v_{15}, v_{17}, v_{18}, v_{20}\}$,$SG_2 = \{v_2, v_5, v_7, v_9, v_{24}\}$,$SG_3 = \{v_3, v_4, v_8, v_{10}, v_{11}, v_{14}, v_{19}, v_{21}, v_{22}\}$,$SG_4 = \{v_5, v_{12}, v_{16}, v_{23}, v_{25}\}$,各类决策个体相应的单位调整成本为 (0.1, 0.4, 0.2, 0.1, 0.4, 0.3),(0.3, 0.1, 0.5, 0.4, 0.2),(0.5, 0.7, 0.7, 0.5, 0.5, 0.6, 0.7, 0.6, 0.4) 和 (0.8, 0.8, 0.8, 0.9, 0.7)。可以发现类内决策个体之间的单位调整成本比较相似。

令 $P_r: \{PF_r, PC_r\}$ ($r = 1, 2, 3, 4$) 表示由双重属性组成的四个类的聚类中心。根据公式 (6.38),聚类中心的模糊偏好关系 PF_r 由类内决策个体的平均模糊偏好关系确定:

$$PF_1 = \begin{pmatrix} 0.500 & 0.633 & 0.450 & 0.250 \\ 0.367 & 0.500 & 0.400 & 0.400 \\ 0.550 & 0.600 & 0.500 & 0.533 \\ 0.750 & 0.600 & 0.467 & 0.500 \end{pmatrix} \quad PF_2 = \begin{pmatrix} 0.500 & 0.300 & 0.640 & 0.700 \\ 0.700 & 0.500 & 0.700 & 0.780 \\ 0.360 & 0.300 & 0.500 & 0.720 \\ 0.300 & 0.220 & 0.280 & 0.500 \end{pmatrix}$$

$$PF_3 = \begin{pmatrix} 0.500 & 0.580 & 0.580 & 0.367 \\ 0.420 & 0.500 & 0.667 & 0.511 \\ 0.420 & 0.333 & 0.500 & 0.467 \\ 0.633 & 0.489 & 0.533 & 0.500 \end{pmatrix} \quad PF_4 = \begin{pmatrix} 0.500 & 0.480 & 0.340 & 0.260 \\ 0.520 & 0.500 & 0.260 & 0.360 \\ 0.660 & 0.740 & 0.500 & 0.440 \\ 0.740 & 0.640 & 0.560 & 0.500 \end{pmatrix}$$

基于公式 (6.39),聚类中心的单位调整成本 PC_r 为类内决策个体的平均单位调整成本: $PC_1 = 0.25$,$PC_2 = 0.30$,$PC_3 = 0.58$ 和 $PC_4 = 0.80$。可以发现类与类之间不管是在模糊偏好关系还是单位调整成本方面都是不同的,反映了基于偏好调整成本的聚类现象。

另外,图 6.11 展示了距离 $dis(F_k, F^*)$ 和总调整成本 TC_k 的变化趋势,这两个指标分别通过公式 (6.29) 和公式 (6.32) 计算得到。$dis(F_k, F^*)$ 的趋势反映了类内偏好的相似性,其趋势越平滑,类内偏好越相似。TC_k 的趋势是由单位调整成本和 $dis(F_k,$

F^*）共同来决定的，类内决策个体的单位调整成本越相似，TC_k 与 $dis(F_k, F^*)$ 的趋势越趋向一致。

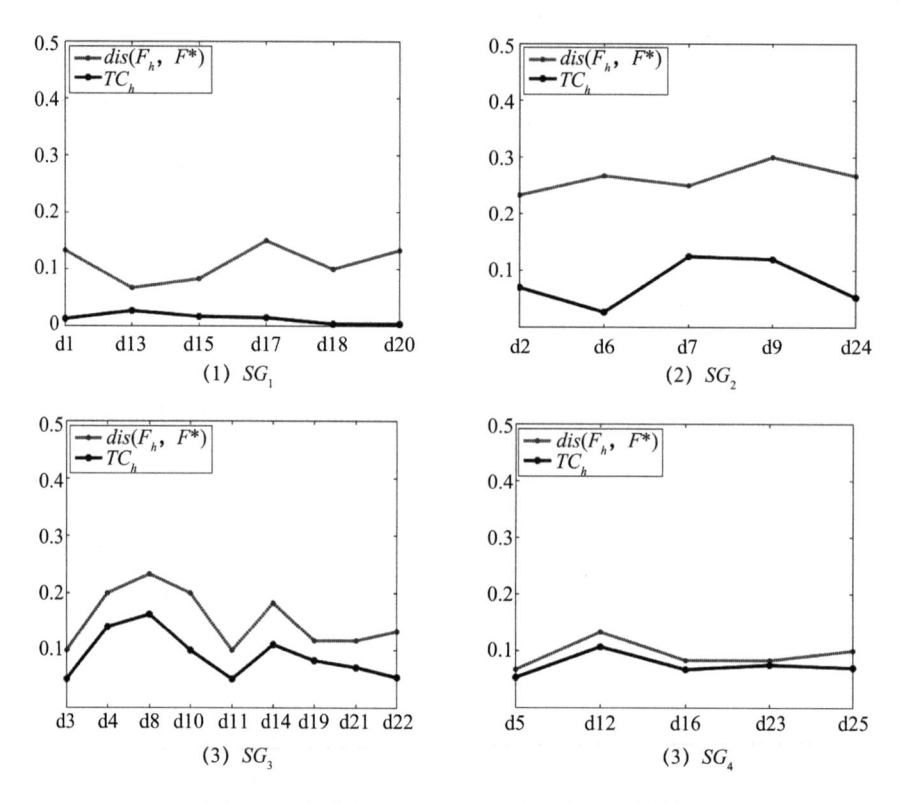

图 6.11　类内指标 $dis(F_k, F^*)$ 和 TC_k 的趋势

从图 6.11 可知，由于该聚类分析是基于偏好调整成本，因此超过一半的 $dis(F_k, F^*)$ 和 TC_k 的趋势变化是一致的。部分相反的变化趋势主要是由类内偏好和单位调整成本的不一致变化引起的。

接着，分析聚类之后的共识达成情况。计算每个类的集体偏好 F_k 与最优共识偏好 F^* 之间的共识水平 CL_r^*（$r=1, 2, 3, 4$），所有类之间的整体共识水平 OCL_r^*（$r=1, 2, 3, 4$），整体类内共识水平的平均差 ME_{consen}^α 和整体类内调整成本的平均差 ME_{cost}^α，上述指标结果如表6.8所示。

表6.8　　　　　　　　　聚类之后相应的共识指标

	SG_1	SG_2	SG_3	SG_4	平均值
CL_r^*	0.889	**0.737**	**0.846**	0.907	0.845
OCL_r	**0.8**	**0.82**	0.769	**0.827**	0.804
$ME_{consen}^{\alpha=0.3258}$	0.031	0.047	0.064	0.033	0.044
$ME_{cost}^{\alpha=0.3258}$	0.023	0.061	0.054	0.016	0.038

令最优共识偏好 F^* 为整个群体的最终共识偏好，假设0.85是类内令人满意的共识水平，0.80是类间令人满意的共识水平，则类 SG_2 和 SG_3 的决策个体应该基于给定的调整策略调整偏好。一般地，两个类的调整策略可能不同，但是同一个类内决策个体的调整策略比较类似，因此调解者可以以类为单位提供调整策略，而不是为每个决策个体提供不同的调整策略。由此，考虑偏好调整成本的聚类分析算法方便了后续的共识研究。

（三）对比分析

在本节，我们给出未考虑调整成本的 K 均值聚类算法与考虑偏好调整成本的聚类算法进行对比分析。当 $\alpha=0$ 时，25个决策个体仅仅基于偏好信息被聚类。当 $\alpha=0$ 时，4个初始聚类中心为 v_3，v_9，v_{25} 和 v_1。基于此得到的聚类结果为图6.12所示：

在未考虑调整成本时，得到的聚类结果为：$\overline{SG_1}=\{v_1,v_{13},v_{11},v_{14},v_{19},v_{21}\}$，$\overline{SG_2}=\{v_2,v_5,v_7,v_8,v_{10},v_{24}\}$，$\overline{SG_3}=\{v_4,v_{12},v_{17},v_{22}\}$ 和 $\overline{SG_4}=\{v_5,v_{13},v_{15},v_{16},v_{18},v_{20},v_{23},v_{25}\}$，对应的类内决策个体的单位调整成本分别为：（0.1, 0.5, 0.5, 0.6, 0.7, 0.6），（0.3, 0.1, 0.5, 0.7, 0.4, 0.5, 0.2），（0.3, 0.1, 0.5, 0.7, 0.4, 0.5, 0.2），（0.7, 0.8, 0.1, 0.4）和（0.8, 0.4, 0.2, 0.8, 0.4, 0.3, 0.9, 0.7）。图6.13展示了总调整成本 TC_k

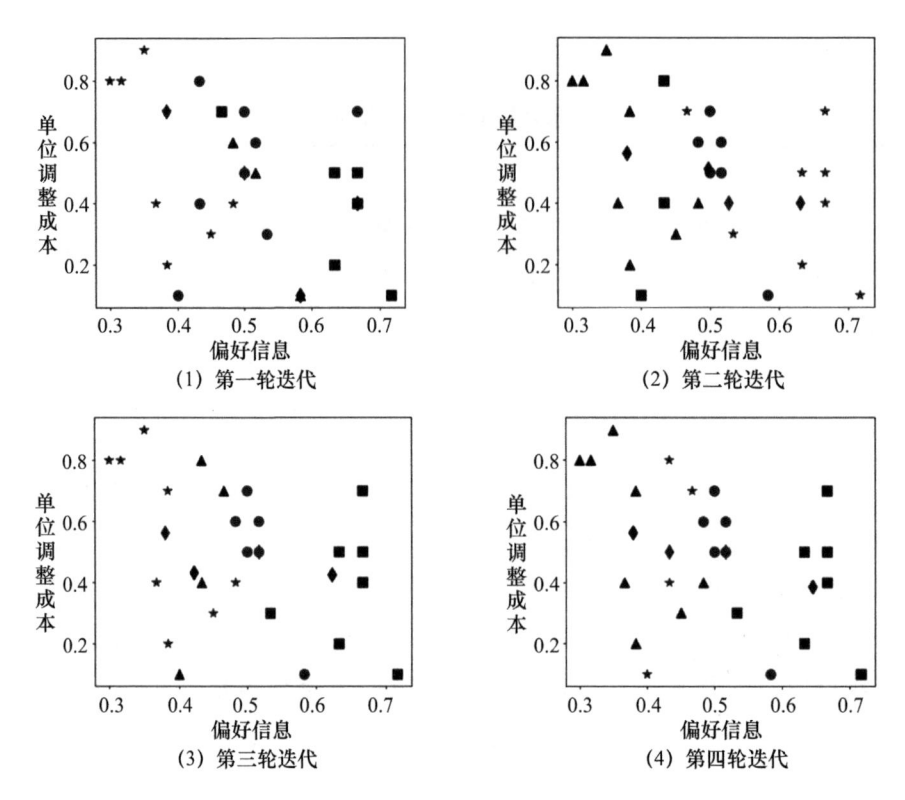

图 6.12 未考虑调整成本时的聚类分析结果

与 $dis(F_k, F^*)$ 的变化趋势。

从图 6.13 可以看出,除了类 $\overline{SG}_1$,其他类的 TC_k 与 $dis(F_k, F^*)$ 的趋势变化差别较大,主要是由于类内决策个体差异较大的单位调整成本造成的。类 $\overline{SG}_1$ 内 TC_k 与 $dis(F_k, F^*)$ 相似变化趋势主要是由于类内决策个体的单位调整成本刚好相似引起的。与图 6.11 相比,距离 $dis(F_k, F^*)$ 的整体变化趋势更稳定,但是 TC_k 与 $dis(F_k, F^*)$ 的趋势更加不一致。

最后,分析共识的相应指标如表 6.9 所示。与表 6.8 对比,除了第一行最后一个数据,该表其他地方都有所变化。首先,无论聚类结果怎么变化,所有类的平均共识水平 CL_r^*($r=1,2,3,4$)是

(1) $\overline{SG}_1$

(2) $\overline{SG}_2$

(3) $\overline{SG}_3$

(4) $\overline{SG}_4$

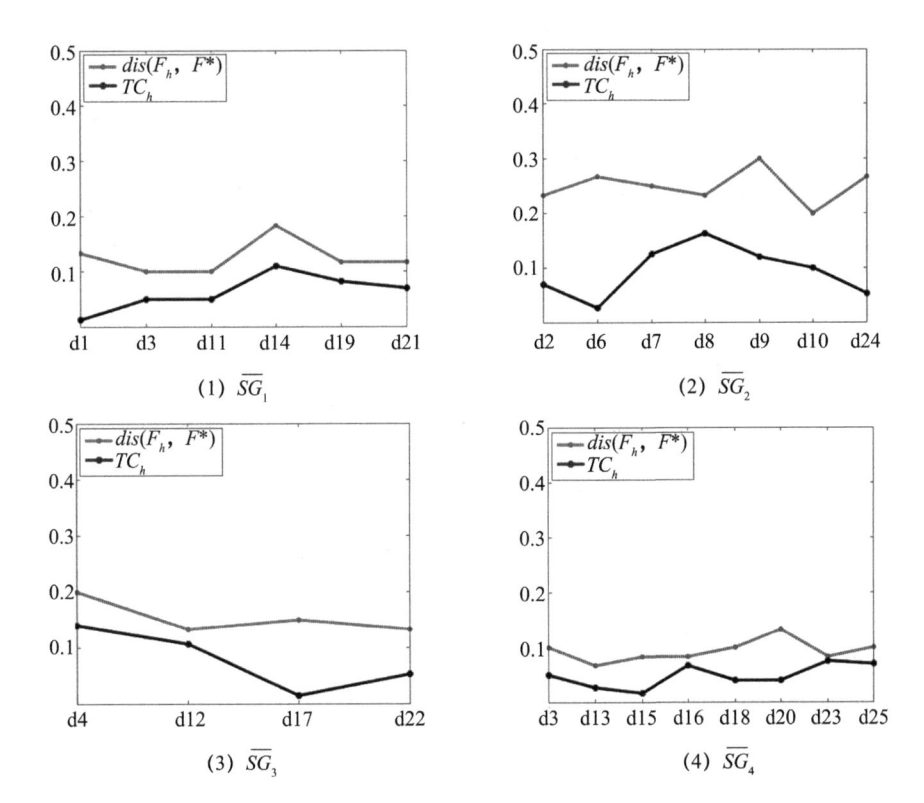

图 6.13　传统聚类得到的总调整成本 TC_k 与 $dis(F_k, F^*)$ 的变化趋势

不变的。然后，表 6.9 中大部分总共识水平 $\overline{OCL}_r$ 大于表 6.8，这是因为在聚类过程中考虑调整成本时抵消了部分类内共识水平。这种抵消的好处体现在指标 ME_{cost}^{α} 上，表 6.9 中得到的 ME_{cost}^{α} 比表 6.8 中的结果要大。表 6.8 中的 ME_{consen}^{α} 与 ME_{cost}^{α} 的区别小于表 6.9。

表 6.9　未考虑调整成本的聚类分析之后的共识指标

	$\overline{SG}_1$	$\overline{SG}_2$	$\overline{SG}_3$	$\overline{SG}_4$	平均值
$\overline{CL}_r^*$	0.875	**0.75**	**0.846**	0.91	0.845
$\overline{OCL}_r$	0.884	**0.816**	0.894	0.850	0.861
$ME_{consen}^{\alpha=0}$	0.049	0.062	0.039	0.035	0.046
$ME_{cost}^{\alpha=0}$	0.054	0.066	0.071	0.050	0.060

根据设定，当类内共识水平达到 0.85，类间达到 0.8，则群体共识效果令人满意。因此，类$\overline{SG}_2$ 和 $\overline{SG}_3$ 应该基于给定的调整策略调整类内偏好。但是，由于类内大部分决策个体间的单位调整成本差别较大，即共识意愿有差别，类内成员很难接受同一个调整策略，则调解者可能需要为同一类决策者提供不同的调整策略，再加上类与类之间的调整策略也不尽相同等原因，群体协商复杂性将大大增加。

第五节　本章小结

本章主要从共识达成视角提出共识演化网络概念，并以此为基础探究大规模群决策聚类算法的新进展。针对大规模群决策聚类分析与共识达成过程的矛盾性，基于共识演化网络提出动态聚类分析算法，并在共识调整之后通过提高共识演化网络的阈值来获取有效聚类结果。在该方法中，聚类分析与共识达成过程共同处在一个动态循环过程中，更贴近实际大规模群决策流程。另外，针对以偏好信息为主导的传统大规模群决策聚类分析，将共识达成过程中的重要要素——偏好调整成本，考虑进聚类分析中。考虑偏好调整成本的聚类算法可以将偏好和单位调整成本皆类似的决策个体聚为一类，如此一来，调解者只需为类内用户提供一种调解策略，可以有效降低协商成本和决策时间。

共识是衡量群体决策效果的重要指标，是群决策的难点之一，亦是使大规模群决策复杂性随着决策规模增大而呈现指数级增加的重要因素之一。本章的创新特色在于受社会网络分析思想的启发，从群体共识达成的本质入手构造共识演化网络结构，研究共识演化特征，深入剖析共识演化与聚类分析之间的关系，提出新的聚类分析算法。但是，共识观点的形成还会受到决策者风险态度、社交关系、利益分配、决策行为等多方面因素的影响。第五章已经介绍了社交关系对于大规模群决策的重要性。实际上，与一般社交关系相比，信任关系对于人们的决策行为起着更大的决定性作用。本章的局限性在于尚未考虑社交信任关系对于大规模群决策共识达成的影响。由于大规模群决策问题中的共识达成研究主要集中在聚类分析之后，因此，下一章内容主要从一般群决策背景出发介绍社交信任对共识达成的影响。

第 七 章

社交信任行为驱动的群体共识决策

具有特殊社交含义、程度更强的信任关系是影响决策行为的重要因素之一。信任不仅在信誉管理（Beck 和 Franke, 2008）、推荐系统（Lee 和 Ma, 2016）、供应链管理（Hou 等, 2014）等众多领域得到了广泛研究，还逐渐成为群决策研究的热点之一（You 等, 2016）。有研究表明，在网络团体中，信任和用户相似性之间呈正相关（Ziegler 和 Lausen, 2004）。由于信任在群决策合作和共识方面的推动作用，不管是在社会网络群决策领域，还是在大规模群决策领域，信任行为研究均取得了较大进展（Jiang 等, 2016）。

本章首先介绍考虑信任行为的最小调整成本共识模型，接着基于信任关系修正决策者偏好调整成本。考虑到偏好相似关系与社交关系的形成之间的紧密相关性，通过多层网络结构研究群决策过程中社交关系与共识关系的交互影响。最后，进一步分析信任关系的形成与演变及其与共识关系之间的交互影响。

第一节 考虑信任行为的最小调整成本共识优化模型

共识达成过程通常由共识判断和反馈调整两部分组成（Pasi 和 Pereira，1999）。在反馈调整过程中，并不是每位决策者都愿意作出让步（Gupta，2018；Pérez 等，2014）。此时，就需要代表群体利益的调解者（Moderator）来调解决策者之间的矛盾（Ben-Arieh、Easton，2007）。该调解者拥有强大的影响力和协商能力来劝说大部分决策者达成共识，必要时还会通过一定的经济补偿来劝说决策者让步。但对于复杂群决策问题来说共识达成需要较高的成本，而当控制调整成本时，共识达成程度又可能受到限制。为解决该问题，基于最小调整成本共识模型（Gong 等，2015a；Gong 等，2015b；Zhang 等，2011）的反馈调整算法被提出。由于信任关系对共识达成过程的积极作用，基于社交信任关系的最小调整成本共识模型研究相继出现。

根据来源不同，信任可以分为显性信任和隐性信任（Sherchan 等，2013）。显性信任可以通过日常社交关系和影响力直接得到，隐性信任可以基于用户之间的相似偏好推断出来（Cho 等，2015）。事实上，由于社交关系具有不稳定和主观性特征，我们难以跟踪并获取显性信任。但是，已有研究证明在线用户的信任水平与其相似性之间呈正相关关系（Ziegler 和 Lausen，2004）。因此，本节将主要从隐性信任视角研究其对共识达成过程的影响。

一 模型假设与描述

（一）模型假设

基于隐性信任的最小成本共识优化模型的提出建立在以下三个假设的基础上。

假设 7.1：在群决策中存在一个调解者希望以最小的协商成本劝说决策个体达成共识。

假设 7.2：因与调解者的目标或观点相似，决策个体对调解者具有隐性信任。基于该隐性信任，决策个体愿意放弃一些报酬来作出让步。

假设 7.3：因为决策过程中的时间和资源的花费，同调解者一样，决策个体也具有达成共识、完成决策的意愿。即在调整过程中，决策个体并不是完全自私的。

基于以上假设，本节的主要内容是提出基于隐性信任的最小成本共识优化模型，计算决策者权重，并对决策者的单位调整成本进行调整。

（二）模型描述

假设有一群决策问题包含 n 个决策个体 $\{v_1, v_2, \cdots, v_n\}$ 和一个调解者 M。令 $o_k \in R$ 表示决策者 v_k 的观点。在该问题中，调解者 M 的目的是劝说决策个体达成某个可接受的共识水平。根据假设 7.1，令 $o_k \in R$ 表示调解者 M 期望达到的群体观点，即调解者角度的群体共识观点。令 c_k 表示决策个体 v_k 给出的单位调整成本，则 $c_k | o_M - o_k |$ 表示调解者 M 劝说决策者 v_k 达到共识观点 o_M 需要花费的成本。总报酬越大，调解者 M 需要付出的成本越大。根据假设 7.2，因为决策个体观点 o_k 和调解者期望的群体观点 o_M 之间的相似性，决策个体 v_k 可能信任调解者 M。

根据假设 7.3，决策个体也有达成某个共识从而完成决策的意愿，也就是说在得到报酬的时候愿意作出让步。令 y_k 表示决策个体 v_k 作出单位让步时期望得到的单位报酬，o_d 表示决策个体期望达成的群体观点，也就是决策个体角度的群体共识观点。则 $y_k | o_d - o_k |$ 表示决策个体改变观点需要的所有报酬。所有决策个体都在得到期望的最大报酬时自愿达成该群体观点 o_d。

二 基于隐性信任的最小调整成本共识优化模型

首先需要基于观点相似性计算决策者之间的隐性信任关系，同时基于个体观点与共识观点之间的距离定义决策者共识达成意愿，接着介绍基于隐性信任的最小成本共识优化模型，最后分析上述模型的经济学意义。

（一）隐性信任和共识意愿

根据对象不同，群决策问题中其实存在着两种视角的共识观点，分别是调解者期望的共识观点 o_M 和决策个体期望的共识观点 o_d。基于这两种共识观点，本节对隐性信任和共识意愿概念进行区分并给出其定义。

首先，介绍基于观点的相似性函数。为了不失一般性，令 o_k，$o_l \in R$，则决策个体 v_k 和 v_l 之间的相似性 $S_{kl}(o) = s_{lk}(o)$ 可以表示为：

$$S_{kl}(o) = 1 - \frac{|o_k - o_l|}{\max\{o_k\}} \tag{7.1}$$

其中，$s_{kl}(o) \in [0, 1]$。

决策个体 v_k 和 v_l 越相似，则他们之间的隐性信任关系越强。因此基于相似关系给出隐性信任定义如下。

定义 7.1.1 令隐性信任函数 $t_{kl}(o) = s_{kl}(o)$，则决策个体 v_k 对 v_l 的隐性信任 $t_{kl}(o)$ 等于 v_l 对 v_k 的隐性信任 $t_{lk}(o)$：

$$t_{kl}(o) = t_{lk}(o) = 1 - \frac{|o_k - o_l|}{\max\{o_k\}} \tag{7.2}$$

其中，$t_{kl}(o) \in [0, 1]$。显然决策个体间的隐性信任关系将随着其观点的改变而变化。

根据调解者 M 期望的共识观点 o_M，构建个体对调解者的隐性信任（如图 7.1 所示）。

计算决策个体 v_k 对调解者 M 的隐性信任为：

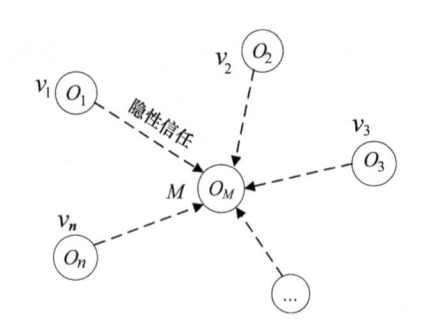

图7.1 决策个体对调解者的隐性信任

$$t_{kM}(o) = 1 - \frac{|o_k - o_M|}{\max\{o_k\}} \quad (7.3)$$

不考虑极端情况时，$o_M \in [\min\{o_k\}, \max\{o_k\}]$，因此，$t_{kM} \in [0,1]$。当 $|o_k - o_M| = \max\{o_k\}$ 时，$t_{kM}=0$，则决策个体 v_k 对调解者 M 毫无信任。当 $o_k = o_M$，$t_{kM}=1$，则决策个体 v_k 完全信任调解者 M。

类似地，当决策个体观点 o_k 与决策个体期望的共识观点 o_d 越接近，决策个体 v_k 的共识意愿越强。决策个体向共识观点靠近的意愿如图7.2所示。

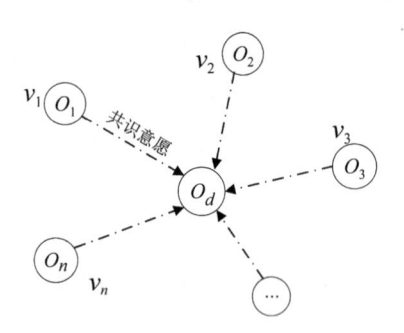

图7.2 决策个体达成共识观点 o_d 的意愿

因此，基于相似关系给出共识意愿的定义如下。

定义7.1.2 根据相似性函数 $s_{kl}(o)$，决策个体 v_k 达成共识观

点 o_d 的共识意愿 w_{kd}：

$$w_{kl} = 1 - \frac{|o_k - o_d|}{\max\{o_d\}} \tag{7.4}$$

不考虑极端情况，$o_d \in [\min\{o_k\}, \max\{o_k\}]$，因此，$w_{kd} \in [0, 1]$。当 $|o_k - o_d| = \max\{o_k\}$ 时，$w_{kd} = 0$，则决策个体 v_k 没有向共识观点 o_d 调整的意愿。当 $o_k = o_d$ 时，$w_{kd} = 1$，则决策个体 v_k 完全有意愿向共识观点 o_d 进行调整。

(二) 基于隐性信任的最小成本共识优化模型及其对偶模型

1. 基于隐性信任的最小成本共识优化模型原问题

就共识达成过程而言，隐性信任是效益型要素，调整成本为成本型要素。将隐性信任转换为成本型要素 t'_{kM} 为：

$$t'_{kM} = 1 - t_{kM} \tag{7.5}$$

其中，$t'_{kM} \in [0, 1]$。决策个体对调解者的隐性信任越强，则 t'_{kM} 越小，调解者需要付出的成本越小。在传统最小成本共识优化模型的基础上，基于隐性信任的最小成本共识优化模型 $NLP(c, t)$ 表示为：

$$NLP(c,t): \min \varphi(o_M) = \sum_{k=1}^{n} c_k t'_{kM} |o_M - o_k| \tag{7.6}$$
$$s.t.\ o_M \geq 0$$

基于公式（7.3）和公式（7.5），上述模型转化为：

$$NLP(c,t): \min \varphi(o_M) = \frac{1}{\max\{o_k\}} \sum_{k=1}^{n} c_k (o_M^2 + o_k^2 - 2o_k o_M) \tag{7.7}$$
$$s.t.\ o_M \geq 0$$

我们可以发现上述模型为二次规划模型。因为 $c_k \in [0, 1]$，容易证明二次系数矩阵是正定的，即模型（7.7）是个严格凸二次规划模型。对该类模型而言，全局最优解是唯一的，并且等于局部最优解。利用 Lingo 工具容易解得模型（7.7）的最优解 o_M^*。

当 $|o_k - o_M| = \max\{o_k\}$，$t_{kM} = 0 \Rightarrow t'_{kM} = 1$，则隐性信任对共识没有任何作用，模型（7.7）转变为传统最小成本共识优化模型。当

$o_k = o_M$ 时,$t_{kM} = 1 \Rightarrow t'_{kM} = 0$,调解者需要付出的成本将会被决策个体对其的隐性信任完全抵消。该种情况下,决策个体愿意无偿向调解者期望的共识观点 o_M 作出让步。

2. 基于隐性信任的最小成本共识优化模型对偶问题

为了更进一步讨论模型 (7.7) 的经济学意义,我们基于拉格朗日乘子方法给出模型 (7.7) 的对偶二次规划。基于拉格朗日乘子 $\lambda \in R$,目标函数 $min\varphi(o_M)$ 的拉格朗日函数 $L(\lambda, o_M)$ 表示为:

$$L(\lambda, o_M) = \frac{1}{\max\{o_k\}} \sum_{k=1}^{n} c_k (o_M^2 + o_k^2 - 2o_k o_M) - \lambda o_M \quad (7.8)$$

令函数 $L(\lambda, o_M)$ 关于 o_M 的偏导数等于 0:

$$\frac{\partial L}{\partial o_M} = \frac{2}{\max\{o_k\}} \sum_{k=1}^{n} c_k (o_M - o_k) - \lambda = 0, \lambda \geq 0 \quad (7.9)$$

我们定义一个新函数 $\psi(o_M)$ 用 $\lambda = \frac{2}{\max\{o_k\}} \sum_{k=1}^{n} c_k (o_M - o_k)$ 来替换函数 $L(\lambda, o_M)$ 中的拉格朗日乘子 λ:

$$(o_M) = \frac{1}{\max\{o_k\}} \sum_{k=1}^{n} c_k (-o_M^2 + o_k^2) \quad (7.10)$$

$$s.t. \begin{cases} \lambda = \frac{2}{\max\{o_k\}} \sum_{k=1}^{n} c_k (o_M - o_k) \\ \lambda \geq 0 \end{cases}$$

如果 $\lambda = \lambda^*$,则 $o_M = o_M^*$,因此,$\psi(o_M^*) = L(\lambda^*, o_M^*) = \varphi(o_M^*)$。

所以,模型 $\psi(o_M)$ 是模型 $\varphi(o_M)$ 的对偶规划。为了区分原二次规划函数 $\varphi(o_M)$ 与对偶二次规划 $\psi(o_M)$,我们用另一个独立变量 o_d 代替模型 $\psi(o_M)$ 中的 o_M:

$$DNLP(c, t): \max \psi(o_d) = \frac{1}{\max\{o_k\}} \sum_{k=1}^{n} c_k (-o_d^2 + o_k^2) \quad (7.11)$$

$$s.t. \begin{cases} \lambda = \frac{2}{\max\{o_k\}} \sum_{k=1}^{n} c_k (o_d - o_k) \\ \lambda \geq 0 \end{cases}$$

因为 $\lambda \geq 0, \lambda = \frac{2}{\max\{o_k\}} \sum_{k=1}^{n} c_k(o_d - o_k) \geq 0$。对于模型 (7.11)，当且仅当 $\lambda = \frac{2}{\max\{o_k\}} \sum_{k=1}^{n} c_k(o_d - o_k) = 0$ 时取得最优解。因此，对偶二次规划模型 (7.11) 可以精简为：

$$DNLP(c,t): \max \psi(o_d) = \frac{1}{\max\{o_k\}} \sum_{k=1}^{n} c_k(-o_d^2 + o_k^2) \quad (7.12)$$

$$s.t.\ o_d = \sum_{k=1}^{n} c_k o_k / \sum_{k=1}^{n} c_k$$

其中，由于 $\sum_{k=1}^{n} c_k = 1, o_d$ 可以由所有决策个体观点的加权平均得到。事实上，$o_d^* = \sum_{k=1}^{n} c_k O_k / \sum_{k=1}^{n} c_k$ 是模型 (7.12) 的最优解，表示决策个体寻求最大补偿时形成的共识观点。目标函数 $\max \psi(o_d)$ 表示所有决策个体在隐性信任影响下根据调解者愿望改变观点时得到的总体补偿。

为了分析模型 (7.12) 的经济学意义，目标函数 $\psi(o_d)$ 可以改写为：

$$\psi(o_d) = \frac{1}{\max\{o_k\}} \sum_{k=1}^{n} c_k(-o_d^2 + o_k^2)$$

$$= \sum_{k=1}^{n} c_k \frac{|o_d - o_k|}{\max\{o_k\}} |o_d - o_k| + \frac{1}{\max\{o_k\}} \sum_{k=1}^{n} c_k(2 o_d o_k - 2 o_d^2)$$

$$(7.13)$$

由 $o_d = \sum_{k=1}^{n} c_k o_k / \sum_{k=1}^{n} c_k$ 易得到 $\frac{1}{\max\{o_k\}} \sum_{k=1}^{n} c_k(2 o_d o_k - 2 o_d^2) = 0$，因此，

$$\psi(o_d) = \sum_{k=1}^{n} c_k \frac{|o_d - o_k|}{\max\{o_k\}} |o_d - o_k|$$

$$= \sum_{k=1}^{n} (y_k(1 - s_k))(o_k - o_d) \quad (7.14)$$

其中，y_k 表示决策个体 v_k 期望的单位报酬，$|y_k| \leq c_k, \sum_{k=1}^{n} |y_k| =$

1。决策个体 v_k 和共识观点 o_d 之间的相似性 $s_k = 1 - \frac{|o_d - o_k|}{\max\{o_k\}}$ 表示决策个体 v_k 想要寻求最大报酬愿意达成共识观点 o_d 的意愿。相似性越大,该意愿越强烈。根据公式(7.11),可以发现当最优解 o_M^* 和 (λ^*, o_d^*) 存在时,$o_M^* = o_d^*$,则决策个体 v_k 的共识意愿 $s_k = 1 - \frac{|o_d - o_k|}{\max\{o_k\}}$ 等于其对调解者的隐性信任 $t_{kM} = 1 - \frac{|o_M^* - o_k|}{\max\{o_k\}}$。当 $o_d^* \neq o_i$ 和 $|y_i| = c_i$ 时,最优解 o_d^* 存在。

现基于模型(7.14)给出如下定理:

定理1 假设决策个体观点满足 $o_1 \leq \cdots \leq o_k \leq \cdots \leq o_n$,单位成本满足 $\sum_{k=1}^{n} c_k = 1$。如果 o_M^* 为优化问题 $NLP(c, t)$ 的最优解,则必然存在 $r_0 \in N$ 满足 $o_{r_0} \leq o_k \leq o_{r_0+1}$,并且

$$\sum_{k=1}^{r_0} c_k = \sum_{l=r_0+1}^{n} c_l = 0.5 \tag{7.15}$$

当且仅当 $NLP(c, t)$ 有最优解 $(0, o_d^*)$,决策个体的单位报酬为 $(-y_1, \cdots, -y_{r_0}, y_{r_0+1}, \cdots, y_n)^T$ 且满足 $\sum_{k=1}^{n} |y_k| = 1$。

定理2 当 $NLP(c, t)$ 有最优解 $(0, o_d^*)$ 时,$o_d^* = \sum_{k=1}^{n} c_k o_k / \sum_{k=1}^{n} c_k$ 成立,则 $o_d^* \neq o_k$ 成立,然后当 $o_d^* > o_k$ 时 $y_k = -C_k$ 成立;当 $o_d^* < o_k$ 时 $y_k = c_k$ 成立。也就是说当 $o_d^* \neq o_k$ 时,$|y_k| = c_k$ 成立。

(三)基于隐性信任的最小成本共识优化模型的经济学意义

根据二次规划的强弱对偶定理,我们基于原模型和对偶模型给出如下推论:

推论1 根据二次规划弱对偶定理,如果 o_M 和 o_d 分别是模型 $NLP(c, t)$ 和 $DNLP(c, t)$ 的可行解,则 $\varphi(o_M) \geq \psi(o_d)$,即 $\psi(o_d)$ 的最大值是 $\varphi(o_M)$ 的最小边界。

经济学解释:在达成共识的前提下,所有决策个体作出让步得

到的总补偿总是小于等于调解者愿意付出的总成本。

推论2 根据强对偶理论，如果模型 $NLP\ (c,\ t)$ 和 $DNLP\ (c,\ t)$ 分别存在最优解 o_M^* 和 o_d^*，则 $\min\varphi\ (o_M^*)\ =\max\psi\ (o_d^*)$。

经济学解释：如果所有决策个体同意在得到最大报酬的情况下向调解者期望的共识观点 o_M^* 调整，则 $\min\varphi\ (o_M^*)\ =\max\psi\ (o_d^*)$。

推论3 根据互补松弛定理，当模型 $NLP\ (c,\ t)$ 有唯一最优解 o_M^* 时，则对偶问题 $DNLP\ (c,\ t)$ 存在最优解的必要条件为：$\lambda^*\ o_M^* = 0$。如果模型（7.11）中 $\lambda^* = 0$ 成立，则 $o_d^* = \sum_{k=1}^{n} c_k O_k / \sum_{k=1}^{n} c_k$ 和 $O_M^* > 0$ 成立，$o_M^* = o_d^*$。

经济学解释：如果所有决策个体同意向调解者期望付出最小成本 $\min\varphi\ (o_M^*)$ 的共识观点 o_M^* 让步，则 $\lambda^* = 0$，表示群体的单位补偿不会随着共识观点 o_M 的改变而改变。即共识观点 o_M^* 等于决策个体寻求最大报酬期望的共识观点 o_d^*，$o_d^* = \sum_{k=1}^{n} c_k o_k / \sum_{k=1}^{n} c_k = o_M^*$。换句话说，当决策个体和调解者达成共识时 $o_M^* = o_d^*$，所有的决策个体可以得到最大报酬，调解者 M 仅需要付出最小成本。

推论4 如果模型 $NLP\ (c,\ t)$ 和 $DNLP\ (c,\ t)$ 分别都存在最优解 o_M^* 和 o_d^*，则 $s_{kM} = t_{kM}$。

经济学解释：如果所有决策个体期望形成的共识观点 o_d^* 等于调解者 M 期望达成的共识观点 o_M^*，则决策个体对调解者 M 的隐性信任等于个体决策者达成共识观点 o_d^* 的意愿。另外，拉格朗日乘子 λ 表示经济学中的影响价格。类似地，λ 在对偶模型（7.11）中有实际经济学意义。当 $DNLP\ (c,\ t)$ 存在最优解 $(\lambda^*,\ o_d^*)$ 时，对于 $\lambda = \dfrac{2}{\max\{o_k\}} \sum_{k=1}^{n} c_k(o_d - o_k)$，有 $\lambda^* = \dfrac{1}{\max\{o_k\}} \sum_{k=1}^{n} y_k(o_d^* - o_k)$。根据定理2，当共识观点 o_d 改变一个单位时，$\lambda^* = \dfrac{1}{\max\{o_k\}} \sum_{k=1}^{n} y_k(o_d^* - o_k)$ 表示整个群体得到的单位赔偿。

总之，在原问题 $NLP\,(c,\,t)$ 中，因为决策个体对调解者的隐性信任，决策个体愿意降低单位成本来达成共识观点 o_M。同样地，在对偶问题 $DNLP\,(c,\,t)$ 中，决策个体愿意放弃一些报酬来达成共识观点 o_d。当且仅当 $o_d = o_M$ 时，调解者 M 可以付出最小成本，同时决策群体 $\{d_1,\,d_2,\,\cdots,\,d_n\}$ 也可以获得最大报酬。当协商过程中未考虑隐性信任时，$NLP\,(c,\,t)$ 和 $DNLP\,(c,\,t)$ 退化成仅考虑调整成本的传统模型 $NLP\,(c)$ 和 $DLP\,(c)$。

第二节　基于信任关系的共识调整成本修正模型

调整成本通常由决策个体主观给出，受个体知识、经验、利益和地位的影响，因此可能缺乏客观性。调整成本的非客观性可能影响决策结果的质量。接下来，根据决策个体权重对不合理的调整成本进行调整。

一　决策个体权重的确定

实际上，被高度信任的决策个体具有较大影响力。因此，我们可以基于信任关系计算决策个体的权重。决策个体之间的隐性信任关系如图 7.3 所示。

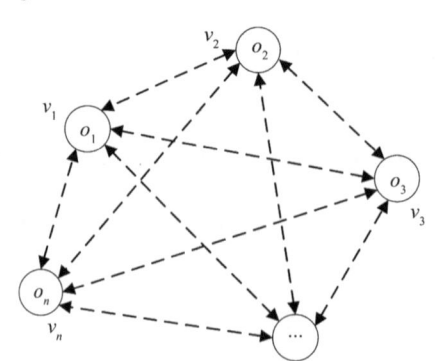

图 7.3　决策个体之间的隐性信任

根据图 7.3，可以建立决策个体之间的信任关系矩阵 $T = (t_{ij})_{n \times n}$：

$$T = \begin{pmatrix} — & t_{12} & t_{13} & \cdots & t_{1n} \\ t_{21} & — & t_{23} & \cdots & t_{2n} \\ t_{31} & t_{32} & — & \cdots & t_{3n} \\ \cdots & \cdots & \cdots & — & \cdots \\ t_{n1} & t_{n2} & t_{n3} & \cdots & — \end{pmatrix} \quad (7.16)$$

其中，$t_{kl} = t_{lk}$ 可以根据公式（7.2）得到，$k, l = 1, \cdots, n$，$k \neq l$。

决策个体 v_k 得到的隐性信任度表示为 $t_k = \sum_{l \in V(v_l, v_k)} t_{lk}$，其中，$V(v_l, v_k)$ 表示对决策个体 v_k 有隐性信任关系的邻居集合。则决策个体 v_k 的权重 ω_k 可以表示为：

$$\omega_k = \frac{t_k}{\sum_{k=1}^{n} t_k} \quad (7.17)$$

其中，$\sum_{k=1}^{n} \omega_k = 1$。

二 基于改进调整成本的共识优化模型

如上分析，当决策个体给出的调整成本不合理时会导致不精确的决策结果。当知识和经验丰富的决策个体因其专业性而受到其他人的拥戴和信任时，则这样的决策个体拥有较高的调整成本毋庸置疑。但是，当拥有较少相关经验和知识的决策个体因自己利益而给出较高的调整成本时，则会对决策效果有不好的影响。因此，本节基于决策者权重对其调整成本进行改进，并基于此给出相应的共识调整模型。

当将决策者权重考虑进协商过程中时，令 o'_M 表示调解者 M 期望的共识观点。则基于权重 ω_k（$k = 1, 2, \cdots, n$）对模型（7.7）的改进如下：

$$NLP(c,t,\omega):\min\varphi(o'_M) = \frac{1}{\max\{o_k\}}\sum_{k=1}^{n}c_k\omega_k(o_M'^2 + o_k^2 - 2o_k o'_M) \quad (7.18)$$

$$s.t.\ o'_M \geq 0$$

在模型（7.18）中，如果 $c_k \geq c_l$（$c_k \leq c_l$）和 $\omega_k \geq \omega_l$，则单位成本 c_k 和 c_l 的重要性被高估（低估），则决策者之间的偏差将被扩大（缩小）。如果 $c_k \geq c_l$（$c_k \leq c_l$）和 $\omega_k \leq \omega_l$，则单位成本 c_k 和 c_l 的重要性被低估（高估），则决策者之间的偏差将被缩小（扩大）。

同样地，模型（7.18）的对偶问题也可以通过引入拉格朗日乘子 λ' 表示如下：

$$DNLP(c,t,\omega):\max\psi(o'_d) = \frac{1}{\max\{o_k\}}\sum_{k=1}^{n}c_k\omega_k(-o_d'^2 + o_k^2) \quad (7.19)$$

$$s.t.\ o'_d = \frac{\sum_{k=1}^{n}c_k\omega_k o_k}{\sum_{k=1}^{n}c_k\omega_k}$$

基于模型（7.18），拉格朗日乘子 $\lambda' = \frac{2}{\max\{o_i\}}\sum_{i=1}^{n}c_i\omega_i(o_d - o_i)$，因此，决策个体的单位报酬也跟随他们的权重进行了调整：$y'_i \leq c_i\omega_i$。

显然，模型（7.18）和模型（7.19）都为严格凸二次规划，容易找到局部最优解 o'^*_M 和 o'^*_d。与模型（7.7）及其对偶模型（7.12）相比，模型（7.18）及其对偶模型（7.19）的最优解随着改进的成本而变化。但是模型（7.18）和模型（7.19）的经济学解释与模型（7.7）和模型（7.12）类似。

三 模型应用

假设有 8 个决策者 $\{v_1, v_2, v_3, v_4, v_5, v_5, v_7, v_8\}$ 和一个调解者 M 参与一个决策问题，决策个体观点为 $O = (o_1, O_2, o_3, O_4, o_5, o_5, o_7, o_8) = (0, 2, 3, 4, 6, 7, 8, 10)$，决策个体的单位

调整成本为 $C = (c_1, c_2, c_3, c_4, c_5, c_5, c_7, c_8) = (0.1, 0.2, 0.3, 0.1, 0.2, 0.4, 0.3, 0.5)$，调解者 M 期望付出最小成本的共识观点为 o_M。

（一）基于隐性信任的最小成本共识优化模型

为了不失一般性，决策个体的单位成本首先需要归一化：

$$\overline{C}_1 = \frac{C_1}{\sum_{k=1}^{8} c_k} = 0.048 \qquad (7.20)$$

类似地，其他决策个体的归一化单位成本可以表示为：$\overline{C} = (0.048, 0.095, 0.143, 0.048, 0.095, 0.190, 0.143, 0.238)$。

基于公式（7.3），可以确定决策个体对调解者 M 的隐性信任。根据模型（7.7），基于隐性信任的最小成本共识优化模型 $NLP(c, t)$ 可以得到：

$$\min\varphi(o_M) = \frac{1}{10}\begin{bmatrix} 0.048 o_M^2 + 0.095(o_M-2)^2 + 0.143(o_M-3)^2 + \\ 0.048(o_M-4)^2 + 0.095(o_M-6)^2 + \\ 0.190(o_M-7)^2 + 0.143(o_M-8)^2 + \\ 0.238(o_M-10)^2 \end{bmatrix}$$

$$(7.21)$$

$$s.t. \ o_M \geq 0$$

该模型的最优解和最小成本分别为 $o_M^* = 6.238$ 和 $\min\varphi(o_M^*) = 0.923$。基于此，可以确定决策个体对调解者的隐性信任分别为：$t_{1M} = 0.3762$，$t_{2M} = 0.5762$，$t_{3M} = 0.6762$，$t_{4M} = 0.7762$，$t_{5M} = 0.9762$，$t_{6M} = 0.9238$，$t_{7M} = 0.8238$ 和 $t_{8M} = 0.6238$。

接着，模型（7.21）的对偶问题 $DNLP(c, t)$ 为：

$$\max\psi(o_d) = \frac{1}{10}(-o_d^2 + 48.143) \qquad (7.22)$$

$$s.t. \ o_d = 6.238$$

最优解和最大报酬分别为 $o_d^* = 6.238$ 和 $\max\psi(o_d^*) = 0.923$。

根据定理 1 和定理 2，当 $o_M^* = o_d^* = 6.238$ 时，决策个体得到最大报酬 $\max\psi(o_d^*) = 0.923$，调解者付出最小成本 $\min\varphi(o_M^*) = 0.923$。

（二）基于改进的调整成本的共识优化模型

首先，创建决策个体间的信任矩阵 T：

$$T = \begin{pmatrix} — & 0.8 & 0.7 & 0.6 & 0.4 & 0.3 & 0.2 & 0.0 \\ 0.8 & — & 0.9 & 0.8 & 0.6 & 0.5 & 0.4 & 0.2 \\ 0.7 & 0.9 & — & 0.9 & 0.7 & 0.6 & 0.5 & 0.3 \\ 0.6 & 0.8 & 0.9 & — & 0.8 & 0.7 & 0.6 & 0.4 \\ 0.4 & 0.6 & 0.7 & 0.8 & — & 0.9 & 0.8 & 0.6 \\ 0.3 & 0.5 & 0.6 & 0.7 & 0.9 & — & 0.9 & 0.7 \\ 0.2 & 0.4 & 0.5 & 0.6 & 0.8 & 0.9 & — & 0.8 \\ 0.0 & 0.2 & 0.3 & 0.4 & 0.6 & 0.7 & 0.8 & — \end{pmatrix}_{8 \times 8} \quad (7.23)$$

然后，计算决策个体的权重分别为：$\omega_1 = 0.09$，$\omega_2 = 0.127$，$\omega_3 = 0.139$，$\omega_4 = 0.145$，$\omega_5 = 0.145$，$\omega_6 = 0.139$，$\omega_7 = 0.127$ 和 $\omega_8 = 0.09$。

根据模型（7.18），基于改进调整成本的共识优化模型 $NLP(c, t, \omega)$ 为：

$$\min\varphi(o_M') = \frac{1}{10}\begin{bmatrix} 0.004{o_M'}^2 + 0.012(o_M' - 2)^2 + 0.020(o_M' - 3)^2 + \\ 0.007(o_M' - 4)^2 + 0.014(o_M' - 6)^2 + \\ 0.026(o_M' - 7)^2 + 0.018(o_M' - 8)^2 + \\ 0.021(o_M' - 10) \end{bmatrix}$$

$$(7.24)$$

$$s.t. \ o_M' \geq 0$$

解得最优解和最小成本分别为 $o_M'^* = 6.008$ 和 $\min\varphi(o_M'^*) = 0.099$。

类似地，模型（7.24）的对偶问题 $DNLP(c, t, \omega)$ 为：

$$\max\psi(o_d') = \frac{1}{10}[-0.123{o_d'}^2 + 5.436] \quad (7.25)$$

$$s.t.\ o'_d = \frac{0.739}{0.123}$$

解得最优解和最大报酬分别为 $o'^*_d = 6.008$ 和 $\max\psi(o'^*_d) = 0.099$。

根据定理1和定理2，当 $o'^*_M = o'^*_d = 6.008$，决策个体得到最大报酬 $\max\psi(o'^*_d) = 0.099$，同时，调解者付出最小成本 $\min\varphi(o'^*_M) = 0.099$。

四 对比分析

计算未考虑隐性信任的传统最小调整成本共识优化模型，然后分别将该结果与考虑隐性信任的最小调整成本共识优化模型（对比1）和基于改进的调整成本的共识优化模型（对比2）做对比。

（一）传统最小成本共识优化模型

未考虑隐性信任的传统最小成本共识优化模型为：

$$\min\varphi(o) = 0.048o + 0.095|o-2| + 0.143|o-3| +$$
$$0.048|o-4| + 0.095|o-6| +$$
$$0.190|o-7| + 0.143|o-8| +$$
$$0.238|o-10| \quad (7.26)$$
$$s.t.\ o \in O$$

解得最优解和最小成本分别为 $o^* = 7$ 和 $\min\varphi(o^*) = 2.476$。

类似地，模型（7.26）的对偶模型为：

$$\max\psi(y) = -7y_1 - 5y_2 - 4y_3 - 3y_4 - y_5 + y_7 + 3y_8 \quad (7.27)$$
$$s.t.\begin{cases} y_1 + y_2 + y_3 + y_4 + y_5 + y_6 + y_7 + y_8 = 0 \\ |y_1| \leq 0.048;\ |y_2| \leq 0.095;\ |y_3| \leq 0.143;\ |y_4| \leq 0.048 \\ |y_5| \leq 0.095;\ |y_5| \leq 0.190;\ |y_7| \leq 0.143;\ |y_8| \leq 0.238 \end{cases}$$

解得最优解为 $Y^* = (-0.048, -0.095, -0.143, -0.048, -0.095, 0.048, 0.143, 0.238)$，最大报酬为 $\max\psi(y^*) = 2.476$。当 $o^* = 7$ 时，决策个体获得最大报酬 $\max\psi(y^*) = 2.476$，调解者付出最小成本 $\min\varphi(o^*) = 2.476$。

(二) 对比分析 1

当共识观点 $o^* = 7$ 时,可以计算考虑隐性信任时调解者 M 需要支付的总成本,结果如表 7.1 所示。从该表可以发现,部分决策个体的调整成本可以被其对调解者 M 的隐性信任来抵消,尤其是当 $t_{kM} = 1$ 时,决策个体的调整成本完全被抵消。

表 7.1 当 $o^* = 7$ 时的对比

决策个体	$\|o^* - o_k\|$	$\overline{C}_k$	$t_{kM_{o^*=7}}$	$c_k t_{kMb^*=7}$	$\varphi(o^*)$	$\varphi(o_M)$
V_1	7	0.048	0.3	0.038	0.333	0.233
V_2	5	0.095	0.5	0.048	0.476	0.238
V_3	4	0.143	0.6	0.057	0.571	0.229
V_4	3	0.048	0.7	0.014	0.143	0.043
V_5	1	0.095	0.9	0.010	0.095	0.010
V_6	**0**	**0.190**	**1**	**0**	**0**	**0**
V_7	1	0.143	0.9	0.014	0.143	0.014
V_8	3	0.238	0.7	0.071	0.714	0.214
总成本	—	—	—	—	2.476	0.981

对比考虑隐性信任的最小成本共识模型发现,考虑隐性信任时,共识观点从 7 降为 6.238。令 $t_{kM_{o^*=6.238}}$ 表示当 $o_M^* = 6.238$ 时决策个体 v_k 对调解者的隐性信任水平,则与 $o^* = 7$ 时的隐性信任结果对比如表 7.2 所示。

表 7.2 当 $o^* = 7$ 和 $o_M^* = 6.238$ 时的隐性信任水平

| 决策个体 | $o^* = 7$ | $o_M^* = 6.238$ | $t_{kM_{o^*=6.238}} - t_{kM_{o^*=7}}$ |
	$t_{kM_{o^*=7}}$	$t_{kM_{o^*=6.238}}$	
V_1	0.3	0.3762	0.0762
V_2	0.5	0.5762	0.0762
V_3	0.6	0.6762	0.0762

续表

决策个体	$o^*=7$	$o_M^*=6.238$	$t_{kM_o^*=6.238}-t_{kM_o^*=7}$
	$t_{kM_o^*=7}$	$t_{kM_o^*=6.238}$	
V_4	0.7	0.7762	0.0762
V_5	0.9	0.9762	0.0762
V_6	1	0.9238	-0.0762
V_7	0.9	08238	-0.0762
V_8	0.7	0.6238	-0.0762
总信任	5.6	5.7524	0.1524

从表7.2可以发现,随着共识观点从7变成6.238,决策个体的总体信任值增加。因此,考虑隐性信任时,在共识观点等于6.238时取得最优解。同样的,当决策个体有共识调整意愿时,他们愿意为了达成共识放弃部分报酬。当共识观点从7降到6.238时,共识意愿和总补偿都达到最大。

（三）对比分析2

对不合理调整成本基于决策个体权重进行改进后,得到的最优共识观点为 $o_M^*=6.008$,与传统模型得到的共识观点 $o_M^*=6.238$ 的对比结果如表7.3所示。

表7.3　当 $o_M^*=6.238$ 和 $o_M'^*=6.008$ 时的对比结果

决策个体	$o_M^*=6.238$	$o_M'^*=6.008$	
	$\bar{C}_k$	ω_k	$c_k^*\omega_k$
V_1	0.048	0.09	0.004
V_2	0.095	0.127	0.012
V_3	0.143	0.139	0.020
V_4	0.048	0.145	0.007
V_5	0.095	0.145	0.014
V_6	0.190	0.139	0.026

续表

决策个体	$o_M^* = 6.238$	$o_M'^* = 6.008$	
	$\overline{C}_k$	ω_k	$c_k^* \omega_k$
V_7	0.143	0.127	0.018
V_8	0.238	0.09	0.021

根据表 7.3 所示的决策个体权重，可以发现单位调整成本中存在不合理情况，即当 $\omega_7 > \omega_8$ 时，$c_8 > c_7$。根据权重对不合理情况进行调整，单位调整成本之间的差距可以被缩小，如 c_7 和 c_8 之间的差距 |0.238-0.143| 被调整为 |0.021-0.018|。同样地，因为权重而得到调整的还有决策个体期望的单位补偿，同时共识观点也会随之变化。

总之，上述对比分析结果说明了信任关系在共识协商过程中的重要性。相比传统模型，因为对调解者的隐性信任，决策个体更倾向于对期望的单位报酬作出调整，从而更容易被劝解作出让步。

第三节 社交关系与共识关系的交互影响分析

前述群决策问题往往需要遵守一定的程序与规则，如偏好表达与处理、群体交互与调整、方案选择与优化等（杨雷、左文宜，2012）。当期望的群体共识尚未达成时，一般需要第三方调解者的参与。然而，现实中还存在很多自组织、自调整、无监督的群决策现象，如组织或个体迫于舆论压力而最终发声或作出某种决定，在该过程中，每位网民都是决策者，网民观点的持续输出与演化决定了舆情事件的走向。舆情事件的决策规模与特点符合大规模群决策特征。该类问题与群决策问题的唯一区别是决策者偏好随着事件的进展和更多信息的披露而自主调整。研究人类观点产生、扩散和聚合的理论称为观点动力学（Zha等，2021）。观点动力学研究涉及政治、经济、社会等各个领域。例如，在政治领域，观点动力学可以研究选民对政治候选人的态度变化，以及政治宣传对选民观点的影响；在经济领域，观点动力学可以研究消费者对产品的动态需求，辅助做好产品研发和制定有针对性的营销策略；在社会领域，观点动力学可以研究人们价值观的变化，辅助做好思想引导与价值观引领。

社交网络分析为观点动力学研究提供了有力的研究工具（Dong等，2017），观点动力学为社会网络群决策共识研究提供了新的研究视角（Yang等，2022）。Yang等（2022）为研究社交媒体上决策者观点的演化现象提出两类观点动力学模型。Li等（2022b）为大规模群决策问题提出基于有界置信模型的社交网络共识达成模型。Hassani等（2022）系统介绍了经典观点共识和观点动力学模型，并提出基于社交网络分析来管理决策者观点演化行为是目前研究的热门方向之一。Dong等（2021）提出数值区间观点动力学模型来探索社交网络环境下集体观点形成的过程。He等（2023）为解决观点最大化问题提出动态观点最大化框架。在社交信任传播机制下，Liu等（2023）基于有界置信模型研究了多属性大规模群决策的共识优化问题。

事实上，人们与拥有相似偏好的邻居之间更容易产生社交关系是一个常见的社会现象（Curry和Dunbar，2013；Saint-Charles和Mongeau，2018）。因此，社交网络拓扑结构会随着外界环境的变化而变化（Zimmermann等，2004），也就是说，在观点演化和共识形成的过程中，社交网络中的原有连接可能消失，新的连接也可能形成。然而，当前研究主要关注社会网络结构对决策者观点演化的影响（Dong等，2021），较少关注社交关系在观点演化过程中的变化。此外，个体影响力与自信程度在很大程度上决定着其观点演化趋势。然而，当前观点动力学模型较少考虑个体影响力的动态性。事实上，个体影响力与其社会地位密切相关，个体影响力亦会随着社交结构和观点的变化而变化。

根据前文介绍的共识演化网络概念，共识关系主要基于决策者观点相似性确定，社交关系对观点演化的影响可以直观体现在共识演化网络结构的变化上，即社交关系与观点演化之间的交互影响延伸到社交关系与共识关系的交互影响层面。因此，本部分内容以社交网络和共识演化网络结构为载体，基于动态个体影响力研究社交关系与共识关系交互影响下的群体共识观点形成过程，主要研究结构如图7.4所示。

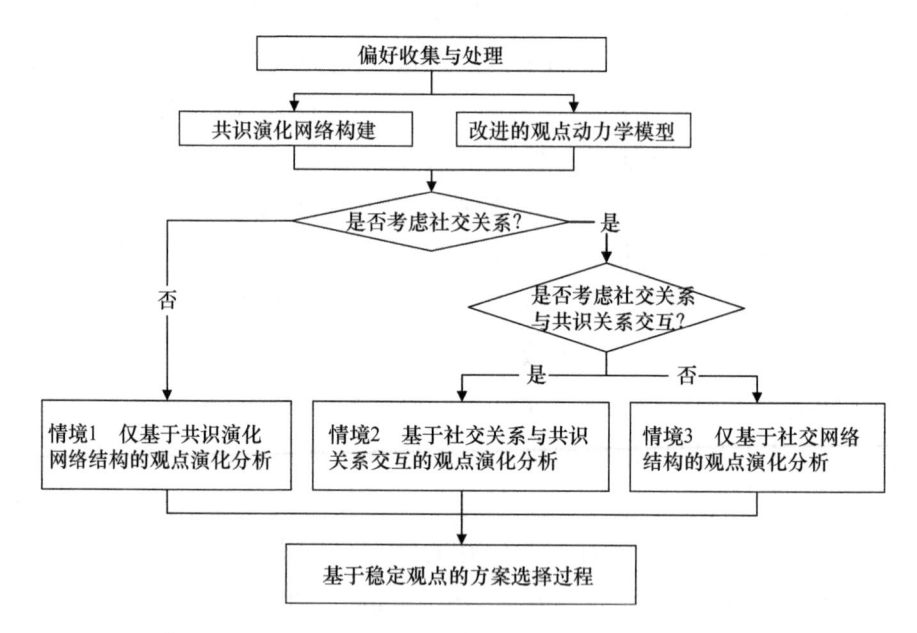

图7.4　社交关系与观点演化交互影响下的共识达成过程研究

一　常用观点动力学模型

根据观点表达形式，观点动力学模型可以分为离散观点动力学模型和连续观点动力学模型。离散观点动力学模型包括经典的投票模型（观点只具有正、负两种状态的二元离散观点）及其拓展模型。连续观点动力学模型指个体观点在 [0, 1] 之间取值，主要有 De-Groot 模型、FJ 模型（Friedkin-Johnsen model）、以 HK 模型（Hegselmann-Krause model）为代表的有界置信模型（bounded confidence model）等。不论是离散还是连续情形，观点动力学模型预测得出的观点传播都会得到达成共识（人群形成一致的观点）、两极分化（人群分为观点极端的两群人）和观点分裂（人群分为多个观点不同的子群体）三种情形。由于群决策偏好信息多为连续型，下面主要介绍几类常见的连续型观点动力学模型。

（一）DeGroot 模型

DeGroot 模型认为个体观点主要由其他成员的观点加权平均而来：

$$O^{(t+1)} = WO^{(t)} \tag{7.28}$$

其中 $O^{(t+1)}$ 和 $O^{(t)}$ 分别表示群体成员在时刻 $t+1$ 和 t 的观点矩阵，W 是一个独立于时间和观点的行随机化矩阵，即行元素之和为 1。

（二）FJ 模型

FJ 模型（Friedkin 和 Johnsen，1990）主要基于 DeGroot 模型拓展而来，在该模型中主要考虑了决策者对自己初始观点的固执程度：

$$O^{(t+1)} = DWO^{(t)} + (I-D) O^{(0)} \tag{7.29}$$

其中，权重 W 仍然是独立于时间或观点，$D = diag(d_1, d_2, \cdots, d_n)$ 表示决策者对其他决策者观点的易感性，$(1-d_h)$ 则表示决策者 v_h 的固执程度。对于完全固执己见的决策者来说，$1-d_h=1$；对于部分坚持己见的决策者来说，$0<1-d_h<1$；对于极易受到邻居影响的决策者来说，$1-d_h=0$。

在 FJ 模型中，个体决策者的观点主要是其自身初始观点和邻居最新观点的加权平均。Parsegov 等（2017）认为 FJ 模型基于初始观点 $O^{(0)}$ 一般会收敛到有限值。

（三）有界置信 HK 模型

考虑到决策者的心理行为因素，有界置信模型被提出。在有界置信模型中，决策者不再受到那些与他们观点相差较大的邻居观点的影响。HK 模型是有界置信模型的代表,其中每位决策者的观点趋向于其信任范围内邻居的平均偏好。

令 ε 表示决策者的置信界限,$o_i^{(t)}$ 表示决策者 v_i 在时刻 t 的偏好,$O^{(t)} = (O_1^{(t)}, O_2^{(t)}, \cdots, O_n^{(t)})^T \in R^N$ 是决策群体在时刻 t 的集体偏好,$I(v_i, O^{(t)})$ 是决策者 v_i 在时刻 t 的置信集合,令 $\omega_{ij}^{(t)}$ 表示决策者 v_i 在时刻 t 分配给邻居 v_j 的影响权重。决策者 v_i 在时刻 $t+1$ 的偏好 $o_i^{(t+1)}$ 为

$$o_i^{(t+1)} = \sum_{v_j \in I(v_i, O^{(t)})} \omega_{ij}^{(t+1)} o_j^{(t)}, \quad i = 1, 2, \cdots, n \quad (7.30)$$

其中,$\omega_{ij}^{(t)}$ 由决策者 v_i 的置信集合 $I(v_i, O^{(t)}) = \{v_j \mid |o_i^{(t)} - o_j^{(t)}| \leq \varepsilon\}$ 的规模所决定:

$$\omega_{ij}^{(t)} = \begin{cases} \dfrac{1}{\#I'(v_i, O^{(t)})}, & v_j \in I'(v_i, O^{(t)}) \\ 0, & v_j \notin I'(v_i, O^{(t)}) \end{cases} \quad i = 1, 2, \cdots, n$$

(7.31)

意味着在同一置信集合中的决策者权重相等。

二 改进的观点动力学模型

已有观点动力学模型在一些特定场景下总是存在一些局限性。以 FJ 模型为例,虽然考虑决策者对自身初始观点的自信程度更符合决策实际,但由于人类记忆和专业知识的有限性,决策者对初始观点的认知可能随着决策过程的演进而逐渐模糊或发生变化。根据马尔科夫决策思想,决策者当前时刻的观点更容易受到邻居和其自身上一时刻观点的影响。此外,FJ 模型认为决策者对自己观点的坚持或受到邻居的影响程度与决策时间或观点无关。事实上,决策者影响力亦会随着决策者观点或决策时间的变化而变化。因此,对传统 FJ 模型作如下改进:

$$O^{(t+1)} = D^{(t)} W^{(t)} O^{(t)} + (I - D^{(t)}) O^{(t)} \quad (7.32)$$

其中，$W^{(t)}$ 是从邻接矩阵 $A^{(t)}$ 得到的行随机权重矩阵，$w_{ij}^{(t)} = a_{ij}^{(t)} / \sum_j a_{ij}^{(t)}$；$D^{(t)} = diag \ (d^{(t)})$，$d^{(t)} = (d_1^{(t)}, d_2^{(t)}, \cdots, d_n^{(t)})^T \in R^n$，$d_n^{(t)} \in [0, 1]$，$d_h^{(t)}$ 表示决策者 v_h 在 t 时刻的易感水平；$I - D^{(t)} = diag \ (1 - d^{(t)})$，$1 - d_h^{(t)} \in [0, 1]$ 表示决策者 v_h 的固执程度或其对自身 t 时刻观点的自信水平。

三 基于共识演化网络和社交网络的观点演化过程

当前研究已经证明社交关系能够影响群决策过程，同样地，在群体观点演化过程中是否考虑社交关系的影响将会导致不同的集体观点预测结果。例如，在匿名群决策过程中，社交关系被屏蔽，决策者观点主要受到其决策偏好与决策习惯的影响，观点演化主要与共识演化网络结构有关；在面对面群决策中，社交关系则对决策者观点和群体观点的形成有直接影响。该部分内容主要基于改进的 FJ 模型探讨在群决策过程中考虑社交关系与否的观点演化过程。更进一步，研究社交关系与共识关系交互影响下的观点演化过程。

（一）情境 1——仅基于共识演化网络结构的观点动力学过程

传统模型关于所有决策者拥有同样影响力的假设往往与现实不符。当不考虑社交关系时，与越多邻居达成共识的决策者影响力越大。因此，在该情境下，影响力矩阵主要基于共识演化网络结构来确定。

对于一个共识演化网络 $G_{Conse} = (V, E_{Conse}, C_{Conse})$，其邻接矩阵 $A_{Conse} = (a_{Conse}^{hl})_{m \times m}$ 表示如下：

$$a_{Conse}^{hl} = \begin{cases} 1, & cm_{hl} \geq \varepsilon \\ 0, & otherwise \end{cases} \quad (7.33)$$

共识演化网络 G_{Conse} 的加权邻接矩阵 $A'_{Conse} = (a'^{hl}_{Conse})_{m \times m}$ 表示为：

$$a'^{hl}_{Conse} = \begin{cases} cm_{hl}, & cm_{hl} \geq \varepsilon \\ 0, & otherwise \end{cases} \quad (7.34)$$

其中，$a'^{hl}_{Conse} \in [0, 1]$。

共识演化网络 G_{Conse} 中决策者 v_h 的权重 μ_{Conse}^h 可以计算为：

$$\mu_{Conse}^{h} = \sum_{l} a'^{hl}_{Conse} \times \sum_{l} a_{Conse}^{hl} \tag{7.35}$$

其中，权重 μ_{Conse}^{h} 由共识关系密度和共识水平共同决定。

接着，归一化权重 μ'^{h}_{Conse} 可以表示为：

$$\mu'^{h}_{Conse} = \frac{\mu_{Conse}^{h}}{\sum_{h=1}^{n} \mu_{Conse}^{h}} \tag{7.36}$$

其中，$\mu'^{h}_{Conse} \in [0, 1]$。

在共识演化网络中，决策者与越多的邻居相连意味着其与越多的邻居观点相似，这类决策者在群体决策中往往对自己观点抱有较大信心，在观点调整过程中也就越固执。因此，在观点演化过程中，决策者 v_h 对自身观点的固执程度 $1 - d_h$ 表示为：

$$1 - d_h = \mu_{Conse}^{h} \tag{7.37}$$

因此，决策者 v_h 的易感程度为 $d_h = 1 - \mu_{Conse}^{h}$。当 $\mu_{Conse}^{h} = 1$，决策者 v_h 与群体内任一邻居均达成完全共识，由此推断决策者 v_h 对群体压力无感并且极为固执，即 $d_h = 0$。当 $\mu_{Conse}^{h} = 0$，决策者 v_h 与群体内任何邻居都没有达成共识，由此推断决策者 v_h 极易受到群体压力的影响，在观点调整过程中很少坚持己见，即 $d_h = 1$。

在该情境下，观点相似性是促进决策者交互的主要因素：

$$O_{Conse}^{(t+1)} = D_{Conse}^{(t)} W_{Conse}^{(t)} O^{(t)} + (I - D_{Conse}^{(t)}) O^{(t)} \tag{7.38}$$

其中，$W_{Conse}^{(t)}$ 行随机矩阵，$w_{Conse(hl)}^{(t)} = a_{Conse}^{hl(t-1)} / \sum_{l} a_{Conse}^{hl(t-1)}$；基于公式（7.35）和公式（7.37）可知，$D_{Conse}^{(t)}$ 随着共识演化网络结构的变化而变化，即由上一时刻的共识演化网络 $G_{Conse}^{(t-1)}$ 决定，也就是说，矩阵 $W_{Conse}^{(t)}$ 和 $D_{Conse}^{(t)}$ 的取值与观点变化密切相关。

需要注意的是，公式（7.36）分母不能为 0，即该情境下的模型仅适用于连通的共识演化网络结构。

（二）情境2——基于共识演化网络与社交网络交互的观点演化过程

现实中，人际社交关系的形成与变化受到多个复杂因素的影响。

为了方便研究，这里假设群决策情境下，社交关系的演变主要与决策者偏好相关。也就是说，高观点相似性（高水平共识关系）对社交关系有促进作用，低观点相似性（低水平共识关系或未达成共识关系）对社交关系有消极影响。类似地，强社交关系可能促进共识关系的形成，而弱社交关系（甚至不信任）可能阻碍共识关系的形成。

由于共识关系主要基于偏好相似性建立，该情境主要基于社交结构研究观点演化来反映社交关系对共识关系的影响。对于社交网络 $G_{Soci} = (V, E_{Soci}, C_{Soci})$，其邻接矩阵为 $A_{Soci} = (a_{Soci}^{hl})_{m \times m}$，其加权邻接矩阵 $A'_{Soci} = (a'^{hl}_{Soci})_{m \times m}$ 为：

$$a'^{hl}_{Soci} = \begin{cases} c^{hl}_{Soci}, & e_{hl} \in E_{Soci} \\ 0, & otherwise \end{cases} \quad (7.39)$$

其中，$a'^{hl}_{Soci} \in [0, 1]$。

社交网络 G_{Soci} 中决策者 v_h 的重要性可以基于邻接矩阵 A_{Soci} 和加权邻接矩阵 A'_{Soci} 确定：

$$\mu^h_{Soci} = \sum_l a'^{hl}_{Soci} \times \sum_l a^{hl}_{Soci} \quad (7.40)$$

其中，μ^h_{Soci} 由社交关系密度和强度共同决定。

接着，归一化重要性 μ'^h_{Soci} 可以计算为：

$$\mu'^h_{Soci} = \frac{\mu^h_{Soci}}{\sum_{h=1}^{n} \mu^h_{Soci}} \quad (7.41)$$

其中，$\mu'^h_{Soci} \in [0, 1]$。

根据企业家协商行为，企业家因为自信行为而很少改变观点（Artinger 等，2015）。一般来说，人们影响力越大，自信程度越高，在观点调整过程中也就越固执。因此，社交网络中决策者 v_h 的固执程度 $1 - d^h_{Soci}$ 表示为：

$$1 - d^h_{Soci} = \mu'^h_{Soci} \quad (7.42)$$

因此，d^h_{Soci} 表示决策者 v_h 的易感程度，即 $1 - \mu'^h_{Soci}$ 表示决策者 v_h

对自己观点的自信水平。当 $\mu_{Soci}^{'h} = 0$ 时，表示决策者 v_h 未与任何其他邻居相连（孤立点），那么 v_h 很容易受到群体压力的影响，即 $d_{Soci}^h = 1$。当 $\mu_{Soci}^{'h} = 1$ 时，决策者 v_h 与所有邻居相连，那么 v_h 不容易受到群体压力的影响，即 $d_{Soci}^h = 0$。

在该情境下，以社交网络结构为基础研究决策者之间的观点交互：

$$O_{Soci}^{(t+1)} = D_{Soci}^{(t)} W_{Soci}^{(t)} O^{(t)} + (I - D_{Soci}^{(t)}) O^{(t)} \qquad (7.43)$$

其中，$W_{Soci}^{(t)}$ 是行随机矩阵，$w_{Soci(hl)}^{(t)} = a_{Soci}^{hl(t-1)} / \sum_l a_{Soci}^{hl(t-1)}$。根据公式（7.40）—（7.42），矩阵 $W_{Soci}^{(t)}$ 和 $D_{Soci}^{(t)}$ 主要基于 t 时刻的社交网络 $G_{Soci}^{(t)}$ 来确定，也就是说，$W_{Soci}^{(t)}$ 和 $D_{Soci}^{(t)}$ 与决策时间有关。接下来，讨论社交关系是怎样被共识关系影响的。

根据复杂网络中的"优先连接"概念，相比于观点相差较大的群决策参与者，决策者更容易与观点相近的参与者建立社交联系（Barabasi 和 Albert, 1999）。因此，考虑到共识关系对社交关系的影响，设计如下规则来更新 t 时刻的群体社交关系：

规则 1 当共识水平 $c_{Conse}^{hl(t-1)}$ 高于共识阈值 $\varepsilon^{(t-1)}$ 时，即共识关系 $e_{Conse}^{hl(t-1)}$ 存在，如果社交关系 $e_{Soci}^{hl(t-1)}$ 不存在，则根据共识水平 $c_{Conse}^{hl(t-1)}$ 增加一条社交关系连边 $e_{Soci}^{hl(t)}$；如果社交关系 $e_{Soci}^{hl(t-1)}$ 存在，则根据共识水平 $c_{Conse}^{hl(t-1)}$ 提升社交关系强度 $c_{Soci}^{hl(t-1)}$。

规则 2 当共识水平 $c_{Conse}^{hl(t-1)}$ 低于共识阈值 $\varepsilon^{(t-1)}$ 时，即共识关系 $e_{Conse}^{hl(t-1)}$ 不存在，如果社交关系 $e_{Soci}^{hl(t-1)}$ 存在，则在保证社交网络连通性的基础上降低其强度 $c_{Soci}^{hl(t-1)}$；如果社交关系不存在，则令当前社交状态保持不变。

根据上述规则，t 时刻的社交网络结构 $G_{Soci}^{(t)}$ 将发生如下变化。

（1）当决策者 v_h 与 v_l 之间的共识水平没有降低时，即 $c_{Conse}^{hl(t-1)} \geqslant c_{Conse}^{hl(t-2)}$ 时，t 时刻的社交关系强度更新为：

$$c_{Soci}^{hl(t)} = c_{Soci}^{hl(t-1)} + \omega_1^{(t-1)} c_{Conse}^{hl(t-1)} \qquad (7.44)$$

其中，共识水平 $c_{Conse}^{hl(t-1)}$ 基于观点矩阵 $O_{Soci}^{(t-2)}$ 得到，为保证 $c_{Soci}^{hl(t)} \in (0,1]$，参数 $\omega_1^{(t-1)}$ 的取值应满足 $0 \leq \omega_1^{(t-1)} \leq \min\left(\dfrac{1-c_{Soci}^{hl(t-1)}}{c_{Conse}^{hl(t-1)}}\right)$。

（2）当决策者 v_h 与 v_l 之间的共识水平降低时，即 $c_{Conse}^{hl(t-1)} < c_{Conse}^{hl(t-2)}$ 时，t 时刻的社交关系强度更新为：

$$c_{Soci}^{hl(t)} = \begin{cases} c_{Soci}^{hl(t-1)} - \dfrac{\omega_2^{(t-1)}}{max c_{Conse}^{hl(t-1)}}, & c_{Soci}^{hl(t-1)} \neq 0 \\ c_{Soci}^{hl(t-1)}, & 否则 \end{cases} \quad (7.45)$$

其中，由于 $c_{Conse}^{hl(t-2)} > c_{Conse}^{hl(t-1)}$，$c_{Conse}^{hl(t-1)} \in [0,1]$，得到 $0 < max c_{Conse}^{hl(t-1)} \leq 1$。为使 $c_{Soci}^{hl(t)} \in [0,1]$，参数 $\omega_2^{(t-1)}$ 满足条件 $0 \leq \omega_2^{(t-1)} < \min(c_{Soci}^{hl(t-1)} \times max c_{Conse}^{hl(t-1)})$。该公式使得更新的社交网络 $G_{Soci}^{(t)}$ 仍然与初始社交网络 $G_{Soci}^{(0)}$ 一样保持连通状态。

根据公式（7.43）—（7.45），当不考虑共识关系时，即 $c_{Conse}^{hl(t-1)} = 0$，情境2转变为仅考虑社交关系的观点动力学模型。由于上述情境下要求共识演化网络和社交网络始终保持连通状态，观点演化最终会达到稳定状态。基于最终稳定的观点值，可以进行最优方案遴选。

假设群体观点在 $t+1$ 时刻停止演化，则观点值已达到稳定状态。将备选方案 x_i（$i=1,2,\cdots,n$）的共识观点 $o_i^{(t+1)}$ 进行降序排列，排在首位的即为最优方案。如果关于备选方案 x_i（$i=1,2,\cdots,n$）形成了 s 个分裂观点，令这些观点的代表群体为 SG_1，SG_2，$\cdots$，SG_s（$s \leq m$），则群体观点 $o_i^{(t+1)}$ 可以由简单加权平均得到：

$$o_i^{(t+1)} = \dfrac{1}{S}\sum_{r=1}^{s} o_i^{r(t+1)} \quad (7.46)$$

其中，$o_i^{r(t+1)}$ 表示子群 SG_r（$r=1,2,\cdots,s$）的观点。同样地，将观点值 $o_i^{(t+1)}$ 进行降序排列，排在首位的即为最优方案。

四 案例分析

我们以企业员工风险管理为例介绍上述模型的应用。精确的风险管理对企业来说很重要，尤其是员工风险。企业在运转过程中常常面临着由矛盾引起的员工集体辞职相关的风险问题。通常来说，企业追求长期利益，而员工注重短期收益，因此，员工与企业之间容易滋生与待遇相关的矛盾问题。当这些矛盾积攒到一定程度，员工与企业之间即爆发冲突。此外，当这些员工处在非正式组织中时，他们更容易作出极端行为，从而加剧矛盾。员工与企业之间矛盾的爆发其实是员工群体一段时间内协商的结果。因此，精确地捕捉员工决策行为、预测员工群体决策结果可以及时调整管理策略，避免激化矛盾。基于观点动力学的社会网络群决策可以辅助预测员工群体的决策结果。

假设一中小型企业中某部门的 15 位员工对薪酬不满，此时，他们面临着三个选择：集体辞职、与企业协商涨薪和保持现状。部门经理听到风声想要预测这些员工的可能决策结果并采取相应的应对措施。因此，部门经理初步通过一对一对话了解上述员工的需求。但是，部门经理仍然面临着几个问题：首先，员工表达诉求的方式不一，很难量化处理他们的观点；其次，员工可能继续相互交流并在社交关系或风险态度的影响下改变初始观点；最后，随着观点的变化，员工之间的亲密关系也可能发生变化。

现在，我们可以将上述问题转换为基于异质偏好的社会网络群决策问题。已知有 15 位员工 $V=\{v_1, v_2, \cdots, v_{15}\}$ 需要从三个可行方案 $X=\{x_1, x_2, x_3\}$ （x_1：集体辞职，x_2：保持现状，x_3 与企业协商涨薪）中选取最优方案。由于员工们的专业知识、经验以及习惯的不同，其偏好呈现异质性。其中，有三位员工 v_3、v_5 和 v_{10} 倾向于利用模糊偏好关系表达其偏好，例如"我认为方案 1 比方案 2 好"。其他员工选择利用精确值、区间数或语言来表达偏好。针对语言型变量，可以选择直觉模糊数或二型模糊数来表达其不确定性。比如，当员工表示"我不是很支持方案 1"，适合使用直觉模糊数来表达其偏好；当员工表示"我觉得方案 2 很好"，则适合使用二型模糊数来表达其偏好。员工 v_3、v_5 和 v_{10} 关于三个备选方案的模糊偏好关系表

示为 F_3，F_5 和 F_{10}，其他 12 位员工的异质偏好如表 7.4 所示。

$$F_3 = \begin{pmatrix} 0.5 & 0.6 & 0.3 \\ 0.4 & 0.5 & 0.2 \\ 0.7 & 0.8 & 0.5 \end{pmatrix} \quad F_5 = \begin{pmatrix} 0.5 & 0.7 & 0.6 \\ 0.3 & 0.5 & 0.4 \\ 0.4 & 0.6 & 0.5 \end{pmatrix} \quad F_{10} = \begin{pmatrix} 0.5 & 0.4 & 0.6 \\ 0.6 & 0.5 & 0.7 \\ 0.4 & 0.3 & 0.5 \end{pmatrix}$$

表 7.4   其他 12 位决策者的异质偏好

决策者	偏好		
	x_3	x_1	x_2
v_1	0.75	0.8	0.85
v_2	[0.3, 0.5]	[0.5, 0.7]	[0.6, 0.9]
v_4	[0.45, 0.6]	[0.35, 0.5]	[0.5, 0.75]
v_6	<0.6, 0.2>	<0.4, 0.5>	<0.5, 0.3>
v_7	差	中等	好
v_8	非常差	好	非常好
v_9	0.65	0.45	0.78
v_{11}	不太好	还行	中等
v_{12}	[0.6, 0.7]	[0.5, 0.6]	[0.4, 0.6]
v_{13}	<0.3, 0.6>	<0.6, 0.1>	<0.7, 0.2>
v_{14}	0.3	0.5	0.8
v_{15}	0.4	0.6	0.6

注：表中语言变量对应的区间二型模糊数如表 7.5 所示。

表 7.5   区间二型模糊语言变量

语言变量	区间二型模糊数
非常差	[(0, 0, 0, 0.1; 1), (0, 0, 0, 0.05)]
差	[(0, 0.1, 0.2, 0.3; 1), (0.05, 0.12, 0.18, 0.25)]
有点差	[(0.1, 0.3, 0.4, 0.5; 1), (0.2, 0.32, 0.38, 0.45)]
中等	[(0.3, 0.5, 0.6, 0.7; 1), (0.4, 0.52, 0.58, 0.65)]

续表

语言变量	区间二型模糊数
有点好	[(0.5, 0.7, 0.8, 0.9; 1), (0.6, 0.72, 0.78, 0.85)]
好	[(0.7, 0.8, 0.9, 1; 1), (0.75, 0.82, 0.88, 0.95)]
非常好	[(0.9, 1, 1, 1; 1), (0.95, 1, 1, 1)]

根据第二章提到的异质偏好信息处理方法，将上述异质偏好信息进行标准化处理，得到群体初始观点 $O^{(0)}$：

$$O^{(0)} = \begin{pmatrix} 0.2500 & 0.6000 & 0.4772 & \cdots & 0.3500 & 0.6500 & 0.7000 & 0.6000 \\ 0.2000 & 0.4000 & 0.5892 & \cdots & 0.5500 & 0.2500 & 0.5000 & 0.4000 \\ 0.1500 & 0.2500 & 0.2531 & \cdots & 0.5000 & 0.2500 & 0.2000 & 0.4000 \end{pmatrix}^T_{3 \times 15}$$

根据公式（2.26）计算得到相似性矩阵 $S_{HET} = (s_{hl}) \in \mathbb{R}^{15 \times 15}$：

$$S_{HET} = \begin{pmatrix} 1 & 0.4800 & 0.4547 & \cdots & 0.4649 & 0.4231 & 0.4286 & 0.5217 \\ — & 1 & 0.7815 & \cdots & 0.6453 & 0.7265 & 0.6061 & 0.8462 \\ — & — & 1 & \cdots & 0.6206 & 0.5782 & 0.7362 & 0.6548 \\ \vdots & \vdots & \vdots & \ddots & \vdots & \vdots & \vdots & \vdots \\ — & — & — & \cdots & 1 & 0.5000 & 0.6000 & 0.6970 \\ — & — & — & \cdots & — & 1 & 0.7586 & 0.7586 \\ — & — & — & \cdots & — & — & 1 & 0.7500 \\ — & — & — & \cdots & — & — & — & 1 \end{pmatrix}_{15 \times 15}$$

根据共识演化网络定义，可以基于共识阈值 ε 得到不同稀疏程度的共识演化网络结构。共识阈值 ε 越大，共识演化网络结构越稀疏，相反，共识演化网络结构越紧密。但是，太过稀疏的共识演化网络结构会使共识调整成本大大增加，太过紧密的共识演化网络结构会使未达成的共识关系难以发现。为保证共识演化网络的连通性，通过 $\varepsilon = \min\{\min\{\max\{cm_{hl} \mid l = 1, 2, \cdots, m\}\}, \overline{cm_{hl}}\}$ 来确定共识阈值 ε。在该案例中 $\varepsilon = 0.5357$，基于 $\varepsilon = 0.5357$ 构建的初始共识演化网络 $G_{Conse}^{(0)}$ 如图 7.5 所示。

第七章 社交信任行为驱动的群体共识决策　　237

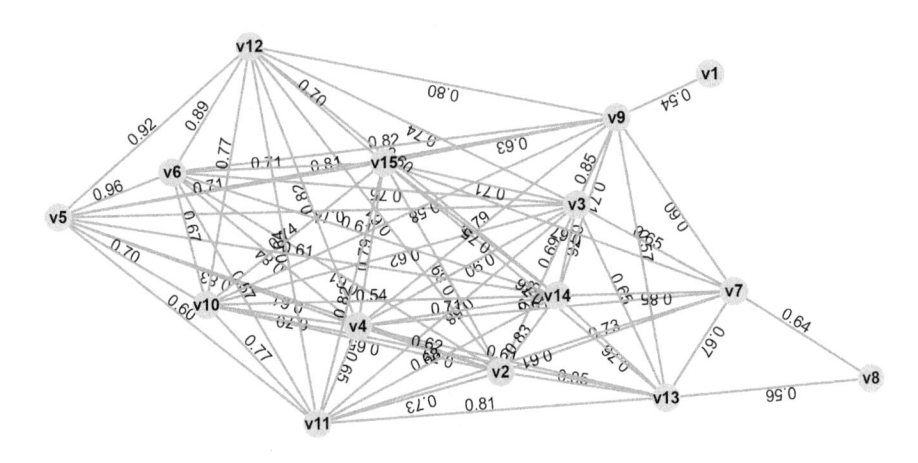

图7.5 初始共识演化网络 $G_{Conse}^{(0)}$

假设群体社交关系呈现小世界效应，利用 Pajek 软件构造小世界网络（初始社交网络）$G_{Soci}^{(0)}$（如图 7.6 所示），该网络参数如表 7.6 所示，初始加权邻接矩阵 $A'^{(0)}_{Soci} = (a'^{hl}_{Soci})_{15 \times 15}$ 如下：

$$A'_{Soci} = \begin{pmatrix} 0 & 0.8147 & 0.9085 & \cdots & 0.1270 & 0 & 0.9134 & 0.6324 \\ — & 0 & 0 & \cdots & 0 & 0 & 0 & 0.5469 \\ — & — & 0 & \cdots & 0 & 0 & 0 & 0 \\ \vdots & \vdots & \vdots & \ddots & \vdots & \vdots & \vdots & \vdots \\ — & — & — & \cdots & 0 & 0.7431 & 0 & 0 \\ — & — & — & \cdots & — & 0 & 0.3922 & 0.6555 \\ — & — & — & \cdots & — & — & 0 & 0.1712 \\ — & — & — & \cdots & — & — & — & 0 \end{pmatrix}_{15 \times 15}$$

表7.6　　　　　初始社交网络 $G_{Soci}^{(0)}$ 参数信息

参数	G_{Soci}^{0}
节点数量	15
顶点每侧的链接邻居数	2

续表

参数	G_{Soci}^{0}
替换概率	0.2
节点总数	30
密度	0.286
平均度	4

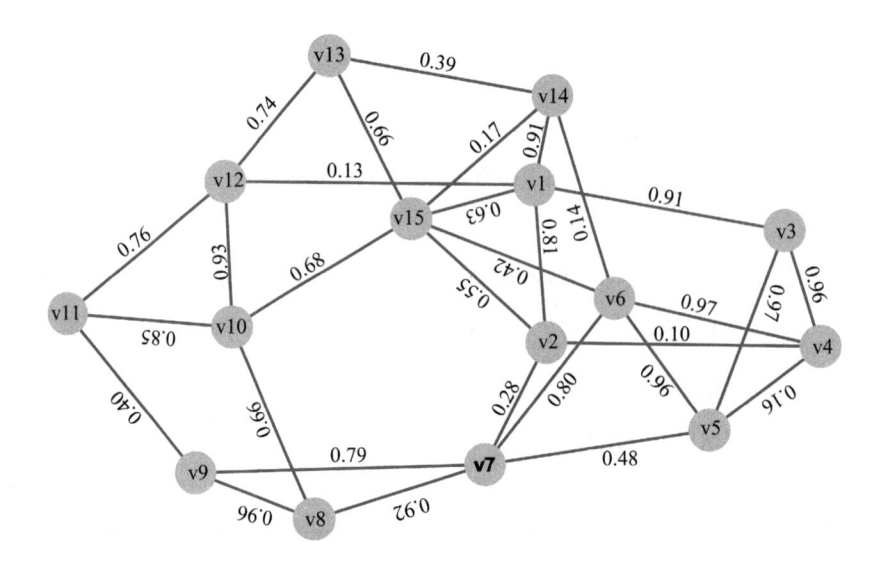

图 7.6　初始社交网络 $G_{Soci}^{(0)}$

基于上述构建的初始共识演化网络 $G_{Conse}^{(0)}$ 和初始社交网络 $G_{Soci}^{(0)}$，可以分析改进的 FJ 模型在不同情境下的观点演化效果。情境 1 下的观点收敛结果如图 7.7 所示。从图 7.7 可知，关于三个方案的共识观点在 $t=12$ 时形成，分别是 0.5174、0.4490 和 0.3272。根据异质偏好标准化处理方法［见公式（2.22）—（2.25）］，群体观点值越小说明该方案越好。因此，得到情境 1 下的方案排序结果为 $x_3 > x_2 > x_1$。情境 2 下的观点演化结果与参数 ω_1 和 ω_2 的取值密切相关，以取值区间的上四分位数为例，$\omega_1 = 0.75 \times \min\ [\ (1 - c_{Soci}^{hl(t-1)})\ /$

$c_{Conse}^{hl(t-1)}$]) 和 $\omega_2 = 0.75 \times \min$ ($c_{Soci}^{hl(t-1)} \times \max c_{Conse}^{hl(t-1)}$)，得到观点收敛结果如图 7.8 所示。根据图 7.8 可知，关于三个方案的共识观点在 $t = 6$ 时形成，方案排序结果为 $x_3 > x_2 > x_1$。在情境 2 下，当忽略共识关系仅考虑社交关系时，群体关于三个方案的共识观点在 $t = 19$ 时得到方案排序 $x_3 > x_2 > x_1$，观点演化结果如图 7.9 所示。由此可知，员工群体协商的结果可能是方案 3，即与企业协商涨薪。此时，部门经理应该向下调查员工对于涨薪的要求，向上了解企业领导对于员工涨薪的态度，为应对员工协商做好准备。从上述结果可以发现，当综合考虑共识关系和社交关系及其交互时观点收敛速度最快。另外，上述收敛结果与群体关于三个方案初始观点的平均值较为接近，主要是因为共识演化网络和社交网络都是小世界网络，拥有邻居间沟通路径较短和网络聚集系数较大的特点，使得决策者之间可以充分交流观点，且群体中没有明显的观点领导者，因此观点稳定值接近于观点平均值。

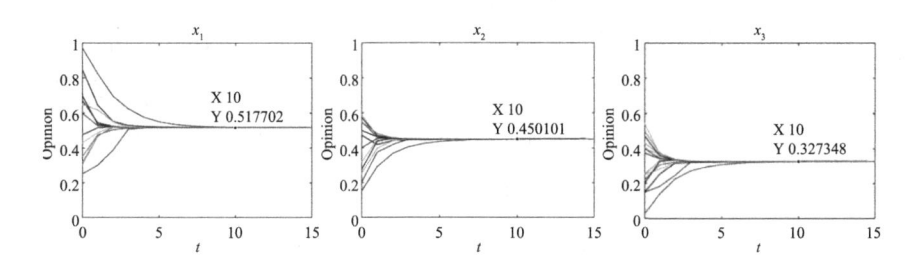

图 7.7　情境 1 下的观点演化结果

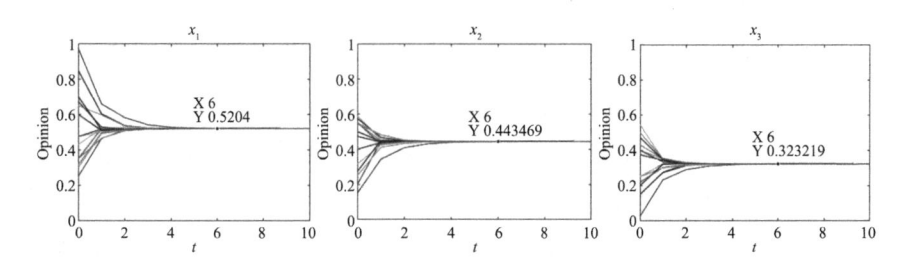

图 7.8　情境 2 下的观点演化结果

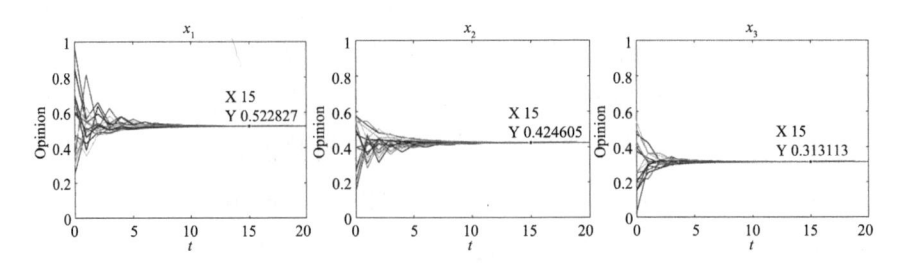

图 7.9　仅考虑社交关系的观点演化结果

第四节　信任关系与共识关系的交互影响分析

目前，社会网络群决策中的信任研究忽略了以下两个问题：其一，根据关系矛盾研究（Amason，1996；Pelled 等，1999），信任关系并不一定总是有益于决策过程。专家之间的低信任水平因可能引发消极决策行为而对决策质量不利（Korsgaard 等，2008）。除了 Liu 等（2019a）和 Ding 等（2019a）的研究，当前大部分研究忽略了信任关系对决策过程的消极影响。但是，上述两个研究主要集中在利用信任关系进行冲突发现与消解，较少分析信任对共识达成的消极影响。其二，根据信任定义（Andrade-Garda 等，2020），在专家交互过程中，信任可以建立也可以被破坏。也就是说，信任网络可能由于专家共识交互而发生变化。但是，目前较少有研究关注社交网络群决策过程中的信任演化现象及其对共识演化的进一步影响。

共识达成的本质是共识关系演化达到稳定状态（Herrera-Viedma 等，2005；Wu 等，2021）。但是，在观点自演化或决策信息不完全、不明确、不一致等情境下，很难获取群体每轮共识交互迭代过程中的观点值信息。例如，有些专家倾向于接受或拒绝备选方案，而不是给出具体的观点值。此时，专家的决策偏好主要体现在群体共识关系的演化上。因此，信任关系对决策偏好的影响可以通过其对共识演化网络结构的影响来分析。

然而，一般社交网络结构难以支持两个网络层间的交互影响。多层网络是分析包含多种交互关系的复杂系统的有效工具（Lombana 等，2020；Zhao 等，2019）。由于不同类型的连接随着时间的推移而相互影响，多重网络对象之间的多重关系可以共同进化（Wang 等，2021；Zhao 等，2019）。因此，本部分主要基于多层网络结构研究信任网络和共识演化网络之间的相互影响。需要注意的是，多层网络结构有多种，其中最简单的形式为每层节点集合相同，即研究同一批对象间的不同连接关系。鉴于未考虑群决策问题中的决策者退出与新进入情形，此处采用的是每层节点相同而连接不同的多层网络结构。

考虑到多层网络结构本身的复杂性和群决策过程中信任与共识交互的多因素特征，为便于研究，提出如下假设：

假设 7.5：专家之间存在信任关系时才愿意在协商过程中作出让步。

假设 7.6：在信任水平较低但共识程度较高时，专家之间在信任和共识关系上存在着一定的矛盾性。

假设 7.7：群体协商过程中的交流互动能够促进信任关系的良性发展。

一　信任共识多层网络构建与分析

首先介绍如何构建考虑信任关系与共识关系的多层网络结构，然后利用 PageRank 中心性计算多层网络上的专家权重。

（一）信任共识多层网络构建

假设某群决策问题包含 n 个专家 $V=\{v_1, v_2, \cdots, v_n\}$ 且专家之间具有信任关系。首先根据专家之间的信任关系和偏好信息构造信任网络 $G_A = (V, E_A, T)$ 和某个共识阈值 ε 下的共识演化网络 $G_B = (V, E_B, CL)$。其中，信任关系集合 $T = (T_{kl})_{n \times n}$ 代表着信任网络 G_A

的加权邻接矩阵，共识关系集合 $CL = (CL_{kl})_{n \times n}$ 表示共识演化网络 G_B 的加权邻接矩阵。

除了网络 G_A 和 G_B 内部关系的相互影响，当专家在共识协商过程中，相应的信任网络 G_A 会影响共识演化网络 G_B 的演化，并且这种影响是网络 G_A 对 G_B 的直接影响。但是，在每次协商之后，专家之间的充分交流也会对其信任网络 G_A 有一定影响，这种影响因为是协商互动促进的，因此我们称 G_B 对 G_A 的影响为间接影响。基于上述分析，我们给出信任共识演化多层网络的定义。

定义 7.4.1 信任共识演化多层网络 $MG = (G_A, G_B, E_{AB}, W_{AB}, ME_{BA})$ 定义为信任网络 $G_A = (V, E_A, T)$ 和共识演化网络 $G_B = (V, E_B, C)$ 的融合，在信任网络 G_A 层和共识演化网络 G_B 层中专家集合相同，E_A 和 E_B 分别表示专家在 G_A 层和 G_B 层的连接关系，分别为信任关系和共识关系，E_{AB} 表示 G_A 层对 G_B 层的直接影响，W_{AB} 表示该影响强度，ME_{BA} 表示 G_B 层对 G_A 层的间接影响。

图 7.10 展示了一个简单的"信任—共识"演化网络的例子，该网络由 G_A 和 G_B 两层组成，每层的实线箭头表示层内节点之间的关系，网络层之间的实线箭头表示直接影响关系，虚线箭头表示间接影响关系。

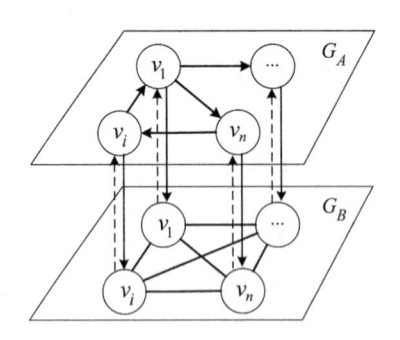

图 7.10 一个多层网络的例子

（二）基于 PageRank 中心性的专家权重计算

专家的影响力对群决策行为具有重要影响（Capuano 等，2018；Liang 等，2017）。PageRank 中心性（Brin 和 Page，1998）首次由 Google 用来对网页进行排序而提出，能够避免主观恶意的消极影响，较为客观地分析专家影响力。在多层网络分析中，为避免信息丢失，PageRank 中心性的确定不仅仅是所有网络层的简单集成，而是跨层计算。因此，在信任共识演化多层网络中，专家影响力主要由其社交影响力和专业影响力来共同确定。在本节，我们通过 PageRank 中心性来计算专家影响力。

考虑到信任关系对共识的影响，首先需要确定专家在信任网络 G_A 中的 PageRank 中心性。根据信任网络的加权邻接矩阵 $T = (T_{kl})_{n \times n}$，专家 v_k 受其邻居 v_l 的初始信任 $T_k^{(0)}$（$k, l = 1, 2, \cdots, n$；$k \neq l$）为：

$$T_k^{(0)} = \frac{1}{N(v_l)} \sum_{l=1}^{n} T_{lk} \tag{7.47}$$

其中，$N(v_l)$ 表示专家 v_k 的邻居集合元素的数量。

基于初始信任值 $T_k^{(0)}$，专家 v_k 在 $t = 0$ 时刻的初始中心 $\mu_k^{(0)}$（$k = 1, 2, \cdots, n$）为：

$$\mu_k^{(0)} = \frac{T_k^{(0)}}{\sum_{k=1}^{n} T_k^{(0)}} \tag{7.48}$$

其中，$\sum_{k=1}^{n} \mu_k^{(0)} = 1$。

基于初始中心 $\mu_k^{(0)}$，专家 v_k 在网络 G_A 上 t 时刻的 PageRank 中心性 $\mu_k^{(t)}$（$k = 1, 2, \cdots, n$）为：

$$\mu_k^{(t)} = \alpha_A \sum_{l=1}^{n} T_{lk} \frac{\mu_l^{(t)}}{g_l} + (1 - \alpha_A) \mu_k^{(0)} \tag{7.49}$$

其中，T_{lk} 是加权邻接矩阵 $T = (T_{kl})_{n \times n}$ 的元素，表示专家 v_l 信任 v_k，$g_l = \sum_u T_{lu} + \delta(0, \sum_u T_{lu})$，$\delta(0, \sum_u T_{lu})$ 是克罗内克函数，$\alpha_A > 0$

为阻尼因数，意味着如果专家 v_k 不再被邻居 v_l 信任了，他/她可能会被其他邻居信任，$\sum_u T_{lu}$ 表示专家 v_l 对其他邻居的总信任。该中心性迭代结束的条件是：$\sum_{k=1}^{n} |\mu_k^{(t)} - \mu_k^{(t-1)}| < \eta$。

基于专家在信任网络 G_A 上的 PageRank 中心性，专家在共识演化网络 G_B 上的复合 PageRank 中心性也可以确定。复合 PageRank 中心性表示当专家 v_k 在 G_B 上越重要，其从网络 G_A 中重要邻居的连接中提取的影响力越大。这种重要性不仅体现在专家的相互影响上，还体现在专家的初始中心性上。

根据共识演化网络的加权邻接矩阵 $CL = (CL_{kl})_{n \times n}$，专家 v_k 与其他所有邻居 v_l 的初始共识水平 $CL_k^{(0)}$ ($k = 1, 2, \cdots, n$) 为：

$$CL_k^{(0)} = \frac{1}{N(v_l)} \sum_{l=1}^{n} CL_{kl} \tag{7.50}$$

其中，$N(v_l)$ 表示专家 v_k 的邻居集合。

然后，对初始共识水平 $CL_k^{(0)}$ ($k = 1, 2, \cdots, n$) 进行归一化得到 $\overline{CL_k^{(0)}}$：

$$\overline{CL_k^{(0)}} = \frac{CL_k^{(0)}}{\sum_{k=1}^{n} CL_k^{(0)}} \tag{7.51}$$

其中，$\sum_{k=1}^{n} \overline{CL_k^{(0)}} = 1$。

根据假设7.7，专家在网络 G_B 上的重要性也会被其在网络 G_A 上的重要性所影响。因此，基于专家归一化的初始中心 $\overline{CL_k^{(0)}}$ 和其在网络 G_A 上的 PageRank 中心性 $\mu_k^{(t)}$，专家 v_k 在 $t=0$ 时刻的初始中心 $y_k^{(0)}$ ($k = 1, 2, \cdots, n$) 为：

$$y_k^{(0)} = \frac{\overline{CL_k^{(0)}} \mu_k^{(t)}}{(\mu^{(t)})} \tag{7.52}$$

其中，$(\mu^{(t)}) = \frac{1}{n} \sum_{k=1}^{n} \mu_k^{(t)} = \frac{1}{n}$ 是专家在网络 G_A 上的平均 PageRank 中心性，且 $\sum_{k=1}^{n} y_k^{(0)} = 1$。

最后，专家 v_k 在网络 G_B 上的 PageRank 中心性 $y_k^{(t)}$ ($k=1, 2, \cdots, n$) 为：

$$y_k^{(t)} = \alpha_B \sum_{l=1}^{n} \mu_k^{(t)} \overline{CL}_k^{(0)} \frac{y_l^{(t)}}{g_l} + (1 - \alpha_B) y_k^{(0)} \quad (7.53)$$

其中，B 是专家 v_k 在网络 G_A 上的 PageRank 中心性，$\overline{CL}_k^{(0)}$ 是加权邻接矩阵 λ_r ($r=1, 2, \cdots, t$) 的元素，$g_l = \sum_r CL_{rl}\mu_r^{(t)} + \delta(0, \sum_r CL_{rl}\mu_r^{(t)})$，$\sum_r CL_{rl}$ 表示专家 v_l 与其邻居之间的整体共识水平，$y_l^{(t)}$ 是专家 v_l 在 t 时刻的 PageRank 中心度，$\alpha_B > 0$ 是阻尼因数，表示当专家 v_k 与邻居 v_l 之间不再存在共识关系时，专家 v_l 可能与其他邻居 v_r 再构建共识关系。该中心性迭代结束的条件是：$\sum_{k=1}^{n} | y_k^{(t)} - y_k^{(t-1)} | < \eta$。

根据 PageRank 中心性，所有专家在信任共识多层网络中的综合影响力 $Y = (y_1, y_2, \cdots, y_n)$ 为：

$$y_k = \frac{y_k^t}{\sum_{k=1}^{n} y_k^t} \quad (7.54)$$

其中，$\sum_{k=1}^{n} y_k = 1$。

为了明确在信任共识多层网络 $MG = (G_A, G_B)$ 中的决策专家综合影响力计算，给出算法 7.1。算法 7.1 主要包括两个步骤，首先计算专家在网络层 G_A 的 PageRank 中心性，接着基于上述结果计算专家在网络层 G_B 的 PageRank 中心性，最后得到专家在多层网络上的综合影响力。

算法 7.1 信任共识多层网络专家影响力计算

输入：信任共识多层网络 $MG = (G_A, G_B)$，参数 α_A，α_B 和 η

阶段 1：确定专家在网络层 G_A 的 PageRank 中心性

步骤 1：利用公式（7.48）计算专家的初始中心性 μ_i^0 ($i \in N$)

步骤 2：利用公式（7.49）计算专家的 PageRank 中心性 μ_i^t ($i \in$

N）直到 $\sum_{i \in N} |\mu_i^t - \mu_i^{t-1}| < \eta$。

阶段2：确定专家在网络层 G_B 上的 PageRank 中心性

步骤1：基于在网络层 G_A 得到的 PageRank 中心性 μ_i^t，计算专家初始中心性 y_i^0（$i \in N$）。

步骤2：基于公式（7.50）—（7.53）计算专家在网络层 G_B 的 PageRank 中心性 y_i^t（$i \in N$）直到 $\sum_{i \in N} |y_i^t - y_i^{t-1}| < \eta$。

步骤3：利用公式（7.54）计算专家在信任共识演化多层网络上的综合影响力。

输出：专家综合影响力 $Y = (Y_1, Y_2, \cdots, Y_N)$

二 信任共识多层网络上的演化分析

本节将分析多层网络上的信任关系与共识关系的交互影响及其动态演化问题。首先介绍信任行为影响下的共识关系演化问题；然后，介绍共识关系影响下的信任关系演化问题；最后，介绍基于信任共识演化网络的共识水平测度方法。

（一）信任行为影响下的共识关系演化分析

根据假设7.5和假设7.6，我们基于信任的积极和消极作用对信任共识多层网络上的共识达成过程进行讨论。专家在信任共识多层网络 MG 上的重要性可以用来衡量信任对共识的影响。专家越重要，其信任关系对共识的影响越大。令专家的 PageRank 影响力 $Y \in [0, 1]$ 为信任对共识的影响因子，意味着当某个专家完全信任另一相邻专家时，该成对专家之间的共识水平可以被提高 Y 个单位。因此，影响力 Y 可以看作多层网络 MG 中直接影响力 E_{AB} 的权重 W_{AB}。

信任对共识的影响是由信任度 T、共识水平 CL 和影响力 Y 来共同决定的。因此，我们提出函数 $Q(CL, T, Y)$ 来衡量网络层 G_B 在网络层 G_A 影响下而发生变化的共识水平 $CL' = Q(CL, T, Y)$：

$$q(CL_{kl}, T_{kl}, Y_l) = \frac{CL_{kl} + Y_l T_{kl}}{\max(CL_{kl} + Y_l)} \qquad (7.55)$$

其中，CL_{kl}是专家v_k与v_l之间的初始共识水平，Y_l表示专家v_l对包括v_k在内的所有邻居的影响，专家v_k与v_l之间的共识水平变化为$CL'_{kl} = q(CL_{kl}, T_{kl}, Y_l)$。

由于$CL_{kl} \in [0, 1]$，$T_{kl} \in [0, 1]$，$Y_l \in [0, 1]$，容易证明$CL'_{kl} \in [0, 1]$。当$CL_{kl} + Y_l T_{kl} \leq 1$，$0 \leq CL'_{kl} = CL_{kl} + Y_l T_{kl} \leq 1$。当$CL_{kl} + Y_l T_{kl} > 1$时，由于$CL_{kl} + Y_l T_{kl} \leq CL_{kl} + Y_l$，得到$0 \leq CL'_{kl} = \dfrac{CL_{kl} + Y_l T_{kl}}{CL_{kl} + Y_l} \leq 1$，因此，$CL'_{kl} \in [0, 1]$。

当影响因子$Y_l = 0$时，信任网络对共识不再具有影响力。因此，为了讨论信任网络的作用，我们主要考虑$Y_l \neq 0$的情况。显然，当CL_{kl}或T_{kl}等于0或1时，公式（7.55）满足下列特性：

特性1　$CL'_{kl} = q(0, 1, Y_l) = Y_l$，意味着信任对共识具有积极影响。

特性2　$CL'_{kl} = q(1, 1, Y_l) = 1$，意味着信任对共识具有非消极影响。

特性3　$CL'_{kl} = q(0, 0, Y_l) = 0$，意味着信任对共识具有非积极影响。

特性4　$CL'_{kl} = q(1, 0, Y_l) = \dfrac{1}{1 + Y_l}$，意味着信任对共识具有消极影响。

根据上述特性，可以发现当共识水平较低时专家之间很少出现矛盾现象，不论共识水平有多低，任何程度的信任都会促进共识的提升。当共识水平较高时，高水平信任会促进或巩固高共识水平。但当信任较低，共识水平较高时，信任对共识具有消极作用。根据T、CL和Y（$Y_l \neq 0$）的值，我们总结了三条规则来判断信任的积极和消极作用：

规则1　当$CL_{kl} + Y_l < 1$，$T_{kl} > 0$ 或 $CL_{kl} + Y_l > 1$，$T_{kl} > \dfrac{CL_{kl}(CL_{kl} + Y_l - 1)}{Y_l}$时，信任对共识有积极作用。

规则 2 当 $CL_{kl} + Y_l > 1$，$T_{kl} < \dfrac{CL_{kl}(CL_{kl} + Y_l - 1)}{Y_l}$ 时，信任对共识有消极作用。

规则 3 当 $T_{kl} = \dfrac{CL_{kl}(CL_{kl} + Y_l - 1)}{Y_l}$ 时，信任对共识没有任何作用。当信任对共识有消极影响时，我们可以推断专家之间因为信任水平和共识水平的不一致存在矛盾，因此，规则 2 也是一个判断矛盾是否存在的条件。

共识矩阵 CL 是对称的，而信任矩阵 T 是非对称的。因此，受信任影响后的专家之间的共识水平会存在一些偏差，即 $q(CL_{kl}, T_{kl}, Y_l) \neq q(CL_{lk}, T_{lk}, Y_l)$。为了规范化共识矩阵 CL'，我们调整了专家之间不一致的共识关系：

$$MC_{kl} = \frac{q(CL_{kl}, T_{kl}, Y_l) + q(CL_{lk}, T_{lk}, Y_l)}{2} \qquad (7.56)$$

基于以上特性和规则，为了评估信任影响下的共识演化问题，我们给出算法 7.2。

算法 7.2 共识关系的演化

输入：初始信任共识多层网络 $MG^{(0)} = (G_A^{(0)}, G_B^{(0)})$ 和专家的初始影响力 $Y^{(0)}$。

步骤 1：根据初始信任矩阵 $T^{(0)}$，初始共识矩阵 $CL^{(0)}$ 和专家的初始影响力 $Y^{(0)}$，利用公式（7.55）确定共识矩阵 CL'。

步骤 2：根据公式（7.56）对演化的共识矩阵 CL' 进行规范化得到 $MC^{(1)}$，然后通过 $MC^{(1)}$ 确定共识演化网络 $G_B^{(1)}$ 的结构。

输出：协商之后的共识演化网络 $G_B^{(1)}$。

（二）共识关系影响下的信任关系演化分析

根据假设 7.7，专家之间的信任关系可能因为协商过程中的交互而发生变化。信任关系演化的基础是信任传递。在复杂网络中信任传递往往是多路径的，但考虑所有路径并不现实，并且，信任质量会随着路径的延长而递减。因此，我们选择基于最短路径来计算信任传递。

假设研究专家 v_k 对 v_l 的信任,令 P_{kl} 表示 v_k 到 v_l 的信任路径集合,L_{kl} 表示信任路径长度集合。除了直接路径之外,识别专家之间最短路径的条件如下:

条件 7.1 当专家 v_k 与 v_l 之间的某条信任路径长度为 $l_{kl} = \min(L_{kl})$ 且 $L_{kl} > 1$ 时,则该路径为最短路径。

假设专家 v_k 与 v_l 之间存在最短传递路径 $v_k \to v_h \to v_l$,通过 Algebraic t-norm 算子确定传递的信任值 PT_{kl} 为:

$$PT_{kl} = T_{kh} \times T_{hl} \tag{7.57}$$

根据假设 7.7,随着交流的深入,专家之间的信任关系变得越来越紧密。传递的信任值将作为直接信任的累加促进信任网络的演化。另外,专家的影响力决定了信任传递的效果。被信任专家影响力越大,其他人越相信该专家。因此,经过 r 轮协商之后,专家 v_k 对 v_l 的信任演化为:

$$T_{kl}^{(r)} = T_{kl}^{(r-1)} + \frac{1}{N(p_{kl})} \sum_{P_u \in P_{kl}} \min(Y_{kl}) PT_{kl}^{(r-1)} \tag{7.58}$$

其中,$T_{kl}^{(r-1)}$ 和 $PT_{kl}^{(r-1)}$ 分别是经过 $r-1$ 轮协商之后专家 v_k 对 v_l 的直接信任值和经过最短路径 p_{kl} 传递的信任值,$N(p_{kl})$ 是最短路径数量,$\min(Y_{kl})$ 是最短路径 p_{kl} 上除了 v_k 之外的最小专家影响力。

由于决策时间和成本有限,共识协商次数也是有限的。我们给出算法 7.3 分析有限协商次数下的信任网络演化问题。

算法 7.3 信任关系的演化

输入:初始信任网络 $G_A^{(0)} = (D, E_A^{(0)}, T^{(0)})$ 和专家的初始影响力 $Y^{(0)}$

步骤 1:从初始信任网络 $G_A^{(0)}$ 随机选择两个具有信任传递的专家 (v_k, v_l) 作为传递路径的出发点和到达点。查找专家 (v_k, v_l) 之间的所有传递路径,根据条件 1 确定最短路径。

步骤 2:若专家 (v_k, v_l) 之间不存在直接信任路径,利用公式 (7.57) 计算传递的信任值 $PT_{kl}^{(0)}$,PT_{kl} 为专家 v_k 对 v_l 的总信任,即

$T_{kl}^{(1)} = PT_{kl}^{(0)}$。若 (v_k, v_l) 之间存在直接信任路径，继续下一步。

步骤3：将传递的信任值 $PT_{kl}^{(0)}$ 作为专家 v_k 对 v_l 信任的提升值，基于专家的初始影响力 $T_{kl}^{(1)}$，根据公式（7.58）计算专家 v_k 对 v_l 的总体信任值 $T_{kl}^{(1)}$。

步骤4：对其他节点间的信任关系重复步骤1到步骤3直到信任网络不再变化，我们得到演化的信任网络 $G_A^{(1)} = (D, E_A^{(1)}, T^{(1)})$。

输出：协商之后的信任网络 $G_A^{(1)} = (D, E_A^{(1)}, T^{(1)})$

（三）基于信任共识演化网络的共识测度

共识测度指的是计算决策群体共识水平的方法。共识演化网络的边展现了专家之间的共识水平。当共识演化网络中每对专家之间都完全建立联系且权重都为1时，该群决策问题达成完全共识。因此，群决策的共识水平可以通过共识演化网络的连接密度和强度同时来确定。

共识演化网络是加权网络，可以同时反映网络结构的密度和强度，即我们可以直接基于网络密度计算群决策的整体共识水平：

$$OCL = d(MG) = \frac{1}{n(n-1)} \sum_{k,l=1; k \neq l}^{n} MC_{kl} \quad (7.59)$$

其中，MC_{kl} 是共识矩阵 MG 的元素，根据公式（7.56）可以将上式转换为：

$$OCL = \frac{\sum_{k,l=1; k \neq l}^{n} [q(CL_{kl}, T_{kl}, Y_l) + q(CL_{lk}, T_{lk}, Y_l)]}{2n(n-1)} \quad (7.60)$$

根据信任对共识的作用，一些特殊情况下的整体共识水平介绍如下：

（1）当 $(CL_{kl}, T_{kl}, T_{lk}) = (1, 1, 1)$，$k, l = 1, 2, \cdots, n$，信任共识多层网络 MC 是权重为1的完全网络，因此专家之间达成了完全共识，即 $CL = 1$。

（2）当 $(CL_{kl}, T_{kl}, T_{lk}) = (0, 1, 1)$，$k, l = 1, 2, \cdots, n$，信任网络 G_A 是权重为1的完全网络，但共识演化网络 G_B 为权重为0

的空网络，根据规则1，信任对共识有促进作用，即 $OCL = \frac{1}{n(n-1)}\sum_{k,l=1;k\neq l}^{n} Y_l$。

（3）当 $(CL_{kl}, T_{kl}, T_{kk}) = (0, 1, 0)$ 或 $(CL_{kl}, T_{kl}, T_{lk}) = (0, 0, 1)$，$k, l = 1, 2, \cdots, n$，信任网络 G_A 中一半的信任关系权重为1，但共识演化网络 G_B 为权重为0的空网络，根据规则1，信任关系对共识有促进作用，即 $OCL = \frac{1}{2n(n-1)}\sum_{nk,l=1;k\neq lY_i}$。

（4）当 $(CL_{kl}, T_{kl}, T_{lk}) = (1, 1, 0)$ 或 $(CL_{kl}, T_{kl}, T_{lk}) = (1, 0, 1)$，$k, l = 1, 2, \cdots, n$，共识演化网络 G_B 是权重为1的完全网络，但是信任网络 G_A 中一半的信任关系权重为0，根据规则2，信任对共识有消极作用，即 $OCL = \frac{1}{2n(n-1)}\sum_{k,l=1;k\neq l}^{n}\left(\frac{CL_{kl}}{CL_{kl}+Y_l}+1\right)$。

特别地，当信任的效用未被考虑时，即 $T = Y = 0$，则公式（7.60）退化成：

$$OCL = \frac{1}{n(n-1)}\sum_{k,l=1;k\neq l}^{n} CL_{kl} \qquad (7.61)$$

其中，$OCL = d(G_B)$ 为共识演化网络 G_B 的密度，与传统共识计算结果相同。

三 信任共识多层网络的演化过程

前面已经介绍了研究信任共识多层网络的共识演化需要的关键技术，接下来将介绍该研究的主要步骤（主要结构如图7.11所示）。

步骤1：对于一个由 n 个专家 $V = \{v_1, v_2, \cdots, v_n\}$ 和 m 个方案 $X = \{x_1, x_2, \cdots, x_m\}$ 组成的群决策问题，收集专家偏好信息，在某个共识阈值 ε 下，基于初始共识矩阵 $CL^{(0)}$ 构造初始共识网络 $G_B^{(0)}$。另外，根据专家之间的信任关系构建初始信任网络 $G_A^{(0)}$。

步骤2：基于初始共识网络 $G_B^{(0)}$ 计算群体初始整体共识水平 $OCL^{(0)}$。如果 $OCL^{(0)} \geq \dot{\varepsilon}$，其中 $\dot{\varepsilon}$ 为令人满意的共识水平，则群体已

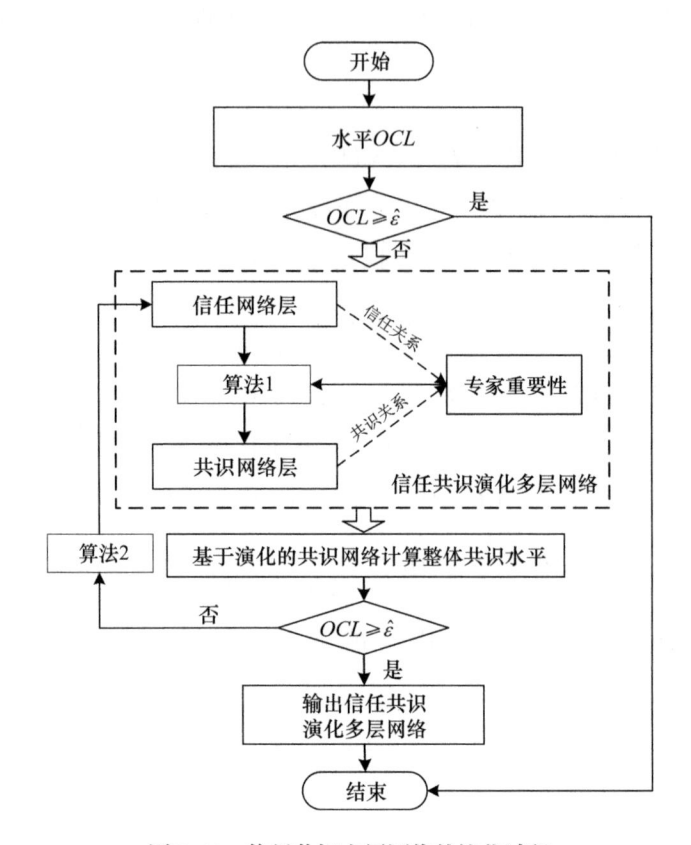

图7.11 信任共识多层网络的演化过程

经达成共识，该共识研究问题结束。否则的话，继续下一步。

步骤3：基于初始信任网络 $G_A^{(0)}$ 和共识网络 $G_B^{(0)}$ 构建初始信任共识多层网络 $MG^{(0)}$，然后根据多层网络 PageRank 中心性计算专家的初始权重 $Y^{(0)}$。

步骤4：因共识水平并未达到期望值，专家之间开始共识协商。利用算法7.2，基于初始信任 $T^{(0)}$ 和专家的初始权重 $Y^{(0)}$，根据信任对共识的作用，获得演化的共识网络 $G_B^{(1)}$ 以及信任共识多层网络 $MC^{(1)}$。基于演化的共识网络 $G_B^{(1)}$ 计算整体共识水平 $OCL^{(1)}$，如果 $OCL^{(1)} \geqslant \hat{\varepsilon}$，则群体已经达成共识，共识过程结束。否则，继续下一步。

步骤5：经过专家在协商过程中完全诚心的交流互动，他们之间的信任关系可能会发生积极变化。利用算法7.3，得到演化的信任网络 $G_A^{(1)}$。

步骤6：重复步骤3—5直到经过 R 轮协商达到期望的共识水平，得到演化后的共识矩阵为：

$$CL^{(R)} = Q\ (MC^{(R-1)},\ T^{(R-1)},\ Y) \qquad (7.62)$$

其中，$MC^{(0)} = CL^{(0)}$，规范化的共识矩阵 $MC^{(R)}$ 最终可以通过公式（7.56）得到。

四 算例分析和对比分析

（一）算例分析

利用文献（Herrera-Viedma 等，2002）中的算例来模拟上述模型的应用。在该算例中，令8位专家对6个方案进行评价并选取出最优方案。但是，上述算例并未提供专家之间的信任关系，为了与本研究模型相吻合，假设8位专家之间具有信任关系且初始信任网络 $G_A^{(0)}$，如图7.12所示，其初始加权邻接矩阵表示为 $T^{(0)} = (T_{kl}^{(0)})_{8\times 8}$。

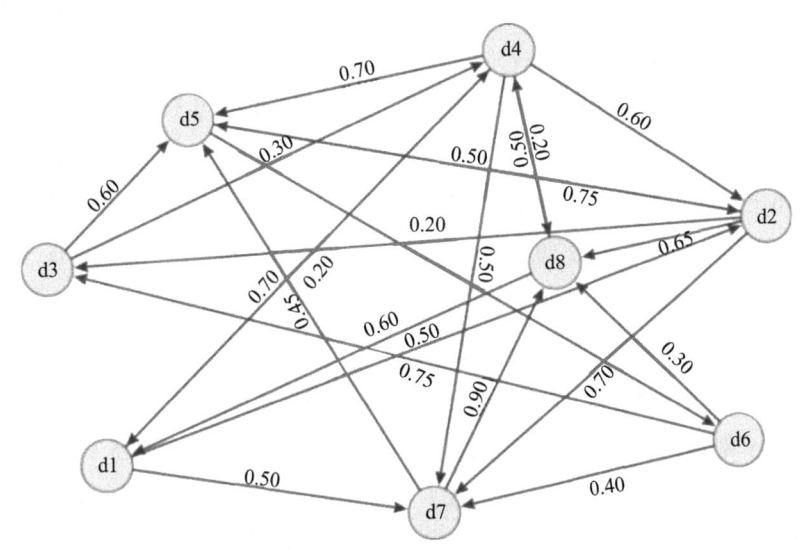

图7.12 初始信任网络结构

所有专家基于6个方案给出的模糊偏好关系 F_k（$k=1, 2, \cdots, 8$）如下：

$$F_1 = \begin{pmatrix} 0.5 & 0.4 & 0.6 & 0.9 & 0.7 & 0.8 \\ 0.6 & 0.5 & 0.7 & 1 & 0.8 & 0.9 \\ 0.4 & 0.3 & 0.5 & 0.8 & 0.6 & 0.7 \\ 0.1 & 0 & 0.2 & 0.5 & 0.3 & 0.4 \\ 0.3 & 0.2 & 0.4 & 0.7 & 0.5 & 0.6 \\ 0.2 & 0.1 & 0.3 & 0.6 & 0.4 & 0.5 \end{pmatrix} \quad F_2 = \begin{pmatrix} 0.5 & 0.7 & 0.8 & 0.6 & 1 & 0.9 \\ 0.3 & 0.5 & 0.6 & 0.4 & 0.8 & 0.7 \\ 0.2 & 0.4 & 0.5 & 0.3 & 0.7 & 0.6 \\ 0.4 & 0.6 & 0.7 & 0.5 & 0.9 & 0.8 \\ 0 & 0.2 & 0.3 & 0.1 & 0.5 & 0.4 \\ 0.1 & 0.3 & 0.4 & 0.2 & 0.6 & 0.5 \end{pmatrix}$$

$$F_3 = \begin{pmatrix} 0.5 & 0.69 & 0.12 & 0.2 & 0.36 & 0.9 \\ 0.31 & 0.5 & 0.06 & 0.1 & 0.2 & 0.8 \\ 0.88 & 0.94 & 0.5 & 0.64 & 0.8 & 0.98 \\ 0.8 & 0.9 & 0.36 & 0.5 & 0.69 & 0.97 \\ 0.64 & 0.8 & 0.2 & 0.31 & 0.5 & 0.94 \\ 0.1 & 0.2 & 0.02 & 0.03 & 0.06 & 0.5 \end{pmatrix} \quad F_4 = \begin{pmatrix} 0.5 & 0.1 & 0.36 & 0.69 & 0.16 & 0.26 \\ 0.9 & 0.5 & 0.84 & 0.95 & 0.62 & 0.76 \\ 0.64 & 0.16 & 0.5 & 0.8 & 0.25 & 0.39 \\ 0.31 & 0.05 & 0.2 & 0.5 & 0.08 & 0.14 \\ 0.84 & 0.38 & 0.75 & 0.92 & 0.5 & 0.66 \\ 0.74 & 0.24 & 0.61 & 0.86 & 0.34 & 0.5 \end{pmatrix}$$

$$F_5 = \begin{pmatrix} 0.5 & 0.55 & 0.45 & 0.25 & 0.7 & 0.3 \\ 0.45 & 0.5 & 0.7 & 0.85 & 0.4 & 0.8 \\ 0.55 & 0.3 & 0.5 & 0.65 & 0.7 & 0.6 \\ 0.75 & 0.15 & 0.35 & 0.5 & 0.95 & 0.6 \\ 0.3 & 0.6 & 0.3 & 0.05 & 0.5 & 0.85 \\ 0.7 & 0.2 & 0.4 & 0.4 & 0.15 & 0.5 \end{pmatrix} \quad F_6 = \begin{pmatrix} 0.5 & 0.7 & 0.75 & 0.95 & 0.6 & 0.85 \\ 0.3 & 0.5 & 0.55 & 0.8 & 0.4 & 0.65 \\ 0.25 & 0.45 & 0.5 & 0.7 & 0.6 & 0.45 \\ 0.05 & 0.2 & 0.3 & 0.5 & 0.85 & 0.4 \\ 0.4 & 0.6 & 0.4 & 0.15 & 0.5 & 0.75 \\ 0.15 & 0.35 & 0.55 & 0.6 & 0.25 & 0.5 \end{pmatrix}$$

$$F_7 = \begin{pmatrix} 0.5 & 0.34 & 0.25 & 0.82 & 0.75 & 0.87 \\ 0.66 & 0.5 & 0.25 & 0.18 & 0.82 & 0.91 \\ 0.75 & 0.75 & 0.5 & 0.94 & 0.91 & 1 \\ 0.18 & 0.82 & 0.06 & 0.5 & 0.34 & 0.75 \\ 0.25 & 0.18 & 0.09 & 0.66 & 0.5 & 0.82 \\ 0.13 & 0.09 & 0 & 0.25 & 0.18 & 0.5 \end{pmatrix} \quad F_8 = \begin{pmatrix} 0.5 & 0.13 & 0.18 & 0.34 & 0.75 & 0.09 \\ 0.87 & 0.5 & 0.66 & 0.82 & 0.91 & 0.25 \\ 0.82 & 0.34 & 0.5 & 0.75 & 0.87 & 0.82 \\ 0.66 & 0.18 & 0.25 & 0.5 & 0.75 & 0.91 \\ 0.25 & 0.09 & 0.13 & 0.25 & 0.5 & 0.97 \\ 0.91 & 0.75 & 0.18 & 0.09 & 0.03 & 0.5 \end{pmatrix}$$

根据共识网络定义，构建群体间的完全共识网络 $G_B^{(0)} = (G_B^{\varepsilon=0.515})$（如图 7.13 所示），其中 $CL^{(0)}$ 为初始共识网络 $G_B^{(0)}$ 的加权邻接矩阵。计算初始整体共识水平为 $OCL^{(0)} = 0.697$。假设令人满意

的共识水平为 $\hat{\varepsilon}=0.75$，则目前群体之间并未达成共识，专家之间需要进行协商。基于信任网络 $G_A^{(0)}$ 和共识演化网络 $G_B^{(0)}$，构建初始信任共识多层网络 $MG^{(0)}=(G_A^{(0)}, G_B^{(0)})$，其中信任网络层 $G_A^{(0)}$ 对共识网络层 $G_B^{(0)}$ 有直接影响，而共识网络层 $G_B^{(0)}$ 对信任网络层 $G_A^{(0)}$ 有间接影响。令阻尼因数 α_A 和 α_B 皆等于 0.85，$\eta=10^{-6}$，根据 PageRank 中心性计算专家在 $MG^{(0)}$ 上的初始影响力为 $Y^{(0)}=$（0.127，0.124，0.111，0.116，0.140，0.130，0.126，0.126），其中专家在网络 $G_A^{(0)}$ 和 $G_B^{(0)}$ 上的 PageRank 分别经过 76 和 34 轮迭代达到稳定。

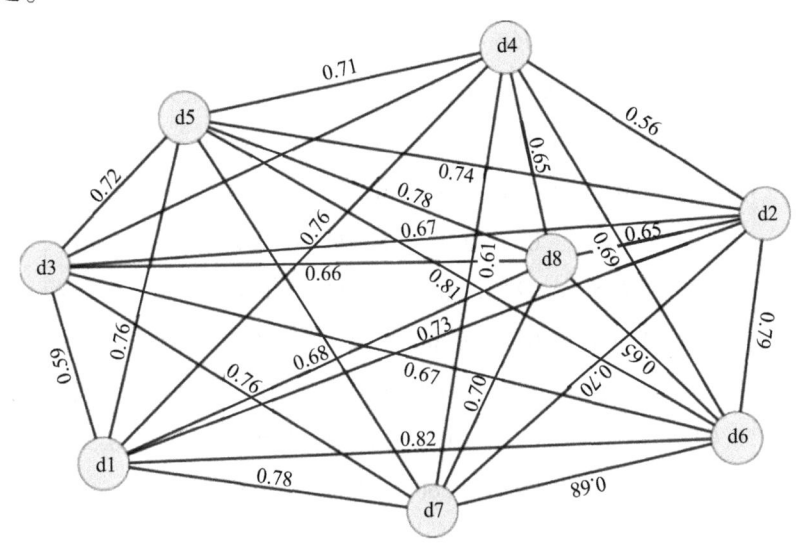

图 7.13　初始共识网络结构

根据算法 7.2，基于信任值 $T^{(0)}$ 和专家影响力 $Y^{(0)}$，确定第一次协商之后演化得到的共识网络 $G_B^{(1)}$，其共识矩阵为 $MC^{(1)}$，演化后的整体共识水平为：$OCL^{(1)}=0.725$。由于 $OCL^{(1)}<0.75$，继续下一轮的协商过程。利用算法 7.3，得到经过第一次协商之后的信任网络 $G_A^{(1)}$，其信任矩阵记为 $T^{(1)}$。重复步骤 3—5 直到经过三轮协商之后 $OCL^{(3)}=0.786$。最终得到的信任共识多层网络为 $MG^{(3)}=(G_A^{(3)}$，

$G_B^{(3)}$）。

多层网络 $MG^{(3)} = (G_A^{(3)}, G_B^{(3)})$ 中的共识矩阵 $MC^{(3)}$ 和信任矩阵 $T^{(3)}$ 分别为：

$$MC^{(3)} = \begin{pmatrix} 0 & 0.834 & 0.596 & 0.926 & 0.771 & 0.826 & 0.893 & 0.798 \\ 0.834 & 0 & 0.708 & 0.684 & 0.955 & 0.798 & 0.839 & 0.782 \\ 0.596 & 0.708 & 0 & 0.570 & 0.847 & 0.803 & 0.760 & 0.666 \\ 0.926 & 0.684 & 0.570 & 0 & 0.858 & 0.701 & 0.721 & 0.792 \\ 0.771 & 0.955 & 0.847 & 0.858 & 0 & \mathbf{0.924} & 0.776 & 0.791 \\ 0.826 & 0.798 & 0.803 & 0.701 & \mathbf{0.924} & 0 & 0.765 & 0.720 \\ 0.893 & 0.839 & 0.760 & 0.721 & 0.776 & 0.765 & 0 & 0.906 \\ 0.798 & 0.782 & 0.666 & 0.792 & 0.791 & 0.720 & 0.906 & 0 \end{pmatrix}_{8 \times 8}$$

$$T^{(3)} = \begin{pmatrix} 0 & 0.568 & 0.017 & 0.705 & 0.078 & 0.030 & 0.575 & 0.061 \\ 0.020 & 0 & 0.253 & 0.026 & 0.785 & 0.107 & 0.713 & 0.681 \\ 0.010 & 0.042 & 0 & 0.309 & 0.634 & 0.084 & 0.027 & 0.014 \\ 0.225 & 0.665 & 0.022 & 0 & 0.762 & 0.101 & 0.583 & 0.457 \\ 0.020 & 0.509 & 0.037 & 0.005 & 0 & 0.802 & 0.073 & 0.058 \\ 0.034 & 0.014 & 0.752 & 0.035 & 0.050 & 0 & 0.415 & 0.406 \\ 0.092 & 0.043 & 0.007 & 0.074 & 0.492 & 0.065 & 0 & 0.917 \\ 0.605 & 0.064 & 0.009 & 0.566 & 0.064 & 0.038 & 0.432 & 0 \end{pmatrix}_{8 \times 8}$$

经计算，专家在网络 $MG^{(3)}$ 上的影响力为 $Y^{(3)} = (0.123, 0.124, 0.103, 0.121, 0.136, 0.121, 0.133, 0.139)$。

（二）对比分析

关于上述模型的对比分析主要从专家影响力计算、信任关系对共识的作用以及共识水平测量三个方面展开。

1. 专家影响力计算

在传统共识模型中，专家重要性主要通过共识水平或信任度来计算。本研究中专家重要性的计算不仅考虑了信任度还考虑了信任对共识的影响。专家在初始信任共识多层网络上的重要性相关指标如表 7.7 所示，包括专家在信任网络上最初和最终的 PageRank 中心度 $\mu_k^{(0)}$ 和 $\mu_k^{(76)}$，在共识演化网络上归一化的共识水平 $\overline{CL}_k^{(0)}$，初始和最终的 PageRank 中心度 $y_k^{(0)}$ 和 $y_k^{(34)}$，$k=1，2，\cdots，8$。

表 7.7　计算专家在初始信任共识演化多层网络 MG^0 上的影响力相关指标

专家	1	2	3	4	5	6	7	8
$\mu^{(0)}_k$	**0.065**	0.130	**0.077**	0.122	0.203	0.065	0.171	0.167
$\mu_k^{(76)}$	**0.107**	0.149	**0.086**	0.152	0.205	0.145	0.154	0.186
$\overline{CL}_k^{(0)}$	**0.13**	**0.12**	0.12	0.12	0.13	0.13	0.13	0.12
$y_k^{(0)}$	**0.096**	**0.125**	0.068	0.118	0.184	0.128	0.131	0.153
$y_k^{(34)}$	**0.127**	**0.124**	0.111	0.116	0.140	0.131	0.126	0.127

初始 PageRank 中心度 $\mu_k^{(0)}$ 仅考虑了专家被其他相邻专家信任的程度，此为基于信任关系确定专家权重的传统方法。但是本研究考虑了信任的演化，得到最终的 PageRank 中心度 $\mu_k^{(76)}$。例如，$\mu_1^{(76)} > \mu_3^{(76)}$，而 $\mu_1^{(0)} < \mu_3^{(0)}$，主要是因为专家 1 在信任演化过程中得到了比专家 3 更多的关注。专家在共识演化网络上的初始 PageRank 中心度 $y_k^{(0)}$ 主要基于归一化的共识水平 $\overline{CL}_k^{(0)}$ 与其在信任网络上的最终 PageRank 中心度 $\mu_k^{(76)}$ 得到，其中 $\overline{CL}_k^{(0)}$ 与传统基于共识关系确定专家权重的方法类似。例如，$y_1^{(0)} < y_2^{(0)}$，而 $\overline{CL}_1^{(0)} > \overline{CL}_2^{(0)}$，是因为专家 v_1 在信任网络中比 v_2 更重要。最终的 PageRank 中心度 $y_k^{(34)}$ 也需要考虑专家在信任网络中的重要性来得到。例如，$y_1^{(34)} > y_2^{(34)}$，而 $y_1^{(0)} < y_2^{(0)}$，是因为专家 1 与邻居之间的信任关系比专家 2 与其邻居的信任关系更紧密。

2. 信任关系对共识的作用

在传统研究中，信任对共识达成具有积极作用。但是很少有研究考虑当专家之间存在低信任度和高共识度时，群体中可能会出现矛盾使得信任对共识有消极作用。另外，在本研究中，专家的影响力可以看作信任对共识的影响因子。

在第二轮协商之后，我们分别得到对称的共识矩阵 $MC^{(2)}$、信任网络 $T^{(2)}$ 和专家影响力 $Y^{(2)} = (0.123, 0.126, 0.107, 0.116, 0.141, 0.126, 0.132, 0.129)$。

$$MC^{(2)} = \begin{pmatrix} 0 & 0.798 & 0.595 & 0.871 & 0.766 & 0.823 & 0.851 & 0.759 \\ 0.798 & 0 & 0.692 & 0.641 & 0.910 & 0.792 & 0.790 & 0.736 \\ 0.595 & 0.692 & 0 & 0.551 & 0.801 & 0.758 & 0.758 & 0.665 \\ 0.871 & 0.641 & 0.551 & 0 & 0.806 & 0.694 & 0.680 & 0.737 \\ 0.766 & 0.910 & 0.801 & 0.806 & 0 & \mathbf{0.915} & 0.737 & 0.785 \\ 0.823 & 0.792 & 0.758 & 0.694 & \mathbf{0.915} & 0 & 0.734 & 0.694 \\ 0.851 & 0.790 & 0.758 & 0.680 & 0.737 & 0.734 & 0 & 0.819 \\ 0.759 & 0.736 & 0.665 & 0.737 & 0.785 & 0.694 & 0.819 & 0 \end{pmatrix}_{8 \times 8}$$

$$T^{(2)} = \begin{pmatrix} 0 & 0.558 & 0.014 & 0.704 & 0.052 & 0.026 & 0.559 & 0.038 \\ 0.010 & 0 & 0.251 & 0.016 & 0.774 & 0.092 & 0.705 & 0.666 \\ 0.009 & 0.031 & 0 & 0.308 & 0.629 & 0.073 & 0.022 & 0.010 \\ 0.219 & 0.654 & 0.017 & 0 & 0.745 & 0.086 & 0.565 & 0.350 \\ 0.019 & 0.508 & 0.024 & 0.004 & 0 & \mathbf{0.801} & 0.058 & 0.044 \\ 0.028 & 0.011 & 0.752 & 0.026 & \mathbf{0.037} & 0 & 0.410 & 0.375 \\ 0.080 & 0.035 & 0.006 & 0.063 & 0.489 & 0.056 & 0 & 0.915 \\ 0.602 & 0.049 & 0.008 & 0.557 & 0.050 & 0.035 & 0.424 & 0 \end{pmatrix}_{8 \times 8}$$

根据算法7.2，我们可以根据 $MC^{(2)}$、$T^{(2)}$ 和 $Y^{(2)}$ 得到再次演化的共识矩阵 $CL^{(3)}$：

$$CL^{(3)} = \begin{pmatrix} 0 & 0.868 & 0.597 & 0.953 & 0.773 & 0.826 & 0.925 & 0.763 \\ 0.799 & 0 & 0.719 & 0.643 & 0.969 & 0.803 & 0.883 & 0.822 \\ 0.596 & 0.696 & 0 & 0.587 & 0.890 & 0.768 & 0.761 & 0.666 \\ 0.898 & 0.724 & 0.553 & 0 & 0.911 & 0.705 & 0.755 & 0.782 \\ 0.768 & 0.940 & 0.804 & 0.806 & 0 & \mathbf{0.976} & 0.745 & 0.790 \\ 0.826 & 0.793 & 0.839 & 0.697 & \mathbf{0.871} & 0 & 0.788 & 0.742 \\ 0.861 & 0.795 & 0.759 & 0.688 & 0.806 & 0.741 & 0 & 0.937 \\ 0.833 & 0.742 & 0.666 & 0.801 & 0.792 & 0.698 & 0.875 & 0 \end{pmatrix}_{8 \times 8}$$

除了专家 5 和专家 6 之间的信任关系，信任矩阵 $T^{(2)}$ 中的大部分信任关系对共识矩阵 $MC^{(2)}$ 中的共识关系具有积极作用，专家 5 对专家 6 的信任水平 $T_{56}^{(2)}=0.801$ 对其共识水平 $MC_{56}^{(2)}=0.915$ 有积极作用，得到 $CL_{56}^{(3)}=0.976$，然而，专家 6 对专家 5 的信任水平 $T_{65}^{(2)}=0.037$ 对其共识水平 $MC_{65}^{(2)}=0.915$ 有消极作用，得到 $CL_{65}^{(3)}=0.871$。另外，经过对共识矩阵 $CL^{(3)}$ 的规范化处理得到 $MC^{(3)}$，其中，$MC_{56}^{(3)}=MC_{65}^{(3)}=0.924$，主要是因为信任关系 $T_{56}^{(2)}=0.801$ 的积极作用超过了信任关系 $T_{65}^{(2)}=0.037$ 的消极作用。

3. 共识水平测度

在传统共识模型中，共识水平通常需要经过三阶段方法来衡量。本研究中，我们主要基于共识网络的密度和强度来衡量共识水平，其中，信任网络和共识网络的密度并不是简单集成在一起，而是综合考虑了信任对共识的积极和消极作用。与传统方法相比，在未考虑信任的影响时，基于本章所提公式计算的初始整体共识水平 $OCL^{(0)}=0.697$ 与传统方法计算结果相同，意味着基于共识网络的密度和强度来衡量共识水平是可行的，并且，该方法比传统方法更直观。

第五节　本章小结

本章主要研究社交信任在群决策共识达成中的应用。首先，考虑到信任对共识调整的积极影响，基于决策偏好相似性构造决策者隐性信任关系，提出考虑信任行为的最小调整成本共识优化模型，并基于信任关系对专家共识调整成本进行修正，进而优化上述共识达成模型，使其更加适应决策实际。然后，考虑到除了社交关系对群体决策偏好的影响之外，决策偏好的变化亦可能影响社交关系的变化，以共识演化网络为载体，提出考虑社交关系与决策偏好交互影响的群体共识达成模型，并通过案例分析证明了该模型下的群体观点收敛速度最快。最后，考虑到群体决策偏好缺失、不确定、不一致等情境和信任关系的特殊性，基于多层网络结构提出信任关系与共识关系交互影响模型，使群决策模型脱离偏好信息限制，适用于更多复杂决策场景。

截至目前，本书介绍了不确定与社交化场景下的大规模群决策方法以及信任关系影响下的群体共识决策模型。此前内容以模型建构与方法介绍为主，尚未系统探讨它们在实际场景中的应用。为使研究成果服务于现实生活中的管理与决策问题，接下来的两章内容将重点介绍大规模群决策方法与模型在社会化商务决策和群推荐领域的相关应用。

第 八 章

考虑社交信任行为的社会化商务决策

随着社交媒体和 Web 2.0 的快速发展（Wang 等，2019），SNS、移动终端和社会化媒体等新信息技术快速兴起。社交媒体的流行，诸如国外的 Facebook、Google +、Twitter，国内的微信、微博、小红书等，为用户获取购物经验并影响其购物行为提供了丰富的载体（Liang 等，2011），为在线购物提供了新的发展机遇（Liang 和 Turban，2011），使得传统的电子商务（e-commerce）模式逐渐向与社会化媒体平台相融合的崭新社会化商务（s-commerce）模式演变（Liang 和 Turban，2011）。社会化商务通常是指利用消费者之间的社交互动、用户生成内容等手段来辅助商品的购买和销售，提高客户满意度和忠诚度（Huang 和 Benyoucef，2013）。与传统电子商务相比，社会化商务用户的购买决策行为更容易受到相熟用户购物体验的影响（Sukrat 和 Papasratorn，2018）。

社会化商务购买决策影响因素众多，涉及用户喜好、购物习惯、心理行为以及平台设计、响应速度、售后服务等多方面。除此之外，用户评价与社交关系也在用户购物决策行为中发挥着重要作用。信任关系是一类特殊的社交关系，是影响用户网络活动行为的最重要因素之一（Liu 和 Jia，2015）。由于可以减少信息过载、不确定性和来自不可靠评论者的风险（Liu 和 Jia，2015），信任已在决策领域有了很丰富的研究（Capuano 等，2018；Dong 等，2018a；Wu 等，2017a；Wu 等，2019f）。

对于社会化商务购物决策问题来说，其决策主体是大规模网购用户，决策目的是通过分析多个商品影响因素（多属性）从众多相似商品中选取出最优商品（方案优选），而用户在该过程中可能受到偏好相似用户（偏好信息）或社交用户（社交关系影响）评价的影响。因此，社会化商务购买决策问题本质上亦是大规模群决策问题，故本章将社会化商务作为信任行为影响下的不确定大规模群决策理论与模型的应用场景之一。本章首先对社会化商务用户购物影响因素进行介绍，并利用二型模糊理论对电商用户需求的不确定性进行分析，接着对社会化商务信任关系进行量化分析，最终介绍考虑信任行为和评价可靠性的社会化商务决策模型。

第一节　社会化商务用户购物影响因素分析

本节内容首先对常见社会化商务用户购物影响因素进行概述性分析，接着利用改进的二型模糊 Kano 模型对不确定情境下的用户需求进行归类分析。

一　用户购物行为影响因素

自社会化商务这一概念于 2005 年首次出现在雅虎网站上以来，众多研究针对社会化商务用户购物影响因素进行了分析，主要集中在用户态度与信任行为、网站使用率、用户参与行为等方面。

信任行为：在网络购物情境下，由于缺乏与商家面对面交流，顾客面临的不确定性较高，而信任有助于缓解顾客感知到的不确定性和风险。因此，可信的在线购物环境对购买意愿的形成尤为重要。社会化商务下顾客信任影响因素研究主要聚焦于商家规模、交易安全、价格优势、商家声誉等商家特征和买卖双方沟通、好友推荐、顾客对商家的熟悉程度等社交因素方面。有研究发现，社会化商务平台声誉、信息质量、交易安全、口碑推荐等对信任有显著影响，而信任同时也会显著影响用户购买意向和口碑意向（Fang 和 Li，2020）。

网站质量：用户的购物态度、意向和行为不仅受到内在信念的影响，同时也会受到社会化商务网站质量的影响。系统质量、信息质量和服务质量已被广泛用于评估网站质量的研究中（Park 等，2007）。系统质量主要关注系统的设计是否会影响商品内容的展示以及用户的使用方便性，如网站系统的界面设计是否友好，是否便于操作，是否具有吸引力等。信息质量主要关注网站提供信息的相关性、准确性和可靠性，要求商品信息翔实且种类丰富，同时信息分类要符合用户思维习惯。服务质量主要包括网站的快速响应时间、买卖双方的交互沟通功能以及平台能够提供的个性化服务等。

在线评论：在社会化商务环境下，在线评论是用户获取他人使用商品感受的重要来源，在线评论的数量与质量直接影响着用户的购买决策（Ko，2018），在此基础上用户感知的评论有用性、评论的情感态度等也会影响顾客的购买行为（Elwalda 等，2016）。网络消费者借助社会化媒体，围绕有关商家、产品或服务等展开的交流和讨论以及传播的个人体验、评价和推荐信息等对于社会化购物决策的形成具有极大的促进作用（高琳等，2017）。除此之外，明星、网红直播带货和社区团购等因素也对用户的购物行为具有较大的影响（覃素香、朱蹈，2023）。

从用户视角开展用户购物影响因素研究（如购物动机、信任行为等）有助于企业及时了解顾客需求，并制定相应的营销策略。从企业视角开展用户需求分析则能够使企业站在用户视角设计和优化服务功能，更好地服务于用户。下文首先从用户视角利用改进的二型模糊 Kano 模型对不确定情境下的电商用户需求进行分析。

二 基于区间二型模糊语言变量的 Kano 模型

Kano 模型是东京理工大学教授狩野纪昭（Noriaki Kano）提出的一种用户需求分类工具，可以帮助我们从客户的角度来理解和把握顾客需求（Ho 和 Tzeng，2021）（如图 8.1 所示）。Kano 模型将满意度因素划分为基本型需求（Must-be，M）、期望型需求（One-dimensional，O）、魅力型需求（Attrictive，A）、无差异型需求（Indifferent，I）和反向型需求（Reverse，R）五个类型。基本型需求又称必备属性，是指顾客对企业提供产品或服务的基本要求；期望型需求是指顾客满意度与满足程度成正比的需求；魅力型需求是指顾客没有预期但一旦得到满足即表现出非常满意的需求；无差异型需求是指对用户满意度无影响的需求；反向型需求是指引起强烈不满或导致低水平满意的质量特性。Kano 模型主要通过标准化问卷对顾客需求进行调研，进而根据调研结果对各因素属性进行归类的方法。众多研究表明，利用 Kano 模型分析顾客的直接意见，可以提高顾客的满意度和忠诚度，使不满意最小化（Liang 等，2021）。

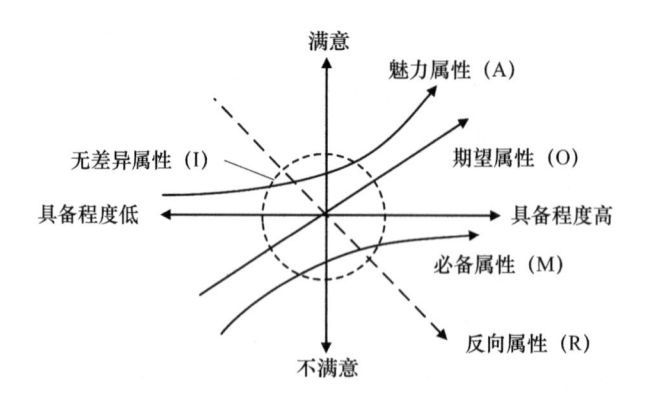

图 8.1　Kano 模型

由于顾客感知和表达的不确定性,越来越多的研究将 Kano 模型扩展到模糊环境下(Ghorbani 等,2013)。Wang 和 Fong(2016)利用模糊 Kano 模型获取顾客对服务属性的感知,并对顾客满意度进行量化分析。Dou 等人(2020)提出了一种面向大规模定制的智能产品配置方法,结合 Kano 模型和社会惯性对模糊聚类进行了改进。然而,由于传统模糊理论的局限性,现有的模糊 Kano 模型在处理人类表达的模糊性和不确定性方面存在不足。因此,此处介绍基于区间二型模糊语言变量进行改进的 Kano 模型。

为了识别 m 种用户需求的类别,Kano 问卷设计了"功能(提供该功能)—非功能(不提供该功能)"问题,如表 8.1 所示。将该问卷分发给一定数量的目标客户,使用像喜欢(Like,缩写为 L)、理应如此(Must-be,缩写为 M)、无所谓(Neutral,缩写为 N)、勉强接受(Live-with,缩写为 W)和不喜欢(Dislike,缩写为 D)等语言术语收集他们对 m 种用户需求的感知与评价。在传统 Kano 模型中,当收集到有效问卷数据后,通常应用统计分析方法确定用户需求类别(如表 8.2 所示)。然而,当某些语言词关于某(几)个用户需求的评价次数相同时,仅靠统计语言词的数量很难区分用户需求的类别。由于不同的语言术语表达程度不同,本研究首先利用区间二型模糊集将这些语言术语进行量化,然后根据区间二型模糊集的运算规则对用户需求进行分类。

表 8.1　　　　　　　　　　Kano 问卷举例

你怎么看待这些需求?		喜欢 L	理应如此 M	无所谓 N	勉强接受 W	不喜欢 D
CR_i (i=1, 2, ⋯, m)	功能性					
	非功能性					

表 8.2　　　　　　　　　　　　Kano 模型评价表

顾客需求		不提供此功能				
		喜欢 L	理应如此 M	无所谓 N	勉强接受 W	不喜欢 D
提供此功能	喜欢 L	Q	A	A	A	O
	理应如此 M	R	I	I	I	M
	无所谓 N	R	I	I	I	M
	勉强接受 W	R	I	I	I	M
	不喜欢 D	R	R	R	R	Q

注意：Q 表示问题阐述有误或评估者回答无逻辑。

在不同的应用场景中，同一组语言变量可能对应于不同的区间二型模糊集。考虑到电子商务场景的特殊性，我们使用文献（Wu 等，2018c）中为在线购物场景构建的七个区间二型模糊语言变量中的五个来表示 Kano 模型中的语言术语，如表 8.3 所示。

表 8.3　　　　　　　　　问卷对应的区间二型模糊变量

语言术语	梯形二型模糊集
D	[(0, 0.21, 0.60, 1.85) (0, 0.43, 0.43, 0.96; 0.55)]
W	[(0, 2.18, 3.6, 5.67) (1.54, 2.94, 2.94, 4.53; 0.53)]
N	[(2.35, 4.38, 6.55, 8.32) (4.78, 5.54, 5.54, 6.41; 0.53)]
M	[(4.94, 6.69, 8.11, 9.63) (6.58, 7.45, 7.45, 8.44; 0.53)]
L	[(7.97, 9.27, 9.82, 10) (9.23, 9.57, 9.57, 10; 0.56)]

假设总共发出 h 份调查问卷，回收样本后剔除问题样本总共获得的有效样本数为 l（$l \leq h$）。设 F_L^i，F_M^i，F_N^i，F_W^i，F_D^i 和 D_L^i，D_M^i，D_N^i，D_W^i，D_D^i 分别表示用 L、M、N、W 和 D 获得关于用户需求 CR_i 的"功能"和"非功能"性的统计结果，计算 CR_i 的综合功能评估值 $\widetilde{U}_i$ 和非功能评估值 $\widetilde{U}_i'$ 为：

$$\widetilde{U}_i = (F_L^i \times \widetilde{L} + F_M^i \times \widetilde{M} + F_N^i \times \widetilde{N} + F_W^i \times \widetilde{W} + F_D^i \times \widetilde{D}) / l \qquad (8.1)$$

$$\widetilde{U}'_i = (D^i_L \times \widetilde{L} + D^i_M \times \widetilde{M} + D^i_N \times \widetilde{N} + D^i_W \times \widetilde{W} + D^i_D \times \widetilde{D}) \ /l \quad (8.2)$$

其中，$1 \leq l \leq k$；$\widetilde{L}$、$\widetilde{M}$、$\widetilde{N}$、$\widetilde{W}$ 和 $\widetilde{D}$ 是对应于表 8.3 中所示的语言术语 L、M、N、W 和 D 的区间二型模糊集。

接着计算二型模糊语言变量 $\widetilde{L}$、$\widetilde{M}$、$\widetilde{N}$、$\widetilde{W}$、$\widetilde{D}$ 和功能评估值 $\widetilde{U}_i$ 或者非功能评估值 $\widetilde{U}'_i$ 之间的距离。例如，$\widetilde{L}$ 和 $\widetilde{U}_i$ 之间的距离可以表示为：

$$d(\widetilde{L}, \widetilde{U}_i) = |c(\widetilde{L}) - c(\widetilde{U}_i)| \quad (8.3)$$

类似地，可以计算其他语言术语与功能评估值 $\widetilde{U}_i$ 或者非功能评估值 $\widetilde{U}'_i$ 之间的距离。根据表 8.1，利用最小值 $Min(d(\widetilde{L},\widetilde{U}_i), d(\widetilde{M}, \widetilde{U}_i), d(\widetilde{N}, \widetilde{U}_i), d(\widetilde{W}, \widetilde{U}_i), d(\widetilde{D}, \widetilde{U}_i))$ 和 $Min(d(\widetilde{L}, \widetilde{U}'_i), d(\widetilde{M}, \widetilde{U}'_i), d(\widetilde{N}, \widetilde{U}'_i), d(\widetilde{W}, \widetilde{U}'_i), d(\widetilde{D}, \widetilde{U}'_i))$ 确定用户需求 CR_i 所属类别。例如，当 $Min(d(\widetilde{L}, \widetilde{U}_i), d(\widetilde{M}, \widetilde{U}_i), d(\widetilde{N}, \widetilde{U}_i), d(\widetilde{W}, U_i), d(\widetilde{D}, \widetilde{U}_i)) = d(\widetilde{L}, \widetilde{U}_i)$ 且 $Min(d(\widetilde{L}, \widetilde{U}'_i), d(\widetilde{M}, \widetilde{U}'_i), d(\widetilde{N}, \widetilde{U}'_i), d(\widetilde{W}, \widetilde{U}'_i), d(\widetilde{D}, \widetilde{U}'_i)) = d(\widetilde{D}, \widetilde{U}'_i)$ 时，用户需求 CR_i 属于期望属性（O）。

第二节 基于质量功能展开模型的电商用户需求分析

作为一个人口大国和需求大国，中国已经成为世界上最大的电子商务国家。① 近年来，技术上的显著进步以及动态变化的客户需求，促使电子商务企业重新考虑其服务战略（Kim 和 Choi，2017）。

---

① http://www.100ec.cn/.

质量功能展开（Quality Function Deployment，QFD）模型是将客户需求（Customer Requirements，CRs）转化为产品或服务的设计需求（Desire Requirements，DRs）的有效工具（Liu 等，2021）。然而，QFD 模型的关键部分，如客户需求的权重确定和设计需求的优先级排序，面临着由客户和利益相关者的主观认知引起的不确定性等挑战（Duan 等，2020）。从企业视角出发，本部分内容主要介绍利用基于二型模糊集合理论拓展的 QFD 模型将电商用户需求转化为设计需求。

一 模型主要思想

在 QFD 模型中，客户需求的重要性对设计需求的排序至关重要。目前普遍采用基于专家评价的多准则决策方法来计算客户需求的权重（Mistarihi 等，2020；Onar 等，2016）。Onar 等人（2016）利用犹豫模糊 AHP 方法确定了客户需求的重要性。Wu 等人（2017b）利用犹豫模糊 DEMATEL 方法分析客户需求之间的相互关系并确定其权重。Mistarihi 等人（2020）将 QFD 模型框架与模糊 ANP 方法相结合，以确定工程特性的重要程度。上述研究主要采用多属性决策方法来改进专家评分的计算过程，以确定客户需求的重要性。但是忽略了客户需求的重要性对决策环境的依赖，如客户需求的分类及其对处于不同发展阶段企业设计需求的影响等。

对设计需求进行排序是 QFD 模型中的另一个关键过程，通常也使用模糊环境下的多属性决策方法来解决这个问题（Chen 等，2021）。在众多多属性决策方法中，TOPSIS 较为常用（Ayağ 和 Gürcan Özdemir，2012）。Akbas & Bilgen（2017）提出了一种集成模糊 QFD 和 TOPSIS 的能源选取方法。在实践中，决策过程很容易受到人类行为的影响，而前景理论是分析决策者行为因素的有效工具。Wang 等人（2018）将 QFD 模型和累积前景理论相结合设计了产品概念。Liu 等人（2021）在犹豫语言环境下利用扩展的前景理论提出了拓展的 QFD 模型。

根据以上分析，当前学术界对 QFD 模型中的决策行为和不确定性已经有了部分研究。但目前的 QFD 模型仍存在一些不足之处需要解决：

（1）在客户需求权重计算中，很少考虑语义模糊性对属性分类的影响。

（2）当企业处于不同阶段时，客户需求对设计需求的影响被认为同等重要。

（3）目前的 QFD 模型没有充分考虑利益相关者的不确定性决策行为。

上述客户需求权重确定和设计需求优先级确定过程中的不确定性主要是指客户和利益相关者在偏好表达方面的模糊性和主观性（Liao 等，2020）。为了解决上述问题，此处介绍不确定环境下集成的 QFD 模型，该模型主要包含三个阶段（如图 8.2 所示），第一阶段利用上文提到的区间二型模糊 Kano 模型对顾客需求进行分类，第二阶段考虑企业所处发展阶段确定顾客需求权重，第三阶段利用基于前景理论改进的 TOPSIS 方法对设计需求的优先级进行排序。为了简化研究问题，提出以下假设：

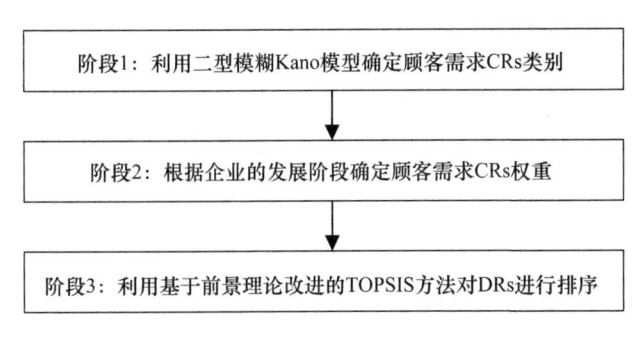

```
┌─────────────────────────────────────────────────────┐
│ 阶段1：利用二型模糊Kano模型确定顾客需求CRs类别      │
└─────────────────────────────────────────────────────┘
                         ↓
┌─────────────────────────────────────────────────────┐
│ 阶段2：根据企业的发展阶段确定顾客需求CRs权重        │
└─────────────────────────────────────────────────────┘
                         ↓
┌─────────────────────────────────────────────────────┐
│ 阶段3：利用基于前景理论改进的TOPSIS方法对DRs进行排序│
└─────────────────────────────────────────────────────┘
```

图 8.2　不确定决策环境下的 QFD 模型流程图

假设 8.1：电商企业在开展新业务之前会进行市场调研，收集客户需求。

假设 8.2：处于不同发展阶段的电商企业实施新业务的策略有所

不同。

假设8.3：无论是客户还是企业人员在做决策时不总是完全理性的。

假设现已获得 m 种客户需求 $\{CR_1, CR_2, \cdots, CR_i, \cdots, CR_m\}$ $(1 \leq i \leq m)$ 和 n 种设计需求 $\{DR_1, DR_2, \cdots, DR_j, \cdots, DR_n\}$ $(1 \leq j \leq n)$，企业相关专家根据客户需求与设计需求之间的关系建立相关矩阵。第一阶段，制作 Kano 调查问卷，并用区间二型模糊语言术语收集客户对客户需求的偏好，使用 Kano 模型确定客户需求类别。一般来说，处于不同的发展阶段的企业在有限的成本下同等地考虑所有类型的客户需求是不现实的。因此，在第二阶段，根据企业生命周期确定 m 种客户需求的归一化权重 μ。第三阶段，使用扩展的 TOPSIS 方法来确定 n 种设计需求的优先级。

二 根据企业发展阶段确定客户需求权重

根据 Kano 问卷调查结果，客户需求的客观重要性可以根据 Better-Worse 指数（Ji 等，2014）来衡量。根据表8.2，可以计算顾客需求 CR_i 属于属性 A、O、M、I 和 R 的比率为：

$$\begin{cases} r_A^i = [\max(a_{ij}^U) - d(\widetilde{L}, \widetilde{U}_i)] \times [3\max(a_{ij}^U) - d(\widetilde{M}, \widetilde{U}_i') - \\ \qquad d(\widetilde{N}, \widetilde{U}_i') - d(\widetilde{W}, \widetilde{U}_i')] \\ r_O^i = [\max(a_{ij}^U) - d(\widetilde{L}, \widetilde{U}_i)] \times [\max(a_{ij}^U) - d(\widetilde{D}, \widetilde{U}_i')] \\ r_M^i = [\max(a_{ij}^U) - d(\widetilde{D}, \widetilde{U}_i')] \times [3\max(a_{ij}^U) - d(\widetilde{M}, \widetilde{U}_i) - \\ \qquad d(\widetilde{N}, \widetilde{U}_i) - d(\widetilde{W}, \widetilde{U}_i)] \\ r_I^i = [3\max(a_{ij}^U) - d(\widetilde{M}, \widetilde{U}_i) - d(\widetilde{N}, \widetilde{U}_i) - d(\widetilde{W}, \widetilde{U}_i)] \times \\ \qquad [3\max(a_{ij}^U) - d(\widetilde{M}', \widetilde{U}_i') - d(\widetilde{N}, \widetilde{U}_i') - d(\widetilde{W}, \widetilde{U}_i')] \end{cases}$$

$$\begin{cases} r_R^i = [\max(a_{ij}^U) - d(\widetilde{L}, \widetilde{U}_i')] \times [4\max(a_{ij}^U) - dis(\widetilde{M}, \widetilde{U}_i) - \\ \qquad d(\widetilde{N}, \widetilde{U}_i) - d(\widetilde{W}, \widetilde{U}_i) - d(\widetilde{D}, \widetilde{U}_i)] + [\max(a_{ij}^U) - \\ \qquad d(\widetilde{D}, \widetilde{U}_i)] \times [3\max(a_{ij}^U) - dis(\widetilde{M}', \widetilde{U}_i') - d(\widetilde{N}, \widetilde{U}_i') - \\ \qquad d(\widetilde{W}, \widetilde{U}_i')] \\ r_Q^i = [\max(a_{ij}^U) - d(\widetilde{L}, \widetilde{U}_i)] \times [\max(a_{ij}^U) - d(\widetilde{L}, \widetilde{U}_i')] + \\ \qquad [\max(a_{ij}^U) - d(\widetilde{D}, \widetilde{U}_i)] \times [\max(a_{ij}^U) - d(\widetilde{D}, \widetilde{U}_i')] \end{cases} \quad (8.4)$$

其中，$\max(a_{ij}^U)$ 是区间二型模糊语言变量 $\widetilde{L}$、$\widetilde{M}$、$\widetilde{N}$、$\widetilde{W}$ 和 $\widetilde{D}$ 中的最大值。

Better 系数 S_i 可以理解为增加顾客需求 CR_i 后的满意系数：

$$S_i = \frac{r_A^i + r_O^i - r_Q^i}{r_A^i + r_O^i + r_M^i + r_I^i} \quad (8.5)$$

Worse 系数 DS_i 可以理解为消除顾客需求 CR_i 后的不满意系数：

$$DS_i = -\frac{r_O^i + r_M^i - r_Q^i}{r_A^i + r_O^i + r_M^i + r_I^i} \quad (8.6)$$

满意系数 S_i 和不满意系数 DS_i 的值越大，CR_i 就越重要。因此，CR_i 的标准化客观权重为：

$$\omega_i = \frac{S_i \times DS_i}{\sum_{i=1}^{m}(S_i \times DS_i)} \quad (8.7)$$

客观权重 ω_i 是根据客户评价数据获得的。然而，客户需求的重要性还受到企业生命周期和管理者风险态度的影响（Solokha 等，2018）。一般来说，企业生命周期可以分为四个阶段（Wang Yue，2011）：生存期、成长期、成熟期、衰退期，如图 8.3 所示。

一般来说，处于不同阶段的企业有着不同的战略。对于正常运转的企业，属性 Q 和 I 没有意义，因此仅讨论属性 M、O 和 A 的权重。现在，可以根据企业的发展阶段调整客观权重 ω_i（$i = 1, 2, \cdots, m$）。

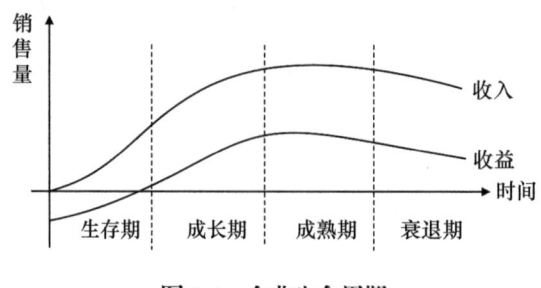

图 8.3 企业生命周期

(1) 当企业处于生存阶段时，假设不同属性的重要性排序为 $\omega_A \leq \omega_O \leq \omega_M$，当 $\max(\omega_A) \leq \min(\omega_O)$ 和 $\max(\omega_O) \leq \min(\omega_O)$ 时，客观权重 ω_i 则不需要调整；否则，应进行调整。属性权重 ω_A 表示属于属性 A 的客户需求权重 ω_i 的集合，即 $\omega_A = (\omega_i \mid CR_i$ 属于属性 $A)$，其他属性权重也可以用相同的方式表示。

(2) 当企业处于成长阶段时，假设不同属性的重要性排序为 $\omega_A \leq \omega_M \leq \omega_O$，当 $\max(\omega_A) \leq \min(\omega_M)$ 和 $\max(\omega_M) \leq \min(\omega_O)$ 时，客观权重 ω_i 则不需要调整；否则，应进行调整。

(3) 当企业处于成熟期时，假设不同属性的重要性排序为 $\omega_M \leq \omega_O \leq \omega_A$，当 $\max(\omega_M) \leq \min(\omega_O)$ 和 $\max(\omega_O) \leq \min(\omega_A)$ 时，客观权重 ω_i 则不需要调整；否则，应进行调整。

(4) 当企业处于衰退阶段时，如果企业管理者是风险追求型，则企业将持续其成熟阶段的战略，即 $\omega_M \leq \omega_O \leq \omega_A$，当 $\max(\omega_M) \leq \min(\omega_O)$ 和 $\max(\omega_O) \leq \min(\omega_A)$ 时，目标权重 ω_i 则不需要调整；否则，应进行调整。

如果企业管理者为风险规避型，则可以采取以下策略：$\omega_M \leq \omega_A \leq \omega_O$，当 $\max(\omega_M) \leq \min(\omega_A)$ 和 $\max(\omega_A) \leq \min(\omega_O)$ 时，则客观权重 ω_i 不需要调整；否则，应进行调整。

接下来，根据前景理论中的参考点和相应参数来调整权重 ω_i（$i = 1, 2, \cdots, m$）。根据公式（2.35），对于处于特定发展阶段的企业，CR_i 的权重 ω_i' 可计算为：

$$\omega_i' = \begin{cases} \omega_i + \Delta\omega^\alpha, & \Delta\omega \geqslant 0, \ \omega_i \in R \\ \omega_i - \Delta\omega^\alpha, & \Delta\omega \geqslant 0, \ \omega_i \notin R \\ \omega_i + [-\theta(-\Delta\omega)^\beta], & \Delta\omega < 0, \ \omega_i \notin R \\ \omega_i - [-\theta(-\Delta\omega)^\beta], & \Delta\omega < 0, \ \omega_i \in R \end{cases} \quad (8.8)$$

其中，$\Delta\omega = \omega_i - \min[R(\omega_i)]$ 和 $\min[R(\omega_i)]$ 表示权重调整的参考点，它表示企业在特定发展阶段的特定属性的最小权重。$\omega_i \in R$ 表示客户需求 CR_i 与参考点属于同一属性类别。例如，当企业处于成长阶段时可知 $\min[R(\omega_i)] = \min(\omega_O)$，如果客户需求 CR_i 属于属性 O，那么应根据公式（8.8）中的 $\omega_i + \Delta\omega^\alpha$ 调整 ω_i。

调整后的权重应该满足 $\omega_i' \in [0,1]$。除此之外，为了使权重计算有意义，当 $\omega_i' < 0$ 时我们设定 $\omega_i' = 0$。最后，CR_i 的标准化权重 μ_i 可以计算为：

$$\mu_i = \frac{\omega_i'}{\sum_{i=1}^{m} \omega_i'} \quad (8.9)$$

其中，$\mu_i \in [0,1]$ 和 $\sum_{i=1}^{m} \mu_i = 1$。

三 拓展的 QFD 模型的主要步骤

三阶段 QFD 模型的主要步骤如图 8.4 所示。假设一家电商企业正在计划提供一个新产品/服务。针对该产品/服务，营销部门通过市场调查确定了 m 种客户需求，产品/服务功能设计专家提供了与这些客户需求相关的 n 种产品/服务设计需求，此刻该企业想知道关于这些设计需求的优先级排序。

阶段1：使用 Kano 模型对客户需求进行分类

步骤1：应用语言术语收集顾客对客户需求的看法

基于表 8.3 所示的语言术语及其二型模糊表达，为 m 种客户需求设计 Kano 调查问卷，将其发送给 h 位目标客户并回收 l（$l \leqslant h$）份有效问卷。

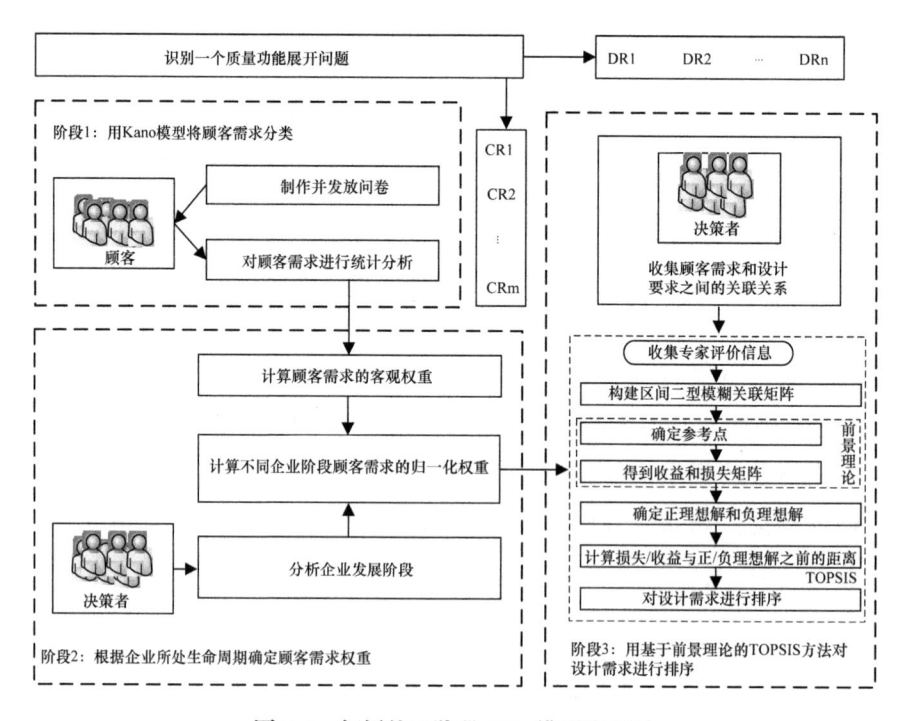

图 8.4　拓展的三阶段 QFD 模型流程图

步骤 2：根据区间二型模糊集之间的距离确定客户需求类别

统计功能和非功能问题下 l 个顾客对每种客户需求的语言评估结果。利用公式（8.1）和公式（8.2）计算客户需求 CR_i 的功能综合评估值 $\widetilde{U}_i$ 和非功能综合评估值 $\widetilde{U}'_i$，根据客户评价语言与 $\widetilde{U}_i$ 或 $\widetilde{U}'_i$ 之间的距离确定客户需求类别。

阶段 2：根据企业生命周期确定客户需求权重

步骤 1：计算客户需求客观权重

分别根据公式（8.5）和公式（8.6）计算 Better 系数 S_i 和 Worse 系数 DS_i，用公式（8.7）确定客户需求的客观权重 ω_i。

步骤 2：确定是否需要根据企业生命周期调整权重

根据企业发展现状，结合图 8.3 所示的企业生命周期理论，识别企业的发展阶段，并判断客户需求权重是否需要根据企业的发展阶段进行调整。

步骤3：确定客户需求的标准化权重

对于需要修改的权重，确定每种客户需求权重参考点，利用公式（8.8）对客户需求权重进行调整，最终根据公式（8.9）得到客户需求的标准化权重。

阶段3：利用基于前景理论拓展的TOPSIS方法对服务设计需求进行排序

步骤1：构造标准化区间二型模糊相关矩阵

利用区间二型模糊语言术语收集t个专家对客户需求和设计需求相关性的评价信息，构建所有专家关于"客户需求—设计需求"的区间二型模糊相关矩阵$\widetilde{A}^k = (\tilde{a}_{ij}^k)_{m \times n}$ $(1 \leq k \leq t)$。

为了获得更详细和具体的专家评估信息，利用参考文献（Wu等，2018c）中构造的所有七个区间二型模糊语言变量（如表8.4所示）来评估客户需求和设计需求之间的相关性。例如，语言术语VH表示客户需求和设计需求之间的关联度非常高。此外，这些语言术语关于相关性的表达程度满足$EH > VH > H > M > L > VL > EL$。

表8.4 衡量客户需求和设计需求之间关系的区间二型模糊语言变量

语言变量	梯形二型模糊数
极低（EL）	[（0, 0.21, 0.60, 1.85）（0, 0.43, 0.43, 0.96; 0.55）]
非常低（VL）	[（0, 0.99, 2.02, 4.44）（0, 1.47, 1.47, 2.76; 0.47）]
低（L）	[（0, 2.18, 3.6, 5.67）（1.54, 2.94, 2.94, 4.53; 0.53）]
中等（M）	[（2.35, 4.38, 6.55, 8.32）（4.78, 5.54, 5.54, 6.41; 0.53）]
高（H）	[（4.94, 6.69, 8.11, 9.63）（6.58, 7.45, 7.45, 8.44; 0.53）]
非常高（VH）	[（5.98, 7.91, 9.06, 10）（7.61, 8.57, 8.57, 9.85; 0.57）]
极高（EH）	[（7.97, 9.27, 9.82, 10）（9.23, 9.57, 9.57, 10; 0.56）]

步骤2：确定二型模糊收益和损失参考矩阵

根据语言术语表达程度对相关性$\tilde{a}_{ij}^k$ $(1 \leq k \leq t)$进行排序，并分别用公式（2.37）和公式（2.38）确定损失参考点 $\tilde{a}_{ij}^+$ 和收益参考点 $\tilde{a}_{ij}^-$。最后，分别使用公式（2.39）和公式（2.40）确定损失参考矩阵 $\tilde{A}^+ = (\tilde{a}_{ij}^+)_{m \times n}$ 和收益参考矩阵 $\tilde{A}^- = (\tilde{a}_{ij}^-)_{m \times n}$。

步骤3：计算精确值表示的收益和损失矩阵

根据公式（2.41）和公式（2.42）得到用精确值表示的损失矩阵 $A^{k-} = (a_{ij}^{k-})_{m \times n}$。同样根据公式（2.44）和公式（2.45）得到精确值表示的收益矩阵 $A^{k+} = (a_{ij}^{k+})_{m \times n}$。

步骤4：确定综合正理想解和负理想解

根据公式（2.43）和公式（2.46）得到综合损失 B^{k-} 和综合收益 B^{k+}，确定综合正理想解（B^{*+}, B^{0-}）和负理想解（B^{*-}, B^{0+}）。

步骤5：确定设计需求的优先级

根据综合正理想解和负理想解，使用公式（2.47）和公式（2.48）计算距离 d_j^* 和 d_j^0。然后利用公式（2.49）计算比值 $O(DR_j)$。最后，按降序排列设计需求的优先级。

四 理论视角下的对比分析

三阶段QFD模型与已有QFD模型的理论比较见表8.5。根据表8.5，可以发现大多数QFD模型主要使用多属性决策方法确定客户需求的重要性和设计需求的优先级。除参考文献（Ghorbani等，2013）外，很少有研究使用Kano模型计算客户需求的重要性。此外，除了Liu等（2021）和Wang等（2018）的研究之外，QFD模型很少考虑专家的风险态度和决策行为。在参考文献（Ghorbani等，2013）中，客户需求权重由Kano问卷的精确数值统计结果确定并固定不变，而本节方法得到的客户需求权重并不唯一，可以根据企业所处不同发展阶段来调整。此外，与文献（Liu等，2021；Wang等，2018）相比，本节设计需求的收益和损失参考点是在对客户需求进行意见汇总之前确定的，可以有效防止从语言术语到相应模糊集转换过程中的信息丢失问题。

表 8.5　　已有 QFD 模型和本方法的对比分析

已有模型	处理不确定性	顾客需求重要性	设计需求排序
(Mistarihi 等，2020)	一型模糊集	ANP	基于权重
(Chen 等，2021)	犹豫模糊集	DEMATEL	MULTIMOORA
(Jafarzadeh 等，2018)	一型模糊集	加权平均	DEA
(Wu 等，2017b)	犹豫模糊集	DEMATEL	VIKOR
(Onar 等，2016)	犹豫模糊集	AHP	TOPSIS
(Ghorbani 等，2013)	一型模糊集	Kano 模型 + AHP	TOPSIS
(Liu 等，2021)	犹豫模糊集	模糊测度和前景理论	Choquet 积分和前景理论
(Wang 等，2018)	语义标签集	信息熵	累积前景理论
本节方法	区间二型模糊集	Kano 模型和区间二型模糊	TOPSIS 和前景理论

五　电子商务案例研究

本节以中国电子商务为例介绍不确定环境下的三阶段 QFD 模型在确定客户需求重要性和设计需求优先级方面的应用。

（一）背景介绍

据中国电子商务研究中心发布的数据可知，2020 年中国电子商务交易额已超过 37.21 万亿元。虽然在 2013 年至 2020 年期间，网络购物营业额和用户规模持续增长，但增长率逐年下降。其主要原因是网购市场已经趋于饱和，电子商务企业之间的竞争日益加剧。因此，企业在任何一个发展阶段都需要采取必要的行动来加强自身竞争力。此处，利用三阶段 QFD 模型识别多家电子商务企业客户需求并根据企业所处阶段计算其重要性，并据此对设计需求优先级进行排序，为中国电子商务发展提供参考。

（二）数值计算

根据中国电子商务研究中心在 2016 年和 2020 年发布的用户体验和投诉监测报告可知，"发货""退款""假冒伪劣""客户服务"和"退换货"为用户投诉的主要原因，如图 8.5 所示。

根据在线购物相关研究结论（Kim & Choi, 2017）和图 8.5 所示的五种常见投诉原因，确定中国电子商务客户需求和设计需求如表 8.6 和表 8.7 所示。

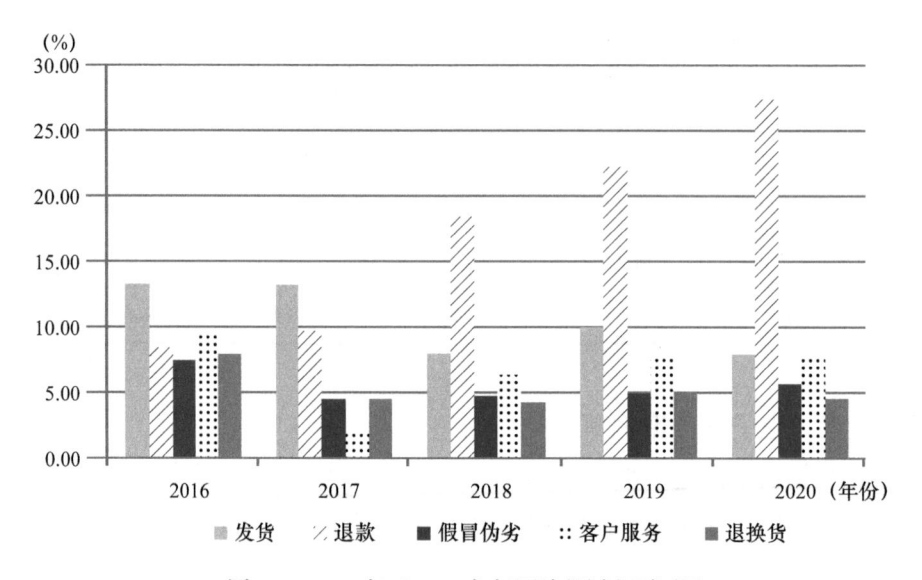

图 8.5　2016 年至 2020 年间网购投诉主要原因

表 8.6　本研究考虑的客户需求

客户需求	名称
$CR1$	按约定发货
$CR2$	加快退款速度
$CR3$	物有所值
$CR4$	回复顾客咨询与投诉速度
$CR5$	退换货的便捷性

表 8.7　　　　　　　　　　　本研究考虑的设计需求

设计需求	名称
DR1	当发货迟缓时补偿顾客
DR2	主动召回虚假商品
DR3	极速退款
DR4	为忠诚顾客优先服务
DR5	添加绿色投诉通道
DR6	提供货物运输险
DR7	提供退换货运费险
DR8	提高人工服务的响应速度
DR9	延长售后服务期限
DR10	略微松弛的退换货条件

根据三阶段 QFD 模型的主要步骤，中国电子商务行业的设计需求分析如下。首先，为五种客户需求设计如表 8.1 所示的 Kano 问卷，并将其分发给 320 名在线购物经验丰富的不同性别、年龄和收入的客户。总共回收问卷 289 份，问卷回收率为 90%，剔除问题问卷 22 份，得到 267 份有效问卷。

以客户需求 CR_1 为例，计算 $\widetilde{U}_1 = [(5.65, 7.27, 8.48, 9.50)(7.28, 7.92, 7.92, 8.66; 0.53)]$，$d(\widetilde{L}, \widetilde{U}_1) = 1.59$，$d(\widetilde{M}, \widetilde{U}_1) = 0.39$，$d(\widetilde{N}, \widetilde{U}_1) = 2.33$，$d(\widetilde{W}, \widetilde{U}_1) = 4.86$，$d(\widetilde{D}, \widetilde{U}_1) = 7.14$，$d(\widetilde{L}, \widetilde{U}_1') = 7.60$，$d(\widetilde{M}, \widetilde{U}_1') = 5.66$，$d(\widetilde{N}, \widetilde{U}_1') = 3.71$，$d(\widetilde{W}, \widetilde{U}_1') = 1.18$，$d(\widetilde{D}, \widetilde{U}_1') = 1.10$，得到 $Min[d(\widetilde{L}, \widetilde{U}_1), d(\widetilde{M}, \widetilde{U}_1), d(\widetilde{N}, \widetilde{U}_1), d(\widetilde{W}, \widetilde{U}_1), d(\widetilde{D}, \widetilde{U}_1)] = dis(\widetilde{M}, \widetilde{U}_1)$，$Min[d(\widetilde{L}, \widetilde{U}_1'), d(\widetilde{N}, \widetilde{U}_1'), d(\widetilde{W}, \widetilde{U}_1'), d(\widetilde{D}, \widetilde{U}_1')] = d(\widetilde{D}, \widetilde{U}_1')$。因此，确定 CR_1 属于必备属性

(M)。其他四种客户需求的类别也可以用类似的方法确定，分类结果如表 8.8 所示。

表 8.8　　　　　　针对客户需求的 Kano 分类结果

客户需求	功能性（F）或非功能性（DF）	质量维度					总数	需求属性
		D	W	N	M	L		
CR_1	F	0	2	51	105	109	267	必备属性（M）
	DF	156	96	14	1	0	267	
CR_2	F	0	2	8	91	166	267	魅力属性（A）
	DF	92	120	42	12	1	267	
CR_3	F	16	12	20	193	26	267	必备属性（M）
	DF	231	3	6	25	2	267	
CR_4	F	0	3	7	100	157	267	期望属性（O）
	DF	171	70	25	1	0	267	
CR_5	F	0	2	23	62	180	267	魅力属性（A）
	DF	41	50	175	1	0	267	

接着，根据公式（8.5），计算满意系数为 $S_1 = 0.273$，$S_2 = 0.312$，$S_3 = 0.237$，$S_4 = 0.308$，$S_5 = 0.312$。根据公式（8.6），计算不满意系数为 $DS_1 = -0.314$，$DS_2 = -0.259$，$DS_3 = -0.329$，$DS_4 = -0.315$ 和 $DS_5 = -0.208$。根据公式（8.7），确定标准化目标权重为 $\omega_1 = 0.165$，$\omega_2 = 0.229$，$\omega_3 = 0.136$，$\omega_4 = 0.185$ 和 $\omega_5 = 0.284$。进而，根据图 8.3，考虑企业所处生命周期，比较不同类别客户需求的目标权重，以确定它们是否需要调整。例如，对于处于生存阶段的企业，客户需求权重的参考点为 $\min [R(\omega_i)] = \min(\omega_i^M) = \omega_3 = 0.136$。根据公式（8.8）确定客户需求修改后的权重 ω_i'。最后，根据公式（8.9）得到客户需求的标准化权重 $\mu_1 = 0.314$，$\mu_2 = 0.159$，$\mu_3 = 0.205$，$\mu_4 = 0.173$ 和 $\mu_5 = 0.148$。

根据表 8.3，邀请 3 位有十年以上网购经验的买家（决策者 d_1，

d_2 和 d_3) 利用区间二型模糊语言变量就客户需求和设计需求之间的相关性发表意见，如表 8.9—8.11 所示，进而构造初始区间二型模糊相关矩阵 $\widehat{A}^k = (\widetilde{a}_{ij}^k)_{5 \times 10}$ ($k = 1, 2, 3$)。

表 8.9　　专家 d_1 关于客户需求和设计需求之间关系的评价

		DR1	DR2	DR3	DR4	DR5	DR6	DR7	DR8	DR9	DR10
d_1	CR1	EH	EH	EL	VL	EL	L	EL	EL	L	VL
	CR2	EL	EL	EH	EH	VL	L	VL	EL	M	H
	CR3	M	H	EL	EL	M	L	M	H	H	M
	CR4	H	M	VH	H	VH	EH	VH	VH	VH	M
	CR5	EL	EL	M	M	H	H	EH	VH	H	EH

表 8.10　　专家 d_2 关于客户需求和设计需求之间关系的评价

		DR1	DR2	DR3	DR4	DR5	DR6	DR7	DR8	DR9	DR10
d_2	CR1	H	EH	VL	L	EL	VL	M	VL	M	EL
	CR2	EL	VL	EH	VH	VL	M	L	EL	M	VH
	CR3	H	VH	VL	EL	H	L	H	VH	VH	H
	CR4	VH	M	EH	H	H	VH	EH	VH	H	M
	CR5	EL	VL	M	VL	M	L	VH	L	M	VH

表 8.11　　专家 d_3 关于客户需求和设计需求之间关系的评价

		DR1	DR2	DR3	DR4	DR5	DR6	DR7	DR8	DR9	DR10
d_3	CR1	H	VH	L	VL	EL	M	L	L	VL	M
	CR2	EL	VL	EH	VH	L	M	VL	L	M	H
	CR3	VH	H	M	EL	H	VL	VH	EH	M	H
	CR4	M	VL	L	M	H	M	EH	M	VH	M
	CR5	L	M	VH	H	L	L	H	EH	M	H

根据表 8.9—8.11 所示的专家评价信息和客户需求标准化权重

$\mu = (0.314, 0.159, 0.205, 0.173, 0.148)$,得到距离 d_j^*、d_j^0 和 $O(DR_j)$ ($j=1, 2, \cdots, 10$) 的结果如表 8.12 所示。因此,处于生存阶段的电子商务企业设计需求优先级排序为 $DR_6 > DR_1 > DR_5 > DR_3 > DR_7 > DR_8 > DR_2 > DR_9 > DR_{10} > DR_4$。

表 8.12　　　　　　客户需求和设计需求之间的综合关系

Indicator	DR1	DR2	DR3	DR4	DR5	DR6	DR7	DR8	DR9	DR10
d^*	0.168	1.923	2.998	0.741	0.455	1.602	4.845	3.077	1.524	3.569
d^0	0.217	1.474	3.171	0.534	0.512	2.189	5.047	2.703	1.158	2.675
$O(DR)$	0.563	0.434	0.514	0.419	0.529	0.577	0.510	0.468	0.423	0.428

类似地,当电子商务企业处于其他发展阶段时,以企业管理者的风险规避态度为例,客户需求的标准化权重如表 8.13 所示,相应设计需求的优先级排序如表 8.14 所示。从表 8.14 的排序结果可以看出,处于不同发展阶段的企业对设计需求的关注程度不同,处于生存和成熟阶段的企业,主要目的是提供服务策略来吸引用户,如 DR_1、DR_5、DR_7 等。假货通常涉及大量管控成本,从表 8.14 可以看出,只有处于成熟期的企业才有一定的财力保证召回假货(如 DR_2),并将其视为进一步提升竞争力的关键。根据表 8.13 所示的客户需求权重,处于衰退期的企业主要侧重于改善售后流程和保留忠诚客户,如 DR_1、DR_9 和 DR_1,并取消不太重要的服务,如与 CR_3 相关的设计需求。

表 8.13　　　　　　不同阶段企业顾客需求权重

发展阶段	顾客需求权重				
	μ_1	μ_2	μ_3	μ_4	μ_5
生存期	0.314	0.159	0.205	0.173	0.148
成长期	0.230	0.160	0.284	0.179	0.148
成熟期	0.165	0.229	0.136	0.185	0.284
衰退期	0.154	0.278	0.000	0.311	0.258

表8.14　　　　　　　　　　不同阶段企业设计要求排序

发展阶段	设计要求排序
生存期	$DR_6>DR_1>DR_5>DR_3>DR_7>DR_8>DR_2>DR_9>DR_{10}>DR_4$
成长期	$DR_7>DR_1>DR_9>DR_3>DR_6>DR_{10}>DR_8>DR_5>DR_4>DR_2$
成熟期	$DR_2>DR_4>DR_9>DR_3>DR_5>DR_7>DR_1>DR_{10}>DR_6>DR_8$
衰退期	$DR_1>DR_{10}>DR_9>DR_4>DR_3>DR_2>DR_6>DR_5>DR_8>DR_7$

(三) 灵敏度分析

为了直观地看到前景理论的相关参数 α、β 和 θ 对设计需求排序的影响，本部分内容对上述参数进行灵敏度分析。根据文献 (Tvesky & Kahneman, 1992) 的实证研究结果，前景理论的参数可以设置为 $\alpha=\beta=0.88$、$\theta=2.25$。当固定参数 $\theta=2.25$ 的取值，α 和 β 取值结果如图 8.6 所示。从图 8.6 可以看出，随着专家风险态度的变化，特别是当参数 α 和 β 从 0.88 下降到 0.6 时，企业在各个阶段的一些关键设计需求的优先级均有明显的变化。根据图 8.6，当专家对收益和损失都很敏感时，处于成长和衰退阶段的企业可能会淡化 DR_1 的重要性。

接下来对 $\alpha=\beta=0.88$ 时参数 θ 进行灵敏度分析，结果如图 8.7 所示。从图 8.7 可以看出，处在各个发展阶段的企业对参数 θ 的取值并不敏感，这并不意味着企业对损失不敏感，而是这种损失厌恶主要体现在企业所处不同阶段对设计需求的关注度不同。换句话说，图 8.7 中 4 个子图的趋势明显不同。此外，从图 8.7 可以看出，企业在成长期和成熟期时各个方面的发展都相对均衡，而在其他时期时，发展的侧重点则比较明显。

(四) 对比分析

表 8.5 从理论角度讨论了三阶段 QFD 模型与已有研究之间的差别。为了进一步凸显三阶段 QFD 模型的有效性，该部分在案例研究的基础上对上述模型进行对比分析。由于使用 Kano 模型确定客户需求权重的优势已展示在表 8.14 中，此处的比较分析主要是从设计需

(1) 生存期

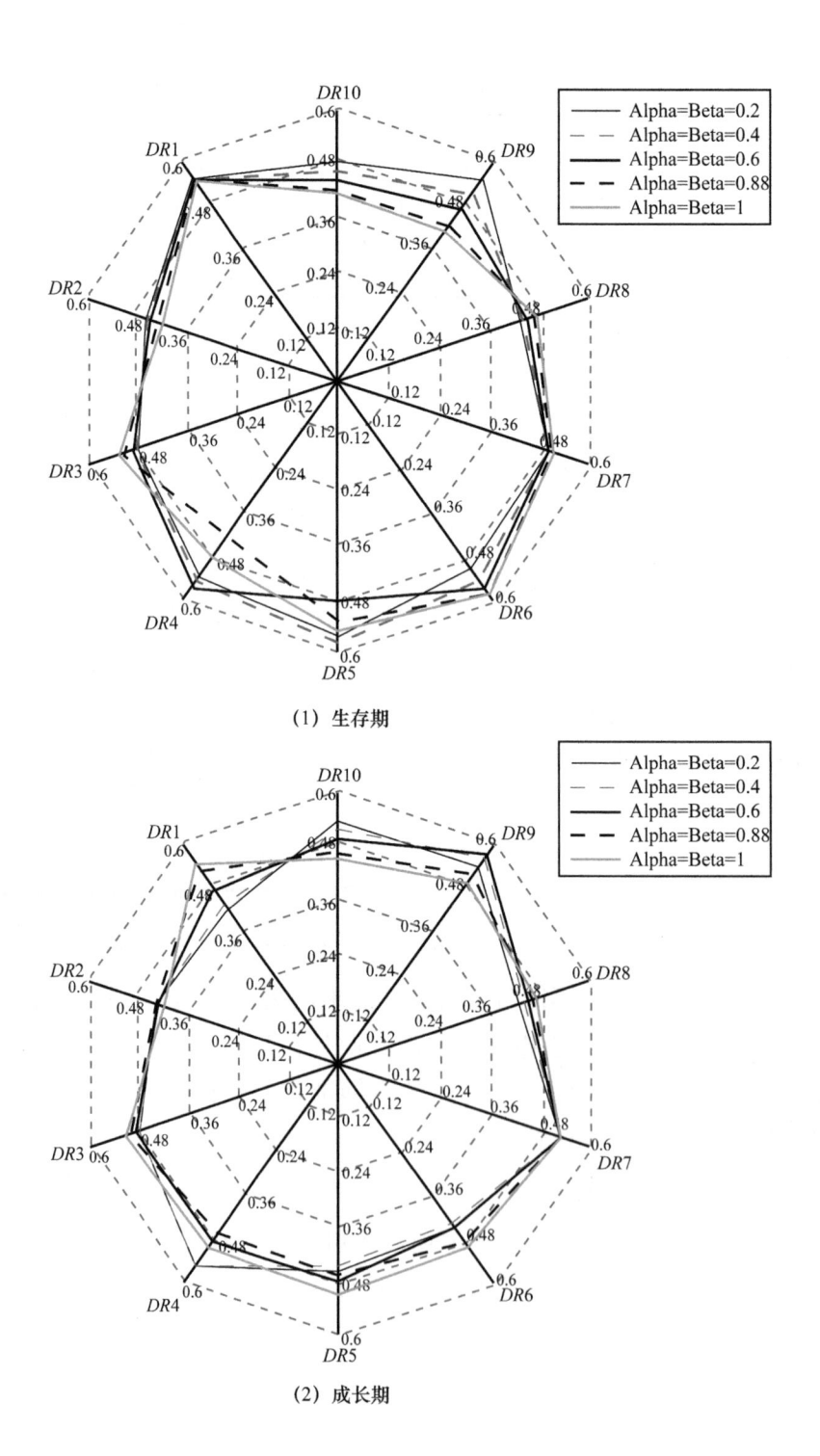

(2) 成长期

第八章 考虑社交信任行为的社会化商务决策 285

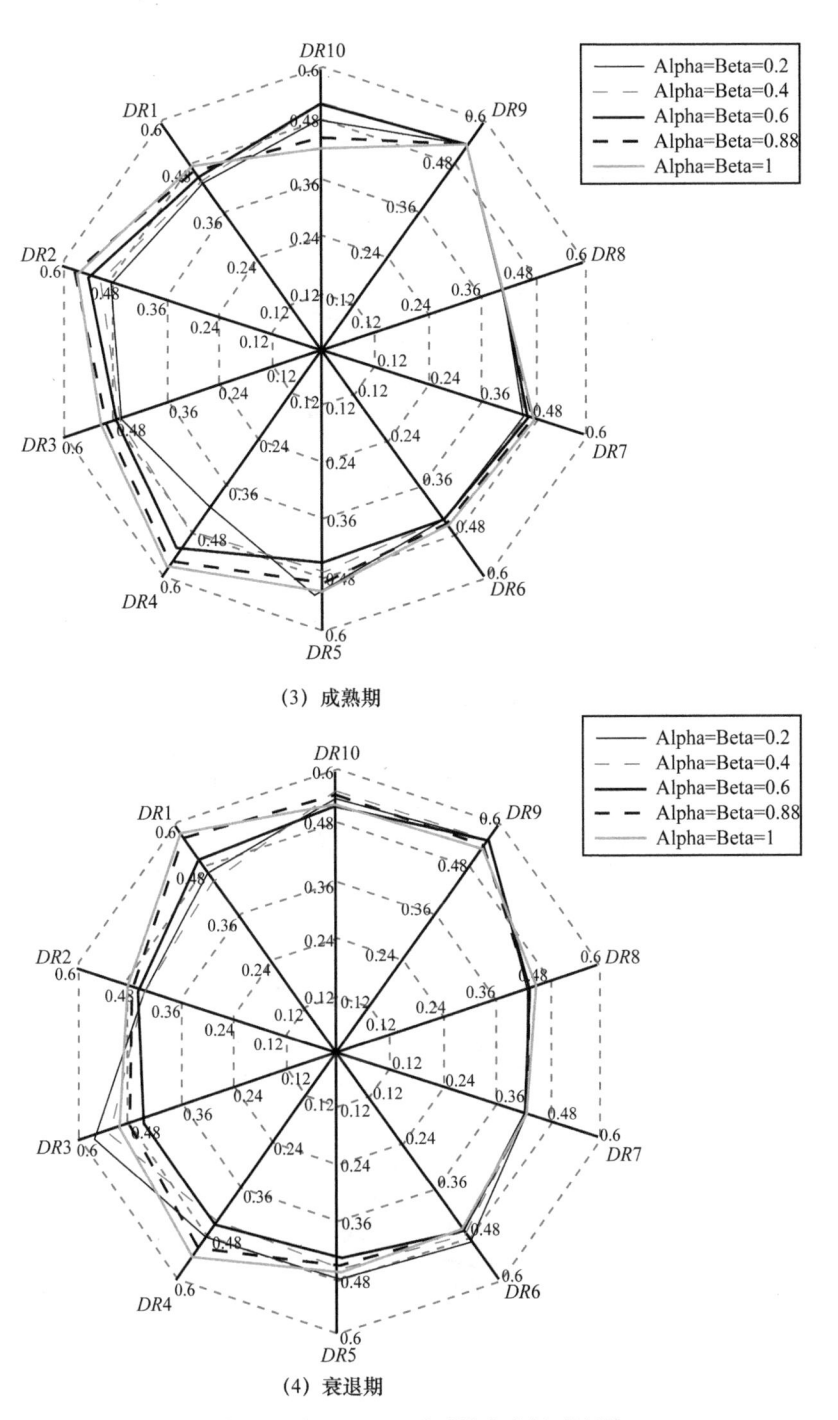

（3）成熟期

（4）衰退期

图 8.6 当 $\theta = 2.25$ 时灵敏度分析雷达图

(1) 生存期

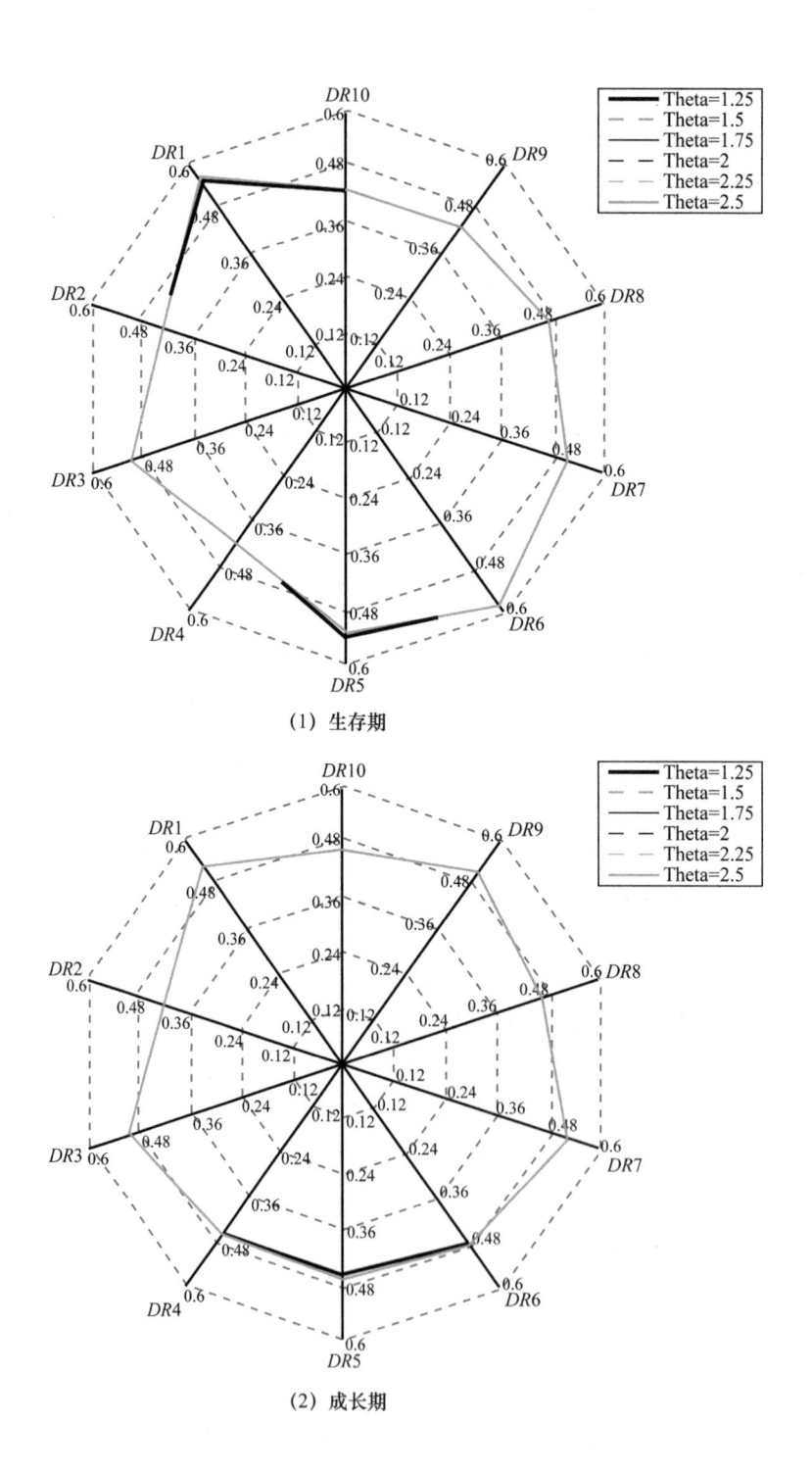

(2) 成长期

第八章　考虑社交信任行为的社会化商务决策　287

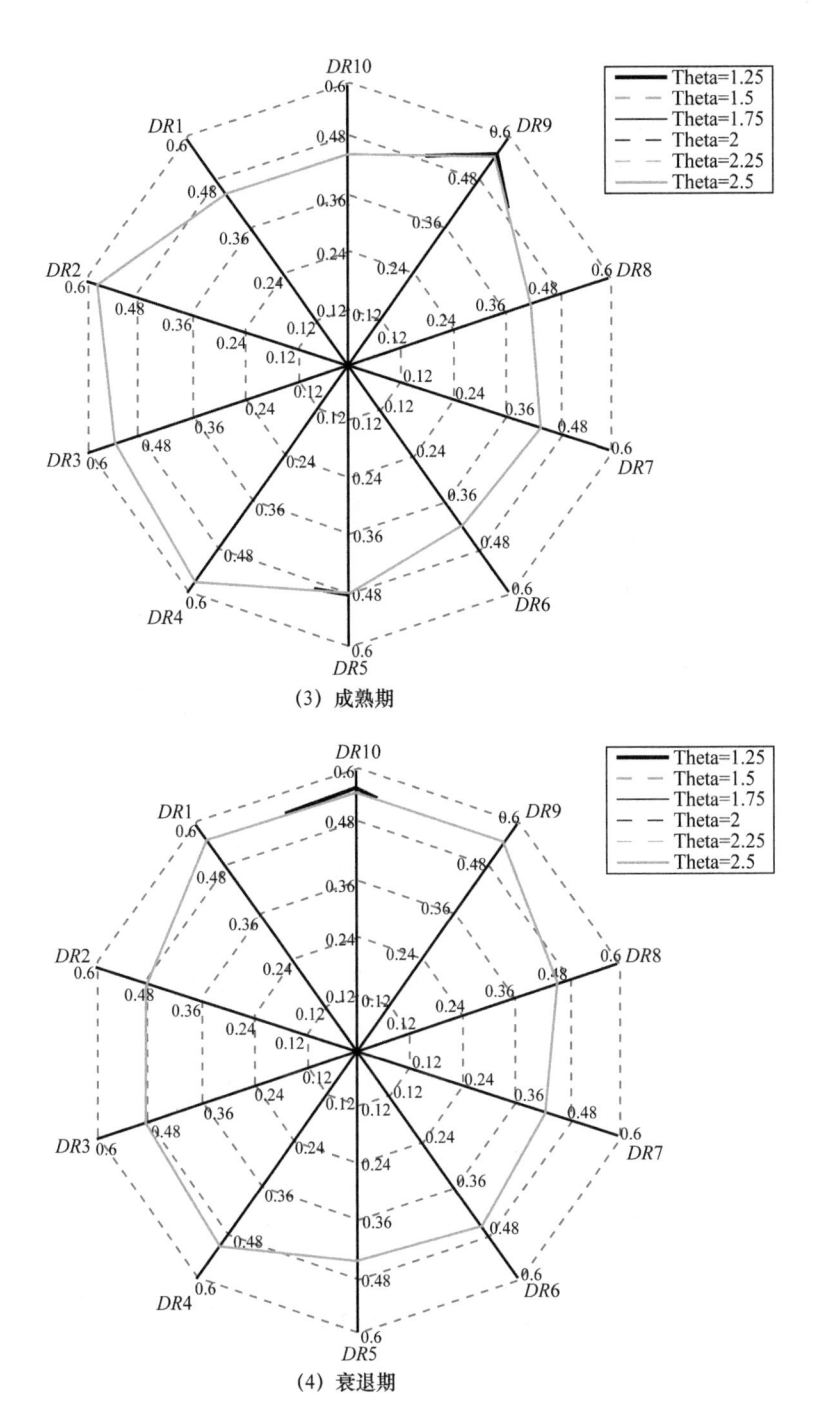

(3) 成熟期

(4) 衰退期

图 8.7　当 $\alpha=\beta=0.88$ 时灵敏度分析雷达图

求排序的角度进行。将设计需求集成后再考虑前景理论的模型（Liu 等，2021；Wang 等，2018）简称为模型 1，而未考虑前景理论的模型（Onar 等，2016；Wu 等，2017b）简称为模型 2，比较结果如表 8.15 所示。根据表 8.15，使用不同的模型得到了不同的设计需求排序结果。与模型 1 的比较表明，从语言术语到模糊数值的转换以及设计需求的集成过程中确实存在着信息丢失的问题。与模型 2 的比较表明了专家的风险态度对决策结果的影响，且专家态度对排序结果的影响明显大于信息丢失对排序的影响。

表 8.15 　　　　　　　　　　案例对比结果

阶段	模型	设计需求排序
生存期	本模型	$DR_6 > DR_1 > DR_5 > DR_3 > DR_7 > DR_8 > DR_2 > DR_9 > DR_{10} > DR_4$
	模型 1	$DR_6 > DR_5 > DR_3 > DR_7 > DR_4 > DR_8 > DR_2 > DR_1 > DR_9 > DR_{10}$
	模型 2	$DR_2 > DR_9 > DR_{10} > DR_7 > DR_5 > DR_4 > DR_6 > DR_3 > DR_8 > DR_1$
生长期	本模型	$DR_7 > DR_1 > DR_9 > DR_3 > DR_6 > DR_{10} > DR_8 > DR_5 > DR_4 > DR_2$
	模型 1	$DR_1 > DR_7 > DR_3 > DR_6 > DR_4 > DR_9 > DR_8 > DR_5 > DR_{10} > DR_2$
	模型 2	$DR_2 > DR_{10} > DR_9 > DR_1 > DR_8 > DR_7 > DR_4 > DR_3 > DR_6 > DR_5$
成熟期	本模型	$DR_2 > DR_4 > DR_9 > DR_3 > DR_5 > DR_7 > DR_1 > DR_{10} > DR_6 > DR_8$
	模型 1	$DR_9 > DR_4 > DR_2 > DR_3 > DR_5 > DR_1 > DR_7 > DR_6 > DR_8 > DR_{10}$
	模型 2	$DR_5 > DR_2 > DR_6 > DR_4 > DR_8 > DR_3 > DR_7 > DR_9 > DR_{10} > DR_1$
衰退期	本模型	$DR_1 > DR_{10} > DR_9 > DR_4 > DR_3 > DR_2 > DR_6 > DR_5 > DR_8 > DR_7$
	模型 1	$DR_1 > DR_9 > DR_{10} > DR_4 > DR_3 > DR_2 > DR_6 > DR_5 > DR_7 > DR_8$
	模型 2	$DR_5 > DR_1 > DR_8 > DR_6 > DR_7 > DR_4 > DR_9 > DR_{10} > DR_3 > DR_2$

第三节　社会化商务信任行为分析

本部分内容主要从用户视角对社会化商务信任行为进行量化分

析。在网购情境中，对目标商品了解有限或缺乏购买经验的电商用户往往难以作出正确的购买决定。这类用户通常称为"无经验用户"。相应地，对目标商品有直接经验的用户称为"经验用户"。如果"无经验用户"对"经验用户"存在某种信任关系，则后者的购买经验可以为前者的购买决策提供一定的参考。但现实世界的信任关系大多呈稀疏状，即"无经验用户"可能很难找到值得信赖的"经验用户"来询问其购买经验。根据信任传递特性，本部分内容尝试以"中介用户"为桥梁，找出"无经验用户"对"经验用户"的间接信任路径，进而根据"经验用户"的购物体验为"无经验用户"提供决策参考。

一 社会化商务信任量化模型

一般来说，我们可能知道用户之间存在着信任关系，但具体信任水平未知。信任关系水平通常可以通过偏好相似度来测量（Wu等，2019f），即可以利用社交电子商务用户的评论相似度来计算他们之间的隐性信任水平。基于商品评论信息的信任量化过程如图8.8所示。

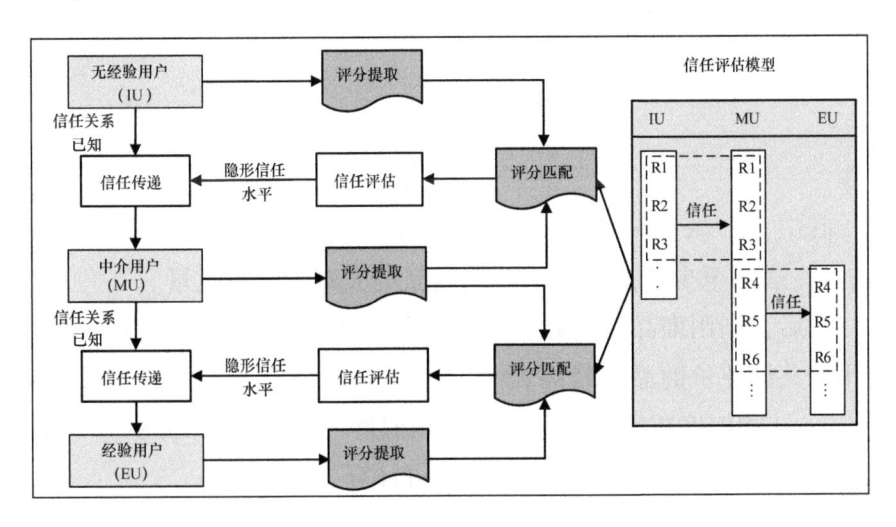

图8.8　社会化商务信任评估过程

为了确定两个实体用户之间的有效信任传播路径，关于信任传递的几种假设介绍如下：

假设 8.4：根据"小世界效应"（Liu 等，2014c），假设初始用户始终可以找到路径到达目标用户。

假设 8.5：根据信息传播特点（Peng 等，2017），信任传播路径越长，信任信息的可信度越低，即信任水平随着传递路径的延长而递减。

假设 8.6：如果主体 A 信任主体 B，主体 B 信任主体 C，那么主体 A 也信任主体 C；

假设 8.4 确保了用户之间的信任关系在信任网络稀疏的情况下也能成功地传递。假设 8.5 限制了信任传递和集成运算的适用范围。假设 8.6 从社交网络用户普遍接受的"朋友的朋友也是朋友"论述中推导而来。

在根据商品评论信息测量信任度时，首先需确定用户共同评价的商品数量。令 $N(\varphi)$ 表示成对用户共同评论过的商品数量，若 $N(\varphi)$ 较小，则成对用户之间的信任值精确性难以保证，信任水平可能受到随机因素的影响。为了提高信任计算的精确性，这里仅考虑共同评价商品数量高于平均水平的情况，所有用户共同评论过的商品平均数量 $ave[N(\varphi)]$ 表示为：

$$ave[N(\varphi)] = \frac{\sum N[\varphi(x,y)]}{\sum N(x,y)} \quad (8.10)$$

其中，$\varphi(x,y)$ 表示所有成对用户共同评价过的商品集合，$N(x,y)$ 表示至少评论过一个共同商品的成对用户的数量。

然后，利用商品评论相似度方法计算用户之间的信任水平，其中用户共同评价商品数量需大于或等于 $ave[N(\varphi)]$。这里采用广义 Jaccard 相似度方法计算用户评分相似性（Ružička，1958）。例如，对于用户 v_x 和 v_y 之间的信任值 $t_{(x,y)}$ 可计算为：

$$t_{(x,y)} = \alpha \times \frac{\sum\limits_{R[\varphi(x,y)]} \min(R_{x \to \varphi(x,y)}, R_{y \to \varphi(x,y)})}{\sum\limits_{R[\varphi(x,y)]} \max(R_{x \to \varphi(x,y)}, R_{y \to \varphi(x,y)})} + (1-\alpha) \times \frac{N[\varphi(x,y)]}{\max[N(\varphi)]}$$

(8.11)

其中，$\varphi(x, y) = I(v_x) \cap I(v_y)$，$I(v_x)$ 和 $I(v_y)$ 分别表示用户 v_x 和 v_y 评论过的商品集，$\varphi(x, y)$ 表示用户 v_x 和 v_y 共同评论过的商品集。$R(\varphi(x, y))$ 指 $\varphi(x, y)$ 集合中的商品评分，$R_{x \to \varphi(x,y)}$ 指 v_x 对集合中商品的评分。$N(\varphi(x, y))$ 指集合 $\varphi(x, y)$ 中的商品数量，$\max[N(\varphi)]$ 表示所有成对用户共同评论过的商品数量最大值。公式（8.11）的前半部分表示用户 v_x 和 v_y 之间的广义相似度。由于 $\varphi(x, y)$ 表示用户 v_x 和 v_y 共同评论过的商品集，因此 v_x 和 v_y 间的相似度在 $\varphi(x, y)$ 值比较小时可能被高估。为了提高信任值计算的准确度，在公式（8.11）的后半部分考虑了两个用户共同评论商品的数量与所有用户共同评论商品的最大数量之间的比值。参数 α 用于平衡这两个部分的重要性。在稀疏网络情境下，该信任量化过程主要介绍通过 m 个 "中介用户" 为某个 "无经验用户" 预估其对 n 个 "经验用户" 的信任程度。因此，信任量化过程的时间复杂度为 $O(m \times n)$。

基于公式（8.11）计算得到的信任值通常处在区间 $[0, 1]$ 之内。类似于在不确定环境下使用语言变量表示决策偏好的便利性，将评估所得信任值映射到相应语言变量可以使用户更直观地感知信任水平。表 8.16 将信任值分段表示并对应到相应的语言变量。例如，若基于评分相似性得到用户 A 对 B 的信任值为 0.8，则推测用户 A 对 B 拥有高水平信任。

表 8.16 信任水平表征

信任值所属区间	语言变量
1	完全信任

续表

信任值所属区间	语言变量
[0.6, 1)	高水平信任
(0.4, 0.6)	中等水平信任
(0, 0.4]	低水平信任
0	完全不信任

二 社会化商务信任网络传递与集成过程

信任传递与集成过程对于信任计算过程非常重要，信任传递目的在于寻找用户间的间接信任路径并计算间接信任水平，信任集成目的在于集成多条间接信任路径得到综合信任水平。

乘性算子与信任传递的信息递减特性相符，因此本节主要介绍基于 Hamacher t-norm 的信任传递算子。假设用户 v_1 信任用户 v_2，用户 v_2 信任用户 v_3，那么根据信任传递特性，用户 v_1 对用户 v_3 的信任值可以通过参数化的 Hamacher 乘积计算：

$$t_{13} = T(t_{12}, t_{23}) = \frac{t_{12} \times t_{23}}{\gamma + (1-\gamma)(t_{12} + t_{23} - t_{12} \times t_{23})} \quad \gamma > 0 \quad (8.12)$$

其中 $t_{12} \in [0, 1]$ 表示 v_1 对 v_2 的信任值，$t_{23} \in [0, 1]$ 表示 v_2 对 v_3 的信任值，$t_{13} \in [0, 1]$。

对于公式（8.12），当 $\gamma = 1$ 时，$t_{13} = t_{12} \times t_{23}$。在现实生活中，一个"无经验用户"可能需要通过多个"中介用户"才能连接到"经验用户"，如 $v_0 \to \cdots \to v_{ci} \to \cdots \to v_{gj}$ 是"无经验用户" v_0 到"经验用户" v_{gj} 的第 j 条信任传递路径，则用户 v_0 对 v_{gj} 的信任值可以通过公式（8.12）的广义形式计算（$\gamma = 1$）：

$$t_{(0,gj)} = t_{(0,c1)} \times \cdots \times t_{(ci,ch)} \times \cdots \times t_{(ck,gj)} \quad (8.13)$$

其中，$t_{(0,c1)}$ 是"无经验用户" v_0 对"中介用户" v_{c1} 的信任值，$t_{(ci,ch)}$ 表示"中介用户" v_{ci} 对 v_{ch} 的信任值，$t_{(ck,gj)}$ 表示"中介用户" v_{ck} 对"经验用户" v_{gj} 的信任值。

根据公式（8.13），容易验证信任传递算子满足以下特性：

(1) $T(1, 1, \cdots, 1, t_{(ck,gj)}) = t_{(ck,gj)}$,即在第 j 条信任路径中的所有用户都完全信任其他人,除了 v_{ck},那么传递的信任水平依赖于用户 v_{ck} 对用户 v_{gj} 的信任程度;

(2) $T(0, 0, \cdots, t_{(ck,gj)}) = 0$,即只要第 j 条信任路径中存在"完全不信任"的情况,信任传递就会中断,该条信任路径无效;

(3) $T[t_{(0,ci)}, T(t_{(ci,ck)}, t_{(ck,gj)})] = T[T(t_{(0,ci)}, t_{(ci,ck)}), t_{(ck,gj)}]$,即信任计算与用户在信任路径上的位置无关;

(4) $t_{(0,gj)} \leq \min(t_{(0,ci)}, t_{(ci,ck)}, t_{(ck,g)})$,$t_{(0,ci)}, t_{(ci,ck)}, t_{(ck,gj)} \in [0, 1]$,即信任值随着信任路径长度的延长而减小。

由于社交网络中的用户规模很大,用户之间的信任传递路径可能非常复杂,因此可以仅考虑最短信任传递路径(Jiang 等,2014)。假设"无经验用户" v_0 和"经验用户" v_{gj} ($j = 1, 2, \cdots, n$) 间存在 s 条最短信任传递路径,则 v_0 对某个"经验用户" v_{gj} 的信任值取所有最短路径上的信任平均值:

$$t_{(0,gj)} = \frac{1}{s}(t^1_{(0,gj)} + \cdots + t^s_{(0,gj)}) \tag{8.14}$$

此外,可以计算"无经验用户" v_0 对所有"经验用户" v_g 的综合信任水平 $t_{(0,g)}$:

$$t_{(0,g)} = \frac{1}{n}\sum_{j=1}^{n} t_{(0,gj)} \tag{8.15}$$

在实践中,综合信任度 $t_{(0,g)}$ 意味着 v_0 将根据 v_g 的评分作出购买决策的可能性。

第四节 考信任行为和评价可靠性的社会化商务决策

虽然信任关系可以帮助"无经验用户"找到"经验用户",但商品评论信息仍然是影响用户作出购买决策的重要因素(Zhang 等,

2016a)。因此,除了信任关系,我们还需要关注"经验用户"关于商品评论信息的可靠性。然而,当前大多数关于社交商务的研究仅考虑信任关系,甚至一般的社会关系或商品评论中的任一要素,可能导致购买决策效果不佳或推荐准确率较低(Lin 等,2019)。Najafabadi 和 Mahrin(2016)发现评论质量很大程度上影响推荐的准确性。但是,评论并不总是可靠的,用户有时会因为自身利益而恶意操纵评分(Wu 等,2020c),如刷好评或恶意评价等行为。由于用户知识的局限性和用户偏好的差异性,来自可信朋友的商品评价或推荐也可能是不可靠的(Zhang 等,2016a)。Pranata 和 Susilo(2016)调查了最受欢迎的用户在 Yelp(一个流行的消费者评论平台)上给出的评价可信度,发现最受欢迎的用户在提供评级和评级可信百分比方面并不总是值得信赖的。因此,识别值得信赖的经验用户并为无经验用户提供可靠的意见对于在社交商务中作出更好的购买决策非常重要。针对该问题,本节介绍综合考虑信任关系和商品评论信息的社会化商务决策模型,并通过 Epinions.com 数据集验证该模型的有效性。

一 模型基本思想与架构

信任关系中的实体主要是用户对用户,而评论信息中的实体主要是用户对项目(商品或服务)。基于"用户—用户"社交信任网络和"用户—项目"评分网络的两阶段购买决策模型的总体框架如图 8.9 所示。在图 8.9 中,"用户—用户"信任网络包括从"无经验用户"到"经验用户"的信任传播和集成,"用户—项目"评分网络包括项目评分及其相应的可靠性。通过结合信任和评分网络,可以估计"无经验用户"对目标项目的评分,以辅助其作出购买决策。

"用户—用户"信任网络定义为 $G = (V, E, T)$,其中,$V = \{v_0, v_{ci}, v_{gj}\}$($1 \leq i \leq m$;$1 \leq j \leq n$)表示用户集合,$v_0$ 表示对目标商品 I_0 没有购买经验的"无经验用户";v_{gj}($1 \leq j \leq n$)表示对目标商品 I_0 有直接购买经验的"经验用户";v_{ci}($1 \leq i \leq m$)表示对目标

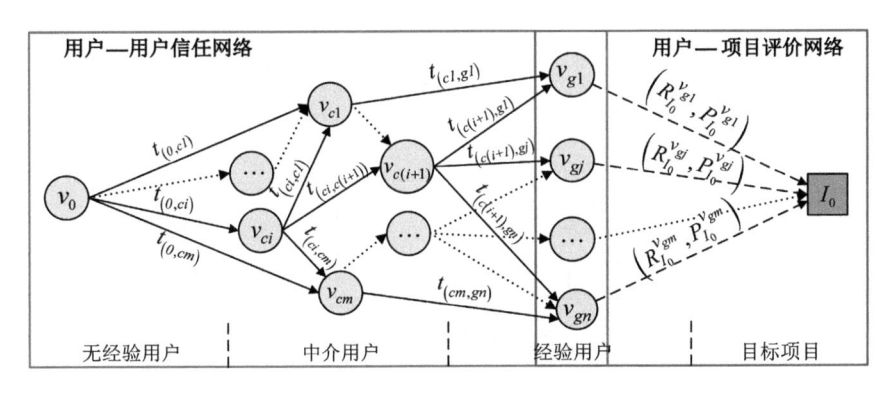

图 8.9　综合信任购买决策模型的一般结构

商品 I_0 没有直接购买经验，但可以通过有效传递途径连接"无经验用户" v_0 和"经验用户" v_{gj} （$1 \leqslant j \leqslant n$）的"中介用户"。$E = \{e_{ij}\}$ 表示用户之间的信任关系集合，$T = \{t_{(0,ci)}, t_{(ci,gi)}, t_{(0,gi)}\}$ 表示信任水平集合。根据上节介绍，"无经验用户" v_0 对"经验用户"的综合信任水平 $t_{(0,g)}$ 可以根据信任传递算子和集成算子得到。

"用户—项目"评分网络是一个异构网络 $P = (V, I, R, P)$，其中 $V = \{v_{gj}\}$ （$1 \leqslant j \leqslant n$）表示"经验用户"集合，$I = \{I_0\}$ 表示目标商品，$R = \{R_{v_{gj} \to I_0}\}$ 表示"经验用户"对目标商品 I_0 的评分集合，$P = \{P_{v_{gj} \to I_0}\}$ 表示"经验用户"评论可靠性。可靠性 P 与目标商品 I_0 评论的真实性密切相关，对于提高最终决策的准确性至关重要。"无经验用户" v_0 对目标商品 I_0 的最终评估值 $E_{v_0 \to I_0}$ 是利用 WOWA 算子通过多个"经验用户"的评分 $R_{v_{gj} \to I_0}$ 计算得到。最后，"无经验用户" v_0 根据 $E_{v_0 \to I_0}$ 和 $t_{(0,g)}$ 决定是否购买目标商品 I_0。

二　评分可靠性计算

信任水平评估和评分可靠性计算是社会化商务购买决策两阶段模型的两个重要环节，上节对社会化商务信任行为分析模型进行了介绍，这里介绍如何度量用户的评分可靠性。关于"经验用户"评分可靠性的计算思想如图 8.10 所示。首先，确定所有"经验用户"

评论过的项目集合并识别其对每个项目的评分。然后，计算上述项目评分在所有评价项目中所占比例。最后，计算经验用户在进行项目评分时的可靠性。

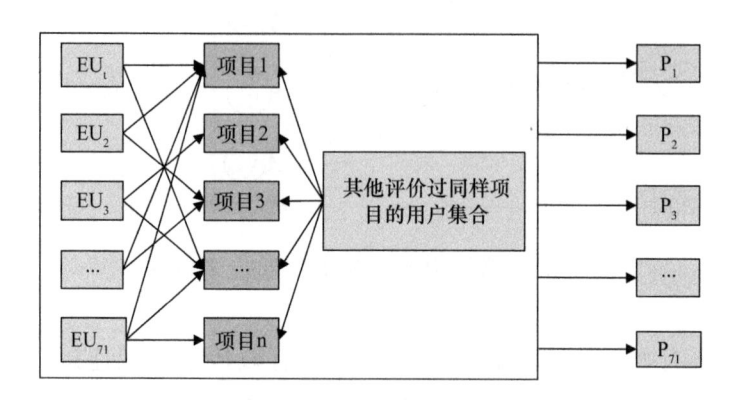

图 8.10　综合信任购买决策模型的一般结构

一般来说，当用户购物与评价经验越少其可靠性越低。为了提高可靠性计算的准确度，在"经验用户"评价项目集合中，仅考虑被评价次数高于平均值的项目集合。用户 v_{gj} 评价项目的平均次数 $aveN[I(v_{gj})]$ 为：

$$aveN[I(v_{gj})] = \frac{\sum_{I_e \in I(v_{gj})} N(R_{v_{gj} \to I_e})}{N(I(v_{gj}))} \quad (8.16)$$

其中，$I(v_{gj})$ 表示用户 v_{gj} 评价过的项目集合，$N(R_{v_{gj} \to I_e})$ 表示 $I(v_{gj})$ 中每个项目 I_e 被用户 v_{gj} 评价的次数，$N[I(v_{gj})]$ 表示集合 $I(v_{gj})$ 中的项目数量。

对集合 $I(v_{gj})$ 中的项目 $I_{e'}\{N(I_{e'}) \geqslant aveN[I(v_{gj})]\}$ 来说，所有评价过项目 $I_{e'}$ 的经验用户集合表示为 $R_{v_g \to I_{e'}}$。因此，经验用户 v_{gj} 对项目 $I_{e'}$ 的可靠性 $P_{v_{gj} \to I_{e'}}$ 计算为：

$$P_{v_g \to I_{e'}} = \frac{N(R_{v_g \to I_{e'}})}{N(R_{all \to I_{e'}})} \quad (8.17)$$

其中，$N(R_{v_g \to I_{e'}})$ 表示集合 $R_{v_g \to I_{e'}}$ 中的经验用户数，$N(R_{all \to I_{e'}})$

表示所有评价过项目 $I_{e'}$ 的用户数。

然后，用户 v_{gj} 对其他项目的可靠性 $P_{v_{gj} \to I_e}$ 也可以类似计算出来。最后，关于用户 v_{gj} 的综合评分可靠性 $P_{v_{gj}}$ 可以计算为：

$$P_{v_{gj}} = \frac{\sum_{I_{e'} \in R(v_{e})} P_{v_{gj} \to I_{e'}}}{N[I(v_{gj})]} \tag{8.18}$$

其中，$P_{v_{gj} \to I_e}$ 表示用户 v_{gj} 关于集合 $I(v_{gj})$ 中项目评价的可靠性，$N[I(v_{gj})]$ 表示集合 $I(v_{gj})$ 中项目的数量。

如果不止一个"经验用户"拥有购买目标商品的经验，那么可以通过集成算子来计算"无经验用户"对目标商品的最终评分。考虑到"经验用户"的重要程度和其评分的可靠性，基于 WOWA 算子提出评分集成算子如下：

$$E_{v_0 \to I_0} = f_{WOWA_{P,w}}(R_{v_{g1} \to I_0}, R_{v_{g2} \to I_0}, \cdots, R_{v_{gn} \to I_0}) = \sum_{j=1}^{n} \omega_j R_{v_{gj} \to I_0} \tag{8.19}$$

其中，$R_{v_{gj} \to I_0}$ 表示经验用户 v_{gj} 对目标项目 I_0 的评分，ω 表示由 w 和 μ 组成的混合权重（Merigo，2012）：

$$\omega_j = \beta w_j + (1 - \beta) \mu_j \tag{8.20}$$

其中，w 表示 WOWA 算子的初始权重，这里将 β 设为 0.6 以突出评分的重要性，μ 表示经验用户的权重。

为了考虑评分可靠性 P 在上述信息集成中的重要性，w 可以确定如下：

$$w_j = \lambda^* (\sum_{i \leq j}^{n} P'_{\sigma(i)}) - \lambda^* (\sum_{i < j}^{n} P'_{\sigma(i)}) \tag{8.21}$$

$$\lambda(P'_{\sigma(i)}) = \begin{cases} 2^{-0.5} P'_{\sigma(i)} 0.5, & P'_{\sigma(i)} < 0.5 \\ 1 - 2^{-0.5} (1 - P'_{\sigma(i)})^{0.5}, & P'_{\sigma(i)} \geq 0.5 \end{cases} \tag{8.22}$$

其中，P' 表示归一化可靠性，$P'_{v_{gj}} = P_{v_{gj}} / \sum_{j=1}^{n} P_{v_{gj}}$，$\sum_{j=1}^{n} P'_{v_{gj}} = 1$，$\sigma(1), \sigma(2), \cdots, \sigma(n)$ 代替 $1, 2, \cdots, n$，$\sum_{j=1}^{n} w_j = 1$。

对于"经验用户"的重要性，根据"无经验用户"对"经验用户"的信任值计算得到权重μ：

$$\mu_j = t_{(0,gj)} / \sum_{j=1}^{n} t_{(0,gj)} \qquad (8.23)$$

其中，$t_{(0,gj)}$ ($j \in [1, n]$) 是通过公式（8.14）得到的"无经验用户"v_0对"经验用户"v_{gj}的信任值，$\sum_{j=1}^{n} \mu_j = 1$。

根据 WOWA 算子的基本属性，评分集成算子满足以下属性：

（1）单调性：如果 $R_{v_{gj} \to l_0} \geq R'_{v_{gj} \to l_0}$，则 $f_{WOWA_{P,\omega}}(R_{v_{gj} \to l_0}) \geq f_{WOWA_{P,\omega}}(R'_{v_{gj} \to l_0})$。由于 $\sum_{j=1}^{n} \omega_j = 1$，可知 $R_{v_{gj} \to l_0} \geq R'_{v_{gj} \to l_0} \Rightarrow \sum_{j=1}^{n} \omega_j R_{v_{gj} \to l_0} \geq \sum_{j=1}^{n} \omega_j R'_{v_{gj} \to l_0}$。

（2）交换律：$f_{WOWA_{P,\omega}}(R_{v_{gr(i)} \to l_0}) = f_{WOWA_{P,\omega}}(R_{v_{gj} \to l_0})$，其中，$R_{v_{gr(i)} \to l_0}$是$R_{v_{gj} \to l_0}$的序列集合。

（3）幂等性：如果 $R_{v_{gj} \to l_0} = R$，由 $f_{WOWA_{P,\omega}}(R_{v_{gj} \to l_0}) = R$，$\sum_{j=1}^{n} \omega_j = 1$ 和 $R_{v_{gj} \to l_0} = R$，可得 $f_{WOWA_{P,\omega}}(R_{v_{gj} \to l_0}) = \sum_{j=1}^{n} \omega_j R_{v_{gj} \to l_0} = R$。

（4）有界性：$\min_j \{R_{v_{gj} \to l_0}\} \leq f_{WOWA_{P,\omega}}(R_{v_{gj} \to l_0}) \leq \max_j \{R_{v_{gj} \to l_0}\}$。令 $x_j = \min_j \{R_{v_{gj} \to l_0}\} \leq R_{v_{gj} \to l_0}$，根据"单调性"和"幂等性"，$f_{WOWA_{P,\omega}}(R_{v_{gj} \to l_0}) \geq f_{WOWA_{P,\omega}}(x_j, x_j, \cdots, x_j) = x_j = \min_j \{R_{v_{gj} \to l_0}\}$；类似地，令 $y_j = \max_j \{R_{v_{gj} \to l_0}\} \geq R_{v_{gj} \to l_0}$，根据"单调性"和"幂等性"，$f_{WOWA_{P,\omega}}(R_{v_{gj} \to l_0}) \leq f_{WOWA_{P,\omega}}(y_j, y_j, \cdots, y_j) = y_j = \max_j \{R_{v_{gj} \to l_0}\}$，所以可得 $\min_j \{R_{v_{gj} \to l_0}\} \leq f_{WOWA_{P,\omega}}(R_{v_{gj} \to l_0}) \leq \max_j \{R_{v_{gj} \to l_0}\}$。

三 社会化商务决策模型

上述内容对评分可靠性计算进行了介绍，结合社会化商务信任行为分析模型，本节具体描述考虑信任行为和评分可靠性的社会化商务决策模型的主要步骤（如图 8.11 所示），并对该模型的特点进行总结。

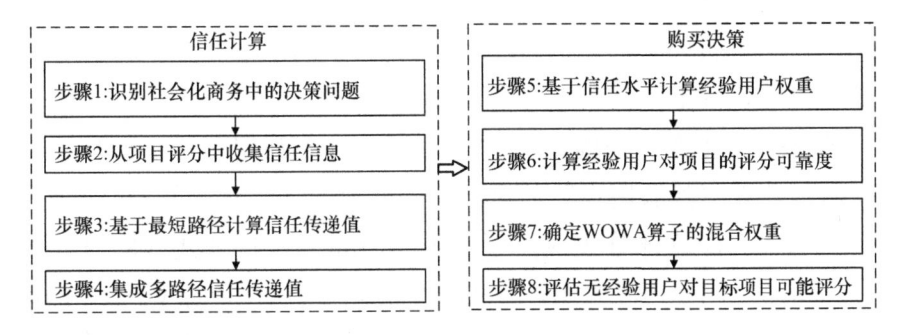

```
┌─────────────────────────────────┐  ┌─────────────────────────────────────┐
│         信任计算                │  │           购买决策                  │
│  ┌───────────────────────────┐  │  │  ┌───────────────────────────────┐  │
│  │步骤1:识别社会化商务中的决策问题│  │  │步骤5:基于信任水平计算经验用户权重│  │
│  └───────────────────────────┘  │  │  └───────────────────────────────┘  │
│  ┌───────────────────────────┐  │⇒ │  ┌───────────────────────────────┐  │
│  │步骤2:从项目评分中收集信任信息│  │  │步骤6:计算经验用户对项目的评分可靠度│  │
│  └───────────────────────────┘  │  │  └───────────────────────────────┘  │
│  ┌───────────────────────────┐  │  │  ┌───────────────────────────────┐  │
│  │步骤3:基于最短路径计算信任传递值│  │  │步骤7:确定WOWA算子的混合权重    │  │
│  └───────────────────────────┘  │  │  └───────────────────────────────┘  │
│  ┌───────────────────────────┐  │  │  ┌───────────────────────────────┐  │
│  │步骤4:集成多路径信任传递值   │  │  │步骤8:评估无经验用户对目标项目可能评分│  │
│  └───────────────────────────┘  │  │  └───────────────────────────────┘  │
└─────────────────────────────────┘  └─────────────────────────────────────┘
```

图 8.11 社会化商务决策模型主要流程

根据图 8.11，在线购物辅助决策方法主要包括两部分，主要步骤如下。

第一阶段：信任计算

本阶段目的是通过信任传递和集成评估"无经验用户"对"经验用户"的信任程度。

步骤 1：识别社会化商务决策问题。假设"无经验用户"v_0 想要购买商品 I_0，但其与直接朋友 v_{ci} 均缺乏相应经验，经过了解发现朋友的朋友 v_{gj} 具有相应经验，现可通过信任传递路径 $v_0 \to v_{ci} \to v_{gj}$（$i \in [1, m]$，$j \in [1, n]$）预测 v_0 对 v_{gj} 的信任水平。

步骤 2：从项目评分中获取信任信息。基于公式（8.10）和公式（8.11）确定上述关键用户之间的信任水平。

步骤 3：基于最短路径计算传播的信任值。寻找从无经验用户 v_0 到第 j 个经验用户 v_{gj} 的最短传播路径，利用公式（8.13）和公式（8.14）计算信任值 $t_{(0,g)}$（$j \in [1, n]$）。

步骤 4：集成多条传递路径上的信任值。根据公式（8.15）计算综合信任值 $t_{(0,g)}$。最后，将 $t_{(0,g)}$ 与表 8.16 所示的信任区间进行比较，利用相应语言变量直观表达信任水平。

第二阶段：购买决策

本阶段目的是根据"经验用户"历史评分信息评估其经验可靠性。

步骤5：计算"经验用户"权重。根据"无经验用户"对"经验用户"的信任值 $t_{(0,gj)}$ ($j \in [1, n]$)，使用公式（8.23）计算"经验用户"权重 μ。

步骤6：计算"经验用户"评分可靠性。利用公式（8.16）—（8.18）计算"经验用户"v_{gj} 对项目评分的可靠性 $P_{v_{gj}}$。

步骤7：计算评分集成算子的混合权重。根据公式（8.21）和公式（8.22），使用经验用户 v_{gj} 的归一化可靠性 P'_j 计算 WOWA 的原始权重 w，进而使用公式（8.20）中的 w 和 μ 确定评分集成算子的混合权重 ω。

步骤8：评估无经验用户对目标项目的评分。利用混合权重 ω 和"经验用户"对目标商品的评分 $R_{v_{gj} \to I_0}$ ($j \in [1, n]$)，根据公式（8.19）预估"无经验用户"v_0 对目标商品的评分 $E_{v_0 \to I_0}$。最后，"无经验用户"v_0 可以结合信任水平 $t_{(0,g)}$ 和预估评分 $E_{v_0 \to I_0}$ 作出最终的购买决策。

该模型综合考虑了用户之间的信任关系以及用户购物经验的可靠性。信任关系通常被认为是基于综合信息的主观判断，而可靠性则是基于用户评分经验的客观判断。由于知识或认知的局限性，可信用户也可能发布不可靠评分。评分可靠性低的"经验用户"在信息集成中的权重较低，反之亦然。社会化商务决策模型弥补了传统模型高估可信用户评价信息的局限性。

四 Epinions 案例应用

此处采用 Epinions.com 数据集模拟社会化商务决策模型的应用。Epinions.com 是一种社会化商务平台，该平台用户不仅可以使用 [1, 5] 范围内的数值评价商品，还可以将其他用户标记为"可信"或"不可信"。Massa 和 Avesani（2007）收集整理了 Epinions 网站的两组数据，一组数据是商品评论信息，包含 49290 名用户，这些用户总共对 139738 个项目发布了 664824 条评论，其中每名用户至少对一个项目进行了一次评分。另一组数据是信任数据集，包含 49290

名用户发布的信任信息。

（一）提取数据子集

由于上述信任和评分数据集的规模较大，同时也存在一些冗余信息，考虑数据集中所有用户的决策行为较为复杂。为了降低计算复杂度，提取数据子集来演示上述提出的社会化商务决策模型的应用。

首先，从信任数据中随机选择代码为"510"的用户标记为"无经验用户"iu_{510}，并检索出 149 个 iu_{510} 信任的"中介用户"，记为 $MUs = \{775，769，\cdots，1255，1299，1052\}$，将"无经验用户"和"中介用户"均未评价过的商品"3571"记为目标商品 I_{3571}。已知信任传递路径越长，越容易找到"经验用户"，但计算复杂度和信息丢失的可能性也会越大。通过初始数据分析发现对目标商品 I_{3571} 具有直接购买经验的用户量较大，且与"中介用户"关联关系密切。因此，为了平衡信任传递过程中复杂度和覆盖率之间的平衡，将"无经验用户"和"经验用户"之间的可达传播信任距离控制为 2，最终选取 71 名评论过目标商品 I_{3571} 的"经验用户"并表示为 $EUs = \{1158，5919，\cdots，1836，837，9908\}$。由此，数据子集构造完毕，结构如图 8.12 所示，该子集中的信任关系均为单向。

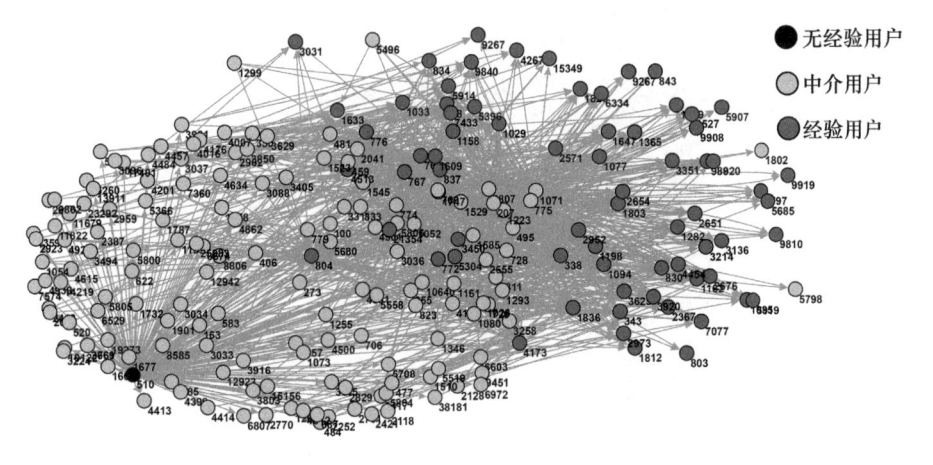

图 8.12　与"无经验用户"iu_{510} 相关的信任网络结构

在 Epinions 信任数据集中，信任关系由二进制数组 [0, 1] 中的 "0" 或 "1" 给出，"1" 表示委托人信任受托人，"0" 表示不信任，但具体的信任程度未知，则难以进行信任传递计算和决策分析。因此，需要通过项目评分来计算具体信任水平。

（二）模型应用

根据社会化商务决策模型的主要步骤，"无经验用户" iu_{510} 对目标项目 I_{3571} 的最终评估值可计算如下。根据公式（8.10）确定成对用户共同评论项目的平均数量 $ave[N(\varphi)]$ 为 3.14。根据公式（8.11），在 $\alpha = 0.5$ 时，用户 iu_{510} 对 mu_{775} 的信任水平为 $t_{(i_{510}, mu_{775})} = 0.525$。类似地，可以确定用户之间的信任值。为了降低图 8.12 的计算复杂度，将用户 iu_{510} 和经验用户之间信任路径长度设置为 2，得到图 8.13 所示的精简信任关系图，其中包含 16 名 "中介用户" 和 63 名 "经验用户"。在该精简结构中，"无经验用户" iu_{510} 通过 2 步可以达到原 "经验用户" 集合 $EUs = \{1158, 5919, \cdots, 837, 9908\}$ 中的 88% 以上。基于评分信息计算得到的信任值在图 8.13 中标记为

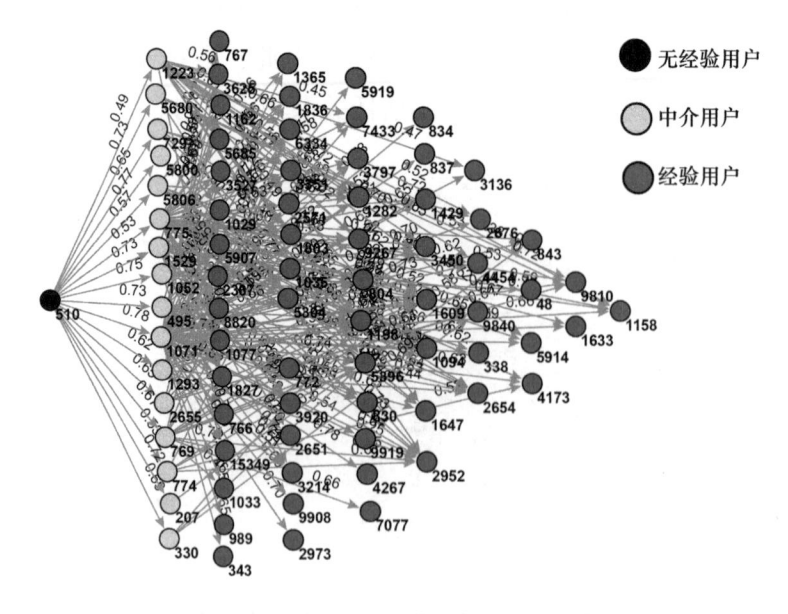

图 8.13　用户 iu_{510} 的有效信任决策结构

弧的权重，保留两位小数点。

接着，通过公式（8.13）所示的 Hamacher 信任传递算子计算 iu_{510} 对"经验用户"的信任值。此外，从图 8.13 可以明显看出，用户 iu_{510} 与每位"经验用户"之间存在着多条传递路径。例如，"无经验用户" iu_{510} 和"经验用户" eu_{1158} 之间的信任关系如图 8.14 所示。

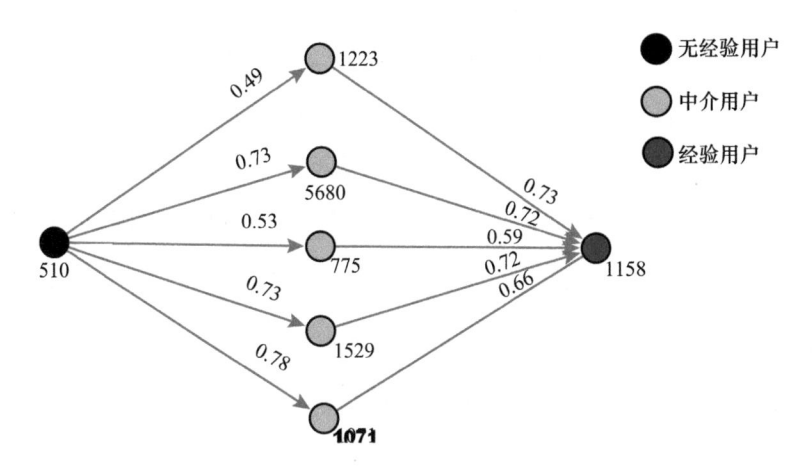

图 8.14　用户 iu_{510} 和 eu_{1158} 之间的最短信任路径

根据公式（8.12）所示的广义 Hamacher t-norm 算子，当参数 $\gamma = 1$ 时，用户 iu_{510} 对 eu_{1158} 在第一条传递路径上的信任值可以计算为：$t^1_{(u_{51},eu_{158})} = 0.49 \times 0.725 = 0.355$。类似地，其他路径上的信任值可以计算为：$t^2_{(i_{510},eu_{1158})} = 0.523$，$t^3_{(i_{51},eu_{158})} = 0.311$，$t^4_{(iu_{51},eu_{158})} = 0.526$，$t^5_{(u_{510},eu_{158})} = 0.517$。基于上述信任值，根据公式（8.15）计算综合信任值 $t_{(i_{510},e_{1158})}$ 为：

$$t_{(iu_{510},eu_{158})} = \frac{0.355 + 0.523 + 0.311 + 0.526 + 0.517}{5} = 0.446$$

类似地，可以计算 iu_{510} 对其他"经验用户"的综合信任值，进

而得到 iu_{510} 对所有"经验用户"的平均信任值：$t^{\gamma=1}_{(u_{510},EUs)} = 0.440$。接着，根据公式（8.23），计算"经验用户"$eu_{1158}$ 的权重 $\mu_{eu_{1158}}$ 为：$\mu_{eu_{1158}} = 0.446 / \sum t_{(u_{510},eu_j)} = 0.016$。类似地，其他经验用户的权重也可以计算出来。

接下来，计算"经验用户"的评分可靠性。将用户 eu_{1158} 评论过的项目集合记为 $I(eu_{1158}) = \{1081, 1083, 1095, \cdots, 9411, 9413, 9511, 978\}$。根据公式（8.16）得到用户 eu_{1158} 评价项目的平均数 $ave[I(eu_{1158})]$ 为 80.22。根据公式（8.17），确定用户 eu_{1158} 对集合 $I(eu_{1158})$ 中所有项目的评价可靠性为：$P_{eu_{1158} \to I_e} = [0.251, 0.725, 0.304, \cdots, 0.630, 0.168, 0.296]$。进而通过公式（8.18）计算用户 eu_{1158} 的综合评价可靠性为 $P_{eu_{1158}} = 0.112$。因此，对用户 eu_{1158} 的可靠性进行标准化得到 $P'_{eu_{1158} \to I_{1081}} = 0.112 / \sum P_{EUs \to I_{1081}} = 0.011$。接着，通过公式（8.20）—（8.22）计算权重 w、μ 和 ω，经验用户的信任值、相关权重、标准化可靠性和部分评分如表 8.17 所示。通过评分集成算子评估"无经验用户"iu_{510} 对目标项目的评分情况，结果如下：

$$E^{\gamma=1}_{iu_{510} \to I_{3571}} = f_{WOWA_{p,w}}(R_{eu_{158} \to I_{3571}}, R_{eu_{5919} \to I_{3571}}, \cdots, R_{eu_{1836} \to I_{3571}}, R_{eu_{837} \to I_{3571}}, R_{eu_{9008} \to I_{3571}})$$
$$= 5 \times 0.020 + 5 \times 0.364 + \cdots + 2 \times 0.017 + 2 \times 0.017 + 1 \times 0.008$$
$$= 3.942$$

上述结果表明，"无经验用户"iu_{510} 可根据平均信任值 $t^{\gamma=1}_{(u_{510},EUs)} = 0.440$ 和估计的评分 $E^{\gamma=1}_{iu_{510} \to I_{3571}} = 3.942$ 作出决策。通过把 $t^{\gamma=1}_{(i_{510},EUs)} = 0.440$ 和表 8.16 中的信任值相比，可以发现 $t^{\gamma=1}_{(iu_{510},EUs)}$ 位于 (0.4, 0.6) 的语言区间内，即无经验用户将以中等信任度和 3.942 的估计评分购买目标项目 I_{3571}。

表 8.17　　　　　经验用户的信任值和相应权重（$\gamma=1$）

经验用户	信任值	权重 μ	可靠性	权重 w	权重 ω	评分
1158	0.466	0.016	0.011	0.004	0.007	5
5919	0.604	0.022	0.021	0.047	0.042	4
2676	0.422	0.015	0.017	0.029	0.026	3
...						
1836	0.478	0.017	0.017	0.006	0.008	2
837	0.417	0.015	0.020	0.007	0.009	3
9908	0.541	0.020	0.013	0.005	0.008	3

类似地，可以得到参数 $\gamma=2$ 时的相关结果，如表 8.18 所示。根据表 8.18，用户 iu_{510} 对所有"经验用户"的平均信任值为 $t^{\gamma=2}_{(u_{510},EUs)}=0.398$，$iu_{510}$ 对目标项目 I_{3571} 的估计评分为 $E^{\gamma=2}_{iu_{510}\to I_{3571}}=3.940$。由此可以发现，$t^{\gamma=1}_{(iu_{51},EUs)}>t^{\gamma=2}_{(iu_{510},EUs)}$ 且 $E^{\gamma=1}_{iu_{510}\to I_{3571}}>E^{\gamma=2}_{iu_{510}\to I_{3571}}$，该结果意味着，当 $\gamma=1$ 时，iu_{510} 为风险追求型用户，该用户 iu_{510} 有可能选择相信经验用户和他们的项目评价；当 $\gamma=2$ 时，iu_{510} 为风险规避型用户，该用户 iu_{510} 则对经验用户和他们的项目评价持谨慎态度。

表 8.18　　　　　经验用户的信任值和相应权重（$\gamma=2$）

经验用户	信任值	权重 μ	归一化可靠性	权重 w	权重 ω	评分
1158	0.406	0.016	0.011	0.004	0.007	5
5919	0.575	0.023	0.021	0.047	0.042	4
2676	0.380	0.015	0.017	0.029	0.026	3
...						
1836	0.439	0.017	0.017	0.006	0.009	2
837	0.378	0.015	0.020	0.007	0.009	3
9908	0.507	0.020	0.013	0.005	0.008	3

（三）对比分析

为了说明同时考虑信任关系和评分可靠性的社会化商务决策模

型的优点，下文从两个方面进行了比较分析。一方面，将该模型与不考虑评分可靠性的决策模型进行对比，另一方面与基于协同过滤推荐算法的决策模型进行对比。

1. 不考虑评分可靠性的决策模型

当不考虑评分可靠性时（Guo 等，2016a），所有"经验用户"的标准化可靠性可以表示为 $P = (1/63, \cdots, 1/63, 1/63)$。此时，WOWA 算子退化为 OWA 算子，根据"大多数"原则计算 OWA 算子的权重（Yager，1988）如下：$w' = (0, 0, 0, \cdots, 0.032, \cdots, 0.032, \cdots, 0.013, \cdots, 0, 0, 0)$。OWA 算子的混合权重 ω 同样可以由公式（8.20）中的 w' 和 μ 计算得出：$\omega' = (0.014, 0.017, 0.013, \cdots, 0.014, 0.010, 0.014)$。当 $\gamma = 1$ 和 $\gamma = 2$ 时，仅考虑信任关系得到的最终评分估计值分别为 $E^{\gamma=1}_{iu_{510} \to I_{3571}} = 3.504$ 和 $E^{\gamma=1}_{iu_{510} \to I_{3571}} = 3.499$。因此，是否考虑评分可靠性对评分估计结果存在明显影响。同样地，上述结果也通过不同的参数值 γ 展现了"无经验用户"i_{510} 不同风险态度下的决策结果。

2. 基于协同过滤推荐算法的决策模型

商品推荐是从商家到用户，购买决策是从用户到商家。虽然购买决策与商品推荐路径相反，但提高用户购物满意度是两者共同关注的问题。协同过滤算法广泛应用于推荐领域（Najafabadi 和 Mahrin，2016），其主要思想是基于"无经验用户"和"经验用户"之间的特征匹配（用户属性、评分相似性）来为"无经验用户"推荐项目。传统协同过滤算法主要基于用户评分相似性对目标用户进行推荐，而很少考虑信任关系和评分可靠性。将 iu_{510} 和所有评论过目标商品 I_{3571} 的"经验用户"$v = \{37843, 834, 23223, \cdots, 6076, 7433, 1029, 3136\}$ 进行匹配，其中，匹配度由公式（8.11）中得到的信任值来代替（姑且认为这是基于信任关系的协同过滤推荐算法），这是由于在社会化商务决策模型中信任值同样是基于评分相似性计算得到。但是，上述协同过滤算法并未考虑信任关系的传递性，可能因此忽略掉一些经验丰富且评分可靠的"经验用户"。使用公式

(8.23) 计算集合 v 中匹配度不为 0 的用户权重,通过加权平均算子来计算 u_{510} 的估计评分:$E_{i_{u_{510} \to t_{575}}}^{i''} = 3.546$。显然,该评分结果与社会化商务决策模型结果不同,该差异主要由忽略信任关系传递和评分可靠性引起。

上述两个对比分析说明了在网络购物中考虑信任关系和评分可靠性的重要性。同时,综合考虑信任关系和评分可靠性的购买决策模型为社会化商务实践提供了一些重要的管理启示。一方面,常见的恶意负面评论和好评返现可能会误导用户决策。该模型可以有效地提高在线购物中的社交互动能力,减少不可靠评论对购买决策的负面影响。另一方面,信任关系的传递性可以提升无经验用户尝试未知物品的信心,扩大客户容量,评分可靠性可以提升用户满意度,增加客户黏性。

第五节 本章小结

考虑到社会化商务决策本质与大规模群决策问题的相似性,如决策(用户)主体规模较大、决策者(用户)之间存在社交关系、决策偏好(商品评价)异质性、决策属性多样化等特征以及决策方案优选需求(商品排序),本章将社会化商务决策问题映射为大规模群决策问题。首先介绍了社会化商务用户购物影响因素,接着基于质量功能展开模型对用户需求行为进行分析,进而介绍社会化商务信任行为分析模型,最后提出基于信任行为和评价可靠性的社会化商务决策模型,介绍了社会化商务信任信息获取与量化方法,实现为无经验用户提供可信经验用户推荐的可靠商品。从用户视角,本章内容对于信息爆炸时代提升用户决策效率与效果至关重要。从平台视角,本章内容对于制定精准有效的营销策略、提升用户满意度具有一定的启示。社会化商务决策问题是贯穿用户识别、用户关系分析、用户/商品特征分析、用户行为分析、用户市场细分等多阶段的复杂决策问题。本章仅对用户网购影响因素、用户需求和用户信任行为进行分析，虽然 Epinions 案例中用户规模较大，但仅从单个"无经验用户"视角对其决策行为进行分析，尚未推广到大群体用户。此外，用户决策心理、行为等信息很难通过数值评分来判断，而是隐藏在大段的文本评论中。本章尚未对此类决策信息进行深入挖掘，当前快速发展的文本情感分析技术、机器学习等方法能够为拓展本章研究提供有力工具。

第九章

考虑社交信任行为的群推荐作用

社会化商务推荐是指基于用户社交关系开展的商品或服务推送活动，是社会化商务的核心要素，也是智能时代购物体验的重要组成部分（Li 等，2013）。社交媒体打破了人际交互限制，使得传统拼团/拼购等行为突破空间、距离、时间等局限性，如豆瓣社区的音乐/读书/电影群组、微信好友群组、知乎群组等线上群体互动活动开始出现（王刚等，2019），当前流行的个性化推荐系统则难以满足群体的需要。因此，针对群体的推荐已经成为社会化推荐领域的一个新的挑战（Li 等，2014）。社会化商务群推荐问题除具有传统群推荐问题特征之外还拥有大规模特性和社会化特征。如上章所述，网购平台推荐问题与用户决策问题殊途同归，最终目的均为致力于提升用户满意度，因此社会化商务群推荐问题也可以看作大规模用户群决策问题。

基于信任的推荐系统可以为用户提供更精确、更满意的推荐结果（Lee & Ma，2016），而用户之间的信任关系是社会化商务活动良性循环发展的基本保障。因此，本章提出基于信任关系的大规模群决策方法并介绍其在社会化推荐中的应用，最后通过 MovieLens 数据集来检测该方法效果。

第一节 群推荐系统的发展与应用

在介绍考虑社交信任行为的群推荐模型之前，本书首先对推荐系统基本知识进行介绍，包括群推荐系统基本概念与发展现状，以及当前常用群推荐系统。

一 群推荐概念及研究现状

过去几年，基于电视销售、音乐和旅游实体店的发展，群推荐开始出现。随着基于网络的社会活动越来越频繁，群推荐开始流行并得到了快速的发展（Felfernig 等，2018）。群体推荐是推荐系统领域最具挑战、最重要的研究之一。因为相对于个性化推荐，群体推荐需要产生使目标群体达成共识的推荐列表。一个完整的群推荐系统通常由四大模块组成，分别是获取成员偏好、产生推荐、解释群推荐和帮助群体作出最终选择（Chen 等，2008）。群体对象可以是随机形成的，也可以是已有联系的某个特定群体。

目前，与决策思想相关的群推荐系统的发展与应用现状可以从考虑模糊偏好、共识达成以及考虑社交关系的群推荐等方面来展开。

（一）模糊群推荐研究

由于人们行为认知的主观性，群推荐过程中充斥着多种多样的不确定性，因此，模糊群推荐应运而生。为了应对群推荐集成过程中的信息丢失和负面影响的多样性，Natarajan 等（2019）基于并行运算给出优化的模糊群推荐方法。Castro 等（2018）基于犹豫模糊集表示群体成员偏好并基于集成算子提出群推荐算法。Cheng 等（2016）提出了一种基于区间二型模糊集排序法的群体推荐决策方法。Chen 和 Kuo（2017）基于区间二型模糊集改善了 KM 算法和 OWA 算子并提出了利用群推荐进行专制决策的方法。陈秀明和刘业政（2016）提出多粒度犹豫模糊语言信息下的群推荐方法。已有研究对模糊群推荐进行了探索性研究，说明了模糊决策方法在群推荐中应用的合理性。

（二）考虑共识的群推荐研究

共识研究是群决策问题的关键，直接影响着决策结果的满意度和公平性。共识同样也是群推荐过程中不可避免的问题。Castro 等（2015）提出共识驱动的群体推荐系统。Ben-Arieh 和 Chen（2006）为基于群推荐的专制决策提出语义标签集成和共识衡量方法。Bryson（1997）基于定性判断过程提出支持共识形成的群推荐系统。为了应对异质群体不同的偏好和行为，Garcia 和 Sebastia（2014）给出适用于异质群推荐的谈判架构。为了解决群体内部可能存在的矛盾偏好，Salamo 等（2012）为群体个性化服务的共识谈判提供推荐。Mandal 等（2020）基于一致性矩阵和反馈机制研究毕达哥拉斯语义偏好关系表示的用于群推荐的群决策问题。已有研究表明了共识是群推荐系统成功运行的关键要素。

（三）社交网络群推荐研究

群体活动是我们日常生活的重要形式，基于社交网络的群体活动是群推荐快速发展的基础。Cao 等（2021）基于注意网络和神经协同过滤算法提出社会强化群推荐算法。Chen 等（2008）利用遗传算法预测群体成员之间可能发生的交互关系并提出群体推荐系统。Christensen 等（2016）为旅游领域提出社会群体推荐系统，该系统不仅考虑个体偏好，还考虑了群体成员的社交关系。Christensen 和 Schiaffino（2014）从社会学的角度分析了社会网络中可用的社会因素并将社会影响力引进群推荐系统中。Guo 等（2016b）基于个性、专业因素、人际关系和偏好相似性等社会要素为群推荐系统中的用户建模提出一个社会影响力评估方法。Jeong 等（2016）基于社会网络分析为国家研发项目提出一个评估委员会推荐系统。Kim 和 El Saddik（2015）为社会媒体系统群推荐提出一个随机方法。已有研究表明群推荐的深入发展需要考虑社会要素。

（四）信任群推荐研究

在推荐领域，信任已成为提高用户满意度的一个重要因素（Nilashi 等，2016）。事实上，随着社会网络的出现，人们发现一般的社会关系对推荐效果有着积极的影响（Sun 等，2018）。然而，随着研究的深入，人们发现信任是一种更具体、情感更强烈的社会关系，对用户行为的影响更为明显，且可以提高推荐的准确性（Hu 等，2020）。Yu 等人（2019）提出了一种基于新信任度量方法的自适应信任感知的推荐模型。Leong 等人（2020）研究了基于社会存在和社会支持的社交商务中信任的决定因素。Wan 等人（2021）开发了一种基于深度学习的新型信任感知推荐方法，以缓解初始化依赖。此外，社交商务的出现和发展反过来也促进了信任理论的研究及其在推荐中的应用（Fang 和 Li，2020a）。

二　常用群推荐系统

群推荐一般有两种形式，一种是集结个人偏好的群推荐，另一种是集结个人推荐列表的群推荐（Garcia 和 Sebastia，2014）。前者首先通过集结个人偏好得到群体偏好，然后根据群体偏好生成推荐列表。后者是首先通过个人偏好生成个性化推荐列表，然后集结个性化推荐列表生成群体推荐列表。这两种形式都需要考虑群体成员的共识问题，否则容易引起推荐冲突。将两种形式融合，可以有效降低这种冲突产生的可能性。

因此，在产生群推荐过程中，需要考虑评分集成、推荐集成和群体共识达成过程（Castro 等，2015）（如图 9.1 所示）：

1. 在评分集成过程中，通过集成个体评分评估群体偏好。

2. 在推荐集成过程中，通过集成每个用户的个性化推荐列表得到群体初步推荐列表，其中用户的个性化推荐列表可以根据基于规则或基于协同过滤的推荐方法得到。

3. 在共识达成过程中，根据群体偏好去除群体初步推荐列表中的不合理推荐，当群体成员达成共识时，得到最终的群体推荐列表。

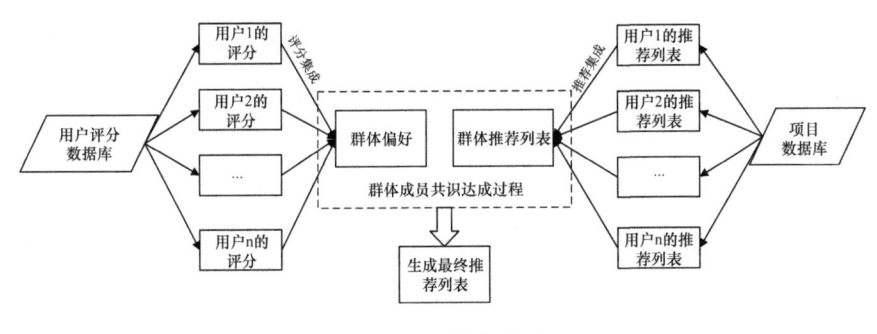

图 9.1　群推荐过程

第二节　社会化商务推荐

在上述传统群推荐系统相关知识基础上，本节内容主要对社会化商务推荐的背景进行描述，并对社会化商务推荐架构进行介绍。

一　社会化商务推荐问题背景描述

社会化商务又可称为社会化电子商务，指的是传统电子商务借助社交媒体的分享与交互形成的网购新模式。目前，关于社会化商务尚没有标准定义，但可以将其归纳为以下几个特点：基于群体在线互动的口碑传播、可信的购买经验或建议以及朋友推荐购买。根据这些特点，为社会化商务定义如下：社会化商务是指以互联网为媒介进行社交互动的商业行为。社会化商务在传统电子商务活动各环节电子化、网络化、信息化的基础上增加了社交化。

目前社会化商务主要有两种存在形式，一种是鼓励或激励用户通过社交媒体分享商务或服务的电商网站，即电商平台的商品或服务通过社交媒体的分享来促进销售。例如以商品为中心，以社交为营销手段的拼多多不仅以低廉的商品吸引用户，还通过现金提现、砍价免费得商品等活动鼓励用户分享互动；另一种是加入商业属性的社交网站，即社交媒体允许成员间进行商业活动。例如借助微信或微博，以人为中心、以社交为纽带开展的微商可以通过细分化的群组（如妈妈群、减肥群）为目标用户提供针对性的商品服务。

与传统电子商务相比，社会化商务最大的特点是可信和多样化，用户通过朋友推荐既可以获得可靠的购物经验，又可以通过社交互动获取丰富的未知商品推荐，从而提升用户购物满意度和新颖度。社交化使得愿意分享网上商务活动的用户群体规模越来越大，因此，社会化商务还具有大规模特征。另外，大用户群体往往可以根据兴趣自发形成不同的社区结构，这种用户结构与顾客市场细分效果类似，促进了网络团购模式的发展。但是，团购的关键问题是子群体内部关于团购商品如何达成共识。因此，社会化商务活动的开展意味着传统电子商务营销模式发生改变。如何深入挖掘用户需求，预测用户购买意愿以及社交互动对用户购买行为的影响是提升社会化商务效率和效益的关键。面向社会化商务的推荐系统则是解决上述问题的重要工具。

实际上，推荐问题与群决策问题中两个主要元素（用户与商品）相同，只是执行方向相反，如图 9.2 所示。群体用户选取哪个电商平台的哪种商品进行拼团属于群决策过程，而电商平台在将合适的商品推荐给群体用户时属于推荐过程。群决策及推荐过程都需要考虑群体共识问题。因此，本章主要研究基于群决策理论与方法的推荐模型。由于社会化商务与传统电子商务在概念、特点及面临的问题方面都有着较大差别，针对社交环境下的电商活动，我们将在下文介绍基于群决策理论与方法的社会化商务推荐的基本架构。

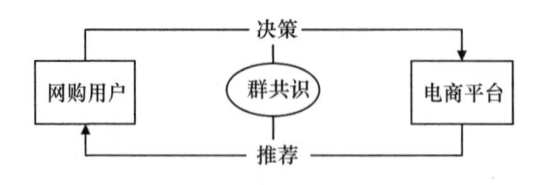

图 9.2　群决策与推荐的关系

二 社会化商务推荐架构描述

电子商务推荐可以在识别用户偏好的基础上向用户提供购买信息和建议，帮助用户在商品信息海洋中快速定位到自己的目标。社会化商务推荐在电子商务推荐的基础上考虑了社会化要素，即推荐信息不是由陌生用户而是由用户好友经验得来，如此可以提升推荐精度和可信度，此外，用户通过社交互动和分享还能够提供具有新颖度的推荐。

根据社会化商务概念，我们将综合电子商务与社交网络的特征来介绍社会化商务推荐的基本架构（如图9.3所示）。首先，分别识别用户所处的社会网络和目标商品所属的电商平台：（1）提取用户在电商平台生成的内容，包含基本信息和购买偏好以预测其需求；（2）通过社交网络获取目标用户好友在该平台的购物经验。然后，综合用户内容和好友经验，选取合适的推荐算法（协同过滤、关联规则等）确定推荐列表。最后，将推荐列表发送给目标用户。此外，根据社交关系的可传递性，可以通过社交关系获取关键推荐路径将单个目标用户的推荐列表进一步发送给更多好友以扩大营销范围。

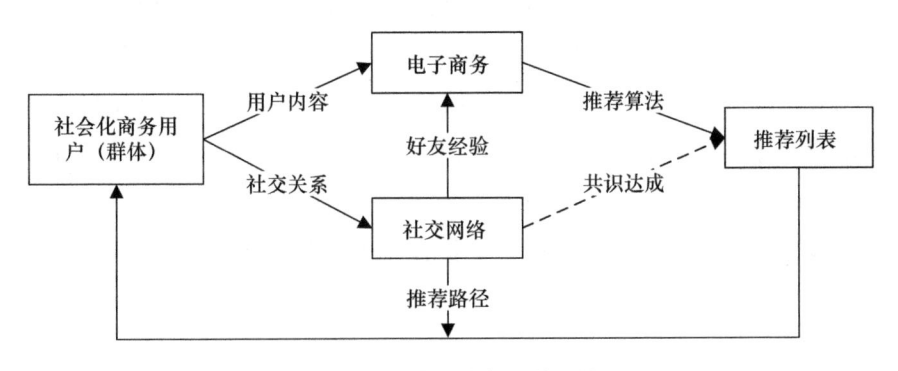

图9.3　社会化商务推荐架构

根据推荐对象规模，社会化商务推荐可以分为个性化推荐和群体推荐。传统电商主要以单个用户为主要营销目标，因此个性化推荐尤其重要。但在社会化商务情境下，以低于市场零售价得到用户青睐的团购模式也开始变得越来越重要，因此社交群体用户对群推荐的需求日益增加。相对于个性化推荐，群推荐需要考虑群体交互下的共识问题，即如何确定目标商品使得团购用户对该商品达成普遍满意。对于大群体用户，还需要考虑如何识别用户社区，即用户市场细分，来为子群体提供针对性的推荐。所以，本章主要关注基于大规模群决策理论与方法的推荐系统。

如前所述，社交关系通常可以促进群体共识的达成。其中，信任关系不仅能够为用户提供更加可信的购物经验，本书第五章还通过模型说明了信任对共识演化的作用。因此，本章着重研究考虑信任关系的大规模群决策方法在社会化商务推荐中的应用。

第三节　基于信任关系的社会化商务推荐模型

Dong 等人（2017）基于观点传递给出基于领导力的网络划分算法，但是多个社区之间有重叠节点，不利于后续群决策研究。我们在 Dong 等人基于"跟随者（follower）—领导者（leader）"概念所提的算法基础上给出一个两阶段信任网络划分模型。第一阶段利用 Dong 等人的算法将信任网络进行初次划分，第二阶段通过提出的"最短路径—最大信任"传递算法得到相互独立的信任社区。基于该两阶段信任网络划分模型提出基于信任关系的大规模群决策方法及其社会化商务推荐模型。

一　大规模群决策信任网络分析

信任网络与一般社交关系网络不同，信任网络的非对称性容易导致极端社区的形成，但信任关系的指向性同时也能使聚类分析算法快速识别聚类质心。传递性是信任关系的最鲜明特色之一，首先介绍基于最大信任传递值的最短路径算法，识别网络中的间接信任关系，接着介绍对信任网络进行划分的两阶段方法，最后介绍个体和社区权重的计算。

（一）"最短路径—最大信任"传递算法

在信任网络中往往存在较多非直接相连节点，使得信任网络矩阵呈现稀疏性特征，而信任传递可以为这些节点建立信任联系。在实际信任网络中，两个非直接相连节点之间可能存在不止一条传递路径，寻找所有路径会使算法复杂性急剧增加。另外，随着信任路径的延长，可能出现信息丢失，从而引起信任传递质量降低的现象（Verbiest 等，2012）。因此，许多研究人员主要关注最短路径或小于某个长度阈值的路径（Massa，2007）。为了降低信任网络稀疏性、提高信任传递质量和降低传递成本，重点寻找信任传递程度高但长度短的路径。因此，本研究提出一个基于最大信任传递值的最短路径算法。

假设用户 v_k 和 v_l 之间总共有 q 条信任传递路径，p_i（$i=1$，2，$\cdots$，q）表示用户 v_k 和 v_l 之间的第 i 条传递路径，$L(p_i)$ 表示该路径长度，p^* 表示 v_k 和 v_l 之间的最短路径。在给出最短路径算法之前，我们首先明确两个条件：

条件1 当 $L(p_i)>7$ 时，该传递路径无效，删除该路径。

条件1的提出是基于以下原因：（1）在信任传递过程中，信任质量随着路径的延长而递减。(2) 当信任网络规模较大时，识别所有传递路径比较耗时，复杂性较高。（3）信任网络会呈现出小世界效应，根据著名的六度分割理论（Travers 和 Milgram，1969），任何两个节点之间建立联系经过的咨询用户一般不超过 6 个。因此，条件1的提出对于保障信任传递质量，降低信任传递复杂性很重要。

条件2 在条件1的基础上，如果用户 v_k 和 v_l 之间第 i 条传递路径上的不信任水平之和最小：$\min \sum D^i(v_k,v_l) = D^i(v_k,v_{\delta(1)}) + \cdots + D^i(v_{\delta(K)},v_l)$，则称该条路径为 v_k 和 v_l 之间的最短传递路径。其中，

$D^i(v_k, v_{\delta(1)})$ 表示用户 v_k 对 $v_{\delta(1)}$ 的不信任水平，$v_{\delta(K)}$ 表示用户 v_k 和 v_l 之间的咨询用户，根据条件 1，$K \leq 6$。

基于条件 1 和条件 2，我们提出"最短路径—最大信任"传递算法如下：

步骤 1：从有向加权的信任网络 $G=(V, E, T)$ 中识别用户 v_k 和 v_l 之间的所有 q 条路径。

步骤 2：根据条件 1 删除无效路径。

步骤 3：根据条件 2 从剩余有效路径中确定最短路径 p^*。

步骤 2 和步骤 3 的时间复杂性分别为 $O[N(E)]$ 和 $O(n^3)$，其中，$N(E)$ 和 n 分别为网络 G 中信任关系边和节点的数量。根据图论，网络中边的最大数量 $maxN(E)$ 与节点之间的关系为：$maxN(E) = n(n-1)/2$。所以，该最短路径算法的时间复杂性小于 $O(n^2) + O(n^3) = O(n^3)$。

接下来，基于"最短路径—最大信任"传递算法提出信任网络划分算法。

（二）两阶段信任网络划分算法

为了降低大规模群决策问题的复杂性，本研究基于 Dong 等提出的网络划分算法和"最短路径—最大信任"传递算法提出一个两阶段信任网络划分算法（如图 9.4 所示）。对于信任网络 G，首先利用

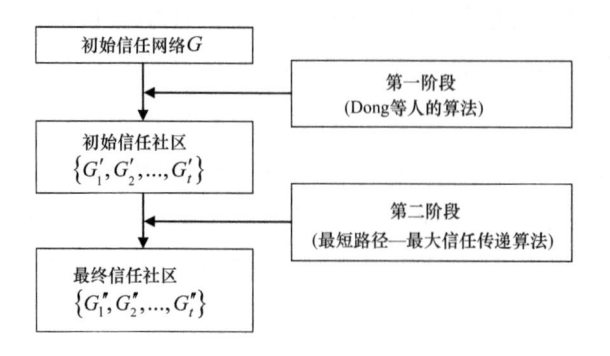

图 9.4 两阶段信任网络划分算法结构图

Dong 等人的算法识别初始信任社区，然后利用最短路径—最大信任传递算法确定信任传播路径，最后基于重叠节点的信任值确定相互独立的信任子网络。

根据图 9.4，两阶段信任网络划分算法的具体步骤如下：

步骤 1：利用 Dong 等人所提算法得到初始信任子网络

对于信任网络 $G = (V, E, T)$，利用 Dong 等人的算法（算法步骤如表 9.1 所示）识别领导用户 V_{leader}^{G} 和跟随用户 $V_{follower}^{G}$，得到 t 个初始信任社区 $G = \{SG'_1, SG'_2, \cdots, SG'_t\}$。表 9.1 Dong 等人提出的网络划分算法（Dong 等，2017）输入为：社交网络 $G = (V, E)$ 和其邻接矩阵 $A = (a_{kl})_{n \times n}$。

表 9.1　　　Dong 等人提出的网络划分算法（Dong 等，2017）

步骤 1：应用 Warshall 算法（1962）得到网络 G 的可达矩阵 $B = (b_{kl})_{n \times n}$。
步骤 2：令 $r = 1$，$V^0 = \{v_k \mid v_l \in V, b_{kl} = 1, b_{lk} = 0\}$，$V^1 = V/V^0$。
步骤 3：如果 $V^1 = \varnothing$，转到步骤 5；否则，继续下一步。
步骤 4：为了不失一般性，对于任何 $v_r \in V^1$，基于引理（如果 $v_k \in V_{leader}^{SG'}$，则 $V_{leader}^{SG'} = \{v_k\} \cup \{v_l \mid b_{kl} = 1, b_{lk} = 0\}$），构建子网络 $SG'_r = (SV'_r, SE'_r)$：$V_{leader}^{SG'} = \{v_k\} \cup \{v_l \mid b_{kl} = 1, b_{lk} = 0, v_k \in V_1\}$，$V_{follower}^{SG'} = \{v_l \mid v_k \in V_{follower}^{SG'}, v_l \in V_0, b_{kl} = 1\}$，$V_r = V_{follower}^{SG'} \cup V_{leader}^{SG'}$。使得 $V_1 = V_1 / V_{leader}^{SG'}$，$r = r + 1$，转到步骤 3。
步骤 5：结束
输出：信任社区 $G = \{SG'_1, SG'_2, \cdots, SG'_t\}$。

表 9.1 算法的时间复杂性为 $O(n^3)$，且每个信任社区内部领导者可能不唯一。

步骤 2：识别每个跟随者到相应领导者的最短信任路径

为社区 SG'_r 内的每个跟随者 $V_{follower(k)}^{SG'}$ 识别到相应领导者 $V_{leader(l)}^{SG'}$ 的所有有效路径。根据"最短路径—最大信任"传递算法确定 $V_{follower(k)}^{SG'}$ 到 $V_{leader(l)}^{SG'}$ 的最短传递路径。根据信任传递 Algebraic 算子（如公式（3.15））评估 $V_{follower(k)}^{SG'}$ 对 $V_{leader(l)}^{SG'}$ 的信任值：

$$T(V_{follower(k)}^{SG'_r}, V_{leader(l)}^{SG'_r}) = T(V_{follower(k)}^{SG'_r}, V_{follower[\delta(1)]}^{SG'_r}) \times \cdots \times$$
$$T(V_{follower(v_{\delta(K)})}^{SG'_r}, V_{leader(l)}^{SG'_r})$$
(9.1)

其中，$V_{follower(v_{\delta(K)})}^{SG'_r}$ 表示社区 SG'_r 的跟随者 $V_{follower(k)}^{SG'_r}$ 到领导者 $V_{leader(l)}^{SG'_r}$ 之间的咨询用户。

步骤3：为领导者不唯一的信任社区确定唯一虚拟领导者

社区内部领导可以看作社区中心。针对有些社区不止有一个领导者存在的情况，为其确定唯一虚拟领导者。首先，当社区 SG'_r（$r=1,2,\cdots,t$）内仅有一位领导者时，将该领导者标记为 $V_{leader}^{SG'_r}$。当社区 SG'_r 有不止一位领导者 $V_{leader(l)}^{SG'_r}$ 时，将这些领导者合并看作一个唯一虚拟领导者 $V_{leader}^{SG'_r}$。社区内的跟随者 $V_{follower(k)}^{SG'_r}$ 到该虚拟领导者 $V_{leader}^{SG'_r}$ 的信任值为：

$$T(V_{follower(k)}^{SG'_r}, V_{leader}^{SG'_r}) = \frac{1}{N(V_{leader(l)}^{SG'_r})} \sum T(V_{follower(k)}^{SG'_r}, V_{leader(l)}^{SG'_r}) \quad (9.2)$$

其中，$N(V_{leader(l)}^{SG'_r})$ 为社区 SG'_r（$r=1,2,\cdots,t$）内的所有领导者数量。

步骤4：设定信任阈值删除无效传递路径

当 $(V_{follower(k)}^{SG'_r}, V_{leader}^{SG'_r}) \geq \xi$ 时，则跟随者 $V_{follower(k)}^{SG'_r}$ 属于社区 SG'_r；否则的话，删除从 $V_{follower(k)}^{SG'_r}$ 到 $V_{leader}^{SGG'_r}$ 的传递路径，且 $V_{follower(k)}^{SG'_r}$ 为不属于任何社区的任何孤岛节点。其中，ξ 为具有情境依赖的信任阈值。假设大部分用户为风险规避型，当决策事件为高成本或高敏感性问题时，用户对信任水平的要求较高，否则较低。

步骤5：为重叠社区节点确定其唯一信任领导者

当跟随者 $V_{follower(k)}$ 信任的领导者不止一位且不属于同一社区时，这样的跟随者属于重叠信任社区的节点。为了方便后续决策过程，我们需要将重叠节点分配到唯一社区。假设跟随者 $V_{follower(k)}$ 同时属于社区 SG'_r 和 SG'_s 时，对比跟随者对两个社区领导者的信任水平 $T(V_{follower(k)}, V_{leader}^{SG'_r})$ 和 $T(V_{follower(k)}, V_{leader}^{SG'_s})$，当 $T(V_{follower(k)}, V_{leader}^{SG'_r}) \geq$

$T(V_{follower(k)}, V_{leader}^{SG'_r})$ 时，则 $V_{follower(k)}$ 属于 SG'_r，否则，属于 SG'_s。

步骤6：将孤立节点分配到最近社区

对于孤立节点 $V_{follower(l)}$，根据 Jaccard 相似性方法计算 $V_{follower(l)}$ 与所有社区领导者 $V_{leader}^{SG'_r}$ 的偏好相似性并将其归类到最相似的社区：

$$Jaccard(V_{follower(l)}, V_{leader}^{SG'_r}) = \frac{\sum_I \min[r(V_{follower(l)}, I), r(V_{leader}^{SG'_r}, I)]}{\sum_I \max[r(V_{follower(l)}, I), r(V_{leader}^{SG'_r}, I)]} \quad (9.3)$$

其中，I 为跟随者 $V_{follower(l)}$ 和领导者 $V_{leader}^{SG'_r}$ 共同评论过的某商品，$r[V_{follower(l)}, I]$ 和 $r(V_{leader}^{SG'_r}, I)$ 分别表示跟随者和领导者对商品 I 的评分。

最终得到相互独立的信任社区 $G = \{SG''_1, SG''_2, \cdots, SG''_t\}$。根据各计算步骤，该两阶段信任网络划分算法的时间复杂度为：$O(n^3) + O(n^3) + O(n^2) + O(n) + O(n) = O(n^3)$。

（三）个体和社区权重确定

社区领导者对整个社区跟随者具有较大影响力，跟随者对领导者的信任水平可以间接反映出其在社区的地位和影响力。因此，根据跟随者 $V_{follower(k)}^{SG'''_1}$ 对领导者 $V_{leader}^{SG'''_1}$ 的信任水平确定跟随者权重 $\omega_{follower(k)}^{SG'''_1}$：

$$\omega_{follower(k)}^{SG'''_1} = \frac{T(V_{follower(k)}^{SG'''_r}, V_{leader}^{SG'''_1})}{\sum_k T(V_{follower(k)}^{SG'''_1}, V_{leader}^{SG'''_1}) + T(V_{leader}^{SG'''_1}, V_{leader}^{SG'''_1})} \quad (9.4)$$

其中，$T(V_{follower(k)}^{SG'''_1}, V_{leader}^{SG'''_1})$ 表示社区 SG'''_1 的跟随者对领导者的信任水平，$T(V_{leader}^{SG'''_1}, V_{leader}^{SG'''_1})$ 表示领导者对自身的信任水平（自信水平），意味着将领导者也看作社区成员，根据 Jaccard 相似性，$T(V_{leader}^{SG'''_1}, V_{leader}^{SG'''_1}) = 1$。

因为我们将领导者 $V_{leader}^{SG'''_r}$ 也看作社区一员，因此，领导者权重 $\omega_{leader}^{SG'''_1}$ 可以计算为：

$$\omega_{leader}^{SG'''_1} = \frac{T(V_{leader}^{SG'''_1}, V_{leader}^{SG'''_1})}{\sum_k T(V_{follower(k)}^{SG'''_1}, V_{leader}^{SG'''_1}) + T(V_{leader}^{SG'''_1}, V_{leader}^{SG'''_1})} \quad (9.5)$$

其中，$\sum_k \omega_{follower(k)}^{SG''_r} + \omega_{leader}^{SG''_r} = 1$。

根据多数原则，社区中虚拟领导者的跟随者越多，该社区越重要。因此，社区权重 λ_r 可以根据社区成员数量得到：

$$\lambda_r = \frac{N(SG'''_1)}{\sum_{r=1}^{t} N(SG'''_1)} \qquad (9.6)$$

其中，$N(SG'''_1)$ 表示社区 SG'''_1 内包含跟随者和领导者在内的所有成员的数量。

二 基于信任关系的大规模群决策模型

根据所提出的两阶段信任网络划分算法，现给出基于信任关系的大规模群决策方法的具体步骤如下：

步骤1：识别大规模群决策问题

对于由 n 个决策者 $V = \{v_1, v_2, \cdots, v_n\}$ 和 m 个方案 $X = \{x_1, x_2, \cdots, x_m\}$ 组成的大规模群决策问题，决策者对方案的评价信息表示为 $A = \{a_{11}, \cdots, a_{kx}, \cdots, a_{nm}\}$。

步骤2：识别大规模决策者之间的信任网络

识别决策者之间的信任关系并构建初始信任网络 $G = (V, E, T)$，其中 $V = \{v_1, v_2, \cdots, v_n\}$ 表示节点集合，$E = \{e(v_k, v_l)\}$ 表示节点间的信任关系集合，$T = \{T(v_k, v_l)\}$ 表示节点间的信任水平集合。

步骤3：应用两阶段信任网络划分算法识别独立信任社区

基于初始信任网络 G，首先根据表9.1所示算法发现初始信任社区 $G = \{SG'_1, SG'_2, \cdots, SG'_t\}$，然后利用"最短路径—最大信任"传递算法为社区内每个成员计算其对领导者的信任程度，根据该信任度将重叠社区节点划分到唯一信任社区，得到相互独立的信任社区 $G = \{SG''_1, SG''_2, \cdots, SG''_t\}$。

步骤4：确定个体决策者和社区权重

根据公式（9.5）和公式（9.6）分别确定个体决策者权重

$\omega_{follower(k)}^{SG_1'''}$ 和社区权重 $\omega_{leader}^{SG_1'''}$。

步骤5：计算社区群评价信息

根据信任网络划分结果，基于跟随者的初始评价信息 $A = (a_{11}, \cdots, a_{kx}, \cdots, a_{nm})$ 及权重 $\omega_{follower(k)}^{SG_1'''}$ 和领导者的初始评价信息 $A = (a_{11}, \cdots, a_{r'x}, \cdots, a_{sm})$（假设信任社区 SG_1''' 内有 s 个领导者）及其权重 $\omega_{leader}^{SG_1'''}$ 确定信任社区 SG_1''' 的群评价信息 $B = (b_{11}, \cdots, b_{rx}, \cdots, b_{tm})$：

$$b_{rx} = \sum_k \omega_{follower(k)}^{SG_1'''} a_{kx} + \sum_{r'} \omega_{leader}^{SG_1'''} a_{r'x} \quad (9.7)$$

步骤6：对方案进行排序

根据社区群评价信息 B 和社区权重 λ_r（$r = 1, 2, \cdots, t$）计算综合评价信息 Z_i（$i = 1, 2, \cdots, m$）：

$$Z_i = \sum_{r=1}^t \lambda_r b_{ri} \quad (9.8)$$

将该综合评价信息 Z_i 倒序排列，综合评价信息最大的方案为最优方案。

为了降低大规模群决策复杂性，本节提出基于信任网络划分算法的大规模群决策方法。基于"领导者—跟随者"概念，该方法可以通过决策者之间的信任传递路径最终确定相互独立的信任社区。该方法的特点可以总结如下：

（1）本方法考虑了信任的传递特性，基于信任关系提出网络划分算法，并根据信任值确定了社区内成员权重。

（2）信任关系是一种程度较强的社交关系，基于信任关系的大规模群决策方法可以尽可能避免信息丢失，比传统基于偏好关系或一般社交关系的聚类方法更精确。

（3）由于现实中信任网络的大规模特性和复杂性，本研究提出"最短路径—最大信任"传递算法确定节点间的信任传递路径，并基于传递的信任值得到相互独立的信任社区。

三 社会化商务推荐架构

根据该大规模群决策方法得到方案排序结果，基于关联规则的群体推荐算法为大群体提供群体推荐列表。基于关联规则的群体推荐算法是指如果群体 $V=\{v_1, v_2, \cdots, v_n\}$ 购买过某个物品 I_i，则可以将与物品列表 I_i 相似的物品群 I_j 推荐给群体 V。其中，相似物品群 I_j 可以以方案排序结果 Z_i ($i=1, 2, \cdots, m$) 为参考通过关联规则来确定。基于大规模群决策方法的社会化商务推荐架构如图 9.5 所示。

另外，在提供群推荐列表之前，需要确定群体成员对该推荐列表达成一定程度的共识。因此，需要首先分析社区内及社区整体间的共识水平，然后以此为基础为大群体或社区团体提供群体推荐列表。目标用户群体对推荐列表的共识水平可以通过群体关于已有方案排序 Z_i 的共识水平来预测。根据公式（6.7）确定成对用户之间的共识水平，然后根据信任社区分布计算社区内及社区整体间的共识水平。当社区内（外）共识水平较高时，则可以将 Z_i 作为社区用户或大群体用户的推荐列表的参考。如果共识水平较低，则需要调整推荐列表。

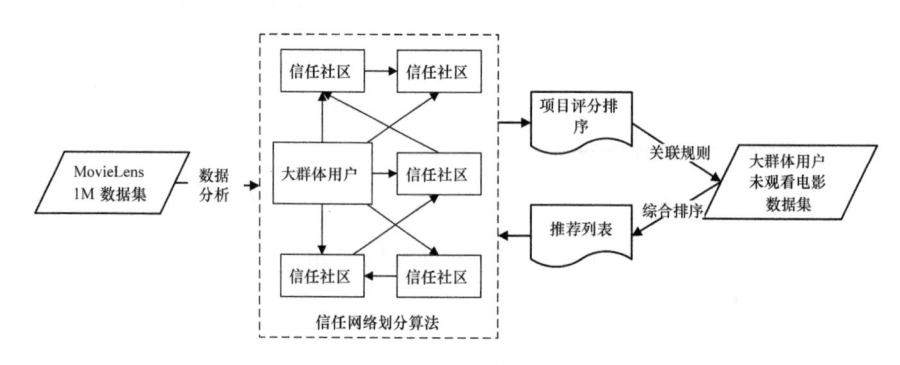

图 9.5 基于大规模群决策方法的社会化商务推荐架构

第四节 基于 MovieLens 数据集的社会化商务推荐应用

从社会化商务推荐背景介绍可知，目前社会化商务主要由电商平台或社交媒体分别起主导作用的模式构成，商品信息和社交信息分属不同平台来管理。因此，很难从不同平台获取与商品信息相匹配的用户社交信息。在本节，我们主要基于 MovieLens 数据集为用户构建隐性信任网络来展示基于信任关系的大规模群决策社会化商务推荐应用。

一　数据整理与分析

MovieLens 数据集是常用的电影评分数据集，其中，平均每个人至少评论了 20 个项目。本书应用包含 6040 名用户、3706 个电影项目和 1000209 条评分的"MovieLens-1M"数据集。不同于大数据或大型网络研究，大规模群决策问题的复杂性不仅仅体现在决策规模上，更多体现在决策过程中。现有大规模群决策研究中决策者数目一般不超过 50 个。为了突出大规模特性并缓解随着决策者数目增加而造成的大规模群决策复杂性的急剧攀升，我们从 6040 名用户中选取前 200 名最活跃用户 $V = \{v_1, v_2, \cdots, v_{200}\}$ 作为目标用户，用户 V 总共评论过的电影数为 3567 部，从中选取前 100 部评论最多的电影 $I = \{I_1, I_2, \cdots, I_{100}\}$ 来研究目标用户的偏好。200 名用户的基本属性如图 9.6 所示，可见，活跃用户以年轻男性为主。

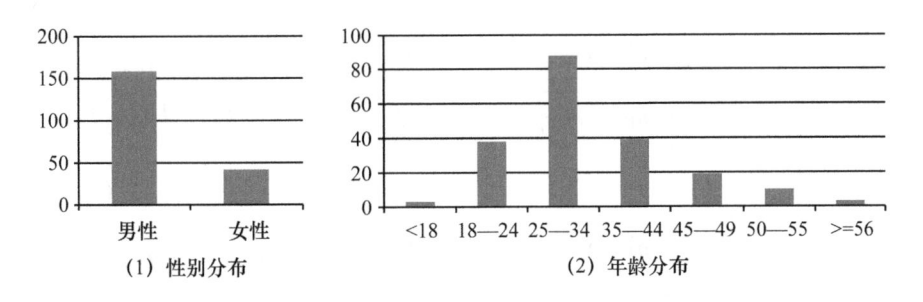

图 9.6　200 名用户的基本属性

二 构建信任网络

分析 200 名用户 $V = \{v_1, v_2, \cdots, v_{200}\}$ 对所有 3567 部电影的评分，基于用户评分相似性评估他们之间的信任关系，构建有向加权信任网络 $G = (V, E, T)$。

首先，为了避免数据稀疏性，如果两名用户至少共同评价了一部电影，则认为他们之间存在信任关系。然后，确定用户之间的信任关系并计算信任值：

（1）当用户 v_k 和 v_l 评论过的项目数相同时，则认为他们之间存在相互信任关系，根据一般化 Jaccard 相似性方法计算他们之间的信任关系：

$$T(v_k, v_l) = T(v_l, v_k) = \frac{\sum_i \min[r(v_k, I_i), r(v_l, I_i)]}{\sum_i \max[r(v_k, I_i), r(v_l, I_i)]} \quad (9.9)$$

其中，$r(v_k, I_i)$ 表示用户 v_k 对项目 I_i 的评分，$1 \leq k, l \leq 200$，$1 \leq i \leq 3567$。

（2）当两名用户评论过的项目数不同时，认为评论项目数较多的用户有更高的可信度。例如，当用户 v_k 比 v_l 评价过更多项目时，认为用户 v_k 更有经验，用户 v_l 对用户 v_k 的信任可能大于 v_k 对 v_l 的信任，并且，信任值 $T(v_k, v_l)$ 和 $T(v_l, v_k)$ 预计分别为：

$$T(v_k, v_l) = \left| \frac{\sum_i \min[r(v_k, I_i), r(v_l, I_i)]}{2\sum_i \max[r(v_k, I_i), r(v_l, I_i)]} - \frac{N[I(v_k) \cap I(v_l)]}{2N[I(v_k) \cup I(v_l)]} \right|$$

$$(9.10)$$

$$T(v_l, v_k) = \frac{\sum_i \min[r(v_k, I_i), r(v_l, I_i)]}{2\sum_i \max[r(v_k, I_i), r(v_l, I_i)]} + \frac{N[I(v_k) \cap I(v_l)]}{2N[I(v_k) \cup I(v_l)]}$$

$$(9.11)$$

其中，$I(v_k)$ 和 $I(v_l)$ 分别是用户 v_k 和 v_l 评论过的项目集合，

$N[I(v_k) \cap I(v_l)]$ 表示用户 v_k 和 v_l 共同评论项目数，$N[I(v_k) \cup I(v_l)]$ 表示 v_k 和 v_l 总共评论过的项目数，$1 \leq k, l \leq 200$，$1 \leq i \leq 3567$。

另外，使用参数 β 作为信任水平阈值来提高信任关系的可靠性，同时可以降低信任网络结构复杂性。直接信任阈值通常设为 0.5，即当用户间信任水平达到 0.5 时，该信任关系成立。但是，本研究中用户信任关系是基于其相似偏好构造的隐性信任，信任阈值需要高于 0.5，即在 0.5 至 1 之间确定间接信任阈值。通过模拟发现，当 $\beta = 0.75$ 时构造的信任网络既不像 $\beta = 0.5$ 时那样密集，也不像 $\beta = 1$ 时过于稀疏。因此，在上述公式的基础上，取 $\beta = 0.75$ 构造信任网络 $G = (V, E, T)$。

三　基于信任关系的群推荐项目排序

该大规模群决策问题由 200 名用户 $V = \{v_1, v_2, \cdots, v_{200}\}$，100 个方案 $I = \{I_1, I_2, \cdots, I_{100}\}$ 及用户对方案的评分构成 $A_k = \{a_{k,1}, a_{k,2}, \cdots, a_{k,100}\}$（$k = 1, 2, \cdots, 200$），其中，$a_{k,i}$ 表示用户 v_k 对项目 I_i 的评分。根据公式（9.9）至公式（9.11）计算用户之间的信任值，基于 $\beta = 0.75$ 构造的信任网络如图 9.7 所示。其中，v_9，v_{33}，v_{51}，v_{63}，v_{111}，v_{147}，v_{173} 和 v_{184} 为孤立用户。

针对 200 名用户之间的初始信任网络，首先通过 Dong 等人的算法得到 13 个初始信任社区 $\{SG'_1, SG'_2, \cdots, SG'_{13}\}$，然后利用最短路径—最大信任传递算法得到 4 个相互独立的信任社区（如图 9.8 所示）：$SG''_1 = \{'Leader': [193], 'follower': [13 users]\}$，$SG''_2 = \{'Leader': [194], 'follower': [60 users]\}$，$SG''_3 = \{'Leader': [199], 'follower': [8 users]\}$ 和 $SG''_4 = \{'Leader': [200], 'follower': [115 users]\}$。

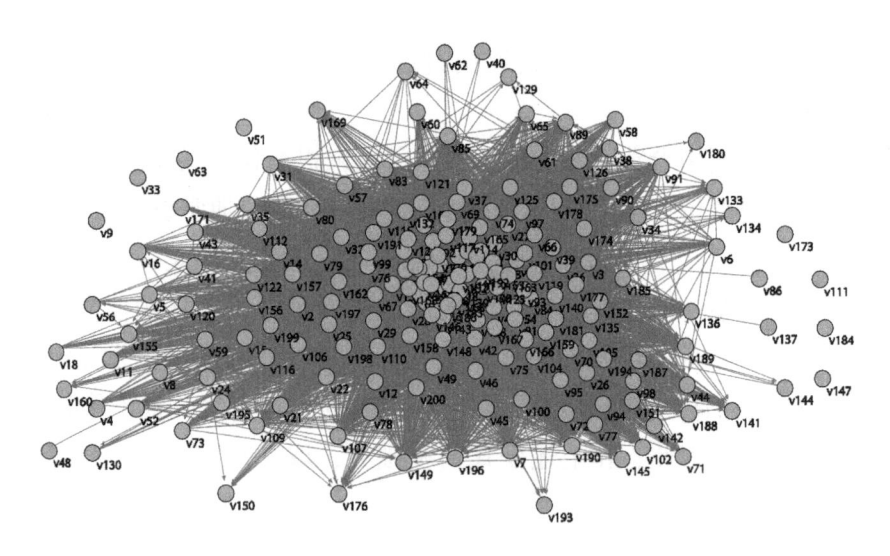

图 9.7 200 名用户之间的初始信任网络

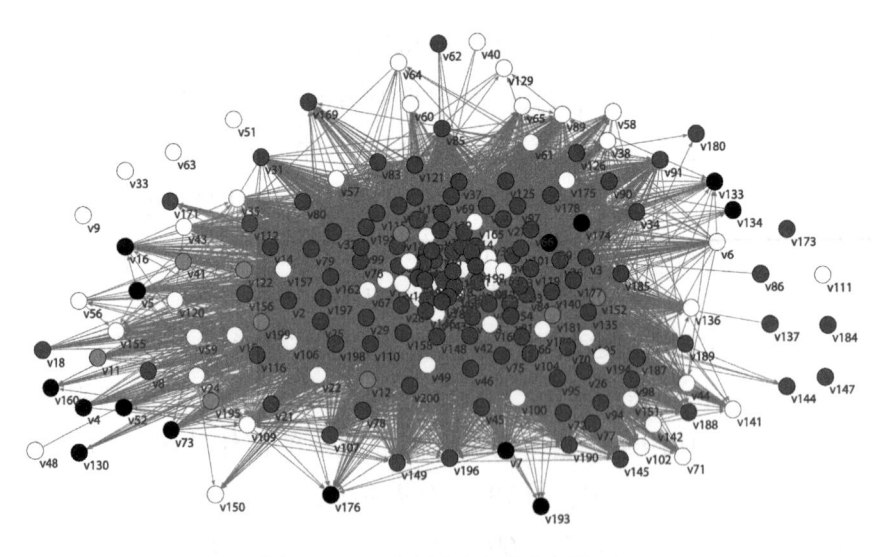

图 9.8 200 名用户之间的信任社区

根据公式(9.5)和公式(9.6)分别计算社区成员和各个社区的权重。基于初始评价信息和各社区的评价信息得到综合评价信息 Z_i ($i=1, 2, \cdots, 100$) 如表 9.2 所示。可见，项目 x_8 最流行，且

Top 10 项目为：$x_8 > x_2 > x_{15} > x_5 > x_{12} > x_{22} > x_3 > x_4 > x_7 > x_{30}$。

表9.2　　　　　　　200名用户对100个电影项目的综合排序

排序	项目	C	排序	项目	C	排序	项目	C	排序	项目	C
1	x_8	**4.2621**	26	x_{40}	3.6654	51	x_{63}	3.3382	76	x_{47}	3.0579
2	x_2	**4.2469**	27	x_{16}	3.6603	52	x_{71}	3.3349	77	x_{55}	3.0411
3	x_{15}	**4.2418**	28	x_{52}	3.6584	53	x_{78}	3.3301	78	x_{43}	3.0357
4	x_5	**4.1879**	29	x_{81}	3.6512	54	x_{94}	3.3217	79	x_{25}	3.0352
5	x_{12}	**4.1248**	30	x_9	3.6474	55	x_{99}	3.3212	80	x_{87}	3.0329
6	x_{22}	**4.0453**	31	x_{62}	3.6178	56	x_{51}	3.2780	81	x_{72}	2.9761
7	x_3	**3.9850**	32	x_{45}	3.6048	57	x_{83}	3.2471	82	x_{88}	2.9500
8	x_4	**3.9816**	33	x_1	3.5883	58	x_{73}	3.2419	83	x_{66}	2.9342
9	x_7	**3.9783**	34	x_{34}	3.5813	59	x_{100}	3.2220	84	x_{90}	2.8950
10	x_{30}	**3.9436**	35	x_{56}	3.5750	60	x_{76}	3.2166	85	x_{74}	2.8789
11	x_{57}	3.9015	36	x_{61}	3.5458	61	x_{70}	3.2139	86	x_{29}	2.8505
12	x_{18}	3.8637	37	x_{17}	3.5201	62	x_{32}	3.2080	87	x_{93}	2.8493
13	x_{26}	3.8431	38	x_{44}	3.5178	63	x_{95}	3.1971	88	x_{60}	2.8445
14	x_{36}	3.8386	39	x_{41}	3.5167	64	x_{86}	3.1915	89	x_{77}	2.8412
15	x_{27}	3.7875	40	x_{39}	3.4942	65	x_{46}	3.1737	90	x_{96}	2.8240
16	x_{31}	3.7873	41	x_{82}	3.4792	66	x_{84}	3.1721	91	x_{50}	2.7973
17	x_{59}	3.7745	42	x_{23}	3.4259	67	x_{49}	3.1626	92	x_{54}	2.7880
18	x_6	3.7637	43	x_{64}	3.3943	68	x_{91}	3.1499	93	x_{75}	2.6918
19	x_{37}	3.7631	44	x_{28}	3.3934	69	x_{38}	3.1379	94	x_{98}	2.6466
20	x_{42}	3.7535	45	x_{13}	3.3903	70	x_{69}	3.1262	95	x_{97}	2.6141
21	x_{33}	3.7513	46	x_{35}	3.3714	71	x_{53}	3.1150	96	x_{92}	2.5361
22	x_{11}	3.7444	47	x_{48}	3.3687	72	x_{19}	3.0973	97	x_{80}	2.5358
23	x_{20}	3.7411	48	x_{24}	3.3560	73	x_{79}	3.0812	98	x_{67}	2.5205
24	x_{10}	3.7389	49	x_{58}	3.3541	74	x_{85}	3.0773	99	x_{68}	2.4689
25	x_{14}	3.6785	50	x_{21}	3.3515	75	x_{65}	3.0767	100	x_{89}	2.3926

本研究的目的是基于大规模群决策方法研究社会化商务推荐应用。为了表明基于信任关系的大规模群决策方法的优势，接下来主要给出不同大规模群决策方法在方案排序方面的对比分析。为了说明本研究方法的可行性，首先给出未进行聚类情况下，200名用户对100部电影的评分排序。然后，给出基于谱聚类的大规模群决策排序结果。最后，将本研究方法得到的结果分别与上述两种情况作对比。

（一）基于200名用户直接决策的项目排序

当不考虑聚类时，200名用户作为独立决策个体参与到决策过程中。通过简单平均算子集成个体评分最终得到的方案排序如表9.3所示。我们认为该排序结果能够直接反映大多数用户的真实感受，因此将该排序结果作为参考排序。

可见，表9.3的整体排序与表9.2不同，但x_8依然是最流行项目，且排名前十的项目依然是$x_8 > x_2 > x_{15} > x_5 > x_{12} > x_{22} > x_3 > x_4 > x_7 > x_{30}$。

（二）基于谱聚类的项目排序

在本研究方法案例应用部分，可以基于200名用户对3670个项目的评分信息计算出用户间的相似矩阵。由于NJW谱聚类算法［(Ng-Jordan-Weiss, NJW) spectral clustering algorithm］（Ng等，2001）并不需要基于原始数据信息进行聚类，而是基于相似矩阵。因此，该对比分析采用NJW谱聚类算法对用户进行聚类。

NJW谱聚类算法步骤主要有：(1) 根据评分信息创建相似矩阵；(2) 基于相似矩阵计算拉普拉斯矩阵；(3) 计算拉普拉斯矩阵的前K个特征值的特征向量（其中K代表最大可能聚类数，在这里我们令$K=4$）；(4) 归一化特征值矩阵然后基于K均值算法思想进行聚类。通过上述步骤，我们得到四个社区$SG_1 = \{53 users\}$，$SG_2 = \{47 users\}$，$SG_3 = \{61 users\}$和$SG_4 = \{39 users\}$。接着，由于社区内部相似性较高，所以令个体决策者无差别，基于多数原则计算社区权重。最后，得到项目的综合排序结果如表9.4所示。

表 9.3　　未聚类情况下 200 名用户对 100 个项目的评分排序

排序	项目	C	排序	项目	C	排序	项目	C	排序	项目	C
1	x_8	4.3100	26	x_{40}	3.7100	51	x_{63}	3.3750	76	x_{85}	3.1050
2	x_2	4.2950	27	x_{16}	3.7050	52	x_{71}	3.3650	77	x_{43}	3.0750
3	x_{15}	4.2900	28	x_{81}	3.6900	53	x_{78}	3.3600	78	x_{55}	3.0750
4	x_5	4.2300	29	x_9	3.6850	54	x_{94}	3.3600	79	x_{25}	3.0650
5	x_{12}	4.1600	30	x_{52}	3.6800	55	x_{99}	3.3450	80	x_{87}	3.0550
6	x_{22}	4.0800	31	x_{62}	3.6550	56	x_{51}	3.3100	81	x_{72}	3.0100
7	x_3	4.0300	32	x_{45}	3.6400	57	x_{73}	3.2850	82	x_{88}	2.9900
8	x_4	4.0300	33	x_1	3.6350	58	x_{83}	3.2700	83	x_{66}	2.9800
9	x_7	4.0250	34	x_{56}	3.6250	59	x_{76}	3.2550	84	x_{90}	2.9250
10	x_{30}	3.9800	35	x_{34}	3.6200	60	x_{70}	3.2500	85	x_{74}	2.9200
11	x_{57}	3.9300	36	x_{17}	3.5650	61	x_{100}	3.2450	86	x_{77}	2.8850
12	x_{18}	3.9000	37	x_{44}	3.5650	62	x_{32}	3.2350	87	x_{29}	2.8800
13	x_{26}	3.8850	38	x_{61}	3.5650	63	x_{95}	3.2300	88	x_{60}	2.8800
14	x_{36}	3.8850	39	x_{41}	3.5550	64	x_{86}	3.2200	89	x_{93}	2.8750
15	x_{31}	3.8300	40	x_{39}	3.5300	65	x_{46}	3.2050	90	x_{96}	2.8550
16	x_{27}	3.8250	41	x_{82}	3.5150	66	x_{49}	3.2050	91	x_{50}	2.8300
17	x_6	3.8100	42	x_{23}	3.4700	67	x_{84}	3.1950	92	x_{54}	2.8300
18	x_{33}	3.8050	43	x_{28}	3.4300	68	x_{38}	3.1750	93	x_{75}	2.7200
19	x_{59}	3.8050	44	x_{13}	3.4200	69	x_{91}	3.1750	94	x_{98}	2.6800
20	x_{37}	3.7950	45	x_{64}	3.4200	70	x_{69}	3.1500	95	x_{97}	2.6500
21	x_{10}	3.7900	46	x_{48}	3.4050	71	x_{53}	3.1450	96	x_{80}	2.5650
22	x_{11}	3.7900	47	x_{24}	3.4000	72	x_{19}	3.1400	97	x_{67}	2.5600
23	x_{42}	3.7850	48	x_{35}	3.4000	73	x_{65}	3.1100	98	x_{92}	2.5600
24	x_{20}	3.7800	49	x_{58}	3.3850	74	x_{79}	3.1100	99	x_{68}	2.5050
25	x_{14}	3.7150	50	x_{21}	3.3800	75	x_{47}	3.1050	100	x_{89}	2.4150

从表 9.4 可以看出，虽然与前两种总体排序结果并不一致，但 x_8 依然是最流行项目。此外，该结果下的 Top10 项目类别与前面结果相同，但排序结果有变化：$x_8 > x_{15} > x_2 > x_5 > x_{12} > x_{22} > x_7 > x_3 > x_4 > x_{30}$。

表 9.4　　基于 NJW 普聚类算法的排序结果

排序	项目	C	排序	项目	C	排序	项目	C	排序	项目	C
1	x_8	4.3595	26	x_{52}	3.7521	51	x_{21}	3.4276	76	x_{87}	3.1386
2	x_{15}	4.3413	27	x_{81}	3.7508	52	x_{94}	3.4200	77	x_{85}	3.1384
3	x_2	4.3359	28	x_{16}	3.7463	53	x_{63}	3.4054	78	x_{55}	3.1322
4	x_5	4.2536	29	x_{62}	3.7179	54	x_{78}	3.3888	79	x_{43}	3.1135
5	x_{12}	4.2026	30	x_{40}	3.7171	55	x_{99}	3.3829	80	x_{25}	3.0947
6	x_{22}	4.1137	31	x_9	3.7169	56	x_{51}	3.3539	81	x_{72}	3.0657
7	x_7	4.0699	32	x_{45}	3.6718	57	x_{73}	3.3306	82	x_{66}	3.0329
8	x_3	4.0686	33	x_{34}	3.6603	58	x_{83}	3.3178	83	x_{88}	3.0095
9	x_4	4.0578	34	x_{56}	3.6537	59	x_{76}	3.2933	84	x_{90}	2.9722
10	x_{30}	4.0268	35	x_1	3.6492	60	x_{32}	3.2913	85	x_{74}	2.9688
11	x_{57}	3.9829	36	x_{44}	3.6457	61	x_{100}	3.2881	86	x_{77}	2.9295
12	x_{18}	3.9594	37	x_{61}	3.6223	62	x_{70}	3.2651	87	x_{93}	2.9239
13	x_{26}	3.9281	38	x_{41}	3.6142	63	x_{86}	3.2629	88	x_{60}	2.9201
14	x_{31}	3.8998	39	x_{17}	3.6083	64	x_{84}	3.2610	89	x_{29}	2.9172
15	x_{36}	3.8921	40	x_{82}	3.5747	65	x_{95}	3.2596	90	x_{96}	2.8813
16	x_{27}	3.8691	41	x_{39}	3.5573	66	x_{49}	3.2583	91	x_{50}	2.8764
17	x_{59}	3.8688	42	x_{23}	3.5164	67	x_{91}	3.2440	92	x_{54}	2.8713
18	x_{37}	3.8577	43	x_{28}	3.4770	68	x_{46}	3.2288	93	x_{75}	2.7635
19	x_{33}	3.8514	44	x_{64}	3.4674	69	x_{38}	3.2185	94	x_{98}	2.7304
20	x_6	3.8499	45	x_{13}	3.4644	70	x_{19}	3.1856	95	x_{97}	2.7070
21	x_{10}	3.8488	46	x_{48}	3.4587	71	x_{69}	3.1785	96	x_{80}	2.6136
22	x_{20}	3.8245	47	x_{24}	3.4496	72	x_{53}	3.1555	97	x_{92}	2.5959
23	x_{42}	3.8191	48	x_{71}	3.4369	73	x_{65}	3.1534	98	x_{67}	2.5755
24	x_{11}	3.8090	49	x_{58}	3.4339	74	x_{47}	3.1523	99	x_{68}	2.5256
25	x_{14}	3.7556	50	x_{35}	3.4309	75	x_{79}	3.1394	100	x_{89}	2.4500

为了对比更清晰，将基于三种方法的 Top10 项目的排序结果展现在图 9.9。显然，本研究方法结果与未聚类情况下的大规模群决策得到的排序相同说明了该方法的合理性。而基于 NJW 谱聚类的排序方法与未聚类情况下的大规模群决策得到的排序结果有偏差，可能

是信息丢失所致。

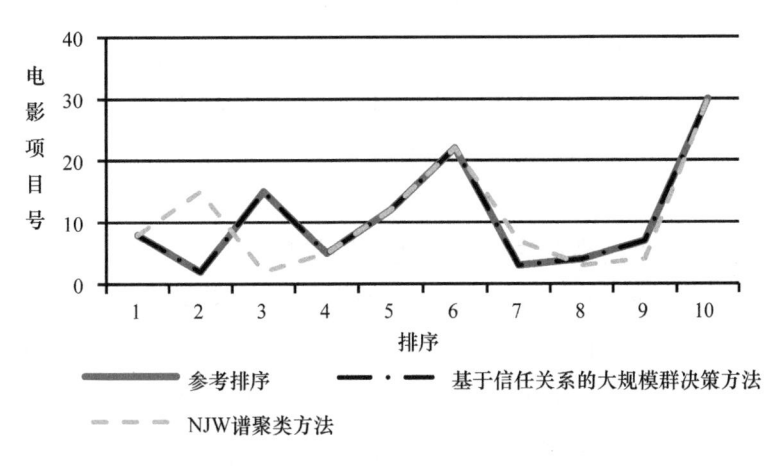

图 9.9　三种方法关于 Top10 项目的排序

另外,我们给出所有 100 个项目经过三种方法得到的排序结果如图 9.10 所示。

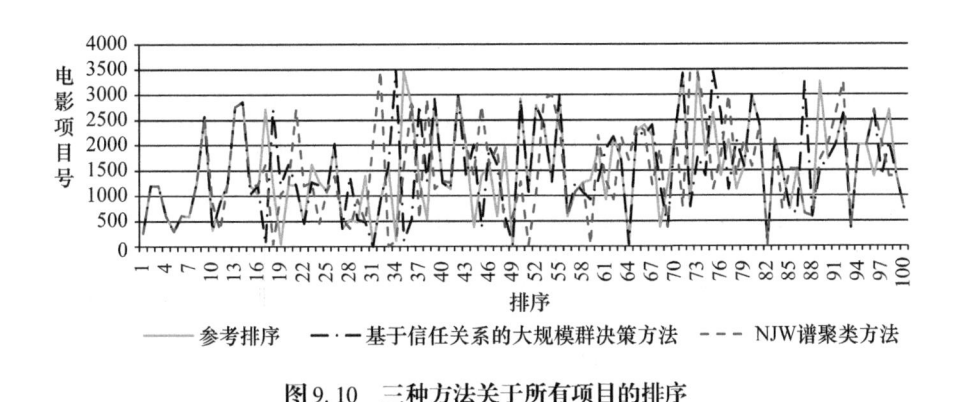

图 9.10　三种方法关于所有项目的排序

本研究方法得到的排序与参考排序的一致率为 56%,而 NJW 谱聚类得到的排序与参考排序的一致率为 42%。因此,本研究方法更接近于真实结果。另外,参考排序是在每个用户作为一个单独决策个体的基础上得到的,这种情况对于大规模群决策来说尤为复杂。

本研究方法不仅明确了每个社区中起领导作用的用户，还基于信任传递发现信任链并基于此对用户进行社区划分，建立了紧密的社区联系。一方面在信任社区的基础上大大降低了大规模群决策研究的复杂性，另一方面发掘用户之间的信任关系有利于进一步预测用户行为，为科学决策和精准推荐提供保障。

四 基于大规模群决策方法的电影推荐

接下来，研究将基于信任关系的大规模群决策方法应用到电影推荐中。利用基于信任关系的大规模群决策方法得到的Top10电影排序帮助我们确定了目标用户的观影偏好。基于该观影偏好可以通过关联规则确定目标用户可能想看的电影列表。

首先将Top10电影代码对应于原数据得到200名用户评价出的Top10电影信息，如表9.5所示。

表9.5　　200名用户评价出的Top10电影项目

Top10	电影名	所属类型
1	星球大战4：新希望（1977）	动作丨冒险丨奇幻丨科幻
2	星球大战5：帝国反击战（1980）	动作丨冒险丨剧情丨科幻丨战争
3	夺宝奇兵（1981）	动作丨冒险
4	沉默的羔羊（1991）	剧情丨惊险
5	低俗小说（1994）	犯罪丨剧情
6	冰血暴（1996）	犯罪丨剧情丨惊险
7	终结者2：审判日（1991）	动作丨科幻丨惊险
8	回到未来（1985）	喜剧丨科幻
9	黑客帝国（1999）	动作丨科幻丨惊险
10	肖申克的救赎（1994）	剧情

根据上表可知，大群体用户偏好动作、冒险、科幻、惊险、犯罪、剧情等类型的电影，该结果与 200 名用户的基本属性相符。一般来说，男性相对于女性更加偏好冒险、刺激且具有节奏感的电影。另外，基于评分信息计算得到的 200 名用户之间的共识水平为 0.842，满足共识阈值，说明以该 Top10 电影列表为参照创建推荐列表是可行的。

我们根据这些属性从 MovieLens 最新数据集中（2018 年 9 月推出的 610 名用户对 9742 部电影作出 10 万＋条评论的数据集）应用关联规则选取推荐电影列表。首先将 9742 部电影中与 1M 数据集重复的 3706 部电影去除。为了保护用户隐私，数据集中用户 ID 被重新编码，因此难以识别两个数据集中的重复用户，即难以确定用户未评论过的电影项目。1M 数据集发布于 2003 年，假设目标用户还未观看过 2003 年之后上映的项目，我们从最新数据集剩余电影项目中筛选出评论数最多且于 2003 年之后发行的 Top100 电影。然后综合归一化的评价次数、平均评分和电影属性在上述六种属性中的占比确定了适用于大群体的群推荐列表，如表 9.6 所示。从表 9.6 可以看出，该推荐列表是电影史上比较畅销的动作、科幻、惊险、剧情类影片，其中前三部是奥斯卡获奖影片，其他还有奥斯卡提名或金球奖获奖影片。该表既与目标大规模用户的观影喜好契合，也与大众对电影的综合评分相匹配。

表 9.6　　　　针对 200 名用户的 Top10 电影推荐项目

Top10	电影名	所属类型
1	盗梦空间（2010）	动作｜犯罪｜剧情｜神秘｜科幻｜惊险
2	指环王 3：王者归来（2003）	动作｜冒险｜剧情｜奇幻
3	黑暗骑士（2008）	动作｜犯罪｜剧情
4	杀死比尔 1（2003）	动作｜犯罪｜惊险
5	无间行者（2006）	犯罪｜剧情｜惊险
6	黑客帝国 2：重装上阵（2003）	动作｜冒险｜科幻｜惊险

续表

Top10	电影名	所属类型
7	杀死比尔2（2004）	动作｜剧情｜惊险
8	人类之子（2006）	动作｜冒险｜剧情｜科幻｜惊险
9	V字仇杀队（2006）	动作｜科幻｜惊险
10	X战警2（2003）	动作｜冒险｜科幻｜惊险

另外，由于社区之间偏好的差别，每个社区关注的电影题材不一定完全一致。根据各个社区的综合评分 $B_r = \{b_{r,1}, b_{r,2}, \cdots, b_{r,100}\}$（$r=1, 2, 3, 4$），我们还可以根据关联规则确定每个社区关注的Top10电影名称及其属性。如表9.7到表9.10所示。

表9.7　　　　　　社区 SG_1'' 用户关注的Top10电影项目

Top10	电影名	所属类型
1	星球大战4：新希望（1977）	动作｜冒险｜奇幻｜科幻
2	夺宝奇兵（1981）	动作｜冒险
3	终结者2：审判日（1991）	动作｜科幻｜惊险
4	终结者（1984）	动作｜科幻｜惊险
5	异形（1986）	动作｜科幻｜惊险｜战争
6	回到未来（1985）	喜剧｜科幻
7	沉默的羔羊（1991）	剧情｜惊险
8	虎胆龙威（1988）	动作｜惊险
9	星球大战5：帝国反击战（1980）	动作｜冒险｜剧情｜科幻｜战争
10	生死时速（1994）	动作｜爱情｜惊险

表9.8　　　　　　社区 SG_2'' 用户关注的Top10电影项目

Top10	电影名	所属类型
1	冰血暴（1996）	犯罪｜剧情｜惊险
2	低俗小说（1994）	犯罪｜剧情
3	星球大战4：新希望（1977）	动作｜冒险｜奇幻｜科幻

续表

Top10	电影名	所属类型
4	美国丽人（1999）	喜剧｜剧情
5	星球大战5：帝国反击战（1980）	动作｜冒险｜剧情｜科幻｜战争
6	肖申克的救赎（1994）	剧情
7	沉默的羔羊（1991）	剧情｜惊险
8	非常嫌疑犯（1995）	犯罪｜惊险
9	成为约翰·马尔科维奇（1999）	喜剧
10	教父（1972）	动作｜犯罪｜剧情

表9.9　　社区 SG''_3 用户关注的 Top10 电影项目

Top10	电影名	所属类型
1	巨蟒与圣杯（1974）	喜剧
2	玩具总动员（1995）	动画｜孩童｜喜剧
3	教父（1972）	动作｜犯罪｜剧情
4	公主新娘（1987）	动作｜冒险｜喜剧｜爱情
5	夺宝奇兵（1981）	动作｜冒险
6	绿野仙踪（1939）	冒险｜孩童｜剧情｜音乐
7	洛城机密（1997）	犯罪｜黑暗｜奇幻｜惊险
8	星球大战4：新希望（1977）	动作｜冒险｜奇幻｜科幻
9	成为约翰·马尔科维奇（1999）	喜剧
10	末路狂花（1991）	动作｜剧情

表9.10　　社区 SG''_4 用户关注的 Top10 电影项目

Top10	电影名	所属类型
1	夺宝奇兵（1981）	动作｜冒险
2	星球大战5：帝国反击战（1980）	动作｜冒险｜剧情｜科幻｜战争
3	沉默的羔羊（1991）	剧情｜惊险
4	星球大战4：新希望（1977）	动作｜冒险｜奇幻｜科幻
5	黑客帝国（1999）	动作｜科幻｜惊险

续表

Top10	电影名	所属类型
6	低俗小说（1994）	犯罪｜剧情
7	终结者2：审判日（1991）	动作｜科幻｜惊险
8	第六感（1999）	惊险
9	肖申克的救赎（1994）	剧情
10	阿甘正传（1994）	喜剧｜爱情｜战争

从上述结果可知，每个社区关注的电影题材有些许差别，社区 SG_1'' 比较喜欢科幻类，社区 SG_2'' 比较喜欢犯罪、剧情类，社区 SG_3'' 比较喜欢动画、喜剧、冒险类，社区 SG_4'' 与整体偏好类似，集中在动作、冒险、科幻等类型。根据大群体总的观影偏好可知，社区 SG_1''、SG_2'' 和 SG_4'' 在大群体中起主导作用，这与其社区成员数成正比，而社区 SG_3'' 的观影偏好比较小众。另外，四个社区内的共识水平分别为 0.854、0.849、0.835 和 0.847，基本达成共识。由于社区 SG_1''、SG_2'' 和 SG_4'' 与大群体偏好接近，表 9.3 提供给大群体的推荐列表同样适用于这三个社区。

小众观影用户社区 SG_3'' 主要以小于 18 岁的未成年人为主，用户属性与其观影偏好（动画、喜剧、冒险类）相符。考虑到少数群体的重要性，我们需要为社区 SG_3'' 提供如表 9.11 所示的个性化电影项目。社区用户间的互动或家庭观影需求可能影响其观影偏好或观影选择。例如，社区 SG_1''、SG_2'' 和 SG_4'' 中有孩子的中年用户在家庭观影时可能会考虑无暴力或低刺激类的电影，其在与社区 SG_3'' 用户的交互过程中即可以获得相关推荐。

表 9.11　　　　　针对社区 SG_3'' 用户的 Top10 电影推荐项目

Top10	电影名	所属类型
1	超人总动员（2004）	动作｜冒险｜动画｜孩童｜喜剧
2	加勒比海盗1（2003）	动作｜冒险｜喜剧｜奇幻

续表

Top10	电影名	所属类型
3	海底总动员（2003）	冒险｜动画｜孩童｜喜剧
4	怪物史瑞克2（2004）	冒险｜动画｜孩童｜喜剧｜音乐｜爱情
5	查理和巧克力工厂（2005）	冒险｜孩童｜喜剧｜奇幻
6	阳光小美女（2006）	冒险｜喜剧｜剧情
7	玩具总动员3（2010）	冒险｜动画｜孩童｜喜剧｜奇幻
8	迷失京东（2003）	喜剧｜剧情｜爱情
9	哈利·波特与死亡圣器2（2011）	动作｜冒险｜剧情｜奇幻｜神秘
10	史密斯夫妇（2005）	动作｜冒险｜喜剧｜爱情

另外，从构造的信任网络 $G = (V, E, T)$ 中可以提取出社区领导者之间的信任关系矩阵 T_{SG}：

$$T_{SG} = \begin{pmatrix} 1 & 0.691 & 0.661 & 0.693 \\ 0.346 & 1 & 0.711 & 0.733 \\ 0.335 & 0.360 & 1 & 0.725 \\ 0.351 & 0.371 & 0.363 & 1 \end{pmatrix}$$

根据信任阈值 $\beta = 0.75$，社区领导者之间不存在信任关系，将信任阈值下调到 0.5 可以发现，社区 SG_1'' 的领导者 v_{193} 分别信任社区 SG_2''、SG_3'' 和 SG_4'' 的领导者，社区 SG_2'' 的领导者 v_{194} 分别信任社区 SG_3'' 和 SG_4'' 的领导者，社区 SG_3'' 的领导者 v_{199} 仅信任社区 SG_4'' 的领导者 v_{200}。因此社区之间存在信任关系链，社区 SG_4'' 对整体的观影偏好有较大的影响。社区之间的偏好虽然存在细微差别，但总体偏好还是以动作、冒险等元素为基础。因此，整体的共识水平也比较高且社区 SG_4'' 对整体的观影有积极的影响。

第五节 本章小结

群体推荐是当前推荐系统研究的一个热点问题，但同时也因为用户或商品规模较大以及成员共识行为较复杂而成为推荐领域的一个难点问题。本章基于"领导者—跟随者"网络社区划分方法与信任传递特性提出基于信任关系的大规模群决策方法，并将其与其他的大规模群决策方法进行比较分析。最终以 MovieLens 数据集为例，综合信任行为驱动的大规模群决策方法与基于规则的推荐方法分别为大群体用户及社区用户确定推荐列表。

第 十 章

总结与展望

第一节 总结

在众多决策范式中，群决策因其知识与经验互补、风险共担的特性而得到普遍应用。近年来，互联网与社交媒体的快速发展打破了传统群决策受到的交通地理条件、通信交流方式和决策时效等限制，使得多领域、大群体利益相关者直接参与到决策过程中成为可能，大规模群决策新型决策范式开始出现。通过提升公众参与决策的积极性、集结不同领域专家智慧、充分考虑不同利益群体偏好，大规模群决策体现了新时代决策的科学性、民主性和公平性等特征。然而，随着决策群体规模的增加，传统群决策中的不确定偏好、非理性行为、共识交互等问题在大规模群决策中变得更加突出。此外，Web2.0 和社交媒体使得决策专家之间不再相互独立，社交关系成为影响个体心理和群体决策行为的重要因素。因此，本书主要介绍了社交行为与模糊偏好视角下的大规模群决策理论与方法，并讨论了这些方法在社会化商务决策和群推荐领域的应用，对新时期广泛存在的复杂管理决策问题之解决具有一定的借鉴意义。

具体而言，基于决策科学、信息科学、行为科学、社会心理学等多学科的交叉融合，本书从以下几个方面对大规模群决策问题开展了系统深入的探讨：

第一，通过分析决策经济、环境、社会等外部因素和决策者偏好、认知、心理行为等内部因素，总结了大规模群决策的不确定、不完全、非理性等复杂性特征，尝试从更全面的视角给出了大规模群决策这一新型决策范式的定义。通过梳理目前大规模群决策在决策偏好、聚类分析和共识达成等方面的研究现状，总结了大规模群决策理论与应用发展的局限性，基于二型模糊集理论、多属性决策方法、社会网络分析技术等理论与方法系统介绍了解决上述局限性的主要思路。

第二，针对决策偏好的模糊不确定性，创建了区间二型模糊语言变量编码本，克服了不同应用情境下决策者对同一语言变量感知不同引起的表达歧义。基于区间二型模糊集理论提出的等价关系聚类分析算法可以根据不同的聚类水平产生多种聚类分析结果，为现实复杂问题之解决提供了较大的灵活性。另外，针对大规模决策属性提出的区间二型模糊主成分分析法有效避免了属性降维过程中的信息丢失问题。

第三，考虑到社交关系对决策行为的影响，利用社会网络分析方法求解决策者权重、识别社区，消除了传统群决策中根据经验给定权重的主观性影响。根据社交关系强弱对聚类分析的影响，基于区间二型模糊语言变量提出了综合考虑不确定偏好关系与社交关系的大规模群决策模型，丰富了决策信息，提升了聚类分析精度。针对决策信息缺失问题，提出了不完全偏好信息相似性度量方法，研究了群体观点的极化行为以及少数观点的识别与管理等问题。

第四，为深入探索群体共识形成的本质，在社会网络分析方法与工具的启发下，给出共识演化网络概念，提出网络结构下的共识测度与调整方法，并基于共识演化网络概念实现大规模群决策的动态聚类分析，有效解决了大规模群决策聚类分析与共识达成过程中的矛盾问题。基于偏好调整成本改进传统大规模群决策聚类分析方法，在偏好和调整成本之间寻找平衡点，成功将偏好和调整成本均相似的决策个体归为一类，降低了社群内部协商难度，保证了决策的时效性。

第五，信任关系是社交关系的特殊表现形式，程度较一般社交关系强且动态可传递，为刻画群体决策行为提供了量化分析工具。基于"信任关系对共识达成具有积极作用"的一般假设，提出隐性信任概念，改进了传统共识优化模型。考虑到偏好形成与社交行为的关联性，分别从一般社交关系与共识关系、信任关系与共识关系层面深入探讨了社交关系如何影响决策偏好与行为。最终探索了信任行为下的大规模群决策模型在社会化商务决策和群推荐中的应用，研究结果对社会化商务的管理与决策具有重要的推动作用。

第二节 展望

本书虽然从社交行为与模糊偏好视角对大规模群决策理论、方法及应用成果进行了梳理，但当前大规模群决策研究还存在以下问题亟待解决：

第一，决策信息处理难度增大。大数据时代，探索数据驱动的大规模群决策方法成为应对新型复杂管理决策问题的必然趋势。然而，除了海量数据本身存在着的非结构化、多模态、不完全以及不精确特征之外，决策信息还因参与者个性、知识、经验差异和认知有限性表现出偏好异质性、行为非理性等高度不确定性特征。更为重要的是，对决策结果有直接影响的行为认知信息难以捕捉和获取，且处理难度较大。

第二，决策主客体关系高阶化。传统网络聚焦于个体节点行为，仅关注成对节点间的单一连接，忽略了节点间的多层关联关系和连边的重要性，难以准确描述大规模群决策中普遍存在的群体互动现象。此外，决策主体（决策管理者、决策参与者）与决策客体（决策对象、决策环境）间亦存在着复杂的网络关系，而当前研究仅聚焦在决策主客体间的层次关系，忽略了各层次结构间的高度非线性与多元化影响。

第三，共识协商与交互复杂化。由于信任关系的"难建立"和"易摧毁"特征，人类感知主观性和知识有限性极易引起信任敏感性、动态性、非理性以及非对称性的变化，进而导致大规模群决策意见冲突、合作与非合作行为共存。在该背景下，传统共识优化建模与求解方法难以支撑信任行为影响下的大规模群决策共识协商与交互过程。

第四，人机共融协同决策新趋势。以"数字化、网络化、智能化"为主要特征的新一轮科技革命正在重塑人际交往模式和决策范式，人机共融协同决策成为新趋势，大规模社会协作与共享成为可能。然而，人机融合环境下行动者的行为模式更加复杂多样，人机融合社会网络的耦合结构更加高维，人机协同演化规律更难预测，已有大规模群决策模型在大型工程决策、重大突发事件应急管理等实际应用方面还面临着较大挑战。

随着交叉学科和新一代信息技术的快速发展，可以尝试从以下几个方面对上述局限性进行探索研究：

第一，以源自信息科学与决策科学交叉融合的二型模糊决策理论为基础，应用心理学和行为科学交叉产生的量子认知理论量化分析人类行为和主观心理。将二型模糊决策理论与量子认知决策理论相结合，构建不确定行为偏好测度与计算模型，深化不确定环境下的信任测度与评估研究，探索面向主客观、多源、异构、异质信息的数据处理方法。

第二，人类社会活动日趋复杂，网络科学研究日新月异，多层网络、时序网络、自适应网络、高阶网络等新的网络研究范式相继出现。多层网络便于刻画决策群体间的同事、好友、商务合作等多元交互关系；时序网络能够刻画决策主客体随着时间或偏好变化而出现或消失的动态性；自适应网络主要考察节点间的博弈如何影响节点间的合作关系，便于研究群体智慧的涌现；高阶网络则便于考察多个节点间的共同合作关系。

第三，针对共识协商与交互复杂化问题，融合群决策、博弈论与冲突分析图模型理论，识别冲突行为，探索非共识现象，构建冲突消解和共识达成模型，发掘共识达成本质；结合社会学和传播学理论探索竞争与合作等多种关系模式下的信任与共识耦合演化机制；结合聚类分析与社区发现算法构建非合作情境下的共识优化模型。

第四，明确人机融合环境下的大规模群决策研究思路与路径，探究人机互动模式与多层社会网络耦合建模及演变机制，探索新型互动关系下的信息传播过程、信任演化机制、信任共识耦合机理以及群体智能涌现规律，构建大规模人机共融协同决策模型，促进大规模群决策理论在公众决策、智慧医疗服务协同决策、重大应急决策等复杂管理决策问题中的应用。

附 录

附录 1

亲爱的朋友：

您好！非常感谢您在百忙之中抽空填写这份调查问卷。该问卷的主要目的是了解网购用户语义信息表达偏好并将人们平时惯用的语义评价信息进行量化。例如，您对某个商品的满意度"高"可能意味着您对该商品的打分区间为 [5.5, 7.5] 或 [6, 7]。

请注意：(1) 数值越大意味着语言表达程度越高；(2) 您关于以下问题的回答允许采用小数形式。

请用数值回答以下问题：

对您来说，在 0 到 10 范围内，哪个数值与词语"非常低"对应？

回答：_____。

类似地，"低"对应_____；"中等"对应_____；"非常高"对应_____；"高"对应_____；"极其低"对应_____；"极其高"对应_____。

非常感谢您给予我们的支持和帮助！

附录 2

亲爱的朋友：

您好！非常感谢您在百忙之中抽空填写这份调查问卷。该问卷的主要目的是研究人们在电商平台购物的影响因素。在下述内容中，我们给出可能影响您购物的 30 个因素，请选择那些可能对您的决策行为造成影响的购物因素，并使用以下语言术语对其重要程度进行打分：极其低，非常低，低，中等，高，非常高，极其高。

影响因素	重要程度
C1：商品级别	
C2：配送员态度	
C3：其他买家的评价	
C4：卖家的沟通态度	
C5：退货率	
C6：商品配送方式	
C7：好评返现	
C8：商品详情介绍	
C9：卖家上传的商品图片	
C10：近期商品价格波动	
C11：捆绑销售	
C12：买家对商品的跟评	
C13：贸易汇率	
C14：发货时间	
C15：限时折扣	
C16：商品上新频次	
C17：优惠券	
C18：配送投诉率	

续表

影响因素	重要程度
C19：包邮	
C20：客服提供商品基本属性信息的准确性	
C21：客服隐瞒商品缺陷	
C22：运输途中商品损坏率	
C23：商品个性化	
C24：店铺等级	
C25：运费险	
C26：对客户隐私信息的保护程度	
C27：运输途中的丢件率	
C28：商品的增值服务	
C29：商品是否可定制	
C30：快递公司的补偿协议	

注意：上述提到的快递公司是指商家指定的快递服务公司。

非常感谢您给予我们的支持和帮助！

参考文献

晁祥瑞：《异质偏好下的大群体决策行为与共识研究》，博士学位论文，电子科技大学，2017年。

陈国青等：《面向大数据管理决策研究的全景式PAGE框架》，《管理科学学报》2023年第5期。

陈晓红、刘蓉：《改进的聚类算法及在复杂大群体决策中的应用》，《系统工程与电子技术》2006年第11期。

陈秀明、刘业政：《多粒度犹豫模糊语言信息下的群推荐方法》，《系统工程理论与实践》2016年第8期。

高琳等：《社会化商务中网络口碑对消费者购买意向的影响：情感反应的中介作用和好奇心的调节作用》，《管理工程学报》2017年第4期。

李海涛等：《不确定语言评价信息下大群体决策的MC-EMD方法》，《中国管理科学》2017年第4期。

李喜华：《基于前景理论的复杂大群体直觉模糊多属性决策方法》，博士学位论文，中南大学，2012年。

刘宝碇、彭锦：《不确定理论教程》，清华大学出版社2005年版。

刘蓉：《基于聚类算法的多属性复杂大群体决策方法研究》，博士学位论文，中南大学，2006年。

梅鑫南、王应明：《基于前景理论的模糊DEA交叉效率评价方法》，《运筹与管理》2023年第5期。

秦晋栋：《二型模糊决策方法及其在个性化推荐中的应用》，博士学位论文，东南大学，2016 年。

盛昭瀚：《管理：从系统性到复杂性》，《管理科学学报》2019 年第 2 期。

覃素香、朱韬：《明星带货主播特质与消费者购买意愿的关系研究：以社会临场感为中介》，《商业经济研究》2023 年第 10 期。

汪小帆、李翔、陈关荣：《网络科学导论》，高等教育出版社 2012 年版。

王飞跃、莫红、赵亮、李润梅：《二型模糊集合与逻辑》，清华大学出版社 2018 年版。

王刚、蒋军、王含茹、杨善林：《基于联合概率矩阵分解的群推荐方法研究》，《计算机学报》2019 年第 1 期。

王丽：《二型模糊聚类图像处理改进算法的研究》，博士学位论文，大连交通大学，2012 年。

吴志彬：《大群体决策理论与方法》，科学出版社 2023 年版。

徐选华、范永峰：《改进的蚁群聚类算法及在多属性大群体决策中的应用》，《系统工程与电子技术》2011 年第 2 期。

徐选华、张前辉：《社会网络环境下基于共识的风险性大群体应急决策非合作行为管理研究》，《控制与决策》2020 年第 10 期。

徐选华等：《保护少数意见的冲突型大群体应急决策方法》，《管理科学学报》2017 年第 11 期。

徐选华等：《一种基于区间直觉梯形模糊数偏好的大群体决策冲突测度研究》，《中国管理科学》2014 年第 8 期。

徐泽水、达庆利：《一种组合加权几何平均算子及其应用》，《东南大学学报》（自然科学版）2002 年第 3 期。

杨雷、左文宜：《动态群体决策：个体交互、知识学习和观点演化》，科学出版社 2012 年版。

杨善林等：《医疗健康大数据驱动的知识发现与知识服务方法》，《管理世界》2022 年第 1 期。

Akbas, H. and Bilgen, B., "An Integrated Fuzzy QFD and TOPSIS

Methodology for Choosing the Ideal Gas Fuel at Wwtps", *Energy*, Vol. 125, 2017.

Albert, R. and BarabÁSi, A. L., "Statistical Mechanics of Complex Networks", *Reviews of Modern Physics*, Vol. 74, No. 1, 2002.

Aldous, J. M. and Wilson, R. J., *Graphs and Applications: An Introductory Approach*, Berlin, Heidelberg: Springer, 2003.

Almohammadi, K., et al., "A Type-2 Fuzzy Logic Recommendation System for Adaptive Teaching", *Soft Computing*, Vol. 21, No. 4, 2017.

Alonso, S., et al., "A Linguistic Consensus Model for Web 2.0 Communities", *Applied Soft Computing*, Vol. 13, No. 1, 2013.

Amason, A. C., "Distinguishing the Effects of Functional and Dysfunctional Conflict on Strategic Decision Making: Resolving a Paradox for Top Management Teams", *Academy of Management Journal*, Vol. 39, No. 1, 1996.

Andrade-Garda, J., et al., "A Metrology-Based Approach for Measuring the Social Dimension of Cognitive Trust in Collaborative Networks", *Cognition, Technology & Work*, 22 (2), 2020.

Artinger, S., et al., "Entrepreneurs' Negotiation Behavior", *Small Business Economics*, Vol. 44, No. 4, 2015.

Ayağ, Z. and GÜRcan Özdemir, R., "Evaluating Machine Tool Alternatives Through Modified TOPSIS and Alpha-Cut Based Fuzzy ANP", *International Journal of Production Economics*, Vol. 140, No. 2, 2012.

Ayadi, O., et al., "A Fuzzy Collaborative Assessment Methodology for Partner Trust Evaluation", *International Journal of Intelligent Systems*, Vol. 31, No. 5, 2016.

Barabasi, A. L. and Albert, R., "Emergence of Scaling in Random Networks", *Science*, Vol. 286, No. 5439, 1999.

Beck, R. Andfranke, J., "Designing Reputation and Trust Management Systems", *Journal of Electronic Commerce in Organizations*, Vol. 6, No. 4, 2008.

Bellman, R. E. and Zadeh, L. A., "Decision-Making in a Fuzzy Environment", *Management Science*, Vol. 17, No. 4, 1970.

Benyoucef, M. and Verrons, M. H., "Configurable E-Negotiation Systems for Large Scale and Transparent Decision Making", *Group Decision and Negotiation*, Vol. 17, No. 3, 2008.

Ben-Arieh, D. and Chen, Z. F., "Linguistic-Labels Aggregation and Consensus Measure for Autocratic Decision Making Using Group Recommendations", *IEEE Transactions on Systems Man and Cybernetics Part A-Systems and Humans*, Vol. 36, No. 3, 2006.

Ben-Arieh, D. and Easton, T., "Multi-Criteria Group Consensus Under Linear Cost Opinion Elasticity", *Decision Support Systems*, Vol. 43, No. 3, 2007.

Bilgin, A., et al., "A Linear General Type-2 Fuzzy-Logic-Based Computing with Words Approach for Realizing An Ambient Intelligent Platform for Cooking Recipe Recommendation", *IEEE Transactions on Fuzzy Systems*, Vol. 24, No2, 2016.

Blondel, V. D., et al., "Fast Unfolding of Communities in Large Networks", *Journal of Statistical Mechanics-Theory and Experiment*, Vol. 10, 2008.

Brin, S. and Page, L., "The Anatomy of a Large-Scale Hypertextual Web Search Engine", *Computer Networks and ISDN Systems*, Vol. 30, No1, 1998.

Bryson, N., "Supporting Consensus Formation in Group Support Systems Using the Qualitative Discriminant Process", *Annals of Operations Research*, Vol. 71, No. 0, 1997.

Buckley, J. J., "Fuzzy Hierarchical Analysis", *Fuzzy Sets and Systems*,

Vol. 17, No. 3, 1985.

Bustince, H. and Burillo, P., "Correlation of Interval-Valued Intuitionistic Fuzzy-Sets", *Fuzzy Sets and Systems*, Vol. 74, No. 2, 1995.

Cao, D., et al., "Social-Enhanced Attentive Group Recommendation", *IEEE Transactions on Knowledge and Data Engineering*, Vol. 33, No. 3, 2021.

Capuano, N., et al., "Fuzzy Group Decision Making with Incomplete Information Guided By Social Influence", *IEEE Transactions on Fuzzy Systems*, Vol. 26, No. 3, 2018.

Carvalho, G., et al., "Lasca: A Large Scale Group Decision Support System", *Journal of Universal Computer Science*, Vol. 17, No. 2, 2011.

Castro, J., et al., "A Consensus-Driven Group Recommender System", *International Journal of Intelligent Systems*, Vol. 30, No. 8, 2015.

Castro, J., et al., "Group Recommendations Based on Hesitant Fuzzy Sets", *International Journal of Intelligent Systems*, Vol. 33, No. 10, 2018.

Celik, E., et al., "An Integrated Novel Interval Type-2 Fuzzy MCDM Method To Improve Customer Satisfaction in Public Transportation for Istanbul", *Transportation Research Part E-Logistics and Transportation Review*, Vol. 58, 2013.

Chakraborty, S., et al., "A Fast Algorithm To Compute Precise Type-2 Centroids for Real-Time Control Applications", *IEEE Transactions on Cybernetics*, Vol. 45, No. 2, 2015.

Chao, X., et al., "Jie Ke Versus Alphago: A Ranking Approach Using Decision Making Method for Large-Scale Data with Incomplete Information", *European Journal of Operational Research*, Vol. 265, No. 1, 2018.

Chao, X., et al., "Large-Scale Group Decision-Making with Non-Cooperative Behaviors and Heterogeneous Preferences: An Application in Financial Inclusion", *European Journal of Operational Research*, Vol. 288, No. 1, 2021.

Chen, C. L., et al., "The Reduction of Interval Type-2 LR Fuzzy Sets", *IEEE Transactions on Fuzzy Systems*, Vol. 22, No. 4, 2014.

Chen, S. M Andhong, J. A., "Fuzzy Multiple Attributes Group Decision-Making Based on Ranking Interval Type-2 Fuzzy Sets and the TOPSIS Method", *IEEE Transactions on Systems, Man, and Cybernetics: Systems*, Vol. 44, No. 12, 2014.

Chen, S. M. and Kuo, L. W., "Autocratic Decision Making Using Group Recommendations Based on Interval Type-2 Fuzzy Sets, Enhanced Karnik-Mendel Algorithms, and the Ordered Weighted Aggregation Operator", *Information Sciences*, Vol. 412, 2017.

Chen, S. M. and Lee, L. W., "Fuzzy Multiple Attributes Group Decision-Making Based on the Interval Type-2 TOPSIS Method", *Expert Systems with Applications*, Vol. 37, No. 4, 2010.

Chen, T. Y., "An ELECTRE-Based Outranking Method for Multiple Criteria Group Decision Making Using Interval Type-2 Fuzzy Sets", *Information Sciences*, Vol. 263, No. 0, 2014.

Chen, T. Y., "An Interval Type-2 Fuzzy Technique for Order Preference By Similarity To Ideal Solutions Using a Likelihood-Based Comparison Approach for Multiple Criteria Decision Analysis", *Computers & Industrial Engineering*, Vol. 85, 2015.

Chen, X. Q., et al., "Behavioral DEA Model and Its Application To the Efficiency Evaluation of Manufacturing Transformation and Upgrading in the Yangtze River Delta", *Soft Computing*, Vol. 24, No. 14, 2020.

Chen, Y., et al., "A New Integrated MCDM Approach for Improving

QFD Based on DEMATEL and Extended MULTIMOORA Under Uncertainty Environment", *Applied Soft Computing*, Vol. 105, 2021.

Chen, Y. L., et al., "A Group Recommendation System with Consideration of Interactions Among Group Members", *Expert Systems with Applications*, Vol. 34, No. 3, 2008.

Cheng, S. H., et al., "Autocratic Decision Making Using Group Recommendations Based on Ranking Interval Type-2 Fuzzy Sets", *Information Sciences*, Vol. 361, 2016.

Chiao, K. P., "Multiple Criteria Decision Making for Linguistic Judgments with Importance Quantifier Guided Ordered Weighted Averaging Operator", *Information Sciences*, Vol. 474, 2019.

Chiclana, F., et al., "A Statistical Comparative Study of Different Similarity Measures of Consensus in Group Decision Making", *Information Sciences*, Vol. 221, 2013.

Chiclana, F., et al., "Integration of a Consistency Control Module Within a Consensus Model", *International Journal of Uncertainty Fuzziness and Knowledge-Based Systems*, Vol. 16, No. 1, 2008.

Chiclana, F., Herrera F., Herrera-Viedma E. et al., "Induced Ordered Weighted Geometric Operators and Their Use in the Aggregation of Multiplicative Preference Realtions", *International Journal of Intelligent Systems*, Vol. 19, 2004.

Cho, J. H., et al., "A Survey on Trust Modeling", *ACM Computing Surveys*, Vol. 48, No. 2, 2015.

Cho, J. H., Swami, A., "Chen, I. R., "A Survey of Trust Management in Mobile and Hoc Networks", *IEEE Communications Surveys and Tutorials*, Vol. 13, No. 4, 2011.

Choi, B. I. and Rhee, F. C. H., "Interval Type-2 Fuzzy Membership Function Generation Methods for Pattern Recognition", *Information Sciences*, Vol. 179, No. 13, 2009.

Christensen, I., et al., "Social Group Recommendation in the Tourism Domain", *Journal of Intelligent Information Systems*, Vol. 47, No. 2, 2016.

Christensen, I. A. and Schiaffino, S., "Social Influence in Group Recommender Systems", *Online Information Review*, Vol. 38, No. 4, 2014.

Chu, J. F., et al., "Social Network Community Analysis Based Large-Scale Group Decision Making Approach with Incomplete Fuzzy Preference Relations", *Information Fusion*, Vol. 60, 2020.

Curry, O. and Dunbar, R. I. M., "Do Birds of a Feather Flock Together?", *Human Nature*, Vol. 24, No. 3, 2013.

Da'u, A., et al., "An Adaptive Deep Learning Method for Item Recommendation System", *Knowledge-Based Systems*, Vol. 213, 2021.

Ding, R. X., et al., "Large-Scale Decision-Making: Characterization, Taxonomy, Challenges and Future Directions From An Artificial Intelligence and Applications Perspective", *Information Fusion*, Vol. 59, 2020.

Ding, R. X., et al., "Social Network Analysis-Based Conflict Relationship Investigation and Conflict Degree-Based Consensus Reaching Process for Large Scale Decision Making Using Sparse Representation", *Information Fusion*, Vol. 50, 2019a.

Ding, R. X., et al., "Sparse Representation-Based Intuitionistic Fuzzy Clustering Approach To Find the Group Intra-Relations and Group Leaders for Large-Scale Decision Making", *IEEE Transactions on Fuzzy Systems*, Vol. 27, No. 3, 2019b.

Dong, W. M. and Wong, F. S., "Fuzzy Weighted Averages and Implementation of the Extension Principle", *Fuzzy Sets and Systems*, Vol. 21, No. 2, 1987.

Dong, Y. C., et al., "Integrating Experts' Weights Generated Dynamically Into the Consensus Reaching Process and its Applications in Managing Non-Cooperative Behaviors", *Decision Support Systems*, Vol. 84, 2016.

Dong, Y., et al., "Managing Consensus Based on Leadership in Opinion Dynamics", *Information Sciences*, Vol. 397–398, 2017.

Dong, Y., et al., "Consensus Reaching and Strategic Manipulation in Group Decision Making with Trust Relationships", *Ieee Transactions on Systems, Man, and Cybernetics: Systems*, Vol. 51, No. 10, 2021.

Dong, Y., et al., "Consensus Reaching in Social Network Group Decision Making: Research Paradigms and Challenges", *Knowledge-Based Systems*, Vol. 162, No. 6, 2018A.

Dong, Y., et al., "Numerical Interval Opinion Dynamics with Social Network: Stable State and Consensus", *Ieee Transactions on Fuzzy Systems*, Vol. 29, No. 3, 2021.

Dong, Y., et al., "A Self-Management Mechanism for Noncooperative Behaviors in Large-Scale Group Consensus Reaching Processes", *Ieee Transactions on Fuzzy Systems*, Vol. 26, 2018b.

Dou, R., et al., "Less Diversity But Higher Satisfaction: An Intelligent Product Configuration Method for Type-Decreased Mass Customization", *Computers & Industrial Engineering*, Vol. 142, 2020.

Duan, P., et al., "Root Cause Analysis Approach Based on Reverse Cascading Decomposition in QFD and Fuzzy Weight Arm for Quality Accidents", *Computers & Industrial Engineering*, Vol. 147, 2020.

Elwalda, A., et al., "Perceived Derived Attributes of Online Customer Reviews", *Computers in Human Behavior*, Vol. 56, 2016.

Ergu, D., Kou, G., Shi, Y., "Analytic Network Process in Risk Assessment and Decision Analysis", *Computers & Operations Research*, Vol. 42, 2014.

Ertugrul, I., "Fuzzy Group Decision Making for the Selection of Facility

Location", *Group Decision and Negotiation*, Vol. 20, No. 6, 2011.

Fang, Y. H. and Li, C. Y., "Leveraging Sociability for Trust Building on Social Commerce Sites", *Electronic Commerce Research and Applications*, Vol. 40, 2020.

Felfernig, A., et al., *Group Recommender Systems: An Introduction*, Cham: Springer, 2018.

Freeman, L. C., "Centrality in Social Networks: I. Conceptual Clarification", *Social Networks*, Vol. 1, No. 3, 1979.

Friedkin, N. E. and Johnsen, E. C., "Social Influence and Opinions", *The Journal of Mathematical Sociology*, Vol. 15, No. 3 – 4, 1990.

Garcia, I. and Sebastia, L., "A Negotiation Framework for Heterogeneous Group Recommendation", *Expert Systems with Applications*, Vol. 41, No. 4, 2014.

Ghorbani, M., et al., "A Novel Approach for Supplier Selection Based on the Kano Model and Fuzzy MCDM", *International Journal of Production Research*, Vol. 51, No. 18, 2013.

Gong, Z. W., et al., "The Consensus Models with Interval Preference Opinions and Their Economic Interpretation", *Omega-International Journal of Management Science*, Vol. 55, 2015a.

Gong, Z. W., et al., "Two Consensus Models Based on the Minimum Cost and Maximum Return Regarding Either All Individuals Or One Individual", *European Journal of Operational Research*, Vol. 240, No. 1, 2015b.

Gou, X. J., et al., "Consensus Reaching Process for Large-Scale Group Decision Making with Double Hierarchy Hesitant Fuzzy Linguistic Preference Relations", *Knowledge-Based Systems*, Vol. 157, 2018.

Guo, G., et al., "A Novel Recommendation Model Regularized with User Trust and Item Ratings", *IEEE Transactions on Knowledge and Data Engineering*, Vol. 28, No. 7, 2016a.

Guo, J., et al., "A Social Influence Approach for Group User Modeling in Group Recommendation Systems", *IEEE Intelligent Systems*, Vol. 31, No. 5, 2016b.

Gupta, M., "Consensus Building Process in Group Decision Making-An Adaptive Procedure Based on Group Dynamics", *IEEE Transactions on Fuzzy Systems*, Vol. 26, No. 4, 2018.

Hafeez, K., Zhang, Y., Malak, N., "Determining Key Capabilities of a Firm Using Analytic Hierarchy Process", *International Journal of Production Economics*, Vol. 76, No. 1, 2002.

Haghighi, M. H., Mousavi, S. M., Mohagheghi, V., "A New Soft Computing Model Based on Linear Assignment and Linear Programming Technique for Multidimensional Analysis of Preference with Interval Type-2 Fuzzy Sets", *Applied Soft Computing Journal*, Vol. 77, 2019.

Hagras, H. A., "A Hierarchical Type-2 Fuzzy Logic Control Architecture for Autonomous Mobile Robots", *Fuzzy Systems, IEEE Transactions On*, Vol. 12, No. 4, 2004.

Hassani, H., et al., "Classical Dynamic Consensus and Opinion Dynamics Models: A Survey of Recent Trends and Methodologies", *Information Fusion*, Vol. 88, 2022.

He, Q., et al., "Dynamic Opinion Maximization in Social Networks", *IEEE Transactions on Knowledge and Data Engineering*, Vol. 35, No. 1, 2023.

Herrera, F., et al., "A Fusion Approach for Managing Multi-Granularity Linguistic Term Sets in Decision Making", *Fuzzy Sets and Systems*, Vol. 114, No. 1, 2000.

Herrera, F., et al., "A Fuzzy Linguistic Methodology To Deal with Unbalanced Linguistic Term Sets", *IEEE Transactions on Fuzzy Systems*, Vol. 16, No. 2, 2008.

Herrera-Viedma, E., et al., "A Consensus Model for Multiperson Decision Making with Different Preference Structures", *IEEE Transactions on Systems, Man, and Cybernetics-Part A: Systems and Humans*, Vol. 32, No. 3, 2002.

Herrera-Viedma, E., et al., "A Consensus Support System Model for Group Decision-Making Problems with Multigranular Linguistic Preference Relations", *IEEE Transactions on Fuzzy Systems*, Vol. 13, No. 5, 2005.

Herrera-Viedma, E., et al., "Consensus in Group Decision Making and Social Networks", *Studies in Informatics and Control*, Vol. 26, No. 3, 2017.

Ho, H. H. and Tzeng, S. Y., "Using the Kano Model To Analyze the User Interface Needs of Middle-Aged and Older Adults in Mobile Reading", *Computers in Human Behavior Reports*, Vol. 3, 2021.

Hosseini, M. and Tarokh, M., "Type-2 Fuzzy Set Extension of DEMATEL Method Combined with Perceptual Computing for Decision Making", *Journal of Industrial Engineering International*, Vol. 9, No. 1, 2013.

Hou, Y., et al., "The Effects of a Trust Mechanism on a Dynamic Supply Chain Network", *Expert Systems with Applications*, Vol. 41, No. 6, 2014.

Hu, L. and Chan, K. C. C., "Fuzzy Clustering in a Complex Network Based on Content Relevance and Link Structures", *IEEE Transactions on Fuzzy Systems*, Vol. 24, No. 2, 2016.

Hu, Z., et al., "SSL-SVD: Semi-Supervised Learning-Based Sparse Trust Recommendation", *Acm Transactions on Internet Technology*, Vol. 20, No. 1, 2020.

Huang, Z. and Benyoucef, M., "From E-Commerce To Social Commerce: A Close Look at Design Features", *Electronic Commerce Research and Applications*, Vol. 12, No. 4, 2013.

Hwang, C. and Rhee, F. C. H., "Uncertain Fuzzy Clustering: Interval Type-2 Fuzzy Approach To C-Means", *IEEE Transactions on Fuzzy Systems*, Vol. 15, No. 1, 2007.

Jafarzadeh, H., et al., "A Methodology for Project Portfolio Selection Under Criteria Prioritisation, Uncertainty and Projects Interdependency-Combination of Fuzzy QFD and DEA", *Expert Systems with Applications*, Vol. 110, 2018.

Jeong, H., et al., "An Evaluation-Committee Recommendation System for National R&D Projects Using Social Network Analysis", *Cluster Computing-The Journal of Networks Software Tools and Applications*, Vol. 19, No. 2, 2016.

Ji, P., et al., "Quantification and Integration of Kano's Model Into QFD for Optimising Product Design", *International Journal of Production Research*, Vol. 52, No. 21, 2014.

Jiang, C. Q., et al., "Domain-Aware Trust Network Extraction for Trust Propagation in Large-Scale Heterogeneous Trust Networks", *Knowledge-Based Systems*, Vol. 111, 2016.

Jiang, W. J., et al., "Generating Trusted Graphs for Trust Evaluation in Online Social Networks", *Future Generation Computer Systems-The International Journal of Escience*, Vol. 31, 2014.

Jiang, Y. L. and Deng, G. N., Fuzzy Equivalence Relation Clustering with Transitive Closure, Transitive Opening and the Optimal Transitive Approximation, 2013 10th International Conference On Fuzzy Systems and Knowledge Discovery (FSKD), 2013.

Jiang, Y. W., et al., "An Efficient Community Detection Method Based on Rank Centrality", *Physica A-Statistical Mechanics and Its Applications*, Vol. 392, No. 9, 2013.

Kacprzyk, J. and Fedrizzi, M., "A 'Soft' Measure of Consensus in the Setting of Partial (Fuzzy) Preferences", *European Journal of Opera-

tional Research, Vol. 34, No. 3, 1988.

Kahneman, D., Tversky, A., "Prospect Theory: An Analysis of Decision Under Risk", *Econometrica*, 47 (363 – 391), 1979.

Kahraman, C., et al., "Fuzzy Analytic Hierarchy Process with Interval Type-2 Fuzzy Sets", *Knowledge-Based Systems*, Vol. 59, 2014.

Kahraman, C. and Onar, S. C., "Oztaysi, Basar, Fuzzy Multicriteria Decision-Making: A Literature Review", *International Journal of Computational Intelligence Systems*, Vol. 8, No. 4, 2015.

Kant, V. and Bharadwaj, K. K., "Fuzzy Computational Models of Trust and Distrust for Enhanced Recommendations", *International Journal of Intelligent Systems*, Vol. 28, No. 4, 2013.

Kao, C. and Liu, S. T., "Competitiveness of Manufacturing Firms: An Application of Fuzzy Weighted Average", *IEEE Transactions on Systems Man and Cybernetics Part A-Systems and Humans*, Vol. 29, No. 6, 1999.

Karnik, N. N. and Mendel, J. M., "Centroid of a Type-2 Fuzzy Set", *Information Sciences*, Vol. 132, No. 1 – 4, 2001.

Kim, H. N. and El Saddik, A., "A Stochastic Approach To Group Recommendations in Social Media Systems", *Information Systems*, Vol. 50, 2015.

Kim, J. M. and Choi, S. B., "An Integrated Application of Kano's Model and AHP To Korean Online Open Market Services", *Multimedia Tools and Applications*, Vol. 76, No. 19, 2017.

Ko, H. C., "Social Desire Or Commercial Desire? the Factors Driving Social Sharing and Shopping Intentions on Social Commerce Platforms", *Electronic Commerce Research and Applications*, Vol. 28, 2018.

Korsgaard, M. A., et al., "A Multilevel View of Intragroup Conflict", *Journal of Management*, Vol. 34, No. 6, 2008.

Labella, Á., et al., "Analyzing the Performance of Classical Consensus

Models in Large Scale Group Decision Making: A Comparative Study", *Applied Soft Computing*, Vol. 67, 2018.

Lee, C., et al., "Adaptive Personalized Diet Linguistic Recommendation Mechanism Based on Type-2 Fuzzy Sets and Genetic Fuzzy Markup Language", *IEEE Transactions on Fuzzy Systems*, Vol. 23, No. 5, 2015.

Lee, W. P. and Ma, C. Y., "Enhancing Collaborative Recommendation Performance By Combining User Preference and Trust-Distrust Propagation in Social Networks", *Knowledge-Based Systems*, Vol. 106, 2016.

Leong, L. Y., et al., "Predicting the Antecedents of Trust in Social Commerce-A Hybrid Structural Equation Modeling with Neural Network Approach", *Journal of Business Research*, Vol. 110, 2020.

Li, C. C., et al., "Consensus Building with Individual Consistency Control in Group Decision Making", *IEEE Transactions on Fuzzy Systems*, Vol. 27 (2), 2019a.

Li, C. C., et al., "A Consensus Model for Large-Scale Linguistic Group Decision Making with a Feedback Recommendation Based on Clustered Personalized Individual Semantics and Opposing Consensus Groups", *IEEE Transactions on Fuzzy Systems*, Vol. 27, No. 2, 2019b.

Li, D. F., et al., "A Systematic Approach To Heterogeneous Multiattribute Group Decision Making", *Computers & Industrial Engineering*, Vol. 59, No. 4, 2010.

Li, G., et al., "Heterogeneous Large-Scale Group Decision Making Using Fuzzy Cluster Analysis and Its Application To Emergency Response Plan Selection", *IEEE Transactions on Systems, Man, and Cybernetics: Systems*, Vol. 52, No. 6, 2022.

Li, L., et al., "Community Detection Algorithm Based on Local Expansion K-Means", *Neural Network World*, Vol. 26, No. 6, 2016.

Li, Y., et al., "Consensus Reaching Process in Large-Scale Group Decision Making Based on Bounded Confidence and Social Network", *European Journal of Operational Research*, Vol. 303, No. 2, 2022.

Li, Y. M., et al., "A Social Recommender Mechanism for E-Commerce: Combining Similarity, Trust, and Relationship", *Decision Support Systems*, Vol. 55, No. 3, 2013.

Li, Y. M., et al., "A Social Recommender Mechanism for Location-Based Group Commerce", *Information Sciences*, Vol. 274, 2014.

Liang, D., et al., "Assessing Customer Satisfaction of O2O Takeaway Based on Online Reviews By Integrating Fuzzy Comprehensive Evaluation with AHP and Probabilistic Linguistic Term Sets", *Applied Soft Computing*, Vol. 98, 2021.

Liang, D. C., et al., "Heterogeneous Multi-Attribute Nonadditivity Fusion for Behavioral Three-Way Decisions in Interval Type-2 Fuzzy Environment", *Information Sciences*, Vol. 496, 2019.

Liang, G. S., et al., "Cluster Analysis Based on Fuzzy Equivalence Relation", *European Journal of Operational Research*, Vol. 166, No. 1, 2005.

Liang, H., et al., "Consensus Reaching with Minimum Cost of Informed Individuals and Time Constraints in Large-Scale Group Decision Making", *IEEE Transactions on Fuzzy Systems*, Vol. 30, No. 11, 2022.

Liang, Q., et al., "A Social Ties-Based Approach for Group Decision-Making Problems with Incomplete Additive Preference Relations", *Knowledge-Based Systems*, Vol. 119, 2017.

Liang, T. P., et al., "What Drives Social Commerce: The Role of Social Support and Relationship Quality", *International Journal of Electronic Commerce*, Vol. 16, No. 2, 2011.

Liang, T. P. and Turban, E., "Introduction To the Special Issue Social Commerce: A Research Framework for Social Commerce", *International *Journal of Electronic Commerce*, Vol. 16, No. 2, 2011.

Liao, H., et al., "An Integrated Method for Cognitive Complex Multiple Experts Multiple Criteria Decision Making Based on ELECTRE Iii with Weighted Borda Rule", *Omega*, Vol. 93, 2020.

Lin, C. H., et al., "Application of the Fuzzy Weighted Average in Strategic Portfolio Management", *Decision Sciences*, Vol. 36, No. 3, 2005.

Lin, T. H., et al., "Cross: Cross-Platform Recommendation for Social E-Commerce", *Proceedings of the 42nd International Acm Sigir Conference on Research and Development in Information Retrieval*, 2019.

Linda, O. and Manic, M., "General Type-2 Fuzzy C-Means Algorithm for Uncertain Fuzzy Clustering", *IEEE Transactions on Fuzzy Systems*, Vol. 20, No. 5, 2012.

Liu, B., et al., "A Partial Binary Tree DEA-DA Cyclic Classification Model for Decision Makers in Complex Multi-Attribute Large-Group Interval-Valued Intuitionistic Fuzzy Decision-Making Problems", *Information Fusion*, Vol. 18, 2014a.

Liu, B., et al., "A Complex Multi-Attribute Large-Group PLS Decision-Making Method in the Interval-Valued Intuitionistic Fuzzy Environment", *Applied Mathematical Modelling*, Vol. 38, No. 17-18, 2014b.

Liu, B., et al., "A Two-Layer Weight Determination Method for Complex Multi-Attribute Large-Group Decision-Making Experts in a Linguistic Environment", *Information Fusion*, Vol. 23, 2015a.

Liu, B., et al., "Large-Scale Group Decision Making Model Based on Social Network Analysis: Trust Relationship-Based Conflict Detection and Elimination", *European Journal of Operational Research*, Vol. 275, No. 2, 2019a.

Liu, B. S., et al., "An Interval-Valued Intuitionistic Fuzzy Principal Component Analysis Model-Based Method for Complex Multi-Attribute

Large-Group Decision-Making", *European Journal of Operational Research*, Vol. 245, No. 1, 2015b.

Liu, F. L. and Mendel, J. M., "Encoding Words Into Interval Type-2 Fuzzy Sets Using An Interval Approach", *IEEE Transactions on Fuzzy Systems*, Vol. 16, No. 6, 2008.

Liu, F. M., et al., "A Web Service Trust Evaluation Model Based on Small-World Networks", *Knowledge-Based Systems*, Vol. 57, No. 2, 2014c.

Liu, H., et al., "A New Method for Quality Function Deployment with Extended Prospect Theory Under Hesitant Linguistic Environment", *IEEE Transactions on Engineering Management*, Vol. 68, No. 2, 2021.

Liu, L. and Jia, H., "Trust Evaluation Via Large-Scale Complex Service-Oriented Online Social Networks", *IEEE Transactions on Systems, Man, and Cybernetics: Systems*, Vol. 45, No. 11, 2015.

Liu, P., et al., "Opinion Dynamics and Minimum Adjustment-Driven Consensus Model for Multi-Criteria Large-Scale Group Decision Making Under a Novel Social Trust Propagation Mechanism", *Ieee Transactions on Fuzzy Systems*, Vol. 31, No. 1, 2023.

Liu, P., "Some Hamacher Aggregation Operators Based on the Interval-Valued Intuitionistic Fuzzy Numbers and Their Application To Group Decision Making", *IEEE Transactions on Fuzzy Systems*, Vol. 22, No. 1, 2014.

Liu, X., et al., "Alternative Ranking-Based Clustering and Reliability Index-Based Consensus Reaching Process for Hesitant Fuzzy Large Scale Group Decision Making", *IEEE Transactions on Fuzzy Systems*, Vol. 27, No. 1, 2019b.

Liu, X., et al., "Consensus Model for Large-Scale Group Decision Making Based on Fuzzy Preference Relation with Self-Confidence: Detecting and Managing Overconfidence Behaviors", *Information Fusion*, Vol. 52, 2019c.

Liu, X., et al., "Social Network Group Decision Making: Managing Self-Confidence-Based Consensus Model with the Dynamic Importance Degree of Experts and Trust-Based Feedback Mechanism", *Information Sciences*, Vol. 505, 2019d.

Liu, X. W., et al., "Analytical Solution Methods for the Fuzzy Weighted Average", *Information Sciences*, Vol. 187, 2012.

Liu, X. W., "Some Properties of the Weighted OWA Operator", *IEEE Transactions on Systems, Man and Cybernetics, Part B*, Vol. 36, 2006.

Liu, X. W. and Mendel, J. M., "Connect Karnik-Mendel Algorithms To Root-Finding for Computing the Centroid of An Interval Type-2 Fuzzy Set", *IEEE Transactions on Fuzzy Systems*, Vol. 19, No. 4, 2011.

Liu, Y., et al., "A Method for Large Group Decision-Making Based on Evaluation Information Provided By Participators From Multiple Groups", *Information Fusion*, Vol. 29, No. C, 2016.

Liu, Y., et al., "A Trust Induced Recommendation Mechanism for Reaching Consensus in Group Decision Making", *Knowledge-Based Systems*, Vol. 119, 2017.

Lombana, D. A. B., et al., "Distributed Inference of the Multiplex Network Topology of Complex Systems", *IEEE Transactions on Control of Network Systems*, Vol. 7, No. 1, 2020.

Lu, Y., et al., "Consensus of Large-Scale Group Decision Making in Social Network: The Minimum Cost Model Based on Robust Optimization", *Information Sciences*, Vol. 547, 2021.

Lu, Y., et al., "Social Network Clustering and Consensus-Based Distrust Behaviors Management for Large-Scale Group Decision-Making with Incomplete Hesitant Fuzzy Preference Relations", *Applied Soft*

Computing, Vol. 117, 2022.

Luo, B., et al., "Interval Number Ranking Method Based on Multiple Decision Attitudes and Its Application in Decision Making", *Soft Computing*, Vol. 25, No. 5, 2021.

Ma, X. Y., et al., "Approaches Based on Interval Type-2 Fuzzy Aggregation Operators for Multiple Attribute Group Decision Making", *International Journal of Fuzzy Systems*, Vol. 18, No. 4, 2016.

Mandal, P., et al., "Pythagorean Linguistic Preference Relations and Their Applications To Group Decision Making Using Group Recommendations Based on Consistency Matrices and Feedback Mechanism", *International Journal of Intelligent Systems*, Vol. 35, No. 5, 2020.

Marsh, S. P., *Formalizing Trust as a Computational Concept*, Ph. D. Dissertation, University of Stirling, 1994.

Massa, P. and Avesani, P., *Trust-Aware Recommender Systems*, Proceedings of the 2007 ACM Conference on Recommender Systems, 2007.

Massa, P. and Avesani, P., "Trust-Aware Collaborative Filtering for Recommender Systems", *In on the Move To Meaningful Internet Systems 2004: Coopis, Doa, and Odbase, Pt 1, Proceedings, Meersman, R., et al., Editors*, 2004.

Mathew, M., et al., "Selection of An Optimal Maintenance Strategy Under Uncertain Conditions: An Interval Type-2 Fuzzy AHP-TOPSIS Method", *IEEE Transactions on Engineering Management*, Vol. 69, No. 4, 2022.

Meade, L. A., Presley, A., "R&D Project Selection Using ANP-The Analytic Network Process", *Potentials, IEEE*, Vol. 21, No. 2, 2002.

Mendel, J. M., et al., "Interval Type-2 Fuzzy Logic Systems Made Simple", *IEEE Transactions on Fuzzy Systems*, Vol. 14, No. 6,

2006.

Mendel, J. M., et al., "On Clarifying Some Definitions and Notations Used for Type-2 Fuzzy Sets as Well as Some Recommended Changes", *Information Sciences*, Vol. 340, 2016.

Mendel, J. M., "An Architecture for Making Judgments Using Computing with Words", *International Journal of Applied Mathematics and Computer Science*, Vol. 12, No. 3, 2002.

Mendel, J. M., "Computing with Words: Zadeh, Turing, Popper and Occam", *IEEE Computational Intelligence Magazine*, Vol. 2, No. 4, 2007.

Mendel, J. M. and John, R. I., "Type-2 Fuzzy Sets Made Simple", *IEEE Transactions on Fuzzy Systems*, Vol. 10, No. 2, 2002.

Meng, F., et al., "A Consistency and Consensus-Based Method To Group Decision Making with Interval Linguistic Preference Relations", *Journal of the Operational Research Society*, Vol. 67, No. 11, 2016.

Meo, P. D., et al., "Generalized Louvain Method for Community Detection in Large Networks", *In 2011 11th International Conference on Intelligent Systems Design and Applications*, 2011.

Merigo, J. M., "The Probabilistic Weighted Average and Its Application in Multiperson Decision Making", *International Journal of Intelligent Systems*, Vol. 27, No. 5, 2012.

Mistarihi, M. Z., et al., "An Integration of a QFD Model with Fuzzy-ANP Approach for Determining the Importance Weights for Engineering Characteristics of the Proposed Wheelchair Design", *Applied Soft Computing*, Vol. 90, 2020.

Moore, B. C., "Principal Component Analysis in Linear Systems: Controllability, Observability, and Model Reduction", *IEEE Transactions On Automatic Control*, Vol. 26, No. 1, 1981.

Najafabadi, M. K. and Mahrin, M. N. R., "A Systematic Literature Review on the State of Research and Practice of Collaborative Filtering Technique and Implicit Feedback", *Artificial Intelligence Review*, Vol. 45, No. 2, 2016.

Natarajan, S., et al., "Optimized Fuzzy-Based Group Recommendation with Parallel Computation", *Journal of Intelligent & Fuzzy Systems*, Vol. 36, No. 5, 2019.

Newman, M. E. J., "Analysis of Weighted Networks", *Physical Review E*, Vol. 70, No. 5, 2004.

Ng, A. Y., Jordan M. I., Weiss Y., *On Spectral Clustering: Analysis and An Algorithm*, Advances in Neural Information Processing Systems (NIPS), Cambridge, MA: MIT, 2001.

Nilashi, M., et al., "Recommendation Quality, Transparency, and Website Quality for Trust-Building in Recommendation Agents", *Electronic Commerce Research and Applications*, Vol. 19, 2016.

Onar, S. C., et al., "A New Hesitant Fuzzy QFD Approach: An Application To Computer Workstation Selection", *Applied Soft Computing*, 2016.

Oner, S. C. and Oztaysi, B., "An Interval Type 2 Hesitant Fuzzy MCDM Approach and a Fuzzy C Means Clustering for Retailer Clustering", *Soft Computing*, Vol. 22, No. 15, 2018.

Palomares, I., et al., "A Consensus Model To Detect and Manage Non-cooperative Behaviors in Large-Scale Group Decision Making", *IEEE Transactions on Fuzzy Systems*, Vol. 22, No. 3, 2014a.

Palomares, I., et al., *Multi-Agent-Based Semi-Supervised Consensus Support System for Large-Scale Group Decision Making*, Foundations of Intelligent Systems, 2014b, Springer Berlin Heidelberg.

Palomares, I. and MartÍNez, L., "Attitude-Based Consensus Model for Heterogeneous Multi-Criteria Large-Scale Group Decision Making: Application To It-Based Services Management", *Engineering and Manage-*

ment of IT-Based Service Systems, Vol. 55, 2014.

Park, D. H., et al., "The Effect of On-Line Consumer Reviews on Consumer Purchasing Intention: The Moderating Role of Involvement", International Journal of Electronic Commerce, Vol. 11, No. 4, 2007.

Parsegov, S. E., et al., "Novel Multidimensional Models of Opinion Dynamics in Social Networks", IEEE Transactions on Automatic Control, Vol. 62, No. 5, 2017.

Pasi, G. and Pereira, R. A. M., "A Decision Making Approach To Relevance Feedback in Information Retrieval: A Model Based on Soft Consensus Dynamics", International Journal of Intelligent Systems, Vol. 14, No. 1, 1999.

Pelled, L. H., et al., "Exploring the Black Box: An Analysis of Work Group Diversity, Conflict, and Performance", Administrative Science Quarterly, Vol. 44, No. 1, 1999.

Peng, S., et al., "Social Influence Modeling Using Information Theory in Mobile Social Networks", Information Sciences, Vol. 379, 2017.

Pourjaved, E., Shirouyehzad, H., "Evaluating Manufacturing Systems By Fuzzy ANP: A Case Study", International Journal of Applied Management Science, Vol. 6, No. 1, 2014.

Pranata, I. and Susilo, W., "Are the Most Popular Users Always Trustworthy? the Case of Yelp", Electronic Commerce Research and Applications, Vol. 20, 2016.

PÉRez, I. J., et al., "A New Consensus Model for Group Decision Making Problems with Non-Homogeneous Experts", IEEE Transactions on Systems, Man, and Cybernetics: Systems, Vol. 44, No. 4, 2014.

Qin, J. D., et al., "An Extended VIKOR Method Based on Prospect Theory for Multiple Attribute Decision Making Under Interval Type-2 Fuzzy Environment", Knowledge-Based Systems, Vol. 86, 2015.

Qin, J. D., "Interval Type-2 Fuzzy Hamy Mean Operators and Their Application in Multiple Criteria Decision Making Granular Computing", *Granular Computing*, Vol. 2, No. 4, 2017a.

Qin, J. D., "X. W. Liu, and W. Pedrycz, An Extended TODIM Multi-Criteria Group Decision Making Method for Green Supplier Selection in Interval Type-2 Fuzzy Environment", *European Journal of Operational Research*, Vol. 258, No. 2, 2017b.

Qiu, C., et al., "A Modified Interval Type-2 Fuzzy C-Means Algorithm with Application in Mr Image Segmentation", *Pattern Recognition Letters*, Vol. 34, No. 12, 2013.

Qiu, C., et al., "Enhanced Interval Type-2 Fuzzy C-Means Algorithm with Improved Initial Center", *Pattern Recognition Letters*, Vol. 38, 2014.

Quesada, F. J., et al., "Managing Experts Behavior in Large-Scale Consensus Reaching Processes with Uninorm Aggregation Operators", *Applied Soft Computing*, Vol. 35, No. C, 2015.

Rao, V. R. and Steckel, J. H., "A Polarization Model for Describing Group Preferences", *Journal of Consumer Research*, Vol. 18, No. 1, 1991.

Ren, R., et al., "Managing Minority Opinions in Micro-Grid Planning By a Social Network Analysis-Based Large Scale Group Decision Making Method with Hesitant Fuzzy Linguistic Information", *Knowledge-Based Systems*, Vol. 189, No. 105060, 2020.

Rezakhani, P., et al., "Project Risk Assessment Model Combining the Fuzzy Weighted Average Principle with a Similarity Measure", *Ksce Journal of Civil Engineering*, Vol. 18, No. 2, 2014.

Rodriguez, R. M., et al., "A Large Scale Consensus Reaching Process Managing Group Hesitation", *Knowledge-Based Systems*, Vol. 159, No. 86 - 97, 2018.

Romano, D. M., The Nature of Trust: Conceptual and Operational Clarification, Ph. D. Dissertation, Department of Psychology, Louisiana State University, 2013.

Ružička, M., "Anwendung Mathematisch-Statistischer Methoden in Der Geobotanik (Synthetische Bearbeitung Von Aufnahmen)", *BiolóGia, Bratislava*, Vol. 13, 1958.

Saint-Charles, J. and Mongeau, P., "Social Influence and Discourse Similarity Networks in Workgroups", *Social Networks*, Vol. 52, 2018.

Salamo, M., et al., "Generating Recommendations for Consensus Negotiation in Group Personalization Services", *Personal and Ubiquitous Computing*, Vol. 16, No. 5, 2012.

Sang, X. Z., et al., "Parametric Weighting Function for Wowa Operator and Its Application in Decision Making", *International Journal of Intelligent Systems*, Vol. 29, No. 2, 2014.

Satty, T. L., *The Analytic Network Process*, New York: Mcgraw-Hill, 1996.

Sherchan, W., et al., "A Survey of Trust in Social Networks", *Acm Computing Surveys*, Vol. 45, No. 4, 2013.

Shi, Z., et al., "A Novel Consensus Model for Multi-Attribute Large-Scale Group Decision Making Based on Comprehensive Behavior Classification and Adaptive Weight Updating", *Knowledge-Based Systems*, Vol. 158, 2018.

Shukla, A. K., et al., "Veracity Handling and Instance Reduction in Big Data Using Interval Type-2 Fuzzy Sets", *Engineering Applications of Artificial Intelligence*, Vol. 88, 2020.

Solokha, D., et al., "Features of Business Administration at Different Stages of Enterprise Life Cycle", *International Journal of Engineering & Technology*, Vol. 7, No. 4.8, 2018.

Song, Y. and Li, G., "A Large-Scale Group Decision-Making with Incomplete Multi-Granular Probabilistic Linguistic Term Sets and Its Application in Sustainable Supplier Selection", *Journal of the Operational Research Society*, Vol. 70, No. 5, 2019.

Sukrat, S. and Papasratorn, B., "An Architectural Framework for Developing a Recommendation System To Enhance Vendors' Capability in C2C Social Commerce", *Social Network Analysis and Mining*, Vol. 8, No. 1, 2018.

Sun, P., et al., *Attentive Recurrent Social Recommendation*, Acm/Sigir Proceedings 2018, 2018.

Taghavi, A., et al., "Trust Based Group Decision Making in Environments with Extreme Uncertainty", *Knowledge-Based Systems*, Vol. 191, 2020.

Tang, M., et al., "Delegation Mechanism-Based Large-Scale Group Decision Making with Heterogeneous Experts and Overlapping Communities", *IEEE Transactions on Systems, Man, and Cybernetics: Systems*, Vol. 52, No. 6, 2022.

Tang, M., et al., "Ordinal Consensus Measure with Objective Threshold for Heterogeneous Large-Scale Group Decision Making", *Knowledge-Based Systems*, Vol. 180, 2019.

Tang, M. and Liao, H. C., From Conventional Group Decision Making To Large-Scale Group Decision Making: What Are the Challenges and How To Meet Them in Big Data Era? a State-Of-The-Art Survey. Omega-International Journal of Management Science, Vol. 100, 2021.

Tang, X., et al., "Analysis of Fuzzy Hamacher Aggregation Functions for Uncertain Multiple Attribute Decision Making", *Information Sciences*, Vol. 387, 2017.

Tanino, T., *Fuzzy Preference Relations in Group Decision Making*, In *Non-Conventional Preference Relations in Decision Making*, Springer: Berlin, Heidelberg, 1988.

Tian, Z. P., et al., Social Network Analysis-Based Consensus-Supporting Framework for Large-Scale Group Decision-Making with Incomplete Interval Type-2 Fuzzy Information. Information Sciences, 502, 2019.

Torra, V., "The Weighted OWA Operator", *International Journal of Intelligent Systems*, Vol. 12, 1997.

Travers, J. and Milgram, S., "An Experimental Study of the Small World Problem", *Sociometry*, Vol. 32, No. 4, 1969.

Tvesky, A., "Kahneman, D., "Advances in Prospect Theory: Cumulative Representation of Uncertainty", *Journal of Risk and Uncertainty*, Vol. 5, No. 4, 1992.

Ureña, R., et al., "A Review on Trust Propagation and Opinion Dynamics in Social Networks and Group Decision Making Frameworks", *Information Sciences*, Vol. 478, 2019.

Verbiest, N., et al., "Trust and Distrust Aggregation Enhanced with Path Length Incorporation", *Fuzzy Sets and Systems*, Vol. 202, 2012.

Victor, P., et al., "Gradual Trust and Distrust in Recommender Systems", *Fuzzy Sets and Systems*, Vol. 160, No. 10, 2009.

Victor, P., et al., "Practical Aggregation Operators for Gradual Trust and Distrust", *Fuzzy Sets and Systems*, Vol. 184, No. 1, 2011.

Wan, L., et al., "Deep Matrix Factorization for Trust-Aware Recommendation in Social Networks", *IEEE Transactions on Network Science and Engineering*, Vol. 8, No. 1, 2021.

Wang Yue, Z. H., "Analysis of Enterprise Development Strategies Based on the Features of Different Stages in Enterprise Life Cycle", *The 8th International Conference on Innovation and Management*, 2011.

Wang, C. H. and Fong, H. Y., "Integrating Fuzzy Kano Model with Importance-Performance Analysis To Identify the Key Determinants of Customer Retention for Airline Services", *Journal of Industrial and Production Engineering*, Vol. 33, No. 7, 2016.

Wang, S., et al., "Finding Influential Nodes in Multiplex Networks Using a Memetic Algorithm", *IEEE Transactions on Cybernetics*, Vol. 51, No. 2, 2021.

Wang, S., et al., "Two Stage Feedback Mechanism with Different Power Structures for Consensus in Large-Scale Group Decision-Making", *IEEE Transactions on Fuzzy Systems*, Vol. 30, No. 10, 2022.

Wang, W. M. and Mendel J. M., "Multiple Attribute Group Decision Making with Linguistic Variables and Complete Unknown Weight Information", *Iranian Journal of Fuzzy Systems*, Vol. 16, No. 4, 2019.

Wang, X., et al., "Exploring the Effects of Extrinsic Motivation on Consumer Behaviors in Social Commerce: Revealing Consumers' Perceptions of Social Commerce Benefits", *International Journal of Information Management*, Vol. 45, 2019.

Wang, Z. Q., et al., "An Integrated Decision-Making Approach for Designing and Selecting Product Concepts Based on QFD and Cumulative Prospect Theory", *International Journal of Production Research*, Vol. 56, No. 5, 2018.

Warshall, S., "A Theorem on Boolean Matrices", *Journal of the Assoc Computing Machinery*, Vol. 9, 1962.

Wasserman, S. and Faust, K., *Social Networks Analysis: Methods and Applications*, Cambridge University Press, 1994.

Watts, D. J. and Strogatz, S. H., "Collective Dynamics of 'Small-World' Networks", *Nature*, Vol. 393, No. 6684, 1998.

Wei, J. Y., Bi, R., "Knowledge Management Performance Evaluation Based on ANP", *2008 International Conference On Machine Learning and Cybernetics*, 2008.

Wu, A., et al., "A Novel Two-Stage Method for Matching the Technology Suppliers and Demanders Based on Prospect Theory and Evidence Theory Under Intuitionistic Fuzzy Environment", *Applied Soft Computing*, Vol. 95, 2020a.

Wu, D., et al., "Enhanced Interval Approach for Encoding Words Into Interval Type-2 Fuzzy Sets and Its Convergence Analysis", *IEEE Transactions on Fuzzy Systems*, Vol. 20, No. 3, 2011.

Wu, D., et al., "A Constrained Representation Theorem for Well-Shaped Interval Type-2 Fuzzy Sets, and the Corresponding Constrained Uncertainty Measures", *IEEE Transaction on Fuzzy Systems*, Vol. 27, No. 6, 2019a.

Wu, D. and Mendel, J. M., "A Comparative Study of Ranking Methods, Similarity Measures and Uncertainty Measures for Interval Type-2 Fuzzy Sets", *Information Sciences*, Vol. 179, No. 8, 2009a.

Wu, D. and Mendel, J. M., "Perceptual Reasoning for Perceptual Computing: A Similarity-Based Approach", *IEEE Transactions on Fuzzy Systems*, Vol. 17, No. 6, 2009b.

Wu, D. R. and Mendel, J. M., "A Comparative Study of Ranking Methods, Similarity Measures and Uncertainty Measures for Interval Type-2 Fuzzy Sets", *Information Sciences*, Vol. 179, No. 8, 2009c.

Wu, D. R. and Mendel, J. M., "Computing with Words for Hierarchical Decision Making Applied To Evaluating a Weapon System", *IEEE Transactions on Fuzzy Systems*, Vol. 18, No. 3, 2010.

Wu, G., et al., "Housing Affordability Evaluation Based on the Third-Generation Prospect Theory and the Improved VIKOR Method", *Journal of Intelligent & Fuzzy Systems*, Vol. 42, No. 3, 2022a.

Wu, J., et al., "A Minimum Adjustment Cost Feedback Mechanism Based Consensus Model for Group Decision Making Under Social Network with Distributed Linguistic Trust", *Information Fusion*, Vol. 41, 2018a.

Wu, J., et al., "A Visual Interaction Consensus Model for Social Network Group Decision Making with Trust Propagation", *Knowledge-Based Systems*, Vol. 122, 2017a.

Wu, J., et al., "An Attitudinal Trust Recommendation Mechanism To Balance Consensus and Harmony in Group Decision Making", *IEEE Transactions on Fuzzy Systems*, Vol. 27, No. 11, 2019b.

Wu, J., et al., "Trust Based Consensus Model for Social Network in An Incomplete Linguistic Information Context", *Applied Soft Computing*, Vol. 35, No. C, 2015.

Wu, J., et al., "Uninorm Trust Propagation and Aggregation Methods for Group Decision Making in Social Network with Four Tuple Information", *Knowledge-Based Systems*, Vol. 96, 2016.

Wu, J. and Chiclana, F., "A Social Network Analysis Trust-Consensus Based Approach To Group Decision-Making Problems with Interval-Valued Fuzzy Reciprocal Preference Relations", *Knowledge-Based Systems*, Vol. 59, No. 2, 2014.

Wu, S. M., et al., "Hesitant Fuzzy Integrated MCDM Approach for Quality Function Deployment: A Case Study in Electric Vehicle", *International Journal of Production Research*, Vol. 55, No. 15, 2017b.

Wu, T. and Liu, X. W., "An Interval Type-2 Fuzzy Clustering Solution for Large-Scale Multiple-Criteria Group Decision-Making Problems", *Knowledge-Based Systems*, Vol. 114, 2016.

Wu, T., et al., "The Minimum Cost Consensus Model Considering the Implicit Trust Of Opinions Similarities in Social Network Group Decision-Making", *International Journal Of Intelligent Systems*, Vol. 35, No. 3, 2020b.

Wu, T., et al., "An Interval Type-2 Fuzzy Topsis Model for Large Scale Group Decision Making Problems with Social Network Information", *Information Sciences*, Vol. 432, 2018b.

Wu, T., et al., "The Solution for Fuzzy Large-Scale Group Decision Making Problems Combining Internal Preference Information and External Social Network Structures", *Soft Computing*, Vol. 23,

No. 18, 2019c.

Wu, T., et al., "An Interval Type-2 Fuzzy Trust Evaluation Model in Social Commerce", *Computational Intelligence*, Vol. 35, No. 4, 2019d.

Wu, T., et al., "A Linguistic Solution for Double Large-Scale Group Decision-Making in E-Commerce", *Computers & Industrial Engineering*, Vol. 116, 2018c.

Wu, T., et al., "Consensus Evolution Networks: A Consensus Reaching Tool for Managing Consensus Thresholds in Group Decision Making", *Information Fusion*, Vol. 52, 2019e.

Wu, T., et al., "Balance Dynamic Clustering Analysis and Consensus Reaching Process with Consensus Evolution Networks in Large-Scale Group Decision Making", *Ieee Transactions on Fuzzy Systems*, Vol. 29, No. 2, 2021.

Wu, T., et al., "Trust-Consensus Multiplex Networks by Combining Trust Social Network Analysis and Consensus Evolution Methods in Group Decision-Making", *Ieee Transactions on Fuzzy Systems*, Vol. 30, No. 11, 2022b.

Wu, T., et al., "A Two-Stage Social Trust Network Partition Model for Large-Scale Group Decision-Making Problems", *Knowledge-Based Systems*, Vol. 163, 2019f.

Wu, Y. Y., et al., "Fake Online Reviews: Literature Review, Synthesis, and Directions for Future Research", *Decision Support Systems*, Vol. 132, 2020c.

Wu, Z. and Xu, J., "A Consensus Model for Large-Scale Group Decision Making with Hesitant Fuzzy Information and Changeable Clusters", *Information Fusion*, Vol. 41, 2018.

Xia, M., et al., "Some Issues on Intuitionistic Fuzzy Aggregation Operators Based on Archimedean T-Conorm and T-Norm", *Knowledge-

Based Systems, Vol. 31, 2012a.

Xing, H. H., et al., "An Interval Type-2 Fuzzy Sets Generation Method for Remote Sensing Imagery Classification", *Computers & Geosciences*, Vol. 133, 2019.

Xu, J. P., et al., "An Interval Type-2 Fuzzy Analysis Towards Electric Vehicle Charging Station Allocation From a Sustainable Perspective", *Sustainable Cities and Society*, Vol. 40, 2018.

Xu, X. H., et al., "Consensus Model for Mulit-Criteria Large-Group Emergence Decision Making Considering Non-Cooperative Behaviors and Minority Opinions", *Decision Support Systems*, Vol. 79, 2015a.

Xu, X. H., et al., "A Dynamical Consensus Method Based on Exit-Delegation Mechanism for Large Group Emergency Decision Making", *Knowledge-Based Systems*, Vol. 86, 2015b.

Xu, X. H., et al., "A Method Based on Trust Model for Large Group Decision-Making with Incomplete Preference Information", *Journal of Intelligent & Fuzzy Systems*, Vol. 30, No. 6, 2016.

Xu, Y. J., et al., "A Two-Stage Consensus Method for Large-Scale Multi-Attribute Group Decision Making with An Application To Earthquake Shelter Selection", *Computers & Industrial Engineering*, Vol. 116, 2018.

Xu, Z. S., Da, Q. L., "Combined Weighted Geometric Averaging Operator and Its Application", *Journal of Southeast University (Natural Science Edition)*, Vol. 32, No. 3, 2002.

Yager, R. R., "Families of OWA Operators", *Fuzzy Sets and Systems*, Vol. 59, No. 2, 1993.

Yager, R. R., Filev, D. P., "Parameterized 'Andlike' and 'Orlike' OWA Operators", *International Journal of General Systems*, Vol. 22, No. 3, 1994.

Yager, R. R., "Fuzzy Decision Making Including Unequal Objectives",

Fuzzy Sets and Systems, Vol. 1, No. 2, 1978.

Yager, R. R., "Induced Aggregation Operators", *Fuzzy Sets and Systems*, Vol. 137, No. 1, 2003.

Yager, R. R., "On Ordered Weighted Averaging Aggregation Operators in Multicriteria Decisionmaking", *IEEE Transactions on Systems, Man and Cybernetics*, Vol. 18, No. 1, 1988.

Yang, G. R., et al., "Managing Public Opinion in Consensus-Reaching Processes for Large-Scale Group Decision-Making Problems", *Journal of the Operational Research Society*, Vol. 73, No. 11, 2022.

You, T., et al., "Community Detection in Complex Networks Using Density-Based Clustering Algorithm and Manifold Learning", *Physica A-Statistical Mechanics and Its Applications*, Vol. 464, No. 221 – 230, 2016.

Yu, S. M., et al., "Trust Cop-Kmeans Clustering Analysis and Minimum-Cost Consensus Model Considering Voluntary Trust Loss in Social Network Large-Scale Decision-Making", *IEEE Transactions on Fuzzy Systems*, Vol. 30, No. 7, 2022.

Yu, T., et al., "Recommendation with Diversity: An Adaptive Trust-Aware Model", *Decision Support Systems*, Vol. 123, 2019.

Zadeh, L. A., "A Computational Approach To Fuzzy Quantifiers in Natural Languages", *Computers and Mathematics with Applications*, Vol. 9, No. 1, 1983.

Zadeh, L. A., "Fuzzy Sets", *Information and Control*, Vol. 8, No. 3, 1965.

Zadeh, L. A., "The Concept of a Linguistic Variable and Its Application To Approximate Reasoning-I", *Information Sciences*, Vol. 8, No. 3, 1975.

Zahir, S., "Clusters in a Group: Decision Making in the Vector Space Formulation of the Analytic Hierarchy Process", *European Journal of*

Operational Research, Vol. 112, No. 3, 1999.

Zha, Q., et al., "A Feedback Mechanism with Bounded Confidence-Based Optimization Approach for Consensus Reaching in Multiple Attribute Large-Scale Group Decision-Making", *IEEE Transactions on Computational Social Systems*, Vol. 6, No. 5, 2019.

Zha, Q., et al., "Opinion Dynamics in Finance and Business: A Literature Review and Research Opportunities", *Financial Innovation*, Vol. 6, No. 1, 2021.

Zhang, D., et al., "What Online Reviewer Behaviors Really Matter? Effects of Verbal and Nonverbal Behaviors on Detection of Fake Online Reviews", *Journal of Management Information Systems*, Vol. 33, No. 2, 2016a.

Zhang, F., et al., "An Improved Consensus-Based Group Decision Making Model with Heterogeneous Information", *Applied Soft Computing*, Vol. 35, 2015.

Zhang, G., et al., "Minimum-Cost Consensus Models Under Aggregation Operators", *IEEE Transactions on Systems, Man, and Cybernetics-Part A: Systems and Humans*, Vol. 41, No. 6, 2011.

Zhang, H., et al., "Soft Consensus Cost Models for Group Decision Making and Economic Interpretations", *European Journal of Operational Research*, Vol. 277, No. 3, 2019.

Zhang, H., et al., "Managing Non-Cooperative Behaviors in Consensus-Based Multiple Attribute Group Decision Making: An Approach Based on Social Network Analysis", *Knowledge-Based Systems*, Vol. 162, 2018a.

Zhang, H. J., et al., "Consensus Building for the Heterogeneous Large-Scale Gdm with the Individual Concerns and Satisfactions", *IEEE Transactions on Fuzzy Systems*, Vol. 26, No. 2, 2018b.

Zhang, Z., et al., "Managing Multigranular Linguistic Distribution Assessments in Large-Scale Multiattribute Group Decision Making", *IEEE Transactions on Systems, Man, and Cybernetics: Systems*, Vol. 47, No. 11, 2017.

Zhao, X., et al., "Pinning Synchronization of Multiplex Delayed Networks with Stochastic Perturbations", *IEEE Transactions on Cybernetics*, Vol. 49, No. 12, 2019.

Zhou, S. M., et al., "On Aggregating Uncertain Information By Type-2 OWA Operators for Soft Decision Making", *International Journal of Intelligent Systems*, Vol. 25, No. 6, 2010.

Zhou, X., et al., "Social Recommendation with Large-Scale Group Decision-Making for Cyber-Enabled Online Service", *IEEE Transactions on Computational Social Systems*, Vol. 6, No. 5, 2019.

Zhou, Y., et al., "Statistics-Based Approach for Large-Scale Group Decision-Making Under Incomplete Pythagorean Fuzzy Information with Risk Attitude", *Knowledge-Based Systems*, Vol. 235, 2022.

Zhu, J. J., et al., "A Hierarchical Clustering Approach Based on Three-Dimensional Gray Relational Analysis for Clustering a Large Group of Decision Makers with Double Information", *Group Decision and Negotiation*, Vol. 25, No. 2, 2016.

Ziegler, C. N. and Lausen, G., "Analyzing Correlation Between Trust and User Similarity in Online Communities", In Trust Management: Second International Conference, Itrust 2004, Oxford, Uk, March 29-April 1, 2004. Proceedings, Jensen, C., et al., Editors. 2004, Springer Berlin Heidelberg: Berlin, Heidelberg.

Zimmermann, M. G., et al., "Coevolution of Dynamical States and Interactions in Dynamic Networks", *Physical Review E*, Vol. 69, No. 6, 2004.

索　引

B

编码器　18

C

词计算　18

D

DeGroot 模型　226,227

大规模群决策　1—11,40—42,58—63,67,68,72,74—77,81,93—97,101—104,107—109,112,117—119,122—125,130,133,135—138,148,149,159,165—167,172,173,175—177,179,180,185,186,192—195,204—206,224,225,260,262,307,309,316,318,322—325,327,330,332—334,340—345

等价关系聚类　59—63,65,67,87,93,107,108,112,342

电影推荐　10,334,335,338

电子商务　77,81,93,261,266,267,277—279,282,289,313—315

动态聚类　61,62,65,76,91,107,166—168,171,173—177,180,181,183,204,342

度中心性　43,97,98,112—115,117,119,156,157,162

对偶问题　212,215,216,218—220

多层网络　206,241—243,245,246,248,250—252,255—257,260,344

多属性决策　7,9,12,13,29,30,34,39,40,99,268,276,342

多准则决策　5,19,21,30,35,39,62,268

E

二型模糊　6,10,12—14,16—24,28—30,32—37,39,40,48—52,54—70,72—77,80,81,83,84,86,87,93,96,99,101—103,107—113,116—120,124,148,235,262—271,273—275,277,281,310,342,344

二型模糊 ANP 法　　30,32

二型模糊 ANP 方法　　34

二型模糊 TOPSIS 法　　34

二型模糊 TOPSIS 方法　　30,96,99,102,103,107

二型模糊数　　13,15—19,22—24,26,28,32,34,38,50—52,54,55,57,64,67—70,74,79,80,99,104,110,111,119,234,235,275

二型模糊语言变量代码本　　78,87

F

FJ 模型　　226—229,238

反馈调整　　5,9,155,159,161,162,164,165,167,172,173,175,181,206,207

风险态度　　35,48,124,125,128,131,141—144,146—148,204,234,271,276,283,288,306

G

个体权重　　121,132,216,223,224

个性化推荐　　146,309,310,312,315,316

共识水平　　5,25,149—152,155—175,179,181,183—189,192—194,197,200—204,208,230,232,233,244—248,250—257,259,324,335,338,339

共识网络　　159—161,168,251,252,254,255,259

共识意愿　　204,209—211,214,223

观点动力学模型　　9,225—228,233

J

Jaccard 相似性　　17,28,61,65,87,110,120,126,127,321,326

几何平均算子　　19,20,62

降维分析　　5,7,8,59,93

解码器　　18

经验用户　　49,51,53—55,57,289,291—307

聚类分析　　3,5,7,11,58—61,93,95,109,112,113,117,123,124,148,149,165—167,170,172,173,176,177,181,184—189,194,200,201,203—205,316,342,345

聚类中心　　112,113,121,186,190—194,197,199,201

决策偏好　　3,5,6,11,13,25,27,29,39,59,66,74,92,95,124,149,227,229,240,259,260,291,307,342,343

K

Kano 模型　　262—266,269,270,273,276,277,283

K 均值聚类　　109,186,191,201

L

Louvain 方法　　45,96,130,136,167

M

模糊加权平均算子　21
模糊偏好关系　6,24—26,28,151,152,154,162,164,167,169,170,173,177—179,185,193,195,197,199,234,254

P

PageRank 中心性　43,44,241—246,252,255
偏好信息　3,5—8,10,17,24—29,32,40,59,60,69,70,75,76,95,96,107—110,112,113,117—120,122,123,125,126,130,135—139,147—149,175,176,186—190,194,201,204,236,241,251,260,262,342
评价可靠性　262,293,304,307

Q

前景理论　9,30,35—37,268,269,272,275,277,283,288
群决策　1,4,8—11,24,25,30,41,46,47,49,59,72,74,95,96,99,100,102,103,107,117,118,121,124,130,148—151,154,156,160,161,172,185,204—209,224,225,227,229,231,232,234,240—242,250,251,259,260,309,311,314,316,341,342,345
群体极化行为　130,132,136,142
群体权重　65—67,92,107
群推荐　10,11,135,138,195,260,309—313,316,324,327,335,341,343

S

TOPSIS 方法　34—36,39,40,96,99,101,269,270,275
t-norm 算子　48,51,249,303
商务推荐　49,309,313—316,323—325,330
少数观点　3,9,10,125,133—135,137,142,143,146—148,162,342
社会化商务　49,55,261—263,288,289,292,295,298,300,307,309,313—316,323—325,330,343
社会化商务决策　11,260—262,293,294,298—302,305—307,341,343
社会网络　1,9,10,41,42,46,47,58,95,96,176,206,225,234,240,311,312,315,344,345
社会网络分析　8—10,42,58,95,96,103,148,155,160,166,167,204,311,342
社交关系　3,5,8—11,41,42,46,58,94—96,101—103,107—110,112,116—119,122—125,129—131,147—149,151,167,176,204—207,224—226,229—234,237,239,240,259,261,262,307,309—311,

315,316,323,341—343
特征向量中心性　43,44,97,98,113—115,117,119
梯形区间二型模糊数　17,20,50,63

W

网络分析法 ANP　40
网络中心性　97,176
无经验用户　49,51,53—55,57,289,291—295,297—304,306—308

X

显性信任　207
信任传递算子　48,51,52,54,292,295,303
信任关系　6,8—10,41—43,46,47,49,52,54,55,58,205—209,216,217,224,240—243,246,248—251,253,256,257,259—262,289,290,293—295,300—303,305—307,309,316—318,322,323,325—327,330,334,339,340,343,344
信任集成　49—51,55,57,292
信任网络　46,47,49,50,54,55,240—244,247,249—253,255,257—259,290,292,294,301,316—319,321—323,325—328,339
信任行为　11,206,246,259,261—263,288,293,295,298,307—309,340,343,344

信息不完全　2,96,124—126,136,240
信息集成算子　5,17,19,23,40,158
虚拟社交网络　139,140

Y

异质偏好　6,7,10,24—28,234—236,238
隐性信任　207—209,211—217,219,221—224,259,289,325,327,343
用户购物行为影响因素　262
用户需求　262—268,307,308,314
有界置信 HK 模型　227
有序加权平均算子　22,55,116
语义信息　6,17—19,46

Z

直觉模糊　6,7,9,24,25,27,234
质量功能展开　267,268,307
中介用户　49,51,53,289,291,292,295,301,302
主成分分析　8,59,67—69,71—73,93,342
最短路径　43—45,110,111,117,118,121,248,249,293,299,316—319,322,323,327
最小调整成本共识模型　9,47,151,206,207